बाग़ी सुल्तान

मनु एस. पिल्लई लेखक और इतिहासकार हैं, और आपकी किताब *आइवरी थ्रोन* को 2017 में साहित्य अकादेमी युवा पुरस्कार से सम्मानित किया गया था। आप शशि थरूर के पूर्व चीफ ऑफ स्टाफ रह चुके हैं और आपके लेख *मिंट लाउंज, हिन्दू, हिन्दुस्तान टाइम्स, ओपन मैगज़ीन* और अन्य पत्रिकाओं में छपे हैं। *बाग़ी सुलतान* आपकी दूसरी किताब है। इसके अलावा आपकी एक और किताब *दि कोर्टिज़न, दि महात्मा एंड दि इटैलियन ब्राह्मण* भी चर्चा में है।

धीरज कुमार अग्रवाल एक मीडिया प्रोफेशनल हैं। जर्नलिज़्म और कम्युनिकेशन में पन्द्रह वर्षों से ज़्यादा का अनुभव रखने वाले धीरज एक दर्जन से ज़्यादा अंग्रेजी किताबों का हिन्दी में अनुवाद कर चुके हैं। आप पर्सनल फाइनेंस से जुड़े मुद्दों में गहरी पकड़ रखते हैं और *क्विंट* और *निवेश मंथन* जैसी वेबसाइट्स के लिए नियमित रूप से आर्टिकल लिखते हैं।

किताब की प्रशंसा में

'बड़ी ही कुशलता और स्पष्टता के साथ, मनु एस. पिल्लई हमें चार सौ वर्षों के उथल-पुथल भरे इतिहास से रू-ब-रू कराते हैं, और दक्कन को हमारे ज़ेहन में लौटाते हैं—जहां उसकी असली जगह है' **—सुनील खिलनानी**

'बारीकी से किए गए शोध के बाद आसानी से मिलने वाली जानकारी... बाग़ी सुल्तान मध्ययुगीन दक्कन के आकर्षक इतिहास को पाठकों की एक पूरी नई पीढ़ी तक पहुंचाएगा' **—विलियम डैलरिंपल**

'इस जीवंत अध्ययन में, मनु एस. पिल्लई ने दक्षिण एशिया के मध्ययुगीन काल के अंतिम और आधुनिक काल के शुरुआती वर्षों के इतिहास को दक्कन की तरफ मोड़ने का शानदार काम किया है' **—मुज़फ्फर आलम**

'बाग़ी सुल्तान में, दक्कन को सात अध्यायों में पेश किया गया है जो आपको बांधकर रखते हैं, हर अध्याय किसी एक महत्वपूर्ण क्षण, चरित्र या प्रतीक पर केंद्रित है, और ये सभी एक साथ मिलकर इस क्षेत्र के जीवंत इतिहास को दर्शाते हैं और इसकी विशिष्टता को व्यक्त करते हैं' **—नवीना नजत हैदर**

'कहानी कहने का प्रभावशाली और शानदार तरीका। पिल्लई ने असाधारण कल्पना शक्ति और विलक्षण प्रतिभा को शब्दों में पिरोकर वाकई में ऐसी रोमांचक कहानी लिखी है, जिसे पूरा किए बगैर बंद करना लगभग असंभव है' **—इंडियन एक्सप्रेस**

'बाग़ी सुल्तान अलग-थलग पड़े अकादमिक जगत और आम पाठक के बीच बेहद ज़रूरी पुल बनाने का काम करती है...समृद्ध और स्पष्ट शैली में लेखन के साथ पिल्लई का कहानी कहने का अंदाज़ उनके पाठकों को मंत्रमुग्ध कर देता है' **—द हिन्दू**

'भारत के सर्वश्रेष्ठ युवा इतिहासकारों में एक' **—ओपन**

'इस वक़्त भारत के सबसे शानदार युवा लेखकों में एक' **—डेली ओ**

'बांधकर रखने वाली...बाग़ी सुल्तान एक असाधारण और दिलेर किताब है' **—हिन्दुस्तान टाइम्स**

'एक शानदार किताब, लगभग हर पन्ने में मनोरंजक ब्यौरा...मनु पिल्लई की किताब हमें दक्कन के पांच सौ सालों के उथल-पुथल भरे इतिहास के बारे में, संक्षेप में लेकिन पर्याप्त जानकारी, सुरुचिपूर्ण शब्दों में देती है' **—आउटलुक**

'अकादमिक सिद्धांतों से समझौता किए बगैर ये किताब बेहद कुशलता से ऐतिहासिक व्यक्तित्वों के समृद्ध चित्रपट की व्याख्या करती है; परिणाम है मध्यकालीन भारत का मज़ेदार और शानदार सफर' **—वीक**

'एक बेहतरीन किताब...पिल्लई बारीक चीजों का भी ध्यान रखते हैं... वो जब मुखरता से अपनी बात कहते हैं तो उन पर भरोसा होता है...यही विद्वता है' **—बिज़नेस स्टैंडर्ड**

'सकारात्मक और जीवंत...दक्कनी इलाके के मध्यकालीन इतिहास के उतार-चढ़ाव भरे सफर की तेज़ और सबसे शानदार कहानी' **—स्क्रॉल**

'बारीकी से किए गए अपने सभी विश्लेषणों के कारण बाग़ी सुल्तान को पढ़ना सुखद है' **—इंडिया टुडे**

'इतिहासकार जिसकी बात सुनी जानी चाहिए' **—मिड डे**

'बांधकर रखने वाला कथानक, जिसमें दिलचस्प कहानियों और सम्मोहक चरित्रों की भरमार है' **—साउथवर्ड**

बाग़ी सुल्तान

खिलजी से शिवाजी तक का दक्कन

मनु एस. पिल्लई

अनुवाद
धीरज कुमार अग्रवाल

eka

eka

First published in English as *Rebel Sultans* in 2018 by Juggernaut Books

Published in Hindi as *Baaghi Sultan* in 2020 by Eka, an imprint of Westland Publications Private Limited

Published in 2025 by Eka, an imprint of Westland Books, a division of Nasadiya Technologies Private Limited

No. 269/2B, First Floor, 'Irai Arul', Vimalraj Street, Nethaji Nagar, Alapakkam Main Road, Maduravoyal, Chennai 600095

This book was written with support from the Sandeep & Gitanjali Maini Foundation.

SANDEEP & GITANJALI MAINI FOUNDATION

ISBN: 9789360453534

10 9 8 7 6 5 4 3 2 1

Typeset by Neo Software Consultants, Prayagraj
Printed at Manipal Technologies Limited, Manipal

आन्द्यामिची के लिए

विषय-सूची

इस पुस्तक में वर्णित प्रमुख घटनाओं के कालक्रम

1206: दिल्ली सल्तनत की स्थापना

1296: देवगिरी के यादवों पर अलाउद्दीन खिलजी की जीत

1308: देवगिरी पर मलिक काफ़ूर का दूसरा हमला

1310: वारंगल के काकतीयों पर मलिक काफ़ूर की जीत

1311: द्वारसमुद्र के होयसलों पर मलिक काफ़ूर की जीत

1313: मलिक काफ़ूर का देवगिरी पर कब्ज़ा

1318: वारंगल के प्रतापरुद्र की बग़ावत को कुचला गया

1320: दिल्ली में तुग़लक़ राजवंश का उदय

1321: वारंगल में सल्तनत की सेनाओं की हार

1323: प्रतापरुद्र की हार और वारंगल पर कब्ज़ा

1325: मुहम्मद बिन तुग़लक़ सुल्तान बना

1327: दौलताबाद (पुराना नाम देवगिरी) को तुग़लक़ों की राजधानी बनाया गया

1335: तुग़लक़ों ने दिल्ली से दोबारा शासन शुरू किया

1336: संगम के पुत्र, हरिहर प्रथम ने विजयनगर साम्राज्य की स्थापना की

1342: मदुरई में होयसल के अंतिम शासक को फांसी

1345: दक्कन के अमीरों की तुग़लक़ों के ख़िलाफ़ बग़ावत

1346: दक्षिण में जीत पर संगम भाइयों का जश्न

1347: हसन गंगू की पहले बहमनी सुल्तान के तौर पर दौलताबाद में ताजपोशी

1347: गुलबर्गा बना बहमनी साम्राज्य की राजधानी

1347: संगम भाइयों ने 'हिन्दू राजाओं में सुल्तान' की उपाधि धारण करने की शुरुआत की

1351: मुहम्मद बिन तुग़लक़ की मौत

1356: विजयनगर में हरिहर प्रथम की मौत

1358: हसन गंगू की मौत

1363: कपया नायक ने बहमनी सुल्तान को फ़िरोज़ा तख़्त भेंट किया

1370: विजयनगर ने बहुत कम समय तक रही मदुरई सल्तनत को मिलाया

1378: बहमनियों को विजयनगर ने हराया; सुल्तान की हत्या

1397: फ़िरोज़ शाह बहमनी का सुल्तान बनना

1406: फ़िरोज़ शाह की सैन्य विजय के बाद विजयनगर की एक राजकुमारी से शादी

1418: विजयनगर के हाथों बहमनियों की हार

1422: फ़िरोज़ शाह की मौत और अहमद शाह का सुल्तान बनना

1425: विजयनगर में देवराय द्वितीय का शासन और गौरवशाली युग की शुरुआत

1427: बहमनी सल्तनत अपनी राजधानी बीदर ले जाता है

1430: विजयनगर में बड़ी तादाद में मुसलमान घुड़सवारों को सेना में शामिल किया गया

1443: देवराय द्वितीय की हत्या की कोशिश

1445: अब्दुर रज़्ज़ाक समरकंदी फ़ारसी शाह के राजदूत के तौर पर विजयनगर आता है

1446: देवराय द्वितीय की मौत; विजयनगर में संकट की शुरुआत

1453: दक्कन में फ़ारस से महमूद गवान का आगमन

1460: फ़ारस से यूसुफ़ आदिल शाह का आगमन

1463: महमूद गवान बहमनी सल्तनत का प्रमुख मंत्री बनता है

1470: सुल्तान क़ुली, जो बाद में गोलकोंडा का क़ुतुब शाह बना, दक्कन आया

1472: महमूद गवान का गोवा पर कब्ज़ा

1481: महमूद गवान को मौत की सज़ा; बहमनियों का पतन शुरू, सुल्तान राजनीतिक रूप से प्रभावहीन

1485: संगम राजवंश का पतन और विजयनगर में सालुव नरसिंह का उदय

1489: बीदर बारिद शाहों के अधीन हुआ; बहमनी सुल्तान उनकी कठपुतली बना

1490: अहमदनगर में निज़ाम शाही की स्थापना

1490: बीजापुर में आदिल शाही की स्थापना

1490: बेरार में इमाद शाही की स्थापना

1502: आदिल शाह ने अपने राज्य को शिया राज्य घोषित किया

1505: विजयनगर में तुलुव राजवंश (तीसरा राजवंश) का सत्ता पर कब्ज़ा

1505: विजयनगर ने पुर्तगाल के राजा के साथ वैवाहिक गठबंधन का प्रस्ताव रखा

1509: कृष्णदेव विजयनगर के राय बनते हैं और दूसरे स्वर्णिम युग की शुरुआत करते हैं

1510: आदिल शाह गोवा को पुर्तगालियों के हाथों हार जाता है

1518: गोलकोंडा में क़ुतुब शाह बहमनी सुल्तान के सांकेतिक आधिपत्य से मुक्त हो जाता है

1520: कृष्णदेव रायचूर को आदिल शाह से जीत लेते हैं

1523: कृष्णदेव ने 'तुर्क शक्ति पुनर्संस्थापक' की उपाधि धारण की

1524: आदिल शाह और निज़ाम शाह के बीच वैवाहिक संधि हुई लेकिन क्षेत्राधिकार पर झगड़े जारी रहे

1526: दिल्ली सल्तनत का पतन और उत्तर भारत में मुग़ल साम्राज्य का उदय

1527: आखिरी बहमनी सुल्तान कलीमुल्लाह की मुग़ल बादशाह बाबर से मदद की गुहार

1528: कलीमुल्लाह बीदर से भागकर अहमदनगर में छुप जाता है

1529: विजयनगर में कृष्णदेव की मौत; संकटकाल शुरू

1530: आदिल शाह का रायचूर पर दोबारा नियंत्रण

1538: कलीमुल्लाह की मौत और शक्तिहीन बहमनी राजवंश का अंत

1542: राम राय विजयनगर का राज्य-संरक्षक बन जाता है और सारी शक्तियां अपने पास रखता है

1543: सुल्तान क़ुली-क़ुतुब शाह की हत्या; जमशेद शासक बनता है; उसका भाई इब्राहिम भागकर विजयनगर चला जाता है

1543: आदिल शाही परिवार का मियां अली पुर्तगालियों के संरक्षण में चला जाता है

1545: गार्सिया डी ओर्टा निज़ाम शाह के दरबार में आता है

1550: जमशेद मर जाता है और इब्राहिम गोलकोंडा में क़ुतुब शाह बन जाता है

1553: अहमदनगर में राजगद्दी का उत्तराधिकार हुसैन निज़ाम शाह को मिलता है

1555: पुर्तगालियों की मदद से आदिल शाही तख़्त पर कब्ज़ा करने की मियां अली की कोशिश नाकाम होती है

1558: बीजापुर में अली आदिल शाह प्रथम सत्ता में आता है और निज़ाम शाहों के ख़िलाफ़ विजयनगर के राम राय के साथ गठजोड़ बनाता है

1561: हुसैन निज़ाम शाह विजयनगर और आदिल शाह से शांति की विनती करता है लेकिन फिर किसी दिन उनसे दोबारा लड़ने का संकल्प करता है

1562: राम राय विजयनगर का वास्तव में सम्राट बन जाता है

1564: क़ुतुब शाह, आदिल शाह और निज़ाम शाह वैवाहिक गठबंधन के माध्यम से विजयनगर के ख़िलाफ़ एक संघ बनाते हैं

1565: 'तालिकोट के युद्ध' के बाद विजयनगर बर्बाद हो जाता है; राम राय मारा जाता है

1570: मशहूर नुजूम अल-उलूम आदिल शाही दरबार में पेश किया जाता है

1571: मलिक अंबर एक गुलाम के रूप में दक्कन में आता है

1574: निज़ाम शाह बेरार को जीत जाते हैं और इमाद शाहों का राजवंश ख़त्म हो जाता है

1580: अली आदिल शाह के बाद इब्राहिम आदिल शाह द्वितीय राजा बनता है; चांद बीबी राज्य-संरक्षक बनती है

1582: चांद बीबी का अहमदनगर के निज़ाम शाही दरबार में प्रवेश

1588-91: अहमदनगर में उत्तराधिकार के विवाद और प्रतिद्वंद्विता; एक निज़ाम शाह की हत्या कर दी जाती है

1589: इतिहासकार फ़िरिश्ता आदिल शाही दरबार में आता है और इतिहास लिखता है

1591: मुग़ल बादशाह अकबर का ध्यान दक्कन की तरफ जाता है; अहमदनगर में एक नया निज़ाम शाह गद्दी पर बैठता है

1591: क़ुतुब शाह गोलकोंडा के बाहर हैदराबाद शहर को स्थापित करते हैं

1595: निज़ाम शाह की मौत हो जाती है और अहमदनगर में एक आध-अफ़्रीकी निज़ाम शाही शहज़ादे के थोड़े समय के राज के बाद गुटबाज़ी और अराजकता फैल जाती है

1595: मुग़ल अहमदनगर की घेराबंदी करते हैं; चांद बीबी शहर की रक्षा करती है और फिर समझौते की शर्तों पर सहमति बनती है

1596: चित्रकार फर्रुख बेग आदिल शाही दरबार में आता है और फिर तेरह साल तक रहता है

1597: चांद बीबी, क़ुतुब शाह और इब्राहिम आदिल शाह द्वितीय के साथ मुग़लों से लड़ती है लेकिन गठबंधन को हार मिलती है

1599: चांद बीबी की हत्या हो जाती है; अहमदनगर मुग़लों के हाथ में चला जाता है

1599: इब्राहिम आदिल शाह द्वितीय नौरसपुर शहर की स्थापना करता है

1600: इब्राहिम आदिल शाह द्वितीय और क़ुतुब शाह बादशाह अकबर को तोहफ़े भेजते हैं

1600: एक निज़ाम शाही शहज़ादे की तरफ से मलिक अंबर मुग़लों के ख़िलाफ़ लड़ाई छेड़ता है; उसकी बेटी की शादी नए निज़ाम शाह से होती है

1603: फ़ारस का शाह गोलकोंडा में क़ुतुब शाह के साथ वैवाहिक संबंध का प्रस्ताव रखता है

1604: इब्राहिम आदिल शाह द्वितीय जौहरी जाक्स डे कूत्र से मिलता है

1604: एक आदिल शाही शहज़ादी की शादी बादशाह अकबर के बेटे से होती है

1605: बादशाह अकबर की मौत के बाद आगरा में जहांगीर का शासन शुरू

1610: इब्राहिम आदिल शाह द्वितीय अपनी किताब-ए-नौरस पूरी करता है; चित्रकार कॉर्नेलियस हेडा बीजापुर में आता है

1610: मलिक अंबर खिरकी में अपनी राजधानी बनाता है (जिसका नाम बाद में बादशाह औरंगज़ेब ने औरंगाबाद कर दिया)

1616: मलिक अंबर मुग़लों के ख़िलाफ़ एक बड़ी लड़ाई हार जाता है

1617: इब्राहिम आदिल शाह द्वितीय मुग़लों के साथ समझौता करता है

1619: बारिद शाही ख़त्म होती है और उसे आदिल शाही राज्य में मिला लिया जाता है

1624: मलिक अंबर मुग़लों को हराता है और अपनी पुरानी इज़्ज़त और

ताक़त फिर से हासिल करता है

1626: मलिक अंबर की मौत

1627: बादशाह जहांगीर की मौत; आगरा में तख़्त-ए-ताऊस पर शाहजहां बैठता है

1627: बीजापुर में इब्राहिम आदिल शाह द्वितीय की मौत हो जाती है

1630: एक भयानक सूखा दक्कन को बर्बाद कर देता है; शाहजी और जीजाबाई के यहां शिवाजी भोंसले का जन्म होता है

1633: मलिक अंबर का बेटा निज़ाम शाही राज्य के बचे-खुचे हिस्से को मुग़लों को सौंप देता है

1636: आदिल शाह और क़ुतुब शाह दो 'समझौतों' के ज़रिये मुग़ल बादशाह का आधिपत्य स्वीकार करते हैं

1642: शिवाजी को उनके पिता आदिल शाही दरबार में पेश करते हैं

1643: मीर मुहम्मद सईद क़ुतुब शाही दरबार की असल ताक़त के रूप में उभरता है और मीर जुमला (मुख्य मंत्री) नियुक्त किया जाता है

1647: शिवाजी पुणे से अपनी शक्तियों का विस्तार करते हैं और आदिल शाही राज्य की क़ीमत पर मराठा स्वराज की शुरुआत करते हैं

1655: मीर जुमला को क़ुतुब शाह बर्ख़ास्त कर देता है; मीर जुमला मुग़लों से मदद मांगता है और बादशाह शाहजहां के बेटे औरंगज़ेब को गोलकोंडा लाता है; शर्तें तय की जाती हैं और गोलकोंडा की एक शहज़ादी की शादी औरंगज़ेब के बेटे से होती है

1656: औरंगज़ेब बीजापुर की घेराबंदी करता है और आदिल शाह के साथ समझौता किया जाता है; बीजापुर का कुछ इलाका मुग़लों के कब्ज़े में चला जाता है

1658: औरंगज़ेब अपने पिता को सत्ता से हटा देता है और उत्तराधिकार की लड़ाई के बाद मुग़ल बादशाह बन जाता है

1659: शिवाजी उन्हें मारने के लिए भेजे गए एक आदिल शाही सेनापति को मार डालते हैं; मराठा ताक़त बढ़ने लगती है

1664: शिवाजी सूरत में मुग़ल बंदरगाह को तबाह कर देते हैं; मुग़लों के साथ युद्ध बढ़ जाता है

1665: जय सिंह के नेतृत्व में मुग़ल शिवाजी को हरा देते हैं और समझौते की शर्तें तय की जाती हैं

1666: मुग़ल फिर बीजापुर की घेराबंदी करते हैं लेकिन उस पर कब्ज़ा करने में नाकाम रहते हैं

1666: शिवाजी आगरा जाते हैं लेकिन उन्हें नज़रबंद कर लिया जाता है; वो वहां से बच निकलते हैं

1670: ताक़त और दौलत हासिल करने के बाद शिवाजी फिर से सूरत पर हमला करते हैं

1672: क़ुतुब शाहों का अंतिम शासक अबुल हसन गोलकोंडा में सत्ता में आता है; असली ताक़त एक ब्राह्मण मंत्री मदन्ना के हाथ में रहती है

1674: गोलकोंडा मराठाओं को रक्षा करने के एवज में पैसे देना शुरू करता है

1674: शिवाजी ने स्वयं को मराठा स्वराज का अधिपति घोषित किया

1679: मुग़ल बीजापुर लौटते हैं; बातचीत होती है और बादशाह औरंगज़ेब के बेटे की शादी एक शहज़ादी से होती है

1680: शिवाजी की मौत और उनके पुत्र संभाजी का शासन

1685: मुग़लों की घेराबंदी के दौरान गोलकोंडा में मदन्ना की हत्या हो जाती है

1686: आदिल शाही राजवंश का खात्मा होता है और बीजापुर मुग़लों के पास आ जाता है

1687: क़ुतुब शाही राजवंश ख़त्म होता है और गोलकोंडा को मिला लिया जाता है

1689: मराठा शासक संभाजी की हत्या कर दी जाती है; मराठाओं का संघर्ष जारी रहता है

1707: बादशाह औरंगज़ेब की मौत हो जाती है; मुग़ल साम्राज्य का पतन शुरू हो जाता है

प्रस्तावना

रक्त और हीरे

दक्कन के इतिहास की शुरुआत अक्सर छत्रपति शिवाजी की कहानी से की जाती है। लेकिन इस किताब में शिवाजी केवल अंत में आते हैं।

1630 में, जब एक मराठा सामंत की पत्नी जीजाबाई ने अपने दूसरे बेटे को जन्म दिया था, शायद ही उन्होंने सोचा होगा कि ये लड़का बड़ा होकर मुग़ल साम्राज्य की ताक़त को हमेशा के लिए चकनाचूर कर देगा। लेकिन जिस दक्कन में शिवाजी का उदय हुआ, वो पहले से ही लुभावनी जगह थी, जिसने ऐसे कई असाधारण पुरुष और स्त्रियां देखी थीं जो अपने लिए भावी पीढ़ी के सम्मान की हकदार थीं। मिसाल के लिए, उसी सदी में, दक्कन ने देखा कि कैसे एक अफ्रीकी गुलाम की बेटी स्थानीय शासक की रानी बनती है और फिर ख़ुशी-ख़ुशी उस राजा की अधिक प्रिय फ़ारसी रानी की हत्या की साज़िश में शामिल होती है। कुछ दशकों बाद, दक्कनी पठार के दूसरे कोने में, एक बदक़िस्मत ब्राह्मण मंत्री औरंगज़ेब का कृपापात्र बनने के लिए एक तरफ उसे आम से लदी गाड़ियां भेजता है, वहीं दूसरी तरफ चोरी-छिपे बादशाह के साम्राज्य को कमज़ोर करने वाली साज़िशें रचता है। दक्कन वो जगह थी जहां एक मुस्लिम शहज़ादा पैगंबर की सीख से ज़्यादा तरजीह हिन्दू देवताओं को देने लगता है, और फिर इसका खुलासा होने के बाद बेचैन कट्टरपंथियों की दखलंदाज़ी को बेकार कर देता है। साधु-संतों ने भी इस भूमि की समृद्धि में योगदान दिया, हर साल शिव भक्त एक मशहूर मुस्लिम मज़ार पर यहां आया करते हैं। यहां सोने के सिंहासनों वाले शानदार महल थे और साथ ही गरजने वाली तोपों से लैस किले भी, जहां जाना मुश्किल था। दक्कन की सड़कों पर इराकी नस्ल के शानदार घोड़े दौड़ते थे, तो इलाके के कुलीन लोग ईरान में अपने दोस्तों के पहनने-ओढ़ने के शौक पर जान लुटाते थे। बर्मा और फ्रांस जैसे दूर-दराज के इलाकों से मुसाफिर दक्कन के धूल भरे मैदानों में आते थे, वहीं इसके हरम की बेगमों को देखकर यूरोपीय डॉक्टर भी दंग रह जाते थे, जिनकी त्वचा का रंग बिलकुल उन जैसा होता था। दुनिया के लिए दक्कन अलग पहचान रखने वाली भारतीय भूमि थी, वहीं भारतीयों के लिए ये दुनिया का आईना था।

भारत के इतिहास के इसी अध्याय को ये किताब जीवंत करना चाहती है। अक्सर दक्कन को केवल औरंगज़ेब और शिवाजी के बीच हुए महायुद्ध के मैदान के तौर पर दिखाया जाता है, बाकी सारी चीज़ें उनकी सनसनीखेज़ बदले

की लड़ाई की परछाईं में छिप जाती हैं। ये कहानी तो बताई ही जानी चाहिए: आखिरकार ये दक्कन ही था, जहां चंगेज़ खां और तैमूर के वंशज, औरंगज़ेब का शासक के रूप में उदय हुआ, लेकिन केवल तख़्त-ए-ताऊस पर बैठे बादशाहों के अंत की शुरुआत के लिए। यहीं मराठा स्वराज का जन्म हुआ था, इसके लड़ाके एक ज्वालामुखी विस्फोट की तरह निकले थे, और अपना झंडा उन्होंने तंजौर से ग्वालियर और बंगाल से पंजाब तक फहरा दिया था। लेकिन दक्कन मराठाओं के आगमन के पहले भी असाधारण था, एक ऐसी कहानी का गवाह था जो भारत में मुग़लों की विजय के काफ़ी पहले लिखी जा रही थी। इस युग में दक्कन की नियति को गढ़ने वाले मुसलमान शासक अलग मिट्टी के थे, ये वो बाग़ी थे जो दिल्ली से यहां उस ज़मीन पर कब्ज़ा करने आए थे जो कभी होयसल और काकतीय राजघरानों की हुआ करती थी। इन बाग़ी सुल्तानों ने एक साथ मिलकर एक नई दुनिया को बनाया था, ऐसी दुनिया जहां सांसें रोक देने वाली उपलब्धियां थीं और साथ ही चौंका देने वाले विरोधाभास भी थे। और भले ही वो एक-दूसरे से अक्सर लड़ते-भिड़ते रहते थे, उन्होंने एक ऐसी भूमि को आकार दिया जो शुरुआती आधुनिक जगत के लिए ईर्ष्या और कई शासकों की कभी ना पूरी होने वाली आकांक्षाओं का केंद्र बन गई थी। मराठा और मुग़ल निश्चित रूप से महत्वपूर्ण हैं, लेकिन, वो शानो-शौकत जिसने मुग़लों को ललचाया, और वो आग जिसने मराठाओं को प्रेरित किया, वो पहले के एक युग में उभर चुकी थी, जिसके संदर्भ अलग थे: यही वो दुनिया है जिसकी सैर हम इस किताब में करेंगे, और यही वो अतीत है जिसे हम आने वाले पन्नों में ढूंढ़ेंगे।

दक्कन की कहानी की जड़ें भारतीय इतिहास में गहरी हैं। उपमहाद्वीप के शुरुआती इतिहासकार नर्मदा नदी पर रुका करते थे, और उन्होंने नदी के उस पार पठारी इलाके को प्राकृत नाम दिया 'दखिन'। संस्कृत में ये 'दक्षिण' हो गया और अंत में 'दक्कन'[1] बन गया, जिसे आज सब जानते हैं। पहली शताब्दी में, *इरीथ्रियन सागर के रहस्यमयी पेरिप्लस* में इस त्रिकोणीय भूमि को नाम दिया गया 'डैकिनाबेड्स', दक्षिणी देश, जहां कपास और गोमेद की बहुतायत थी, वहीं पांचवीं शताब्दी में चीनी यात्री इससे डरते थे और इसे ता-थ्सिन कहते थे, ऐसा ढालू इलाका, जहां सड़कें ख़तरनाक थीं और उन्हें ढूंढ़ना मुश्किल था।[2] सम्राट अशोक के दिनों में, मौर्य वंश ने इन हिस्सों पर थोड़े दिनों तक तो शासन किया, लेकिन उसकी मौत के तुरंत बाद, जैसे ही मौर्य वंश का पतन हुआ, दक्कन के आंध्र वंश ने उत्तर के इस जुए को उतार फेंका। चौथी शताब्दी में पाटलिपुत्र के शासक समुद्रगुप्त ने तमिल देश में कांची तक पहुंच बना ली थी, लेकिन उसने बुद्धिमानी दिखाते हुए इन अपरिचित इलाकों को वास्तव में अपने अधीन करने के बजाय वहां के सामंतों की निष्ठा को स्वीकार कर लिया। दक्षिण में कोई भी जीत लंबे समय तक नहीं टिक सकी, और ना ही दूर-दराज का कोई राजा यहां हमेशा के लिए कब्ज़ा कर सका—लेकिन समुद्रगुप्त के चार सौ साल बाद,

राष्ट्रकूटों ने इतिहास का रुख मोड़ दिया, और अपनी ताक़त और इस्पाती इरादों को गंगा के मैदानी इलाकों तक पहुंचा दिया।[3] समय के साथ कई उतार-चढ़ाव आए, लेकिन दक्कन अपने हौसले और अपनी ताक़त में कभी पस्त नहीं हुआ। कुछ लोगों के लिए तो ये लुभावने खज़ानों और बेहतरीन मौकों का साम्राज्य था; लेकिन कई दूसरों के लिए दक्कन बदक़िस्मती बन गया: शक्तिशाली शासकों के पतन का कारण और गौरवशाली साम्राज्यों की कब्रगाह भी।

तभी तो, भारत को जानने के लिए हमें दक्कन को जानना ही होगा। लेकिन इसकी सारी कहानियों को एक साथ बता पाना बेहद मुश्किल काम है—यह भूमि इतनी समृद्ध है कि हज़ार पन्ने भी कम पड़ जाएंगे। इसलिए, जो किताब आपने उठाई है, उसके ऊंचे सपनों में भी थोड़ी शालीनता है। हम दिल्ली सल्तनत के काल से शुरुआत कर रहे हैं, जिसके एक शासक अलाउद्दीन ने तेरहवीं शताब्दी में दक्षिण की तरफ कूच किया और वो सब नष्ट कर दिया जो पीढ़ियों से वहां जमा किया गया था। पुराने ग्रंथों में हम जिन राजवंशों—काकतीय, यादव और होयसल—की वीरता की कहानियां पढ़ते हैं, वो राख कर दिए गए, और प्रायद्वीपीय क्षेत्र तबाही के चौराहे पर खड़ा कांपता रहा। लेकिन उसी पुरानी दुनिया के अवशेषों से कुछ नया जन्मा; ऐसा कुछ जो आने वाली साढ़े तीन शताब्दियों तक डटा रहा, और जिसने भारतीय लोगों की नियति पर एक अमिट निशानी छोड़ दी। मिसाल के लिए, उसी अतीत की राख से, भाइयों के एक दस्ते ने विजयनगर के साम्राज्य को खड़ा किया, ऐसा साम्राज्य जिसे हिन्दू प्रतिरोध के गढ़ के रूप में प्रचारित किया गया, जबकि सही मायने में वो इससे कहीं अधिक भव्य था। हम आगे के पन्नों में देखेंगे कि विजयनगर कट्टरवाद की रक्षा के लिए बनाया गया गढ़ नहीं था, बल्कि अद्भुत और साहसिक आविष्कारों का आधार था; इसके शासक धार्मिक असंतोष के सागर में डूबे नहीं, बल्कि उदारता के साथ अलग-अलग विचारों और शैलियों को उन्होंने आगे बढ़कर अपनाया। दुनिया भर से लोग उनकी राजधानी में आते थे, और अपने साथ पुराने रीति-रिवाजों के संग साहसिक विचार भी लाते थे: पर्सिपोलिस के पैटर्न विजयनगर के विशालकाय मंडपों में दोहराए गए, तुर्क और अरब किरदार इनके मंदिर के खंभों में हमेशा के लिए अंकित हो गए। दक्कन के शासकों की दृष्टि भले ही भारतीय परिदृश्य पर टिकी रहती थी, उनके मस्तिष्क में इससे आगे की दुनिया का अद्भुत विस्तार समाया हुआ था। इससे ना सिर्फ वो समृद्ध हुए, बल्कि उस महाकथा को दृढ़ता भी दी, जो भारत की कहानी है।

दिल्ली सल्तनत और दक्कन के प्राचीन राजघरानों की टक्कर से उभरे बहमनी सल्तनत ने पठार के उत्तरी इलाके तक ना सिर्फ ख़ुद को फैलाया, बल्कि इसे विजयनगर के दक्षिणी इलाके की तरह एक असाधारण स्थान में बदल दिया। लेकिन जब उस महान साम्राज्य का अंत हुआ, तो उससे पांच उत्तराधिकारी

राज्य जन्मे, जिनमें से तीन की नियति उन्हें महान बनाने वाली थी। अहमदनगर पर निज़ाम शाहों का शासन था, जिनमें से एक ने विजयनगर को प्रतिशोध की लड़ाई में सबसे ज़्यादा उलझाया। बीजापुर पर आदिल शाहों का शासन हुआ, जिन्हें किताबों से प्यार था और जो अपना धर्म छोड़ने तक का विचार कर रहे थे। और जवाहरातों से भरी ज़मीन से घिरे, गोलकोंडा में क़ुतुब शाहों का शासन था, जिनकी समृद्धि तो दूर-दराज अमेरिका में भी लोगों को लुभाती थी। इन दरबारों के इर्द-गिर्द कई कहानियों ने आकार लिया: जहां एक तरफ शाही ख़ून बहाने वाले धोखेबाज़ हिजड़े थे, वहीं दूसरी तरफ देश के लिए सब कुछ दांव पर लगा देने वाले शाही नौकर भी। एक तरफ जहां परिवार में सत्ता और फायदे के लिए एक-दूसरे से भिड़ने वाले गुट थे, वहीं ऐसी योद्धा रानियां भी थीं, जिन्होंने बहादुरी दिखाते हुए कई लड़ाइयों में सेना की अगुआई की। दक्कन में ही, गोवा में, पुर्तगालियों ने भारत में अपना सबसे बड़ा अड्डा जमाया, और मुसलमान अली को ईसाई फ़र्नांडो का नया अवतार दिया। ख़ून की नदियों में डूबे रहने के बावजूद, दक्कन ने ऐसी कला को भी जन्म दिया जिसकी मौलिकता चौंकाती है—उदाहरण के लिए, विद्या की देवी सरस्वती की ऐसी तस्वीर जिसका इस्लामी रूप अभूतपूर्व था, या हिन्दू योगिनी की तस्वीर जिस पर चीन जैसे दूर-दराज के देशों का प्रभाव दिखता है। और, इस तरह, इस ज़मीन ने चाहे वक़्त की कितनी भी मार झेली, उसी के बीच इतिहास पर ऐसी छाप छोड़ी जो गलतियों से भरे इंसान के अविवेकी कदमों से परे है, ये भूमि उन ऊंचाइयों को छू चुकी है जिन्होंने एक पूरी सभ्यता में नई जान फूंकी है। और इसके लिए भी, दक्कन को महत्व दिया जाना चाहिए।

निश्चित रूप से, इन जगमगाते साम्राज्यों की मौत और तबाही इनका समय पूरा होने के बाद आई, और आज उनके अवशेष के रूप में केवल असहाय स्मारक बच गए हैं। मिसाल के लिए, अगर आप गोलकोंडा जाते हैं तो आपका स्वागत बिखरे हुए पत्थरों का एक पहाड़ करेगा। ज्यां-बैप्टिस्ट टैवर्नियर ने इन इलाकों में करीब पांच लाख रुपए क़ीमत का एक हीरा देखा,[4] वहीं ज्यां डि थेवेनो का दावा था कि क़ुतुब शाह क़ीमती पत्थरों के मामले में भारत के सभी राजाओं से आगे थे।[5] आज गोलकोंडा के महलों के तहखानों में केवल चमगादड़ें बसती हैं, इसके पुराने बादशाहों की कब्रें सार-संभाल का इंतज़ार कर रही हैं, हीरों के ढेर से न सही, बस प्लास्टर और पेंट ही काफी है। लेकिन इतिहास दुखद कहानियों से भरा पड़ा है—दक्कन को असली श्रद्धांजलि उसके शानदार अतीत से सीख हासिल करने में है। हम पाते हैं कि पूर्वाग्रहों से मुक्त होकर समाज महानता की ऊंचाई छू सकता है। दूसरी तरफ, बंटे और टूटे-फूटे समाज की तबाही भी जल्दी होती है। इसने बहमनियों को शापग्रस्त किया और जल्दी ही ये वो नासूर बन गया जिसने हमारे बाग़ी सुल्तानों को निगल लिया—एकजुट होकर वो दक्षिण में विजयनगर में अपने दुश्मन को तबाह कर सके थे, वहीं अंत

में वो बंटे और फिर उत्तर भारत के शासक मुग़लों के हाथों ख़त्म हो गए। उनका इतिहास धैर्य और विवेक की पच्चीकारी है, एक सामूहिक अनुभव जो भारतीय लोगों की विरासत के रूप में उतना ही मौजूद है, जितना हमें आज भी चौंका देने वाले खंडहरों के रूप में। इस बात में अंतर आ सकता है कि हम उनके सबक कैसे याद रखेंगे, लेकिन हमें याद ज़रूर रखना चाहिए। क्योंकि दक्कन साक्षी था भारत के निर्माण का, और भारत को इसे अपनी श्रद्धांजलि देनी चाहिए, इसे याद रखकर और इसकी यादें ताज़ा करके।

भारतीय पुरातत्त्व सर्वेक्षण

तिरुपति के वेंकटेश्वर मंदिर में विजयनगर के राय कृष्णदेव, और उनकी दो रानियों की आदमकद कांस्य प्रतिमाएं, 1516 ईसवी

आमुख

राजसी पैर

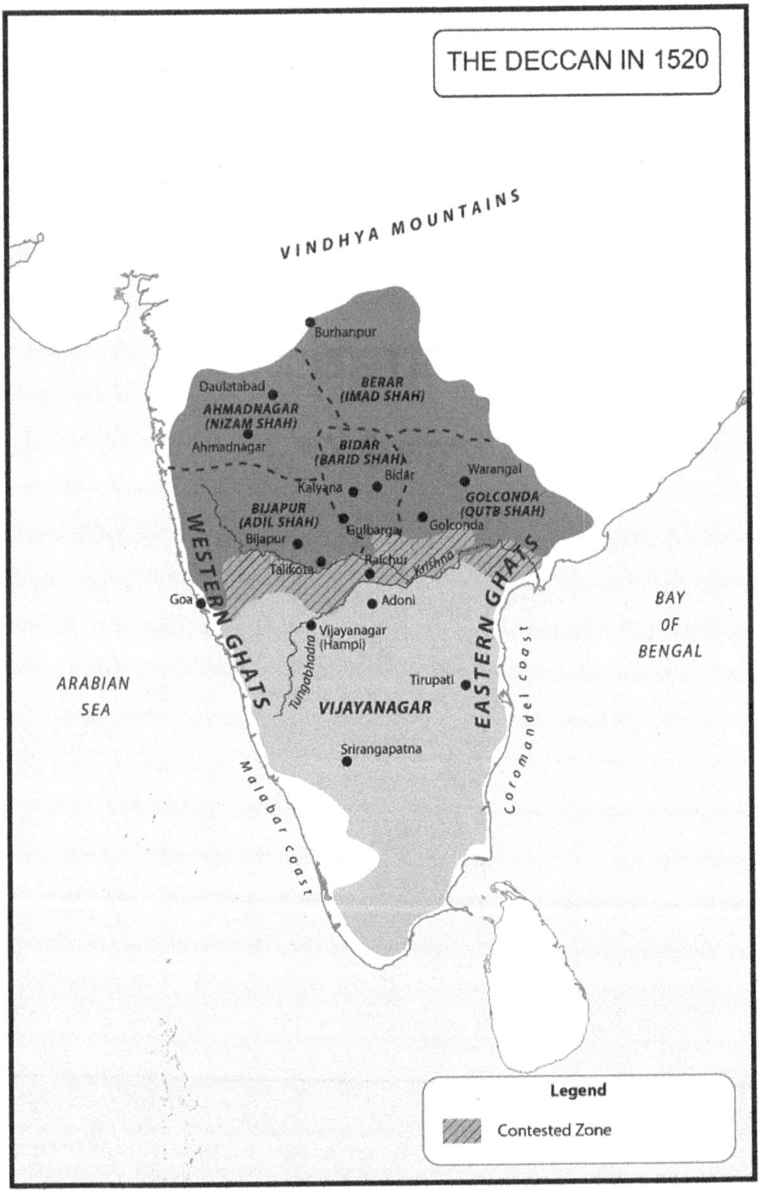
THE DECCAN IN 1520
VINDHYA MOUNTAINS
Burhanpur
Daulatabad
AHMADNAGAR
(NIZAM SHAH)
Ahmadnagar
BERAR
(IMAD SHAH)
BIDAR
(BARID SHAH)
Bidar
Warangal
Kalyana
GOLCONDA
(QUTB SHAH)
BIJAPUR
(ADIL SHAH)
Gulbarga
Golconda
Bijapur
Talikota
Raichur
Krishna
WESTERN GHATS
EASTERN GHATS
Goa
Adoni
Vijayanagar
(Hampi)
Tungabhadra
BAY
OF
BENGAL
ARABIAN
SEA
Tirupati
VIJAYANAGAR
Coromandel coast
Srirangapatna
Malabar coast
Legend
Contested Zone

19 मई 1520 को, जब बीजापुर का शासक इस्माइल आदिल शाह जल्दी-जल्दी अपने हाथी पर चढ़कर भाग रहा था, वो युद्ध के मैदान में अपनी शाही साख से कहीं ज़्यादा पीछे छोड़कर जा रहा था। ये मानकर कि जीत जल्दी मिलेगी, उसने दक्षिण में अपने खानदानी प्रतिद्वंद्वी विजयनगर के राय के ख़िलाफ़ युद्ध छेड़ने के लिए अठारह हज़ार घुड़सवारों, एक लाख बीस हज़ार सैनिकों और कम से कम डेढ़ सौ हाथियों के साथ कृष्णा नदी को पार किया था। फ़ौज के ये आंकड़े निश्चित रूप से विपक्षी को डराने वाले थे, लेकिन इस्माइल को अच्छी तरह पता था कि उसके पारंपरिक सैन्य संसाधन उस ताक़त और संसाधन की तुलना में कई गुना कम थे, जो उसके दुश्मन विजयनगर का राजा जुटा सकता था। इन हालातों के बावजूद आदिल शाह को जीत का भरोसा था, तो वो पारंपरिक युद्ध के पैमानों पर नहीं था बल्कि उन बड़ी बंदूकों के बल पर था जो बड़ा अंतर ला सकती थीं। उसका अनुमान सतही तौर पर सही था। लेकिन वो ये अनुमान लगाना भूल गया था कि उन बंदूकों में गोलों को डालने और फिर उन्हें दागने में उसके सैनिक कितना वक़्त लगाएंगे। अंत में हुआ ये कि सैनिकों के धीमेपन ने उसका पलड़ा हल्का कर दिया, और जब राय के सताईस हज़ार घुड़सवारों ने आंधी की तरह आदिल शाह के डरे हुए सैनिकों को काटना शुरू किया, तो रक्त के महासागर के रूप में नर्क पृथ्वी पर उतर आया। इस्माइल ख़ुद मुश्किल से इस नरसंहार से बच पाया, और भागने की हताशा में वो अपने पीछे—नदी के दूसरी तरफ—छोटी और बड़ी, करीब नौ सौ तोपें छोड़ आया, जो उस दुश्मन के इस्तेमाल के लिए पूरी तरह तैयार थीं, जिसे उसने कम आंकने की गंभीर गलती की थी।[1]

आदिल शाह और विजयनगर के ताक़तवर राय के बीच लड़ाई काफ़ी पुरानी थी। कृष्णा और तुंगभद्रा नदियों के बीच रायचूर का बेशक़ीमती त्रिकोणीय ज़िला है, बेहद उपजाऊ और साथ में लोहे और हीरे के भंडार से समृद्ध भी। बीते समय में, काकतीय और होयसल राजवंशों में इसके लिए लड़ाई हुई थी, और उनके भी पहले चालुक्यों और पल्लवों में। और अब, मध्ययुगीन काल के अंतिम वर्षों में, ये इलाका लगातार किसी ना किसी राज्य की लालच भरी नज़रों को अपनी ओर आकर्षित कर रहा था, जो दक्कन में इन प्राचीन राजघरानों के उत्तराधिकारी थे।[2] विजयनगर के संस्थापकों में से एक ने ज़िले पर पकड़ बनाए

रखी थी, जबकि उस दौरान साम्राज्य के गठन का काम जारी था—और इसी पर उनका रायचूर पर लंबे समय से चला आ रहा दावा टिका था।[3] हालांकि, सच ये था कि ज़्यादातर समय तक ये इलाका उत्तरी दक्कन के मुसलमान शासकों के नियंत्रण में था, जो रायचूर को अपनी शाही रियासतों के अभिन्न अंग के रूप में देखते थे। 1520 में दोआब आदिल शाह की मज़बूत पकड़ में था, जो बीजापुर से राज करता था[4], जब तक कि अचानक दक्षिण में राय ने, जो प्रायद्वीप के अधिकतर क्षेत्र को जीत चुके थे और अपना शासन करीब-करीब उपमहाद्वीप के अंतिम छोर तक फैला चुके थे, ये फ़ैसला नहीं किया कि अब एक बार फिर से रायचूर किले और उसके चारों तरफ की क़ीमती ज़मीन पर दावा करने का समय आ चुका है। इसके कारण भावनात्मक भी थे और आर्थिक भी।

विजयनगर के राय कृष्णदेव शानो-शौकत की ज़िंदगी बिताते थे। दर्जनों कवि उनकी प्रशंसा के पुल बांधा करते थे, लेकिन साम्राज्य का हीरे का सिंहासन[5] कभी भी उनका नहीं था। वो अपने पिता की गैर-कुलीन पत्नी से पैदा हुए थे, जबकि उनके पहले का राजा और उनका सौतेला भाई कुलीन रानी की संतान था।[6] किंवदंती के अनुसार, जब वो भाई अपनी मृत्यु-शय्या पर था, तो उसने अपने मंत्री से वादा लिया कि वो महत्वाकांक्षी कृष्णदेव को अंधा कर देगा ताकि उसकी अपनी संतानों के राजसी भविष्य को कोई ख़तरा ना रहे। यह कहा जाता है कि मंत्री ने अशक्त राजा के सामने तो हामी भर दी और काम पूरा होने के सुबूत के तौर पर बकरी की आंखें राजा को दिखा दीं और फिर राजगद्दी पर ख़ुशी-ख़ुशी कृष्णदेव को बैठा दिया।[7] सभी जीवित प्रतिद्वंद्वियों को दूर-दराज़ के एक किले के कैदखाने में डाल दिया गया, और जल्दी ही कृष्णदेव ने अपना विजय अभियान शुरू कर दिया। (साथ ही आधा दर्जन साहित्यिक रचनाओं के लिए समय भी निकाल लिया)[8] शायद अपनी मां की स्थिति को देखने के बाद, उन्होंने एक नर्तकी, जो उनकी प्यारी उप-पत्नी थी, को रानी का दर्जा दिया, एक और राजकुमारी से विवाह किया, और उड़ीसा के सामंत को हराने के बाद, उसकी बेटी को भी अपने हरम में जोड़ लिया।[9] हालांकि ये नई पत्नी अपने साथ एक राजनीतिक समझौते की तरह होने वाले व्यवहार से ख़ुश नहीं थी—यह विवाह विफल रहा था, उत्तराधिकारियों को पैदा करने के मामले में, और रानी के अपने पति से यथासंभव दूरी बनाए रखने की चाहत के मामले में भी।[10]

लेकिन घरेलू कलह को छोड़ दें तो कृष्णदेव के भाग्य में महानता लिखी थी, बाद के एक ग्रंथ में तो उन्हें विष्णु के अवतार के रूप में दिखाया गया है।[11] चक्र और शंख अंकित उनका ध्वज दक्षिण भारत में उनके अभियान के दौरान लहराता रहता था; जैसा कि पुर्तगाली इतिहासकार फारिया सूजा ने लिखा, जब 'बिसनग के कृष्णा राव' मैदान में उतरे, उनकी सेना ने 'मैदानों और पहाड़ियों को ढक लिया और नदियों का प्रवाह रोक दिया'। करीब सात लाख लोग उनके

पीछे थे, इनके अतिरिक्त 'दूसरे लोग इतनी बड़ी तादाद में थे कि केवल वेश्याएं ही बीस हज़ार से ज़्यादा थीं'।[12] संस्कृत के शिलालेख तो और भी अतिरंजित थे। उनमें कहा गया कि कृष्णदेव के चमकदार गौरव के सामने सूर्य भी मात खा गया और वो 'पश्चिमी महासागर में इस तरह डूब गया जैसे कि वो इस मानसिक पीड़ा को सहन करने में असमर्थ हो'।[13] ऐसा माना जाता था कि राजसी मेहराबों में सौ करोड़ से भी ज़्यादा का खज़ाना छिपा है, जिसमें से छह करोड़ तो केवल क़ीमती पत्थरों के रूप में थे; आज के हिसाब से इनकी क़ीमत को आप हज़ार गुना कर लीजिए।[14] हालांकि कृष्णदेव राय के पूर्वज कर्नाटक के तटीय इलाकों से आए थे, उन्होंने अपने साम्राज्य के आंध्र और तमिल इलाकों के मंदिरों को अधिक उदारता से दान दिया—1513 से शुरू करके उन्होंने तिरुपति के दर्शन छह बार किए, वहां भगवान पर धन की वर्षा कर दी, और साथ ही दो प्रिय रानियों के साथ अपनी कांस्य प्रतिमा भी भेंट की। इन सबके बावजूद, उत्तराधिकार को लेकर वो हमेशा मुश्किलों में रहे। उनकी बेटियां (जिनमें से एक कवि थी) और तीन बेटे थे। पहले दो अपने महान पिता के पहले ही असमय मृत्यु को प्राप्त हो गए और तीसरा काफ़ी छोटा था। अंत में, कृष्णदेव राय का उत्तराधिकारी उसी किले से आया जहां उन्होंने अपने उन राजसी प्रतिद्वंद्वियों को कैद कर रखा था, जिनके बारे में उन्हें डर था कि वो उनकी सत्ता और राज्य को चुनौती दे सकते हैं।

इन परेशानियों के होते हुए भी कृष्णदेव वीरता की प्रतिमूर्ति थे। यात्री डोमिंगोस पेस ने लिखा है, 'राजा मध्यम कद, गौर वर्ण और अच्छे डील-डौल का है, सामान्य से थोड़ा अधिक मोटा; उसके चेहरे पर चेचक के दाग हैं...वो एक महान शासक है और न्यायप्रिय है, लेकिन कभी-कभी अचानक गुस्से में आ जाता है'।[15] कथित तौर पर, हर सुबह वो तीन-चौथाई पिंट तिल का तेल पीता है, जिसके बाद वो उसी तेल से अपना पूरा शरीर मलता है; वो अपनी कमर को एक छोटे कपड़े से ढकता है, और अपनी बांहों में मिट्टी के बने बड़े-बड़े वज़न उठाता है, और फिर, एक तलवार लेकर वो तब तक कसरत करता है, जब तक कि सारा तेल पसीने के साथ बह ना जाए, और इसके बाद वो अपने एक पहलवान के साथ कुश्ती करता है।' इतनी कसरत करने (और इसका राजसी प्रदर्शन करने) के बाद, 'वो एक घोड़े पर चढ़कर सवेरा होने तक एक दिशा से दूसरी दिशा में दौड़ता है, क्योंकि यह सब वो दिन चढ़ने के पहले करता है।' जब दरबार में जाने का समय होता है, वो एक अंगरखा पहनता है जिस पर 'सोने के ढेरों गुलाबों' की कढ़ाई की गई होती है, और अपने सिर पर 'गैलिशियन हेलमेट की तरह' ज़रीदार टोपी पहनता है।[16] पेस के मुताबिक एकमात्र अजीब बात ये थी कि राजा हमेशा नंगे पैर रहता था। लेकिन हीरे के सिंहासन पर बैठे हुए, और अपने मंत्रियों, ब्राह्मणों और लबादे पहने हिजड़ों से घिरे हुए,[17] कृष्णदेव का व्यक्तित्व निश्चित रूप से प्रभावशाली था, ऐसा व्यक्तित्व जो अपने सामने

की हर चुनौती को पूरा करने में सक्षम दिखता था, चाहे वो चुनौती कितनी भी मुश्किल क्यों ना हो।

अपने शासन के पहले पूरे दशक के दौरान, विजयनगर के राय ने तुंगभद्रा के उत्तर में हो रही हलचल पर नज़र बनाए रखी थी। पूरा उत्तरी दक्कन—पश्चिमी तट से लेकर पूर्व तक—एक समय बहमनी सुल्तान के अधिकार में था, और कम से कम 1444 से, राय इस राजा को छिटपुट तोहफ़े देते रहे थे, कभी स्वेच्छा से अधीनता स्वीकार करके तो कभी सैन्य धमकी के दबाव में।[18] कृष्णदेव के समय तक, हालांकि, ये पारंपरिक दुश्मन (और 'अधिपति' होने का दावा करने वाला) अपनी हैसियत और अहमियत खो चुका था। 1520 में रायचूर के युद्ध के पहले ही, आदिल शाह जैसे पूर्व सामंतों के बग़ावती तेवर को रोक पाने में नाकाम और बेअसर, बहमनी सुल्तान केवल नाम का सुल्तान रह गया था और धीरे-धीरे अपनी सारी ताक़त, दौलत और हैसियत खोता जा रहा था।[19] उसके सबसे ताक़तवर जागीरदार—निज़ाम शाह, क़ुतुब शाह, आदिल शाह, और अन्य—बीमार राज्य के बचे-खुचे हिस्सों के लिए लड़ रहे थे, अपने लिए रियासतें बना रहे थे, हालांकि कठपुतली सुल्तान के लिए पाखंड करते थे और उसके नाम पर सिक्कों की ढलाई करवाते थे। इसके बावजूद, सभी को ये मालूम हो चुका था कि बहमनी घराने का सूरज डूब चुका है; उनका अंतिम सुल्तान, कृष्णदेव के जीवनकाल के बाद, आखिरकार वेश बदलकर अपने महल से भागने को मजबूर हो गया, वो मक्का जाने वाली नाव में सवार हुआ और हमेशा के लिए गुमनामी में खो गया।[20]

1520 में, उत्तरी क्षेत्र में अराजकता के बीच अपने लिए सही अवसर देख, कृष्णदेव ने रायचूर की तरफ कूच किया और किले की घेराबंदी कर ली। मूल ढांचा दो शताब्दी से भी पहले एक काकतीय सेनापति ने बनाया था, जिनमें ग्रेनाइट के स्लैब इतने बड़े-बड़े थे कि स्थानीय लोगों का विश्वास था कि ये दीवारें इंसानों ने तो नहीं बनाई थीं। 1460 के दशक के अंतिम वर्षों में बहमनियों ने अंदरूनी किले को बाहरी मज़बूत दीवारों से सुदृढ़ कर दिया था, 'उत्तर भारत और मध्य पूर्व से आयातित नई अभियांत्रिकी तकनीक का फायदा उठाते हुए', उन्होंने एक खाई, ढेरों बुर्ज, और शहर के पूर्वी और पश्चिमी छोर पर फाटक बनवाए।[21] पुर्तगाल से आए घोड़ों के व्यापारी फर्नाओ नुनिज़ ने उल्लेख किया है कि किले की दीवारों पर कम से कम दो सौ भारी, और कई छोटी तोपें तैनात थीं, साथ ही रायचूर के सैनिकों को तीस गुलेलें भी दी गई थीं ताकि हमलावरों पर बड़ी चट्टानें फेंकी जा सकें।[22] नगर की रखवाली करने वाली सेना का आकार भी आदिल शाह के लिए ज़िले के महत्व को देखते हुए काफ़ी बड़ा था—अंदर की तरफ आठ हज़ार सैनिक, चार सौ घुड़सवार और बीस हाथी तैनात थे, जो किले की अभेद्य दीवारों को मज़बूती देने के लिए पर्याप्त अमला मुहैया कराते थे।

हालांकि, जब कृष्णदेव आए, वो करीब तीन गुना ज़्यादा घुड़सवारों और पांच लाख से ज़्यादा सैनिकों के साथ आए, और इससे बीजापुर के आदिल शाह को तुरंत समझ आ गया कि अगर उसने रायचूर की रक्षा के लिए ख़ुद कोई कदम नहीं उठाए तो ये उसके हाथों में ज़्यादा वक़्त तक नहीं रहेगा।[23]

रायचूर पर आक्रमण करने के लिए कृष्णदेव ने जो बहाना बनाया, वो पहले जैसे ही बहानों की तरह, बिलकुल नई मनगढ़ंत बात थी (बशर्ते वो किसी इतिहासकार के ख़ुराफ़ाती दिमाग की उपज ना हो)। ऐसा माना जाता है कि एक व्यापारी, जिस पर विजयनगर की सरकार की कुछ रकम बकाया थी, भागकर आदिल शाह के इलाके में चला गया था, और चूंकि आदिल शाह ने उस व्यापारी को राय को नहीं लौटाया, इसका मुआवजा बलपूर्वक लेना पड़ा।[24] अतीत में भी, अजीब वजहों ने उत्तरी और दक्षिणी दक्कन के शासकों के बीच युद्ध को जन्म दिया था, हालांकि ये वजहें केवल रणनीतिक गणनाओं को छिपाने का साधन होती थीं। एक बार, बहमनी सुल्तान ने अपने दरबार में मनोरंजन करने वाले कुछ संगीतकारों को अपने दक्षिणी 'जागीरदार' के पास भेजा, और उसे निर्देश दिया कि वो उनका हिसाब निपटा दे। जब विजयनगर ने इस अपमान का कड़वा घूंट पीने से मना कर दिया—और बहमनी के दूत को गधे पर बैठाकर घुमाया[25]—तो दोनों राजा भिड़ गए।[26] एक शताब्दी पहले ऐसे ही एक और उदाहरण में, विजयनगर के एक राय ने रायचूर में किसी सुनार की बेटी की सुंदरता के बारे में सुना। जब उस लड़की ने राय के हरम में शामिल होने से इनकार कर दिया तो उसने लड़की—और ज़िले को भी—कब्ज़े में लेने के लिए सेना भेजने का फ़ैसला किया। एक बार फिर इस बनावटी वजह के आधार पर लड़ाई छिड़ी, जिसमें विजयनगर की करारी शिकस्त हुई, और उसे तैंतीस लाख सोने की मुहरें देने को मजबूर होना पड़ा,[27] और सुनार की बेटी दक्षिण नहीं बल्कि उत्तर में बहमनी सुल्तान के बेटे के हरम में ले जाई गई।[28] बाद में हुआ ये कि उस बेटे को अंधा कर दिया गया और राज्य से निकाल दिया गया, यानी रायचूर की उस सुंदरी के भाग्य में किसी भी तरह से सुख तो नहीं ही लिखा था।[29]

खैर, 1520 में, भले ही कोई व्यापारी अपना बकाया चुकाए बगैर भागा हो या नहीं, विजयनगर का राय स्वयं आदिल शाही इलाके में था। दुर्भाग्य से, कृष्णदेव के पास रायचूर किले की मज़बूत दीवारों को तोड़ने के लिए तोपें नहीं थीं।[30] लेकिन कोई ना कोई तरीका ढूंढ़ निकालने वाले कृष्णदेव का दिमाग जटिल समस्याओं के लिए भी आसान जवाब लेकर हाज़िर था, और उन्होंने अपने आदमियों को कुदाल और बरमे से बिलकुल पुराने तरीके से दीवारें तोड़ने का आदेश दिया (साथ ही आदमियों को उन लोगों की लाशों को भी ठिकाने लगाना था जो ऊपर दुश्मन की तरफ से फेंकी जा रही चट्टानों के शिकार हो रहे थे)।[31] इस बीच, आदिल शाह के आदमियों के पास हमलावरों पर दागने के

लिए तोपें तो थीं, लेकिन वो इस तरीके से तैनात थीं कि उनका मुंह नीचे की तरफ दीवारें तोड़ रहे आदमियों की तरफ नहीं किया जा सकता था—आदिल शाह के पास सारी तकनीक तो थी, लेकिन फिर भी वो उसे अपने फायदे के लिए इस्तेमाल करने की स्थिति में नहीं था।[32] तीन महीने की तोड़फोड़ और अंधाधुंध निशानेबाज़ी के बाद, दोनों पक्षों को थोड़े दिनों की मोहलत तब मिली, जब ये सुनकर कि आदिल शाह ने कृष्णा नदी को पार कर लिया है, राय ने घेराबंदी हटा दी और अपने दुश्मन से भिड़ने के लिए आगे बढ़े। जैसा नुनिज़ ने लिखा है, 'बिना किसी को कुछ भी बताए, कृष्णाराव ने एक घोड़े को तैयार करने का आदेश दिया, और वो पूरी रफ्तार से इस्माइल की तरफ बढ़ा', वो केवल तभी रुका जब उसे रास्ते में पुर्तगाली व्यापारियों से कुछ लड़ाकू घोड़े लेने थे, जबकि उसकी सेना में जल्दी से जल्दी साथ होने के लिए हड़बड़ी मच गई थी।[33]

19 मई का युद्ध बीजापुर के आदिल शाह के लिए बहुत बड़ी हार लेकर आया था। उसकी तोपें ताक़तवर थीं और, लड़ाई की शुरुआत में, कृष्णदेव इतने घबरा गए थे कि उन्होंने अपनी अंगूठी उतारकर एक संदेशवाहक को दे दी और ये कहा कि अगर वो मर जाएं तो ये उनकी रानियों को दे दी जाए।[34] लेकिन, तोपें दक्कन के लड़ाई के मैदानों में शायद ही इस्तेमाल हुई थीं, और आदिल शाह की अनुभवहीन सेना की एक सामरिक गलती ने राय के सैनिकों के लिए अवसर का द्वार खोल दिया था—तोपची एक ही पंक्ति में थे, और सबने एक साथ गोले दाग दिए, इसलिए शुरुआती हमले के बाद वो सभी अपनी तोपों में दोबारा गोले भरने की कोशिश में फंस गए, और इस तरह दुश्मन को दबोचने में नाकाम हो गए। राय के घोड़े तेज़ी से अंदर घुस आए और आदिल शाह की ज़्यादातर सेना को उसी नदी में पीछे धकेल दिया जिसे उसने थोड़ी देर पहले ही धूम-धड़ाके और दुश्मन को कुचलने के यक़ीन के साथ पार किया था। जले पर नमक छिड़कते हुए, विजयनगर के सैनिकों ने आदिल शाह के डूबते हुए सैनिकों पर उन्हीं तोपों से गोले दागे, जो वो अभी-अभी छोड़कर भागे थे, और लड़ाई का खात्मा आदिल शाह के लिए विनाशकारी रहा—कृष्णदेव ने ही आखिरकार अपने आदमियों को रुकने के लिए कहा, क्योंकि इतने ख़ून-ख़राबे ने नदी के बहाव को लाल कर दिया था।[35] आदिल शाह के प्रति सहानुभूति रखने वाले फ़ारसी इतिहासकार फ़िरिश्ता ने बाद में इस बदनामी के लिए आदिल शाह के नशे में होने को ज़िम्मेदार ठहराया—शराब ने उसके होश-ओ-हवास गुम कर दिए थे और कृष्णदेव को चुनौती देने के लिए बगैर सोचे-समझे नदी पार करने को मजबूर कर दिया था।[36] और वाकई में, जैसा कहा जाता है, इस्माइल ने कसम खाई थी कि जब तक वो रायचूर को अपने अधिकार-क्षेत्र में वापस नहीं जोड़ लेता और अपने खोए हुए सम्मान को लौटा नहीं लाता, वो शराब या किसी और बुरी चीज़ को हाथ नहीं लगाएगा।[37] हालांकि, ये बात अधिक सही लगती है कि आदिल शाह के मूर्खता भरे अति-आत्मविश्वास ने उसका सम्मान नष्ट किया

था और उसे जीवन की सबसे शर्मनाक हार दिखाई थी।

आदिल शाह को करारी शिकस्त देने के बाद, कृष्णदेव अब अपनी बची हुई सेना, और बीस पुर्तगाली निशानेबाज़ों के विशेष दस्ते के साथ, रायचूर किले की तरफ लौटे।[38] इससे पहले कि किले के रक्षक कुछ समझ पाते, उन्हें एक-एक करके निशाना बना दिया गया, और 14 जून को जब सैनिक दस्ते के सेनापति ने किले की दीवारों में बने एक झरोखे से अपना सिर बाहर निकाला, तुरंत ही उसका सिर निशाने की भेंट चढ़ गया।[39] आदिल शाही पक्ष का हौसला एक दर्दनाक मौत का शिकार हो गया, और अगले ही दिन आत्मसमर्पण का झंडा लहराने के साथ किले के फाटक खोल दिए गए। सैनिक दस्ता घुटनों के बल था, कृष्णदेव ने अंदर कूच किया और रायचूर किले का औपचारिक प्रभार हासिल कर लिया। इसके आस-पास की सारी ऐतिहासिक विवादित ज़मीन अब उनकी थी, और उस प्रतिष्ठा का तो कहना ही क्या, जो एक बार फिर से पुरखों के इलाके को जीतने से मिली थी और जिस इलाके को वापस जीतने में उनके कई पूर्वज राजा नाकाम रहे थे। अपनी विजय को यादगार बनाने के लिए, उन्होंने किले में एक उत्तरी द्वार जोड़ा जिसके साथ एक 'विशाल अंदरूनी आंगन था और जिसकी ऊपरी दीवारों पर महाभारत, रामायण' और अन्य हिन्दू परंपराओं से जुड़ी कथात्मक मूर्तियां गढ़ी गई थीं। साफ़ तौर पर यह 'इस सीमावर्ती इलाके पर विजयनगर की कलात्मक छाप छोड़ने का सुविचारित प्रयास' था, जो इतने लंबे समय तक दुश्मन के हाथ में पड़ा-पड़ा मुरझा रहा था।[40]

इस बीच, आदिलशाह ने कुछ दिनों के स्वास्थ्य लाभ के बाद, जिसमें शरीर के साथ-साथ प्रतिष्ठा को पहुंची चोट से उबरना भी शामिल था, आखिरकार राय के साथ समझौता करने के लिए अपना एक दूत विजयनगर भेजा। इस्माइल ना केवल उसे रायचूर लौटाने की मांग कर रहा था, बल्कि वो उन सभी बंदूकों और तोपों को भी वापस चाहता था जो उसकी अपमानजनक हार के दौरान जब्त कर ली गई थीं। इसके बाद 'कूटनीति का ऐसा असाधारण दौर' चला जिसकी कोई दूसरी मिसाल दक्कन के इतिहास में नहीं है।[41] कृष्णदेव ने, जो पूरे भारत और आस-पास के सारे क्षेत्रों में फैल चुकी अपनी शानदार जीत की कहानी का रस ले रहे थे,[42] इस्माइल के दूत से उसका संदेश सुनने के पहले हफ्तों तक इंतज़ार कराया। आखिरकार जब बीजापुरी दूत को राजा ने वक़्त दिया, उसने कड़े शब्दों में आरोपों की बौछार करते हुए कहा कि विजयनगर ने आदिल शाह के अधिकार-क्षेत्र पर आक्रमण करके शांति भंग की है, और आदिल शाह को नहीं पता कि 'आपने अपना साम्राज्य छोड़कर उनके साथ ऐसा युद्ध क्यों छेड़ा'। यही नहीं, दूत ने ये भी कहा कि रायचूर पर अधिकार करके कृष्णदेव राय को ख़ुशी मिल सकती है, लेकिन ये साफ़ तौर पर एक 'गलत' काम था जिसमें न्याय और औचित्य को ताक पर रख दिया गया था।[43] दूत ने अपनी बात ख़त्म

करते हुए कहा कि रायचूर पर आदिल शाह का कानूनी हक है, और विजयनगर ने अपने गरिमामय पड़ोसी के अधिकारों का उतना ही हनन किया है, जितना उसकी गरिमा का।

कृष्णदेव ने उत्तर तुरंत नहीं दिया। राजदूत का यथोचित सम्मान करने के बाद उन्होंने उसे उस दिन जाने को कह दिया, और उसे दरबार में दोबारा बुलाने के लिए अगली सुबह तक का इंतज़ार किया। राय ने एलान किया कि उन्हें इस्माइल की सभी इच्छाओं को पूरा करने और उसकी सारी खोई हुई चीज़ों को लौटाने में ख़ुशी होगी, बशर्ते 'आदिल शाह आए और उनके पैर चूमे'।[44] इस उत्तर में जो बेइज़्ज़ती छिपी थी, वो साफ़ थी। यह इस बात का संकेत भी था कि भले ही कृष्णदेव, अपने मिश्रित मूल के होने के कारण, कमज़ोर लोगों के प्रति आमतौर पर सहानुभूति रखते थे, वो उन लोगों के लिए उतना ही अक्खड़पन और बेअदबी दिखा सकते थे, जिन्हें वो अपना दुश्मन मानते थे।[45] लेकिन दूत ने अपने मालिक तक कृष्णदेव का विशेष संदेश पहुंचाया, और उसके जवाब का इंतज़ार करने लगा। और जवाब में, इस्माइल ने कहा कि वैसे तो उसे 'ख़ुशी-ख़ुशी राजा की इच्छाओं को पूरा करने में कोई दिक्कत नहीं है,' वो एक संप्रभु शासक के रूप में किसी दूसरे राजा के अधिकार-क्षेत्र में नहीं जा सकता।[46] दूसरे शब्दों में, राय के पैर चूमने में कोई दिक्कत नहीं थी; दिक्कत तकनीकी और कानूनी थी कि ऐसा करने के लिए उसे विदेशी इलाके में जाना पड़ेगा। शायद आदिल शाह को समझ नहीं आया था कि और क्या जवाब दिया जाए।

अपने गौरवशाली पलों और आदिल शाह के नाज़ुक हालातों का मज़ा लेते हुए कृष्णदेव ने प्रस्ताव रखा कि, वैसी स्थिति में वो स्वयं इस्माइल के पास जाएंगे और अपना राजसी पैर बढ़ाएंगे ताकि ज़रूरी काम हो सके। और बिना जवाब आने का इंतज़ार किए, राय और उनकी सेना सीमा की तरफ कूच कर गई, और वहां अपने पैरों को चूमने के लिए तैयार दंडवत इस्माइल को नहीं पाकर, थोड़ा और आगे जाने का फ़ैसला किया, सीधे आदिल शाही राजधानी बीजापुर तक। विजयी आक्रमणकारी के शरीर के किसी भी हिस्से को चूमने का कोई इरादा इस्माइल का नहीं था, और वो शर्मिंदगी से भरा हुआ महल छोड़कर भाग निकला। स्वाभाविक रूप से, आखिरी बाज़ी भी कृष्णदेव के हाथ लगी। पूरी दुनिया को ये दिखाकर कि उनकी ताक़त के सामने आदिल शाह एक चूहा भर है, वो विजयनगर लौट आए। इस बीच, जिस राजधानी से वो निकले थे, पूरे दक्षिण में 'सर्वश्रेष्ठ नगर' के तौर पर प्रसिद्ध वो शहर 'लगभग खंडहर हो चुका था'।[47] संयोग से, यह उत्तरी दक्कन की उनकी अंतिम यात्रा नहीं थी—1523 में, आखिरी बहमनी सुल्तान के भारत से भाग निकलने से कुछ साल पहले, कृष्णदेव आदिल शाह जैसे नए नवाबों से फिर मिलने वाले थे जिन्होंने अपने नाम के बादशाह को गद्दी से उतार दिया था। उन्हें हराकर, वो स्वयं बहमनियों

के आखिरी सुल्तान को राजमुकुट पहनाने वाले थे, और अपने राजसी आदेश के माध्यम से बहमनी सुल्तान को उत्तर का सम्राट (सैद्धांतिक रूप से) घोषित करने वाले थे।

दक्कन की कहानी में यह एक विचित्र मोड़ था। बहुत अधिक समय नहीं बीता था, जब विजयनगर के राजा बहमनियों को तोहफ़े भेजने को मजबूर थे; अब वो उस पुराने मुस्लिम राजवंश की बची-खुची प्रतिष्ठा को फिर से स्थापित करने के लिए शासक-निर्माता के रूप में सामने आए थे। समय के पहिये ने जहां उनके अधिपतियों को फ़र्श पर धकेल दिया था, वहीं अनिच्छुक जागीरदारों के एक सितारे का हमेशा के लिए अर्श पर पहुंचना तय दिखने लगा था। उस दिन कृष्णदेव राय की ढेरों उपाधियों में एक और जुड़ गई थी—ऐसी उपाधि जो चौंकाती थी, लेकिन फिर भी सबसे कम लोगों को इसकी जानकारी है। सभी के सामने घोषणा की गई थी कि विजयनगर के राय अब यवन राज्य स्थापना आचार्य भी हैं—हिन्दू सम्राट जिसने तुर्कों के साम्राज्य को पुनर्स्थापित किया।[48]

I

गुस्सैल बेटे

बहमनी सल्तनत का जन्म

विकिमीडिया कॉमन्स

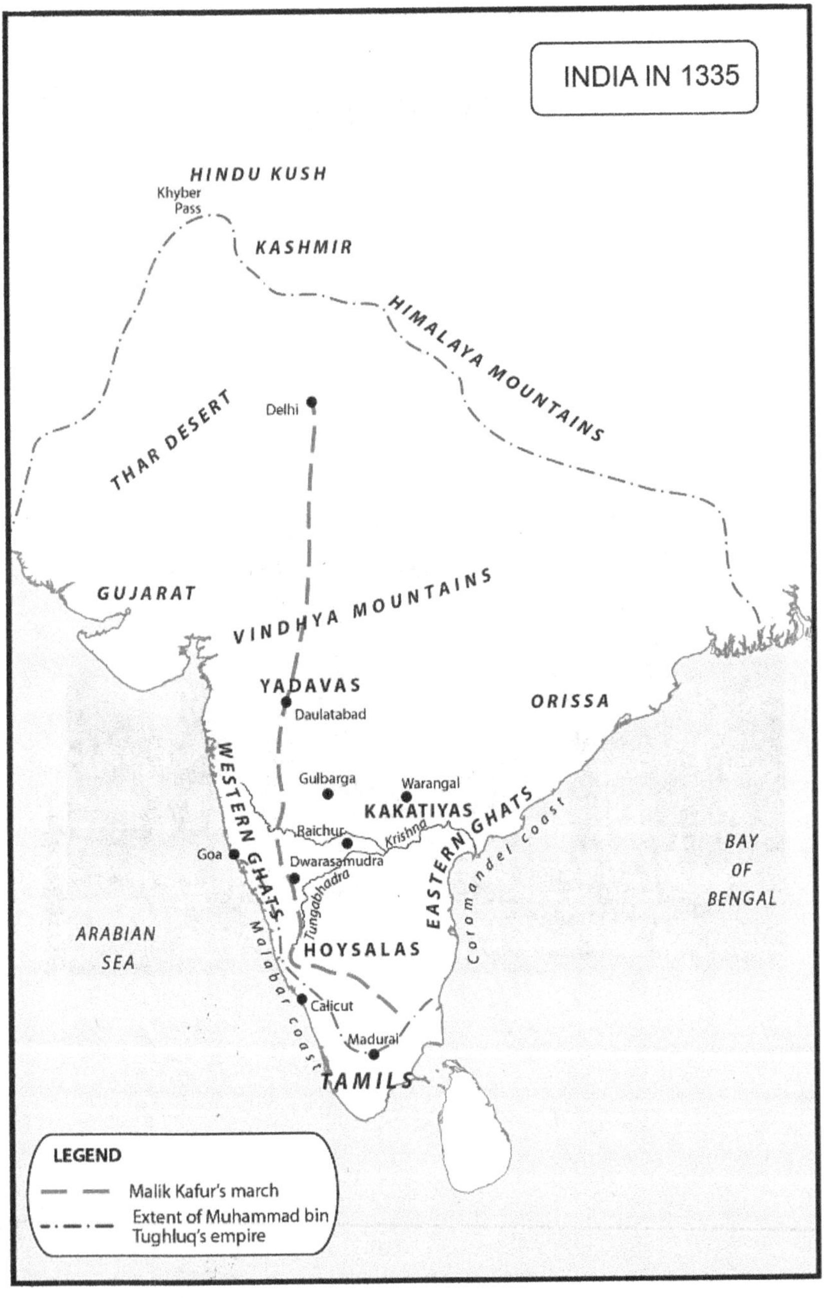
INDIA IN 1335
HINDU KUSH
Khyber Pass
KASHMIR
HIMALAYA MOUNTAINS
THAR DESERT
Delhi
GUJARAT
VINDHYA MOUNTAINS
YADAVAS
Daulatabad
ORISSA
WESTERN GHATS
Gulbarga
Warangal
KAKATIYAS
EASTERN GHATS
Raichur
Krishna
Goa
Dwarasamudra
Tungabhadra
Coromandel coast
BAY OF BENGAL
ARABIAN SEA
Malabar coast
HOYSALAS
Calicut
Madurai
TAMILS
LEGEND
Malik Kafur's march
Extent of Muhammad bin Tughluq's empire

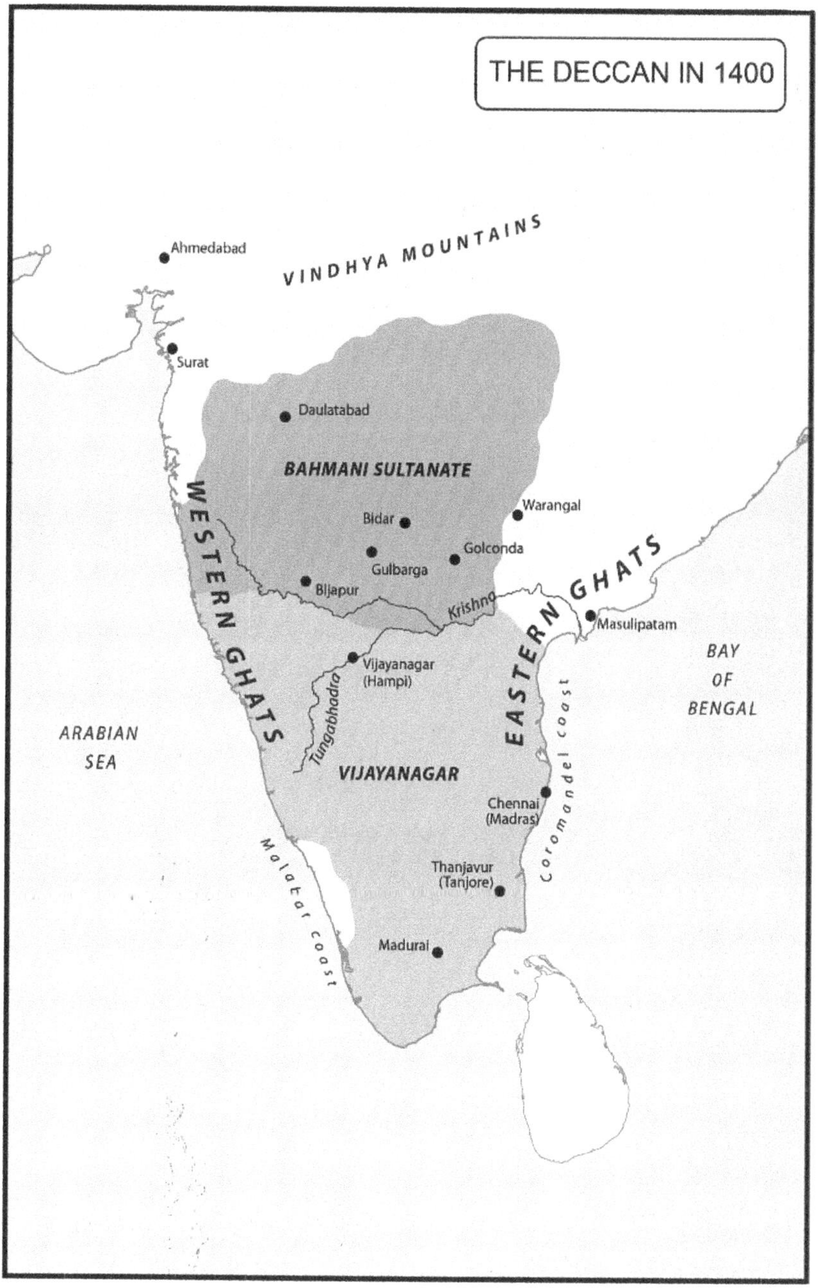
THE DECCAN IN 1400
Ahmedabad
VINDHYA MOUNTAINS
Surat
Daulatabad
BAHMANI SULTANATE
WESTERN GHATS
Warangal
Bidar
Golconda
Gulbarga
Bijapur
Krishna
EASTERN GHATS
Masulipatam
Vijayanagar
(Hampi)
Tungabhadra
BAY
OF
BENGAL
ARABIAN
SEA
VIJAYANAGAR
Coromandel coast
Chennai
(Madras)
Malabar coast
Thanjavur
(Tanjore)
Madurai

विजयनगर की ख्याति फैलने के काफ़ी पहले, यह यादव राजाओं की राजधानी थी और जिसकी प्रशंसा कवियों ने अपनी कविताओं और गीतों में देवताओं के निवास के रूप में की थी। सच तो यह है कि देवगिरी किसी देवता का निवास उतना नहीं था जितना कि यह कुछ काफ़ी ज़्यादा अमीर राजाओं का था, और जिसकी समृद्धि की कहानी दूर-दराज उत्तर भारत में एक मुसलमान शहज़ादे के कानों तक पहुंची थी। यही वो शख्स था, जिसने दक्षिण का इतिहास हमेशा-हमेशा के लिए बदल दिया, और यही वो योद्धा-राजकुमार था जिसने भारत के इतिहास में एक ऐसा अध्याय खोला जिसकी व्याख्या कई लोग सभ्यताओं के संघर्ष और दो प्रतिरोधी धर्मों और उनकी संस्कृतियों के बीच विवाद के रूप में करते हैं। निश्चित रूप से, सच्चाई कहीं अधिक जटिल है।

पारंपरिक तौर पर माना जाता है कि इस्लाम पैगंबर के जीवनकाल के दौरान ही मालाबार तट पर आया था, और उसके बाद दसवीं शताब्दी तक वो दक्कन पहुंच चुका था। यह प्रक्रिया शांतिपूर्ण थी, क्योंकि इस्लाम के अनुयायियों में ज़्यादातर कारोबारी थे जो अपनी आस्था के योग्य राजदूत थे,[1] वहीं कुछ ऐसे भी थे जो अपनी मातृभूमि में हो रहे ज़ुल्म से बचने के लिए शरण चाहते थे।[2] उदाहरण के लिए, यात्री अल मसूदी ने लिखा है कि राष्ट्रकूट साम्राज्य में उन्हें 'सम्मान और सुरक्षा दी गई थी' और वो 'वैसी ही पोशाकें धारण करते थे और अपनी दाढ़ी भी उसी तरीके से बढ़ाते थे' जैसी इलाके के हिन्दू।[3] हालांकि उत्तर में इस्लाम का उदय अपने साथ जीत और हिंसा का दौर लेकर आया—जैसा कि अल बरूनी ने ग्यारहवीं शताब्दी में अपने खास अंदाज़ में लिखा: पश्चिम के हमलावरों ने 'देश की समृद्धि को पूरी तरह बर्बाद कर दिया' और 'हिन्दू धूल के कणों की तरह हो गए और सभी दिशाओं में बिखर गए'।[4] लेकिन समय के साथ वो विदेशी यहां बसते चले गए, और उनके शासन का नतीजा 1206 में दिल्ली सल्तनत के गठन के रूप में दिखा।

इन तुर्क नवागंतुकों को भारत ने काफ़ी लुभाया, और जल्दी ही उन्हें इस भूमि की सांस्कृतिक भव्यता का अंदाज़ा हो गया जिसे अब वो घर कहने लगे थे, उन्हें इस देश में असाधारण धन-दौलत देखकर भी प्रेरणा मिली थी। मिसाल के लिए, नौवें सुल्तान गियासुद्दीन बलबन ने कभी भी दक्षिण की तरफ रुख नहीं किया। फिर भी उसे भारतीय लोगों के सामने अपनी ताक़त को बढ़ा-चढ़ाकर

पेश करने की ज़रूरत महसूस हुई: उसके शासनकाल के एक संस्कृत अभिलेख में बताया गया है कि जब

> वो एक सैन्य अभियान पर निकला, तो कैसे गौड़ वंश के राजाओं ने अपनी महिमा त्याग दी; केरलवासियों ने अपना सुख त्याग दिया; कर्नाट लोगों ने स्वयं को कंदराओं में छिपा लिया; महाराष्ट्र ने अपनी जगह दे दी; गुर्जरों ने अपना जोश छोड़ दिया; और लाटवासियों ने स्वयं को किरातों में बदल लिया।[5]

और ये सब तब, जबकि इस बात की पूरी संभावना है कि केरलवासियों और कर्नाटों को इस बात की भनक भी नहीं रही होगी कि बलबन कौन है या उसके अभियान में दुनिया हिला देने वाली कौन सी बात है। यही नहीं, अल्लाह की परछाईं होने का दावा करने वाले सुल्तान को इंसानों के बीच विष्णु के प्रतिनिधि के तौर पर भी पेश किया गया, क्योंकि अब 'पृथ्वी को इस शासक द्वारा सहारा मिल रहा है', और भगवान विष्णु 'देवी लक्ष्मी को अपने वक्षस्थल से लगाकर और सभी चिंताओं से दूर होकर, क्षीरसागर में शांति के साथ सो सकते हैं'।[6] सच तो यह है कि अठारहवीं शताब्दी तक, दक्कन के ब्राह्मण पेशवाओं ने, *परशुराम चरिता* में, इस 'यवन राजा' को ऐसे शासक के रूप में पेश किया है जिसने 'इस पृथ्वी की सुरक्षा इतने न्यायपूर्ण तरीके से की थी' कि भारत के सभी लोगों ने इन्हें (मुस्लिमों को) अपना मान लिया था।[7] कहने का मतलब यह नहीं है कि शुरुआती झड़पें सौहार्दपूर्ण थीं—मुस्लिम हथियारों और घुड़सवारों के साथ युद्ध के कौशल में नई तकनीकों के अलावा उपमहाद्वीप में सत्ता के अपरिचित विचार को लेकर आए, और कोई भी युद्ध कभी भी दर्दरहित नहीं होता। लेकिन पहले से ही हिंसक बन चुके दौर में, अनगिनत विविधताओं से भरे इस देश में, जहां सिद्धांतों के चिथड़े भर बचे थे, राजनीतिक सिद्धांतों की एक और नई श्रृंखला का जुड़ना कोई असामान्य बात नहीं थी—और ना ही बहुत ज़्यादा नफ़रत की वजह। रणनीतिक परिदृश्य ने तेज़ी से इन नए दावेदारों को अपनाया, और भारत के नेताओं ने ख़ुद को बदलती परिस्थितियों में ढाला, जैसा कि उन्होंने पहले भी किया था और बाद में भी कई बार करने वाले थे। इस दौरान कुछ का पतन हुआ, वहीं कुछ दूसरों का उत्थान।

जब 1290 के तख़्तापलट में बलबन के राजवंश का हिंसक अंत हुआ, क्रूर खिलजी दिल्ली में सत्ता में आए। उत्तर के अधिकतर हिस्से पर कब्ज़ा जमाने के बाद, नए सुल्तान के भतीजे ने तय किया कि अब समय है दक्षिण की ओर जाने का, और देवगिरी पहली राजधानी थी जिसकी घेराबंदी अलाउद्दीन ने की। वैसे तो किंवदंतियों के अनुसार उसने दरबार इसलिए छोड़ा था ताकि वो अपनी 'चिड़चिड़ी पत्नी और दबंग सास'[8] से ज़्यादा से ज़्यादा दूर जा सके, इस बात में बहुत कम संदेह है कि देवगिरी की धन-दौलत की चमक ने अलाउद्दीन को

इस जोखिम के लिए विशेष प्रेरणा दी होगी। आखिरकार, वो स्वयं को एक महान विजेता समझता था, और इसके लिए उसने सिकंदर-ए-सानी या दूसरा सिकंदर की उपाधि भी धारण की थी।[9] जैसा कि इतिहासकार अब्दुल मलिक इसामी ने लिखा है, और इसकी अतिशयोक्ति को कवि की कल्पना मानकर माफ किया जा सकता है, 'हर घर [देवगिरी में] में हीरे, चांदी और सोने के ढेर थे...हर गली में असीमित मात्रा में सोना पाया जा सकता था...बहुत आकर्षक कपड़े मिलते थे; और ऐसे आकर्षक कपड़े देवगिरी के अलावा और कहां मिल सकते थे?'[10] आसान शब्दों में, यादवों ने एक बेहद समृद्ध साम्राज्य पर राज किया था, और पीढ़ियों तक उन्होंने जो धन-दौलत जमा की थी, उसने महत्वाकांक्षी उत्तरी सेनापति के लालच को बढ़ाया था। उत्तर में लूट और कब्ज़े के बाद, स्वाभाविक था कि विजेता की आंखें उस ज़मीन की तरफ जातीं जो अब तक अछूती थी, और इसी ने अलाउद्दीन के भविष्य का रास्ता भी खोला था।

जैसा कि फ़िरिश्ता बताता है, दक्कन उस वक़्त तीन तरह के लोगों का घर था: 'मरहाट, कन्हार और तिलिंग' (उसका दावा था कि ये सभी बाइबल में वर्णित नूह के एक पोते के वंशज थे, जिसे उसने देखुन कहा)।[11] यादव मराठी ज़मीन के राजा थे, जबकि वारंगल में काकतीय तेलुगु इलाकों पर राज करते थे। कर्नाटक पर होयसल द्वारसमुद्र से राज करते थे—और, ज़ाहिर तौर पर, तीनों घराने समुद्र तट के पास के किसी ना किसी इलाके पर अपना कब्ज़ा जताने के लिए आपस में लड़ते रहते थे। उन्हें इस बात का अनुमान नहीं था कि उत्तर से कोई हमलावर आ सकता है, वैसे यादवों को कुछ हद तक दूर-दराज़ के इलाकों में तुर्कों की बढ़ती ताक़त का अंदाज़ा था। जैसे बलबन ने दावा किया था कि उसके नाम की कल्पना से ही दक्षिण डर से कांप उठता है, रामचंद्र यादव ने भी, पूरी विनम्रता के साथ, 1278 में अपनी तुलना 'तुर्कों के अत्याचार से पृथ्वी को बचाने के लिए पौराणिक शूकराबतार' से की थी, वास्तव में किसी तुर्क से मुकाबले के दशकों पहले।[12] और जब ऐसा हुआ, कि आखिरकार उसकी सेनाओं का सामना अलाउद्दीन के सैनिकों से हुआ, यादव शासक को उस भूचाल ने बेहद चिंतित कर दिया था, जो इस राजवंश के प्रसिद्ध शासकों के भाग्य और पूरे दक्कन के भविष्य को नए सिरे से लिखने वाला था।

1296 में अलाउद्दीन और उसके आठ हज़ार घुड़सवारों को देवगिरी के रास्ते में कोई खास विरोध नहीं झेलना पड़ा, सिवाय एक स्थान पर जहां एक सरदार ने, दो अनाम मराठा महिलाओं के सहयोग से (जो 'शेरनियों की तरह लड़ीं') उनका रास्ता रोकने की नाकाम कोशिश की। देवगिरी में भी, यादव राजा ने किले को बंद कर दिया और घेराबंदी ख़त्म होने तक इंतज़ार करने का फ़ैसला किया, इसलिए भी कि उसके अधिकतर सैनिक होयसल सीमा पर उसके बेटे के साथ तैनात थे। यह रणनीति अच्छी थी। जैसा कि बाद के एक इतिहासकार

ने बताया, यह देश के 'सर्वश्रेष्ठ किलों में एक' था, 'यहां तक पहुंचने का इकलौता मार्ग इतना संकीर्ण था कि एक बार में केवल एक घोड़ा, या एक ऊंट ही उससे गुजर सकता था'।[13] लेकिन चूंकि उत्तर से किसी आक्रमण की कोई आशंका रामचंद्र को नहीं थी, रसद का भंडार नहीं बनाया गया था, और भुखमरी की आशंका को देखते हुए केवल एक हफ्ते बाद ही उसे शांति प्रस्ताव के बारे में सोचने को मजबूर होना पड़ा। इस दौरान, उसका उत्तराधिकारी राजधानी को बचाने में जुट गया, और आक्रमणकारियों को पीछे हटाने में करीब-करीब कामयाब हो ही गया था कि अलाउद्दीन ने एक अफ़वाह फैला दी कि बीस हज़ार घुड़सवारों का नया दस्ता उसके आक्रमण को मज़बूती देने के लिए रास्ते में है। उसने अपने हज़ार घुड़सवारों की मदद से थोड़ी दूरी पर इस तरह से धूल के बादल उड़ाए कि यादवों को इस फरेब पर यकीन हो गया।[14] और इस तरह धूल और हवा से बनी एक नकली सेना ने देवगिरी को घुटनों पर ला दिया था। इसके बाद अलाउद्दीन के सामने खज़ाने का ऐसा ढेर लगा कि छह दशकों बाद भी शाही खज़ाने में इसके कुछ हिस्से अछूते मिले थे।[15] जैसा कि शायर अमीर खुसरो ने लिखा, 'अगर मैं गहनों और सोने की लूट का अनुमान लगाने की कोशिश भी करूं, तो कोई माप या तराज़ू पर्याप्त नहीं होगा...ऊंटों और खच्चरों पर माणिक और हीरे लदे थे...और सबसे अनुभवी सुनार भी उनकी क़ीमत का अंदाज़ा लगाने में नाकाम थे।'[16]

ऐसे मौकों पर जैसी प्रथा बन चुकी थी, और दक्कन में बाद के समय में यह प्रचलित हो गई, अलाउद्दीन को देवगिरी से इनाम के तौर पर एक यादव राजकुमारी भी मिली। और बिलकुल उस समय के चलन के मुताबिक, इस महिला का अंत भी दुखों के साथ हुआ: 1316 में अलाउद्दीन के एक सौतेले भाई ने दिल्ली की गद्दी के संघर्ष में यादव राजकुमारी के बेटे को अंधा कर दिया और उसे मौत के घाट उतार दिया।[17] अलाउद्दीन ने गुजरात की रानी को भी बंदी बनाया था, और वहां से उसे गुलाम हिजड़ा हज़ारदीनारी ('हज़ार सोने के सिक्के' उसकी शुरुआती क़ीमत थी) भी मिला। मलिक काफूर के नाम से इतिहास में मशहूर यह आदमी अलाउद्दीन का सबसे खूंखार सेनापति था—और उसका विवादित प्रेमी भी। जैसा इस्लामी विचारक बरनी ने गंभीर लेकिन स्वाभाविक नापसंदगी के साथ कहा है कि, अलाउद्दीन काफूर के साथ 'गहरे और पागलों की तरह प्रेम' में था, और धीरे-धीरे उसने, 'सरकार चलाने की ज़िम्मेदारी और नौकरों का नियंत्रण इस बेकार, कृतघ्न, चापलूस लौंडेबाज़ को सौंप दिया'। सत्ता के 'नशे में चूर' होने के साथ-साथ सुल्तान का प्रेमी होने से पैदा जलन के चलते, काफूर का अंत भी बर्बर तरीके से उसी वक़्त के आसपास हुआ जब यादव राजकुमारी का कत्ल हुआ था।[18] अलाउद्दीन की मौत के बाद काफूर ने अगला सुल्तान बनाने की कोशिश की थी, लेकिन इस ख़तरनाक खेल में उसके साथ के ही लोगों ने उसे टुकड़ों में काट डालने और चीज़ों को अपनी

पसंद से चलाने का फ़ैसला कर लिया था।

बहरहाल, इस 'लौंडेबाज़' ने अपने प्रेमी मालिक के लिए दक्कन को काबू में करना अपनी ज़िंदगी का मकसद बना लिया था। 1296 में, यादवों के खज़ाने की गिनती करने और सालाना तोहफ़े की मांग के साथ, अलाउद्दीन दिल्ली लौटा और अंत में अपने सीधे-सादे चाचा की हत्या करने के बाद, राजगद्दी पर कब्ज़ा कर लिया और फिर दूसरी ज़रूरी सैन्य चिंताओं पर ध्यान दिया—जैसे मंगोलों को पूरी तरह हराना, जिन्होंने उत्तर-पश्चिम भारत पर नियमित तौर पर हमला करने की आदत डाल ली थी। अलाउद्दीन ने उन लुटेरों को इतनी बुरी तरह हराया था कि 'हिन्दुस्तान आने की उनकी सारी सोच उनके मन से साफ़ हो चुकी थी'।[19] इस दौरान रामचंद्र के बेटे ने, जिसके पास सुल्तान के उत्तरी क्षेत्रों में व्यस्त रहने की जानकारी थी, अपने पिता को मना लिया था कि वो अब दिल्ली को सोना भेजना रोक दे। अच्छा-खासा वक़्त बीत गया, लेकिन 1308 में देवगिरी के लिए ख़तरे की घंटी फिर बजी, जब मलिक काफ़ूर उस जगह की चोटी पर पहुंचा, जिसे *स्मृतिस्थल* में 'खिलजी हिमस्खलन' कहा गया है।[20] यादवों को हार मिली, और इस बार रामचंद्र को छह महीने तक दिल्ली भेजा गया ताकि उसका जोश ठंडा किया जा सके। इसके बाद जब काफ़ूर ने काकतीयों को बर्बाद करने के लिए वारंगल जाने की बात की, तो सज़ायाफ़्ता यादवों ने मदद तक का प्रस्ताव रखा, और सेनापति के साथ तगड़े मराठा लड़ाकों के एक दस्ते को उस शहर तक रास्ता दिखाने के लिए भेजा।[21] 1312 तक, हालांकि, यादव राजा की मौत हो चुकी थी और उसका ज़िद्दी बेटा राजगद्दी पर बैठा। देवगिरी आखिरी बार दिल्ली के सामने खड़ा हुआ, और इस बार उसे हमेशा के लिए कुचल दिया गया। गुलाम से 'लौंडेबाज़' बने काफ़ूर को सूबेदार नियुक्त किया गया, और अलाउद्दीन के नाम से सिक्के ढलवाए गए। इसके बाद से दक्कन के सबसे पुराने साम्राज्यों में पहला साम्राज्य दिल्ली सल्तनत का एक दक्षिणी प्रांत भर बनकर रह गया।

इसके बाद बारी आई काकतीयों और पूर्व दिशा में उनके तेलुगु साम्राज्य की।[22] 1310 में, जब मलिक काफ़ूर ने पहली बार वारंगल की सीमाओं को भेदा, इसके शासक प्रतापरुद्र ने शांति की प्रार्थना की; और बदले में, उसे बख्श दिया गया। जैसा कि इसामी ने लिखा है, सुल्तान का निर्देश था कि काफ़ूर वारंगल की 'बुनियाद हिला दे', लेकिन 'अगर तेलंगाना का राय आत्मसमर्पण करता है और रुपए और हाथी तोहफ़े में देता है, तो उसे मेरी संप्रभुता के तहत फिर से गद्दी पर बैठा दिया जाए; उसे रत्नों से जड़ा एक जामा दिया जाए और मेरी तरफ से एक छत्र का वादा किया जाए'।[23] बिलकुल ऐसा ही किया गया, पहली बार दक्षिणी राजदरबार संस्कृति में इस्लामी ख़िलअत (सम्मान की पोशाक, जो किसी बादशाह की ख़ुशी और उसके प्रति वफ़ादारी दोनों का प्रतीक थी) का प्रवेश हुआ, और अधीन राजा के लिए जाने-पहचाने राजछत्र को दिल्ली से भेजा

गया।[24] 1318 में प्रतापरुद्र ने इससे आज़ाद होने की कोशिश की, लेकिन अपनी इस कोशिश के लिए उसे केवल सज़ा नसीब हुई। एक बार फिर उसे भरपूर सोना देना पड़ा, साथ ही, इस बार उसे 'अठारह सीढ़ियां चढ़कर किले की पत्थर की दीवारों की मुंडेर तक' जाना पड़ा। और वहां, 'प्राचीर के ऊपर खड़े होकर, अपने तेलुगु योद्धाओं और हमलावर उत्तर भारतीयों के सामने, राजा ने दिल्ली की शाही राजधानी की दिशा में अपना चेहरा किया। धीरे-धीरे झुककर, उसने अधीनता स्वीकार करने का संकेत देते हुए प्राचीर की सतह को चूम लिया।'[25]

जागीरदार की भूमिका निभाना प्रतापरुद्र के लिए निश्चित रूप से पीड़ादायक रहा होगा, भले ही उत्तर से आए हमलावर सैन्य तकनीक और संख्या में उससे श्रेष्ठ थे। आखिरकार, एक राजा के रूप में उसकी साख विलक्षण थी, और वो एक प्रिय शासक था। यह ऐसा क्षेत्र था जहां काकतीय अभिलेख मध्ययुगीन दौर की असाधारण सामाजिक गतिशीलता दिखाते हैं, लगभग एक तिहाई अभिलेखीय प्रमाण दर्शाते हैं कि पिता और पुत्र अलग-अलग पेशों में थे, जाति और धर्म की कठोर विवशता से दूर। अधिकतर भारतीय राजघराने जहां अपनी वंशावली को सूर्य, चंद्र या अपनी पसंद के महान नायकों से जोड़ते थे, उसके विपरीत काकतीय राजवंश ऐसा कोई लंबा-चौड़ा दावा नहीं करता था; 'केवल एक अपवाद को छोड़ दें, तो उन्होंने शूद्र दर्जा अपनाया था'। वे अपनी ज़मीन से जुड़े थे और अपने लोगों से करीबी ताल्लुकात रखते थे, जिनके फायदे के लिए उन्होंने अपने अच्छे दिनों में हज़ारों तालाब बनवाए थे ताकि खेतों की सिंचाई हो सके। जब प्रतापरुद्र उनके केसरी सिंहासन पर बैठा (जिसे ये उसकी नानी से विरासत में मिला था), उसने सामाजिक समानता बढ़ाने की और अधिक नीतियां लागू कीं: जैसा रिचर्ड ईटन ने बताया है, उसके पैंतालीस प्रतिशत दरबारी सामान्य पृष्ठभूमि के थे और केवल बारह प्रतिशत को ही दरबार में उनकी जगह विरासत में मिली थी।[26] प्रतापरुद्र एक अच्छा व्यक्ति और दयालु राजकुमार था। लेकिन, दुर्भाग्य से, इतिहास के इस मोड़ पर, जबकि एक नए युग का उदय हो रहा था और एक पुराने युग का अंत, प्रतापरुद्र की नियति में भी इससे बच पाना नहीं लिखा था।

उसके सराहनीय प्रयासों को देखते हुए प्रतापरुद्र को माफ किया जा सकता है क्योंकि 1320 में उसने एक बार फिर दिल्ली सल्तनत के चंगुल से बचने की कोशिश की।[27] यह साल महत्वपूर्ण था, क्योंकि उत्तर में भी कई बदलाव हो रहे थे, और दक्कन में सभी इसका फायदा उठाना चाहते थे। अलाउद्दीन की मौत हो चुकी थी, और दशक बदलते-बदलते एक नया राजवंश उसकी जगह ले चुका था। 1321 में, राजधानी पर अपनी पकड़ मज़बूत करने के बाद, भावी सुल्तान मुहम्मद बिन तुग़लक़ अपने पिता की ओर से वारंगल आया ताकि प्रतापरुद्र की चुनौती को हमेशा-हमेशा के लिए ख़त्म किया जा सके। उसे

अपने पहले प्रयास में नाकामी मिली और पीछे हटना पड़ा। लेकिन जहां वारंगल इसका जश्न मना रहा था और इस अध्याय को हमेशा के लिए ख़त्म मान रहा था, 1323 में तुग़लक़ तिरसठ हज़ार घुड़सवार तीरंदाजों के साथ लौटे और एक बार फिर किले को घेर लिया। यह घेराबंदी प्रतापरुद्र के लिए तबाही लेकर आई, केसरी सिंहासन ध्वस्त हो गया, उसका पारिवारिक मंदिर मिट्टी में मिला दिया गया (इसकी जगह एक मस्जिद ने ले ली) और उसे बंदी बनाकर कड़ी निगरानी में दिल्ली की ओर भेज दिया गया। शायद, आने वाले भयावह कल की आशंका में, इस अंतिम (और बहुत अच्छे) काकतीय राजा ने नर्मदा के तट पर आत्महत्या कर ली, और अपने राजवंश की ज्योति हमेशा के लिए बुझा दी।[28] इस तरह, इतिहास का एक और पन्ना पलट गया।

अब पुराने समय के एकमात्र बचे अंश द्वारसमुद्र में होयसल का शासन था। इस रियासत का पतन अगले दशक में मुहम्मद बिन तुग़लक़ के राजगद्दी पर बैठने के तुरंत बाद हो गया। तुग़लक़ के एक चचेरे भाई ने उत्तराधिकार को चुनौती दी थी और सुल्तान के ख़िलाफ़ बग़ावत कर दी थी। जब उसकी बग़ावत को ख़त्म कर दिया गया, तो होयसल शासक बल्लाल तृतीय ने उस बाग़ी को शरण दी, और अपनी इस दया के बदले अपने राज्य पर दिल्ली का प्रकोप बुला लिया—ये भी तब जबकि 1311 में एक बार उसकी राजधानी तहस-नहस हो चुकी थी। शाही फ़ौज ने होयसल के दरवाज़े तोड़ डाले, और फिर बेड़ियों में जकड़े अक्खड़ चचेरे भाई को उसके भयानक अंत की तरफ ले गई। मोरक्को के यात्री इब्न बतूता के मुताबिक, 'सुल्तान ने आदेश दिया कि कैदी की ज़िंदा रहते खाल खींच ली जाए, और जब उसकी खाल खींच ली गई, उसके मांस को चावल के साथ पकाया गया। इसका कुछ हिस्सा उसके बच्चों और उसकी बीवी को भेज दिया गया, और बाकी को एक बहुत बड़े थाल में रखकर हाथियों को परोसा गया।' स्वाभाविक तौर पर, हाथियों ने इस वीभत्स चीज़ को छूने से मना कर दिया, लेकिन बेचारी विधवा की चीख को केवल कल्पना ही की जा सकती है। उसके पति की खाल को 'भूसे से भर दिया गया' और 'देश भर में उसकी प्रदर्शनी की गई', उन सभी लोगों को सबक के तौर पर, जो अपनी शेख़ी या अपनी लालसा पूरी करने के लिए सुल्तान के ख़िलाफ़ बग़ावत करने का ख्याल भी करते हों।[29]

इसके बाद कुछ समय तक, होयसलों की आज़ादी कुछ हद तक बनी तो रही, लेकिन द्वारसमुद्र उनके हाथ से निकल गया था। अंत में, उस युग की अराजकता ने इस पुराने राजवंश की अंतिम आवाज़ को भी निगल लिया—1342 में अंतिम होयसल राजा को भी पकड़ लिया गया था, और थोड़े समय तक अच्छे व्यवहार के बाद (ऐसा कहा जाता है कि इस दौरान उसके दरबार से जितने धन की वसूली की जा सकती थी, कर ली गई), बिलकुल उस बाग़ी की तरह जिसे उसने शरण दी थी, राजा की खाल उतार ली गई, उसका शरीर तमिल देश में एक

किले के बाहर पूरी दुनिया के देखने के लिए लटका दिया गया।[30] हालांकि जिन लोगों ने उसके साथ ऐसा किया था, वो मुहम्मद बिन तुग़लक़ के लिए काम नहीं कर रहे थे, जो अब 'राजाओं की खाल का स्वामी' कहलाने लगा था।[31] वो एक बाग़ी गुट के लोग थे जिसने मदुरई में थोड़े समय के लिए सल्तनत बनाई थी। दक्कन के तीन बड़े राजघरानों के पतन के बाद वहां एक बड़ा राजनीतिक शून्य पैदा हो गया था, जिसे तुग़लक़ों ने सांकेतिक रूप से भरा तो था, लेकिन कई ऐसे लोग थे, हिन्दू और मुसलमान दोनों, जो इस मौके का फायदा उठाना चाहते थे। कुछ इसमें कामयाब हुए वहीं ज़्यादातर विनाशकारी नतीजों के साथ नाकाम। लेकिन अंत में, पुराने समय की राख से इस धरती पर इतिहास के बिलकुल नए युग का जन्म हुआ। ख़ून-ख़राबे से भरपूर अराजकता में डूबे दक्कन से जल्दी ही उदय हुआ विजयनगर का, जिसके संस्थापक इस धरती के बेटे थे, और बहमनी का, जिसके निर्माता उत्तर से आए प्रवासी थे। और इसके बाद तीन शताब्दियों तक देश उनकी छवि के साथ फलता-फूलता रहा, उनकी विरासत में लड़ता रहा और साथ ही समृद्ध भी होता रहा।

हालांकि उत्तर से आए मुसलमान योद्धाओं ने दक्कन में पहले से चली आ रही प्रणाली को बिखेर दिया था, यहां के लोगों ने जल्दी ही नवागंतुकों को अपने में मिलाकर नई शुरुआत का रास्ता तैयार कर दिया। इसका कारण कुछ हद तक मुहम्मद बिन तुग़लक़ की नाकामियां भी थीं। उसका साम्राज्य तमिल तट तक फैल चुका था, लेकिन इस प्रक्रिया में, यह पूरी तरह से अनियंत्रित हो गया था—दक्कन के इतिहास में ऐसे उदाहरण बार-बार मिलेंगे। युद्ध की आग में सत्ता और पुराने संस्थानों के ढांचे को बर्बाद कर दिया गया था, जबकि नए ढांचे को गढ़ने के लिए लाए गए लोग ना सिर्फ नाकाबिल बल्कि बेवफ़ा भी साबित हुए। उदाहरण के लिए, मदुरई के शख़्स ने अपनी आज़ादी का एलान कर दिया—इब्न बतूता ने उसकी एक बेटी से शादी की थी—और ऐसी ही बग़ावत मुहम्मद को दूसरे प्रांतों में भी झेलनी पड़ी।[32] उसने दक्कन में जितने भी सूबेदार भेजे, हर कोई बग़ावत करने के लिए जैसे तैयार रहता था, और हर बार ये मुमकिन भी नहीं था कि हर शख़्स के शरीर के हिस्सों की बिरयानी बनाई जाए। तब सुल्तान ने एक नई योजना का एलान किया: वो पुराने राजाओं की तरह दूर-दराज उत्तरी राज्य में बैठकर दक्षिण को नियंत्रण में रखने की कोशिश करने की भूल नहीं करेगा। इसके बजाय, वो स्वयं दक्कन जाएगा ताकि वो अधिक नज़दीकी राज्य से साम्राज्य पर नियंत्रण रख सके। 1327 में पूरी राजधानी, और करीब-करीब यहां के सारे लोग, देवगिरी ले जाए गए, जिसका नाम अब बदलकर दौलताबाद कर दिया गया था, सत्ता के इस नए गढ़ को विधिपूर्वक शुद्ध करने के लिए पवित्र नदी गंगा का पानी चालीस दिनों की यात्रा के बाद वहां पहुंचाया गया।[33] हालांकि,

हिन्दुओं के सभी पवित्र अनुष्ठान करने के बावजूद, मुहम्मद, जिसका जीवन और शासनकाल आमतौर पर असाधारण था, का ये फ़ैसला, दुखद रूप से, इतिहास के पन्नों में उसके सबसे मूर्खतापूर्ण फ़ैसलों में एक गिना जाने वाला था।

सैद्धांतिक रूप से भले ही यह कदम अक़्लमंदी भरा लगे, इसका नाकाम होना शुरू से तय था। मुहम्मद के पहले के सुल्तानों ने दिल्ली को एक छोटे शहर से एक आकर्षक अंतरराष्ट्रीय केंद्र में बदल दिया था, जो, बरनी के दावे के मुताबिक बग़दाद और काहिरा को टक्कर देता था। अब, 'हर पक्ष के फायदे-नुक़सान का ख़्याल किए बगैर', मुहम्मद ने उस शहर और उसके आर्थिक और सांस्कृतिक जीवन को बहुत बड़ी चोट पहुंचाई थी। 'सब कुछ बर्बाद हो गया था' और 'बर्बादी इतनी व्यापक थी कि छोड़ी गई राजधानी में जीवन के नाम पर कोई बिल्ली या कुत्ता तक नहीं बचा था'।[34] परिवारों को सफर करने के लिए रिश्वत दी गई थी, और अगर उन्होंने मना किया, तो उन्हें तलवारों के ज़ोर पर मनाया गया था। कई लोगों की रास्ते में मौत भी हुई। इब्न बतूता की एक कहानी के मुताबिक एक अंधे आदमी ने जाने से मना कर दिया था। फिर उसे पूरे रास्ते खींचा जाता रहा, जब तक कि वहां पहुंचने पर ये पता नहीं चला कि उसके 'हाथ-पैर रास्ते में ही कटकर गिर गए, केवल उसका एक पैर' ही वास्तव में नए शहर तक पहुंच पाया![35] जो लोग सही-सलामत दौलताबाद पहुंच भी गए, वो एक अपरिचित इलाके में सहज नहीं रह पाए और उत्तर के परिचित माहौल में लौटने के लिए तरसते रहे।

डिनोडिया फोटोज़ / अलामी स्टॉक फोटो

दौलताबाद किला

एक दशक से भी कम समय में, मुहम्मद को समझ आ गया कि उसने एक बहुत बड़ी गलती की है, और बड़ी तादाद में लोग अपने सामान के साथ एक बार फिर सड़क पर लौटे, इस बार उलटी दिशा में जाने के लिए। हालांकि, कुछ लोगों को इलाके पर शासन करने के लिए वहां रुकने को कहा गया—और उस वक़्त सुल्तान यह नहीं सोच पाया था कि यही अमीर एक दिन 'साम्राज्य की एकता तोड़ देंगे...और दक्कन की आज़ादी हासिल कर लेंगे'।[36]

उत्तर में बादशाह की घरवापसी के तुरंत बाद, पीछे बच गए—तुर्क और भारतीय दोनों मूल के—लोगों ने अपनी ताक़त दिखानी शुरू कर दी। मुहम्मद जानता था कि 'मुख्य रूप से मुजरिम उसके पुराने जागीरदारों के वही वारिस हैं, जिन्हें उसने दिल्ली से दूर-दराज के इलाकों में अपना प्रतिनिधि बनाकर भेजा था'।[37] यह भी एक खुला रहस्य था कि साम्राज्य के कई उच्च अधिकारी, जो अब ख़त्म हो चुके खिलजी राजवंश के दौरान उपजे थे, अपने मन में नए तुग़लक़ शासकों के प्रति दुश्मनी की भावना रखते थे। उन अधिकारियों के प्रभाव को तोड़ने के लिए, सुल्तान का तरीका विनाशकारी नीति-निर्धारण का एक और नमूना साबित हुआ: सुल्तान ने सोचा कि वो नए रईसों को बढ़ावा देगा, जो खिलजियों के प्रति सहानुभूति रखने वालों के विपरीत उसके एहसानमंद और वफ़ादार रहेंगे और साथ ही उसका भरोसा भी जीतेंगे। सुल्तान के इन नए पसंदीदा लोगों को लेकर बरनी की नफ़रत उस वक़्त के कई दूसरे लोगों के मन में भी दिखी, क्योंकि उनमें शराब बनाने वालों, गायकों, रसोइयों, बुनकरों, नाई, और दूसरे ऐसे लोगों के बेटे थे, जिनके वर्ग और रिवाज उन्हें कुलीन वर्ग में शामिल होने की इजाज़त नहीं देते थे (यह प्रतापरुद्र के समान अधिकारों वाले दरबार के प्रति लोगों के रवैये से ठीक उलटा था)।[38] इसलिए, जब 1345 में, मुहम्मद ने अपने पुराने अमीर को शाही खज़ाने में घपले के आरोप में वापस बुलाया और दौलताबाद की ज़िम्मेदारी चार नए अमीरों को दी, तो दक्कन में उसके ख़िलाफ़ एक भयंकर बग़ावत भड़क उठी।[39] और इसके ख़त्म होने के पहले, दक्षिण में एक नया सुल्तान उभरा, जिसका चुनाव करीब-करीब लॉटरी के ज़रिये हुआ था, और जिसने वहां एक नए शानदार राजवंश को स्थापित किया।

मुहम्मद इस बग़ावत को कुचलने में कभी कामयाब नहीं हुआ, और उसकी मौत के कुछ सालों बाद, 1351 में, उसके वारिस 'अपनी घरेलू दिक्कतों में ही इतने ज़्यादा उलझे थे' कि वो इस पर ध्यान नहीं दे सके।[40] इस तरह, 1345 'आखिरी साल बना जब दक्कन में कहीं शाही सिक्के ढाले गए थे'।[41] सुल्तान की मुश्किलें इसलिए भी और बढ़ीं क्योंकि दक्षिण के हिन्दू राजा भी 'दिल्ली के सुल्तान के अत्याचार के शिकार थे,' और 'बग़ावत से ख़ुश थे'। इनमें से कुछ ने 'बग़ावत में साथ दिया, वहीं दूसरों ने एहतियात बरतते हुए, केवल बाहर से इसे बढ़ावा दिया', और बाग़ियों को 'पैसे और रसद से मदद पहुंचाई'।[42] अमीरों

ने पहले एक प्रतिष्ठित रईस को अपना नेता चुना, और उसे दौलताबाद में ताज पहनाया गया। लेकिन उसके बाद शाही फ़ौज के साथ लड़ाइयों के दौरान जल्दी ही ये साफ़ हो गया कि दक्कन का असली नेता हसन गंगू नाम का शख्स है।[43] और दो साल बाद, पिछले उम्मीदवार ने विनम्रतापूर्वक चांदी के सिंहासन को खाली कर दिया ताकि युवा सेनापति उस पर बैठ सके। दौलताबाद के हिन्दू ज्योतिषियों के सुझाव पर 3 अगस्त 1347 की शुभ तिथि को, हसन गंगू को अबुल मुज़फ्फर अलाउद्दीन बहमन शाह के रूप में बहमनी सल्तनत का पहला सुल्तान घोषित किया गया।[44] उसे गद्दी पर बैठाने में जितने भी लोग शामिल थे, उनके लिए पूरी उदारता से पैसे और इनायत की बारिश की गई। हालांकि एकमात्र शख्स जिसे इसका नुक़सान उठाना पड़ा, वो वही था जिसने अपनी इच्छा से ताज छोड़ा था—बहुत ज़्यादा दिन नहीं बीते, नए-नवेले सुल्तान ने उसे खुले दरबार में मरवा दिया, केवल इसलिए ताकि वो अपने राजकाज की शुरुआत नए सिरे से कर सके, और इसके लिए उसने अतीत को उस ख़ून से साफ़ किया जो उसके पहले गद्दी पर बैठे शख्स के शरीर से निकल रहा था।[45]

सुल्तान का असली नाम थोड़ा अजीब था, और कहानियां फैली थीं कि उसे अपने नाम का दूसरा हिस्सा एक उपकारी ब्राह्मण से मिला था, जिसका वो सबसे पसंदीदा नौकर था। एक और कहानी के मुताबिक वैसे तो हसन औपचारिक रूप से मुसलमान था, 'वास्तव में वो शायद आधा मुसलमान और आधा हिन्दू था'। यह मुमकिन हो सकता था, क्योंकि माना जाता है कि मुहम्मद बिन तुग़लक़ और उसके पिता भी हिन्दू माताओं की संतान थे। लेकिन हसन के मामले में, कुछ का मानना था कि उसने इस्लाम को मुख्य रूप से 'अपनी सफलता की एक सीढ़ी' के तौर पर देखा, और बहमनी नाम उसकी वास्तविक आस्था को झुठलाने वाला था।[46] हालांकि इसके झूठ होने की संभावना अधिक है, क्योंकि वास्तविक परिस्थितियां दिखाती हैं कि वो फ़ारसी मूल का था।[47] उसका चाचा खिलजियों का एक दरबारी था, और मंगोलों के साथ लड़ाई में मारा गया था, जब हसन छोटा था,[48] और मुल्तान में पलने-बढ़ने के बाद हसन ने ख़ुद अपने भाइयों के साथ सल्तनत की लंबे समय तक सेवा की थी।[49] 1339 में उन्होंने तुग़लक़ों के ख़िलाफ़ बुरी तरह से नाकाम एक बग़ावत की अगुआई की थी, और फिर तक़लीफ़ें सहने के लिए उन्हें अफग़ानिस्तान की एक बाहरी चौकी पर देश-निकाला दे दिया गया था। लेकिन छह साल बाद, जब दक्कन ने सल्तनत से अलग होने का एलान किया, भाई लौट आए और दक्षिण को अलग करने के लिए असाधारण जोश के साथ अपनी तलवारें लहराईं। उनमें जो सर्वश्रेष्ठ था, उसे शानदार काम के लिए दक्कन के ताज से नवाज़ा गया, और इस तरह से हसन गंगू ने ख़ुद को पहले बहमनी सुल्तान में बदल लिया।[50]

शायद अपने समर्थन में आए हिन्दू सरदारों के सम्मान में, और दक्कन के

नए राज्य को दिल्ली की सल्तनत से अलग दिखाने के लिए, सुल्तान भारत के शुरुआती मुसलमान शासकों में एक बन गया था, जिन्होंने घोषणा की थी कि 'गैर-मुस्लिमों से सैन्य सेवा के बदले कोई जज़िया नहीं लिया जाएगा'। इस नीति को कई पीढ़ियों बाद के मुग़ल बादशाह अकबर से जोड़कर देखा जाता है।[51] हालांकि व्यावहारिक राजनीति के मद्देनज़र वो सभी धीरे-धीरे ख़त्म किए जाने वाले थे, बड़ी तादाद में प्रमुख स्थानीय हिन्दू राजकुमारों को बहमनी दरबार में आमंत्रित किया गया था जो गुलबर्गा में बनाया गया था। 1352 में तो, सुल्तान ने बौद्ध और जैन परंपराओं के गौरव को देखने के लिए एलोरा गुफाओं की यात्रा भी की थी, और अपने साथ एक विद्वान को लेकर गया था ताकि सभी प्राचीन भित्ति-चित्रों और नक्काशियों के मतलब समझ सके।[52]

डिनोडिया फोटोज़ / अलामी स्टॉक फोटो

गुलबर्गा किला

दरअसल, स्थानीय परंपराएं अब प्रवासियों को स्वीकार कर चुकी थीं, हालांकि इस प्रक्रिया की शुरुआत ख़ुशी-ख़ुशी नहीं हुई थी: 1310 और 1320 के बीच बीजापुर में बनी करीमुद्दीन मस्जिद की प्रशंसा इसकी वास्तुकला के लिए की जाती है, जिसमें अलग-अलग कई शैलियों का मेल दिखता है और जो 'किसी भी इस्लामी संरचना की तुलना में एक हिन्दू मंदिर' से अधिक मेल खाती है।[53] वैसे तो वास्तुकला पर हिन्दू प्रभाव निश्चित रूप से था, यह मस्जिद किसी मंदिर की तरह इसलिए दिखती थी क्योंकि यह 'पूरे तौर पर लूटे गए मंदिर के खंभों और शहतीरों से बनाई गई थी' और फिर से (हिन्दू मज़दूरों द्वारा) उनके मुसलमान शासकों के लिए पूजा स्थल के रूप में ढाल दी गई थी, जिनके नाम

उन्होंने कन्नड़ में अंकित किए थे।[54]

इसलिए भी, सुल्तान ने दौलताबाद के एक मशहूर सूफ़ी संत को दो सौ पौंड सोना और चार सौ पौंड चांदी का दान दिया ताकि उसका आशीर्वाद और राज्य के लिए मंजूरी मिल जाए।

हेनरी कूज़ेंस/भारतीय पुरातत्व सर्वेक्षण संग्रह/ब्रिटिश लाइब्रेरी बोर्ड

करीमुद्दीन मस्जिद। हेनरी कूज़ेंस, 1885 ईसवी के आसपास

यही नहीं, दिल्ली में तुग़लक़ों के 'आध्यात्मिक संरक्षक' निज़ामुद्दीन औलिया के साथ मनगढ़ंत रिश्ता भी निकाला गया। काफ़ी बाद में, बेशक बहमनियों को सही ठहराने के मकसद से ही, एक कहानी बनाई गई कि युवा हसन गंगू संत से मिलने जाता है। जब हसन वहां पहुंचा तो मुहम्मद बिन तुग़लक़ वहां से जा रहा था, और सूफ़ी ने ये भविष्यवाणी की थी: 'एक सुल्तान मेरे दरवाज़े से जा रहा है; दूसरा वहां इंतज़ार कर रहा है।'[55] दूसरे शब्दों में, बहमनियों का उदय सर्वशक्तिमान ने तय कर रखा था, जबकि सच्चाई यह है कि यह उत्तरी सल्तनत के ख़िलाफ़ शुद्ध रूप से राजनीतिक और विध्वंसात्मक कार्रवाई थी। अपने वंशवादी दावों को और पुख़्ता करने के लिए, 1360 में हसन की पत्नी मक्का गई, और वहां से मिस्र में अब्बासिद खलीफा के साथ चिट्ठी के ज़रिये बातचीत शुरू की। दुनिया भर के मुसलमानों के बीच सर्वोच्च नैतिक सत्ता (सैद्धांतिक रूप से) से रानी ने इस बात की औपचारिक मंजूरी ले ली कि उनके अधिकार क्षेत्र की मस्जिदों में शुक्रवार की नमाज़ के दौरान (यानी ख़ुत्बा में) बहमनियों के नाम का ज़िक्र होगा और उनके अपने विशिष्ट प्रतीक के साथ सिक्के ढलवाए जाएंगे।[56]

(हालांकि, विडंबना यह है कि विजयनगर के सिक्के—या जैसा फ़िरिश्ता ने कहा 'काफ़िर सिक्के'—ही असलियत में बहमनी राज्य में चला करते थे)।[57]

इसके साथ ही उत्तरी दक्कन पर बहमनियों के शासन का हुक्मनामा उनके संगी-साथियों और समकालीनों की नज़रों में आ चुका था। और तीन साल बाद, जब सुल्तान ने एक स्थानीय हिन्दू राजा को हराया, तो उसे एक शानदार तोहफ़ा मिला, जो उसकी बढ़ती ताक़त और शान के अनुकूल था। यह बेहतरीन नक्काशी किया हुआ एक सिंहासन था, जो तीन गज लंबा और दो गज चौड़ा था, आबनूस से बना था, और 'फ़िरोज़ी चमक की एक परत' उसकी ख़ूबसूरती और बढ़ाती थी। उसके बाद हर सुल्तान ने इसकी दिखावट में सुधार किया, इस हद तक इसमें गहने और रत्न जोड़े गए कि अंत में, 'क़ीमती पत्थरों के अलावा कुछ भी नहीं दिखता था'।[58] बहमनी सल्तनत के इस फ़िरोज़ा तख़्त पर अठारह सुल्तान बैठने वाले थे, और इसके ऊपर एक शामियाना सा लगवाया गया था, जिसमें विजयनगर के राय द्वारा तोहफ़े में दिया गया माणिक जड़ा था।[59] और, अच्छे और बुरे दोनों तरीकों से, मज़बूती से लेकिन दुखद कमियों के भी साथ, उन सुल्तानों ने अगले एक सौ सत्तर वर्षों तक करोड़ों भारतीयों की क़िस्मत पर राज किया, और उस ज़मीन पर अपनी छाप छोड़ी जो दक्कन है।[60]

II

फ़िरोज़ा तख़्त

बहमनी साम्राज्य में

विकिमीडिया कॉमन्स

विकिमीडिया कॉमन्स

सोलह खंभों वाली मस्जिद के साथ बीदर का दरबार-कक्ष

बहमनी राजवंश

- अलाउद्दीन हसन बहमन शाह (1347-58)
  - मुहम्मद प्रथम (1358–75)
    - मुजाहिद, गर्दनतोड़ (1375–78)
  - महमूद
    - मुहम्मद द्वितीय, दक्कन का अरस्तू (1378–97)
  - अहमद
    - अहमद प्रथम (1422–36)
      - अहमद द्वितीय (1436–58)
        - बेरहम हुमायूं (1458–61)
          - अहमद तृतीय (1461–63)
          - मुहम्मद तृतीय, जिसने महमूद गवान को मरवाया (1463–82)
            - महमूद (1482–1518)
              - अहमद चतुर्थ (1518–20)
                - अलाउद्दीन द्वितीय (1520–23)
              - वलीउल्लाह (1523–26)
              - कलीमुल्लाह, जिसने बादशाह बाबर से मदद मांगी (1526–38)
                - इलामुल्लाह, जिसे देशनिकाला देकर मक्का भेज दिया गया (1538)
    - फ़िरोज़, जिसकी शादी विजयनगर की राजकुमारी से हुई (1397–1422)

अपने समय के अधिकतर राजघरानों की ही तरह, बहमनियों की दुनिया भी सत्ता, लालच और आपस की तीखी प्रतिद्वंद्विता पर आधारित थी। उनके चारों तरफ ईर्ष्या फैली थी, ख़ून और वफ़ादारी के ज़हरीले रिश्ते थे, भाइयों में झगड़े होते रहते थे, शक और नफ़रत का राज था। इस बात से परिचित पहले सुल्तान ने, 1358 में अपनी मौत के पहले, अपनी संतानों को सलाह दी थी कि वो एकजुट रहें, ऐसा ना हो कि लड़ाई-झगड़े उनके नए राज्य को ख़तरे के ऐसे भंवर में डाल दें जिससे बाहर ना निकला जा सके। और उन शुरुआती दिनों में तो चीज़ें फिर भी व्यवस्थित थीं। हसन गंगू के वारिस मुहम्मद शाह बहमनी ने सत्ता पर अपनी पकड़ मज़बूत करने के लिए पहला कदम उठाया था। उसने दरबार में प्रोटोकॉल लागू किया, सुल्तान के प्रति शिष्टाचार और मर्यादा प्रदर्शित करने की व्यवस्था की और अपने इलाकों में रोज़मर्रा के कामकाज के लिए नौकरशाही की प्रणाली को मज़बूत किया। यह शख़्स एक निडर योद्धा भी था, उसने बंदूकों और तोपों का भरपूर इस्तेमाल करने के मकसद से बारूद के कारखाने भी लगाए।[1] जब तेलुगु योद्धाओं के संघ के नेता कपया नायक, जिसने दो दशकों पहले काकतीयों के अधिकार क्षेत्र से दिल्ली के छत्रपों को बाहर निकालकर उनकी जगह ले ली थी, ने मुहम्मद शाह से रायचूर छीनने के लिए विजयनगर के साथ हाथ मिलाया, तो मुहम्मद ने उसे हराया, और उसका पीछा 'वारंगल के द्वार तक' करता रहा।[2] फ़िरोज़ा ताख़्त के साथ-साथ, नायक को मुहम्मद शाह के पास बहुत सारा सोना, अपने सर्वश्रेष्ठ हाथी, और उससे भी महत्वपूर्ण गोलकोंडा का अभेद्य किला छोड़ने को मजबूर होना पड़ा।[3] यहीं से बहमनियों का विस्तार पूर्व दिशा की ओर होना शुरू हुआ, जो तभी ख़त्म हुआ जब उनकी सेनाएं बंगाल की खाड़ी तक पहुंच गईं।

मुहम्मद शाह के बाद उसके एक बेटे ने गद्दी संभाली, जिसकी कद-काठी चौंकाने वाली थी, लेकिन उसका शासनकाल काफ़ी छोटा था। केवल बीस साल की उम्र में मुजाहिद शाह ने विजयनगर पर आक्रमण किया, क्योंकि उसने 'शहर की ख़ूबसूरती की काफ़ी तारीफ सुन रखी थी',[4] लेकिन साथ ही इसलिए भी कि एक किले को सौंप देने की उसकी मांग को राय ने ख़ारिज कर दिया था।[5] जब छोटी उम्र का सुल्तान विजयनगर पहुंचा तो उसने पाया कि दुश्मन ने राजधानी खाली कर दी है, लेकिन जंगल में किसी गुप्त ठिकाने से गुरिल्ला

युद्ध छेड़ दिया है। ये अध्याय तब ख़त्म हुआ जब सुल्तान को तुंगभद्रा पार करके अपने इलाके में लौटने को मजबूर होना पड़ा, जिसमें उसे फायदा तो कुछ नहीं हुआ, उल्टा उसकी इज़्ज़त को चोट पहुंची। एक कहानी तो ये भी कहती है कि वो एक बद्दुआ के साथ लौटा था—विजयनगर में उसने एक हनुमान मंदिर को नष्ट किया था और भगवान की 'पत्थर की मूर्ति को अपने हाथों से बिगाड़ा था'। एक मरते हुए ब्राह्मण ने उसे बद्दुआ दी थी: 'इस गलती के लिए तुझे मौत मिलेगी जैसे ही तू अपने राज्य पहुंचेगा'।[6] ब्राह्मण ने चाहे जो कहा हो, तथ्य यही है कि नौजवान सुल्तान उसके थोड़े समय बाद ही मर गया। और इसका कोई संबंध बद्दुआ से हो या नहीं, उसके कर्मों से ज़रूर था। चौदह साल की उम्र में सुल्तान को कुश्ती का बहुत शौक था और उसने एक बार अपनी ताक़त का घमंड दिखाने के लिए एक शख्स की गर्दन तोड़ दी थी।[7] अब, 1378 में, विजयनगर के उसके बिगड़े अभियान के बाद, राज्य को सुल्तान से छुटकारा दिलाने की साज़िश रची गई। 16 अप्रैल 1378 को, मुजाहिद शाह की हत्या कर दी गई—और दोषियों में उसे पान परोसने वाला भी शामिल था, जो उसी आदमी का बेटा था, जिसकी गर्दन सुल्तान ने अपने घमंड में तोड़ दी थी।[8]

हसन के दूसरे बेटे से हुए उसके एक और पोते को गद्दी पर बैठाया गया। लेकिन हसन की एक पोती ने ये चुनाव चुपचाप बर्दाश्त नहीं किया, और उसी साल कटार घोंपकर उसकी हत्या उस समय कर दी गई, जब वो गुलबर्गा की बड़ी मस्जिद में नमाज़ पढ़ रहा था। पोती के लोगों ने शाही खज़ाने पर कब्ज़ा कर लिया था, और सुल्तान के नौ साल के बेटे को अंधा कर दिया था, इस तरह हसन के वारिसों का ये परिवार हमेशा के लिए राजनीतिक रूप से मिटा दिया गया था—इस्लामी कानून के तहत, एक अंधा आदमी सुल्तान बनने के काबिल नहीं था।[9] फ़िरोज़ा तख़्त पर अब एक ऐसा सुल्तान बैठा जिससे मनमाफ़िक काम करा लेना आसान लगता था, और उसने अपने लिए ज़रूरी सारे वफ़ादार खरीद लिए थे। वैसे ये शख्स, मुहम्मद द्वितीय, नेकनीयत था और अपने राजकाज के उन्नीस वर्षों में इसने अपने आप को हर तरह के राजनीतिक टकरावों से दूर रखा, इसलिए भी कि एक विनाशकारी अकाल ने काफ़ी लंबे समय तक सुल्तान को व्यस्त रखा था। जैसा कि *बहमन-नामा* में इस 'दक्कन के अरस्तू' के बारे में कहा गया है, 'नौजवान सुल्तान ने अपनी दौलत से दुनिया पर काबू किया/ और राजसी छत्र को अपने ऊपर बनाए रखा/कई वर्षों तक उसने कामयाबी और समृद्धि का जीवन जिया/और राज्य की गद्दी पर बगैर किसी विवाद के रहा'।[10] उसके शुरुआती कामकाज में एक था दरबार के खर्च पर गरीबों को पढ़ाने के लिए मदरसा खोलना, और इसके बाद भलाई के कई और काम किए गए—मिसाल के लिए अकाल के असर को कम करने के मकसद से दस हज़ार बैलगाड़ियां नियमित तौर पर उसके राज्य के बाहर के बाज़ारों में जाती थीं और अनाज लाती थीं।[11] लेकिन उसका सबसे सनसनीखेज़ काम तब सामने आया

जब इस कला प्रेमी सुल्तान ने मशहूर फ़ारसी कवि हाफिज़ को भारत आने का बुलावा भेजा। हाफिज़ तैयार था, और वो अपने जहाज़ पर चढ़ने के लिए होर्मुज़ भी गया। लेकिन उसकी यात्रा शुरू होने के तुरंत बाद आए एक भयानक तूफ़ान ने उसकी हिम्मत कमज़ोर कर दी—वो वापस लौट गया, और खेद जताते हुए एक कविता भेज दी।[12] फिर भी, उसकी कोशिश को देखते हुए प्रशंसक सुल्तान ने हाफिज़ को समुद्र के रास्ते एक हज़ार सोने की मुहरें भेज दीं।[13]

हाफिज़ को ये बुलावा भेजना कोई असामान्य बात नहीं थी। बहमनी भौगोलिक रूप से एक मुश्किल जगह पर थे क्योंकि उनके उत्तर में दिल्ली सल्तनत थी जो फ़ारस और मध्य एशिया तक पहुंचने के रास्ते की रुकावट थी।

दीन दयाल/दि कर्ज़न कलेक्शन/विकिमीडिया कॉमन्स

गुलबर्गा की बड़ी मस्जिद। दीन दयाल, 1880 ईसवी के आसपास

इन्हीं जगहों से उत्तर के शासक सैनिकों और गुलामों की भर्ती करते थे, साथ ही इसी रास्ते से प्रवासियों का लगातार आना होता था जो बेहतर भविष्य की तलाश में भारत का रुख करते थे—और, अक्सर, अपने आपको राजा भी बना डालते थे। 'फ़ारसी पुनर्जागरण...एक जीवंत साहित्यिक और सांस्कृतिक आंदोलन... के गवाह ये शरणार्थी अपने साथ महानगरीय फ़ारसी संस्कृति के सारे रंग [भी] लेकर आए, जिन्होंने जल्दी ही उत्तर भारत में अपनी जड़ें जमा लीं'।[14] इन बड़ी संभावनाओं तक अपनी पहुंच बनाने के लिए बहमनियों ने अरब सागर का रुख किया था, उनमें से एक ने तो विशेष रूप से अपने राज्य में इस्लामी जगत के सर्वश्रेष्ठ लोगों को आकर्षित करने के लिए असाधारण प्रयास किए। इस सुल्तान के गद्दी पर बैठने की परिस्थितियां काफ़ी पेचीदा थीं—1397 में अधेड़, शांतिप्रिय सुल्तान मुहम्मद द्वितीय की मौत के बाद, उसके एक बेटे ने उसकी जगह ली। अपने पिता के दो दशक लंबे राज के विपरीत, इस शख़्स को कई हफ्तों तक दरबार की साज़िशों का सामना करना पड़ा। एक शाम, एक विश्वासघाती दरबारी, जिसने उसे अपनी बेटी का हाथ देने का वादा किया था,

के बुलावे पर सुल्तान उसके साथ शराब पीने गया। शराब के दौर में जब कई घंटे बीत गए और सुल्तान पर सुरूर छाने लगा था, एक गुलाम ने उसे दबोच लिया और दरबारी ने अपने हाथ में जाम की जगह कटार ले ली।[15] मस्ती की तलाश में गए सुल्तान को अपनी आंखें गंवाकर लौटना पड़ा।

विश्वासघाती दरबारी ने गद्दी पर मुहम्मद द्वितीय के एक और बेटे को बैठाया, जो आज़ाद की गई एक नौकरानी से पैदा हुआ था, और दरबारी की बेटी को मलिका-ए-जहां की लुभावनी पदवी मिली।[16] हालांकि उस मलिका और उसके रचयिता के लिए ये हसीन दिन ज़्यादा नहीं रहे। अंधे हुए पिछले सुल्तान के बहनोइयों ने, जो हसन के वारिस भी थे, उसकी ज़िंदगी बचाई और आखिर में एक तख़्तापलट को अंजाम दिया—जिस दरबारी ने अपने शाही मेहमान को अंधा किया था उसे दर्दनाक मौत मिली, और विधवा मलिका, जो अपनी नई हैसियत का लुत्फ़ तक ढंग से नहीं उठा सकी थी, को उसकी संतान के साथ देश निकाला देकर मक्का भेज दिया गया।[17] और इस तरह, बहनोइयों में सबसे बड़ा, फ़िरोज़ शाह पचास वर्षों में फ़िरोज़ा तख़्त पर बैठने वाला आठवां शासक बना।

यह सुल्तान अपने वक़्त के हिसाब से कुछ हद तक असामान्य था। असाधारण बौद्धिक क्षमता रखने वाला यह सुल्तान बहुभाषाविद था जो फ़ारसी, अरबी और तुर्क भाषाओं के अलावा तेलुगु, मराठी, गुजराती और बांग्ला भी जानता था।[18] उसने फ़िरोज़ी और उरुजी नामों से कविताएं लिखीं, और हिब्रू बाइबल पढ़ी। यही नहीं, वो 'प्राकृतिक विज्ञान का शौकीन था। शनिवार, सोमवार और गुरुवार को वो वनस्पति शास्त्र, भू-विज्ञान और तर्कशास्त्र पर व्याख्यान सुनता था।' हफ्ते में तीन दिन वो ख़ुद कुलीन छात्रों की कक्षाएं लगाता था, 'और अगर उसे दिन में वक़्त नहीं मिलता था तो इसकी भरपाई रात में छात्रों को पढ़ाकर करता था'।[19] उसके राज में ब्राह्मणों को ऊंचे प्रशासनिक पद दिए गए थे, हिन्दू सरदारों को राज्य के अमीरों के रूप में मान्यता दी गई थी, और दरबार की वास्तुकला भी ऐसी रखी गई कि वो उस समाज की बहु-जातीयता और बहुलता को प्रदर्शित करे जिस पर उसका शासन था।[20] बहमनियों ने अपनी स्थिति को सुरक्षित करने के बाद, अब इलाके के मूल निवासियों के साथ संबंध सुधारने की कोशिशें करनी शुरू कर दी थीं, और अपने खुले मन और लंबे शासनकाल के साथ फ़िरोज़ शाह बिलकुल यही कर रहा था।

यह सब कुछ तो असामान्य था ही, ऐसा माना जाता है कि फ़िरोज़ शाह की यौन शक्ति भी विलक्षण थी।[21] हालांकि इसके रास्ते में उसकी सुन्नी धर्मनिष्ठा आड़े आ रही थी, जब तक कि उससे सहानुभूति रखने वाले एक सलाहकार ने उसे बताया नहीं कि वो अस्थायी *मुताह* निकाह की शिया परंपरा को मानकर इसका हल निकाल सकता है।[22] नतीजा यह हुआ कि मुसलमान बीवियों के अलावा, उसके हरम में यहूदी और ईसाई पत्नियां भी आईं, और शासनकाल के

शुरुआती दिनों में, जब उसने मौजूदा मध्य प्रदेश के खेरला के शासक को हराया था तो शांति प्रस्ताव में गोंड राजकुमारी से शादी भी शामिल थी (और इसके साथ दहेज के तौर पर 'चालीस हाथी, पांच मन सोना, और पचास मन चांदी' भी मिली, एक मन करीब पंद्रह किलो का था)।[23] आने वाले वक़्त में सुल्तान के भतीजे ने भी संगमेश्वर के राजा की हिन्दू बेटी से शादी की थी, वो अपनी बीवी को ज़ेबा चेहरा (सुंदर चेहरा) कहकर पुकारा करता था, और वो उसका इस हद तक दीवाना था कि उसकी पहली बीवी के पिता को राज्य पर हमला करके शहज़ादे को उसकी पहली बीवी के लिए उसकी ज़िम्मेदारी की याद दिलानी पड़ी थी।[24] हालांकि, फ़िरोज़ शाह के हरम का कोई सानी नहीं था, जिसमें रूस, चीन, अफ़ग़ानिस्तान और मध्य एशिया की औरतें भी थीं[25] और ऐसी अफ़वाह थी कि वो हर औरत से, थोड़ा-थोड़ा ही सही, उनकी अपनी ज़ुबान में बातचीत करता था।[26] शायद इन अपरंपरागत शादियों में से ज़्यादातर उसके गद्दी पर बैठने के पहले की थीं, क्योंकि जब फ़िरोज़ शाह सुल्तान बना था, वो अधेड़ उम्र का हो चुका था।[27] उसकी उम्र ज़्यादा होने के बावजूद उसका सबसे मशहूर वैवाहिक संबंध होना अभी बाकी था, और यह हुआ विजयनगर के ख़िलाफ़ लड़ाई में, जहां से उसे उसकी सबसे महत्वपूर्ण पत्नी मिली।

फ़िरोज़ शाह के शासनकाल में ही विजयनगर के राय ने रायचूर के सुनार की बेटी को जीतने का फ़ैसला किया था, जिसका ज़िक्र हमने प्रस्तावना में किया है।[28] जब बहमनी राजधानी तक यह ख़बर पहुंची कि विजयनगर की एक बड़ी सेना ने राज्य पर हमला कर दिया है, फ़िरोज़ शाह ने ख़ुद अपने सैनिकों की युद्ध में अगुआई की और अंत में तुंगभद्रा के पार दुश्मन के इलाके में अपना झंडा और तलवार लेकर पहुंच गया। इस मोड़ पर राय के पास अमन की अपील करने के अलावा कोई चारा नहीं था; सुल्तान को वहां एक बेहद अहम किले पर कब्ज़ा करने के अलावा,[29] हर्जाने के तौर पर दस लाख सोने की मुहरें, 'पांच मन मोती, पचास हाथी' और—दिलचस्प रूप से, फ़िरोज़ शाह के कला-प्रेम को देखते हुए—'पढ़ने, लिखने, संगीत, और नृत्य की कलाओं में निपुण' दो हज़ार पुरुष और स्त्रियां गुलाम मिले।[30] हालांकि सबसे अहम तोहफ़ा था, शाही दुल्हन जिसे फ़िरोज़ शाह विजयनगर से लेकर आया—पहली बार उत्तरी दक्कन के किसी मुसलमान शासक की शादी इसके दक्षिणी हिस्से की हिन्दू राजकुमारी से हो रही थी।[31] रायों के लिए निश्चित रूप से यह असामान्य बात थी कि वो अपनी जाति और धर्म के बाहर के किसी आदमी को अपनी बेटी दे रहे थे, लेकिन राजा को, 'ज़रूरत के मुताबिक, बात माननी पड़ी' और विजयनगर में सबसे भव्य विवाह समारोह आयोजित किया गया, उस राजनीतिक नफ़रत के बावजूद जो दोनों पक्षों के संबंधों में थी।[32]

समारोह चालीस दिनों तक चलते रहे। सुल्तान ने होसपेट में एक शानदार

शिविर बनाया और विजयनगर तक के रास्ते पर 'दुकानों और मंडपों की कतार थी, जिनमें कर्नाटक के बाज़ीगर, मसखरे, नर्तक और बहुरूपिये यात्रियों का मनोरंजन करने के लिए अपने तमाशे और हुनर का प्रदर्शन करते थे'। दूल्हे की तरफ से, उसके वरिष्ठ दरबारियों को राय के दरबार में ले जाया गया, जो अपने साथ भावी ससुर के लिए ज़रूरी तोहफ़े लेकर गए थे। एक हफ्ते तक उच्च कोटि के मनोरंजन के साधन उपलब्ध कराए जाने के बाद वो विजयनगर की राजकुमारी के साथ लौटे। जैसा कि तय किया गया था, फ़िरोज़ शाह और उसकी नई पत्नी राय से मिलने आए, जो उनकी अगवानी करने के लिए पूरे तामझाम के साथ शहर द्वार से बाहर आया। 'दोनों राजा घोड़े पर साथ-साथ सवार हुए, और जब वो आगे बढ़ रहे थे, तो ख़ूबसूरत लड़के और लड़कियां सोने की थालियां (सुंगधित द्रव्यों से भरी) और चांदी के फूलों को सिर के ऊपर लहरा रहे थे।' जब वो राजधानी के विशाल प्रमुख द्वारों में से एक पर पहुंचे, हिन्दू ससुर और मुसलमान दामाद 'एक भव्य पालकी में सवार हुए, जिसे क़ीमती रत्नों से सजाया गया था और जिसमें दोनों को साथ-साथ दूल्हा-दुल्हन के स्वागत समारोह के लिए तैयार महल में ले जाया गया'। तीन दिनों तक फ़िरोज़ शाह ने राय के मेहमान के रूप में विजयनगर के भोज का आनंद लिया, जिसके बाद 'पहले से कहीं अधिक महंगे उपहारों' के साथ उसने विदा ली।[33] हमें इस प्रकरण का वर्णन करने वाले एकमात्र स्रोत से तो यही पता चला है।

यह कहा जाता है कि विदाई में राय ने अपनी बेटी और बहमनी सुल्तान का राजधानी के बाहर करीब चार मील तक साथ दिया और उसके बाद वापस मुड़कर अपने महल चला गया। इससे फ़िरोज़ शाह नाराज़ हो गया—शिष्टाचार के उसके अपने मानकों के आधार पर और हाल ही में विजयी हुए सम्राट के तौर पर, उसने उम्मीद की थी कि उसके ससुर होसपेट में उसके शिविर तक पूरे रास्ते साथ रहेंगे, और फिर बहमनी मेहमाननवाज़ी का लुत्फ़ लेंगे। कहा जाता है कि उसने एक दरबारी की तरफ मुड़कर कहा कि 'वो एक दिन इस लापरवाही के कारण हुए अपने अपमान का बदला लेगा' (यह प्रमाण है कि दूसरी सारी इच्छाएं पूरी होने के बावजूद राजसी अहंकार कितनी जल्दी भड़कता है)। जब ये शब्द राय तक पहुंचाए गए, तो उसने भी इसके जवाब में कुछ 'अभद्र टिप्पणी' की, यानी 'पारिवारिक संबंधों के बावजूद', उनके राज्यों के बीच नफ़रत की आग अभी 'बुझी नहीं थी'।[34] आपसी दुश्मनी पहले जैसी बनी रही, बस बदलाव यह आया था कि राय का शाही खज़ाना शादी की वजह से पहले से काफ़ी हल्का हो गया था, और उसकी बेटी एक ऐसे महल में पहुंच चुकी थी, जो उसकी जन्मभूमि से दूर था, और शायद जिसे वो कभी दोबारा देखने वाली नहीं थी।

पत्नियों के अपने साम्राज्य (और दिलचस्प रूप से, अपने लिए एक सही मुकुट तैयार करने वाले पहले सुल्तान के रूप में[35]) के लिए इतिहास में मशहूर होने जा रहे फ़िरोज़ शाह ने सत्ता में अपने समय का उपयोग बहमनी

सल्तनत को पूरब में कला और संस्कृति के सबसे उत्कृष्ट स्थानों में एक की हैसियत दिलाने के लिए पूरे मन से किया। इसके लिए उसने जो शुरुआती कदम उठाए, उनमें उसके देश में 'दूसरे देशों से प्रवासियों के लगातार आगमन' को प्रोत्साहित करना भी शामिल था। इन विदेशियों में फ़ारसी, इराकी, और यमन से हदरामी सईद (पैगंबर के वंशज) तक शामिल थे।[36] दरअसल, हर वर्ष वह 'अपने साम्राज्य से दो मुख्य पश्चिमी बंदरगाहों, [दाभोल] और चौल, से फ़ारस की खाड़ी में जहाज़ों को भेजा करता था जो विद्वानों, प्रशासकों, सैनिकों और कलाकारों को भरकर लाते थे'।[37] ये जहाज़ पश्चिमी तट से खाली निकलते थे, लेकिन हमेशा ही बड़ी तादाद में विदेशियों के साथ लौटते थे जो बहमनी राज्य की सेवा करते थे और भारत को अपने घर के तौर पर अपनाते थे। अपने राज्य को अलग-अलग तरह की प्रतिभाओं से समृद्ध करने के अलावा इस नीति से सुल्तानों को उनके अपने धर्म के सहयोगी भी मिल रहे थे, जिनकी मदद से उन्होंने उथल-पुथल से भरपूर उस भू-भाग पर नियंत्रण बनाए रखा, जहां वो ख़ुद भी मूल रूप से प्रवासी थे।[38]

दूसरे शब्दों में, राजनीतिक मजबूरियों के साथ-साथ बेहतर अवसरों की मौजूदगी ने दक्कन को अंतरराष्ट्रीय महानगरीय चेहरा देने में काफ़ी मदद की। एक तरफ़ इसने सुल्तान को उन मुसलमानों से घिरा रहने में मदद की जिन पर वो भरोसा कर सकता था, और इसकी एक बड़ी वजह थी कि सुल्तान की सरपरस्ती में उन मुसलमानों का भविष्य उनके अपने देश से बेहतर था। जैसा कि एक विद्वान ने लिखा है, चूंकि ये नवागंतुक 'गुलबर्गा में अपने बेहतर भविष्य की तलाश में आए थे, वो अपने समकक्षों के मुक़ाबले अधिक मेहनती और कर्मठ साबित हुए', दिल्ली के पुराने सामंत, जिन्होंने हसन गंगू को सुल्तान बनाने में भूमिकाएं निभाई थीं, वो राजसी विशेषाधिकारों पर सवाल करने और अपने व्यक्तिगत हितों की रक्षा करने के लिए स्वाभाविक रूप से अधिक मुखर थे।[39] दूसरी तरफ़ इस्लामी समाज से आने वाले उत्साही युवाओं ने नई शाही घराने की सांस्कृतिक पहचान को विकसित करने में भी मदद की। अभी तक दक्कन का अतीत इसके हिन्दू देवताओं और उनके विशाल मंदिरों और शानदार आभूषणों से परिभाषित होता था—अब यह एक ऐसे जाल का हिस्सा था जो ना केवल काहिरा से दिल्ली तक फैला था बल्कि हिन्दुस्तान के दिल में जगह बना चुका था, और गुलबर्गा को दुनिया के नक्शे पर एक अहम दर्जा दिला रहा था। जहां एक समय भारत की सर्वश्रेष्ठ परंपराओं का मिलन हुआ था, वो दक्कन अब इराक़ और फ़ारस तक के दूर देशों की कलाओं और परंपराओं को अपनाने के लिए तैयार था। दरअसल, यूरोपीय लोगों के आने के साथ, गोरे लोगों ने भी दक्कन पर अपनी छाप छोड़ने में कामयाबी हासिल की थी—सोलहवीं सदी में फ़िरंगी खान नामक घुड़सवार सेनापति, जिसका वास्तविक नाम सैंचो पाइरेस था, एक पुर्तगाली था,[40] वहीं 1638 में बीजापुर किले का सेनापति नियामत खान

रोम में पैदा हुआ था।[41] अब दक्कन को केवल हिन्दुस्तानी नज़रिये से नहीं देखा जाता था—यह तेज़ी से क़िस्मत बदलने वाली ज़मीन बनता जा रहा था, दुनिया भर के दरबारों और महलों में यहां की शानो-शौकत के साथ-साथ शानदार भविष्य के अवसर देने वाले देश के रूप में इसकी चर्चा होने लगी थी।

हालांकि इसका यह मतलब नहीं है कि फ़िरोज़ शाह स्थानीय संस्कृति से बिलकुल कटा हुआ था या उसे अपनी हिन्दू प्रजा की काबिलियत का अंदाज़ा नहीं था, क्योंकि उसने अपनी सल्तनत के रोज़ाना के प्रशासनिक कामकाज में बड़ी तादाद में विद्वान ब्राह्मणों और स्थानीय सरदारों को लगाया था—केवल सेना में बड़े पदों पर मुख्य रूप से मुसलमान रखे गए थे, जो भले ही पूरे तौर पर निष्पक्ष नहीं था, लेकिन रणनीतिक रूप से तर्कसंगत था। उसकी दक्षिणी दुल्हन के दहेज में आए विजयनगर के दो हज़ार कलाकारों ने फ़िरोज़ शाह की पसंद में साफ़ तौर पर कर्नाटक का प्रभाव मिला दिया था, और उसकी विकसित होती रचनात्मकता को रूप मिला उस शहर, गुलबर्गा से कुछ घंटे की दूरी पर फ़िरोज़ाबाद में, जिसकी रूपरेखा उसी ने तैयार की थी।

डिनोडिया फोटोज़/कॉर्बिस डॉक्यूमेंट्री/गेटी इमेजेस

फ़िरोज़ शाह का मक़बरा

यहां, 'अकबर की फतेहपुर सीकरी की तरह', एक नई शहरी बस्ती फली-फूली, 'जिसमें दुकानें, चौड़ी गलियां, भीमा नदी पर खुलने वाला एक किला, सुल्तान के हरम और नौकरों के लिए शानदार महल, और गुलबर्गा की शाही मस्जिद के दोगुने आकार वाली एक मस्जिद थी'।[42] पुराने शहर में भी, वास्तुकला पर सुल्तान के भारतीय परंपराओं को अपनाने की छाप दिखती थी, जिसकी सबसे शानदार मिसाल है फ़िरोज़ शाह का अपने लिए बनवाया गया मकबरा। जैसा कि एक विद्वान ने लिखा है, दिल्ली के क़ुतुब मीनार के प्रभाव के अतिरिक्त हमें यहां दरवाज़ों के दोनों तरफ़ हिन्दू स्तंभों के सहारे टिके फ़ारसी-बहमनी मेहराब

दिखते हैं, जबकि छज्जे को सहारा देने वाले खंभे दक्कन के हिन्दू मंदिरों के खंभों की याद दिलाते हैं।'[43]

कला और वास्तुकला के संरक्षक के रूप में उभरते हुए फ़िरोज़ शाह की कोशिश, जानबूझकर, उस शख़्स की बराबरी करने की थी जिसकी चर्चा इस्लामी जगत में ख़ूब होती थी—साथ ही उन इलाकों में भी, जिन्हें उसने जीता था। फ़ारस और मध्य एशिया में तैमूरी राजवंश के संस्थापक तैमूरलंग ने चौदहवीं सदी के अंत में दिल्ली को बर्बाद कर दिया था, और कुछ हद तक कूटनीतिक कारणों से (ताकि तैमूर दक्षिण की तरफ रुख करके दक्कन को भी बर्बाद ना कर दे), फ़िरोज़ शाह ने 'तैमूर के दरबार में राजदूत और तोहफ़े भेजे, और मध्य एशिया के मातहतों में गिने जाने की प्रार्थना की'। उन्होंने तैमूरी दरबार में छह महीने तक ऐश किया, जिसके बाद 'तैमूर ने उदारता दिखाते हुए [सुल्तान को] मालवा और गुजरात पर राज करने की पेशकश की—हालांकि दोनों में से किसी ने कभी भी इन इलाकों पर जीत हासिल नहीं की थी—और उसे अपना बेटा (फ़रज़ंद) कहकर संबोधित किया, बहमनी सुल्तान को एक कमरबंद, सोने का पानी चढ़ी तलवार, चार शाही लबादे (क़बा), एक तुर्क गुलाम, और चार शानदार घोड़े भेजे'।[44] इस अदला-बदली ने फ़ारसी चीज़ों के साथ बहमनियों के लंबे समय से चले आ रहे लगाव को भी मज़बूती दी, और इस चलन को उनके बाद के सुल्तानों ने भी बनाए रखा। बहमनी दूर-दराज के ईरान से अधिक प्रभावित थे, उस ताक़तवर मुग़ल साम्राज्य की तुलना में जो बहुत जल्दी उनके पड़ोस में जन्म लेने वाला था और एक दिन पूरे दक्कन को अपने में समा लेने वाला था।[45] इसके अलावा, सुरक्षित दूरी पर एक ताक़तवर सहयोगी तैयार करने की वजह से घर पर दुश्मनों की महत्वाकांक्षाएं काबू में रखने में भी मदद मिलती थी और, आगे के पन्नों में हम देखेंगे कि, ईरान के शाह ने अपने समकक्ष मुग़ल बादशाह से दक्कन के लिए बात भी की थी।

इस बीच उत्तर में तैमूर की वजह से पैदा हुई गड़बड़ियों का यह मतलब भी था कि शायर, कलाकार और दूसरे रचनात्मक लोग दक्षिण की तरफ अपने लिए बेहतर संरक्षण की तलाश में आए, जो फ़िरोज़ शाह ने उन्हें ख़ुशी-ख़ुशी दिया। यहां तक कि अस्सी साल की उम्र के शेख गेसू दराज़, 'भारत की प्रतिष्ठित सूफ़ी परंपरा के रूहानी वारिस और मशहूर विद्वान', ने भी गुलबर्गा में बसने के सुल्तान के निमंत्रण को स्वीकार कर लिया था।[46] हालांकि, बाद में फ़िरोज़ शाह इस गर्मजोशी के लिए पछताने वाला था। सुल्तान, जो ख़ुद एक विद्वान था, को पता चला कि शेख 'भाषण कला और ज्यामिति' जैसे विषयों में कमज़ोर है और सुल्तान ने अपनी ये सोच ज़ाहिर भी कर दी।[47] सूफ़ी ने इसका बदला लेते हुए फ़िरोज़ शाह के भाई, अहमद का पक्ष लेना शुरू कर दिया और जल्दी ही दरबार पर मनहूसियत की छाया पड़ गई। फ़िरोज़ शाह की फ़ौजी दिक्कतों ने मामले को और बिगाड़ दिया। भले ही 1407 में सुल्तान ने

विजयनगर के अपने पुराने दुश्मन पर जीत हासिल की थी और ज़मीन के साथ-साथ विजयनगर की एक बेटी भी जीती थी, पर बाद की उसकी कोशिशें बेकार साबित हुईं—राय ने तोहफ़े भेजना बंद कर दिया था, और 1418 और 1420 के बीच बहमनियों का उसके साथ काफ़ी महंगा लेकिन नाकाम संघर्ष भी हुआ। एक मौके पर, दक्षिणी सेनाओं ने तो फ़िरोज़ शाह के आदमियों का बड़ी दूर तक पीछा भी किया, 'रास्ते में कई मस्जिदों को बर्बाद किया'[48] और 'मुसलमानों का बड़ी तादाद में कत्लेआम किया'।[49] अंत में सुल्तान रायचूर को अपने पास रखने में कामयाब ज़रूर हुआ, लेकिन अब फ़िरोज़ शाह के पास पुराने दिनों की तरह ताक़त और जोश नहीं बचा था।

हालांकि यह उत्तराधिकार की लड़ाई थी जिसने गुलबर्गा में शाही परिवार को उलझा दिया। फ़िरोज़ शाह चाहता था कि उसके बाद उसका बेटा गद्दी संभाले, लेकिन यह सभी को पता था कि गेसू दराज़, जिसे उसके पक्के अनुयायी पैगंबर से भी ऊपर मानते थे,[50] अहमद और उसके वारिस के पक्ष में है।[51] सुल्तान की अपने भाई को गिरफ्तार करके उसे अंधा करने की कोशिश नाकाम हो गई—फिर अहमद को जंजीरों में जकड़कर लाने के लिए फ़ौज भेजी गई। लेकिन अहमद की क़िस्मत के साथ-साथ उसकी समझदारी ने उसका साथ दिया। वो जानता था कि सैनिकों की तादाद के मामले में वो कहीं पीछे है, इसलिए जब लड़ाई के मैदान में उसकी घुड़सवार सेना तैनात हो गई, तो उसने उनके पीछे बैलों पर अपने हथियारबंद सिपाहियों को तैनात कर दिया, और ऐसा दिखाया कि उसके पीछे कितनी बड़ी फ़ौज है। यह चाल फ़िरोज़ शाह की सेनाओं का मनोबल तोड़ने में कामयाब रही, और थोड़ी देर की लड़ाई के बाद अहमद और उसका गुट युद्ध जीत गया।[52] 1422 में अपनी उम्र के साथ-साथ हौसला पस्त होने की वजह से सुल्तान ने अपने विजयी भाई को वारिस के रूप में स्वीकार कर लिया—उसके बेटे को अंधा करके बचे हुए दिन बिताने के लिए फ़िरोज़ाबाद भेज दिया गया था, शायद रायचूर से आई फ़िरोज़ की पत्नी भी साथ थी।[53] उसके दस दिनों बाद फ़िरोज़ शाह कब्र में था—संभवतः गला घोंटकर उसे मार दिया गया था[54] और गेसू दराज़ भी। बहमनी का नवां सुल्तान, जो सल्तनत के सबसे महत्वपूर्ण शासकों में एक साबित हुआ, अब फ़िरोज़ा तख़्त पर बैठ चुका था।[55]

अहमद शाह बुद्धिमान और काबिल तो था, लेकिन वो किसी पर पूरा यकीन नहीं करता था। जबकि गेसू दराज़ के समर्थन से उसे सत्ता हासिल करने में मदद मिली थी, उसने चालाकी दिखाते हुए स्थानीय फ़क़ीरों को संरक्षण देने से इनकार कर दिया ताकि कोई भी फ़क़ीर इतनी शोहरत ना हासिल कर ले कि उसकी सत्ता के लिए ख़तरा बन जाए। इसके बजाय, उसने फ़ारस से आध्यात्मिक हस्तियां बुलाईं, और सूफ़ियों के निमातुल्लाही घराने के संस्थापक

शाह निमातुल्लाह वली के एक पोते की शादी सुल्तान की एक बेटी से कराई गई।[56] अहमद शाह ने 'इराक़, खुरासान, ट्रांसोज़ेनिया, तुर्की और अरब'[57] से तीन हज़ार तीरंदाज़ों की टुकड़ी भी बुलाई और बहुत जल्दी उनका अच्छा इस्तेमाल किया। 1425 तक पूर्व में तेलुगु सरदारों के ख़िलाफ़ एक ख़ूनी युद्ध शुरू हो चुका था, जो उसके बेटे के शासनकाल तक चला, और ये पूरा इलाका बहमनियों के अधीन हो गया। लेकिन अहमद शाह की मुख्य जीत, उम्मीद के मुताबिक, विजयनगर के ख़िलाफ़ थी, और सत्ता पर बैठने के तुरंत बाद, 1423 में सुल्तान ने राय के हाथों अपने भाई की बेइज़्ज़ती का बदला लेने का फ़ैसला किया। चालीस हज़ार घुड़सवारों और दो लाख पैदल सैनिकों के साथ तुंगभद्रा से आगे निकलते हुए, सुल्तान ने इसे दोनों राज्यों के बीच सबसे ख़ूनी लड़ाइयों में से एक में तब्दील कर दिया। एक बार फिर, राय ने जंगलों से लड़ने का रास्ता चुना था; इस बीच, अहमद शाह ने राजा की प्रतिष्ठा से जुड़े कई मंदिरों के ख़िलाफ़ 'कई अत्याचार किए', चार मूर्तियों को 'अच्छे शगुन के तौर पर' गेसू दराज़ के मक़बरे में रखवा दिया।[58] ऐसा वर्णन है कि उसने 'देश को बर्बाद कर दिया, कई मंदिरों में मूर्तियों को तोड़ा और ब्राह्मणों की विद्यापीठों को बर्बाद कर दिया।'[59]

अगर फ़िरिश्ता की मानें तो इस लड़ाई के दौरान दो असामान्य परिस्थितियां बनीं जब दोनों पक्षों के राजा करीब-करीब अपने दुश्मनों के हाथ में पड़ गए थे। पहले मामले में, बहमनी सेनापतियों के एक गुट ने, तुलनात्मक रूप से छोटी सेना के साथ, विजयनगर के इलाके में प्रवेश किया और औचक हमले के दौरान गन्ने का एक खेत देखा। फ़िरिश्ता लिखता है, 'मुसलमानों की एक टुकड़ी लूटपाट के लिए खेत में गई,' इस बात से अनजान कि राय ख़ुद वहां अड्डा जमाए है। राय को जब यह समझ आया कि वहां क्या हो रहा है, वो घबराहट में छिपने के लिए 'करीब-करीब नंगा ही गन्ने के खेत में घुस गया', लेकिन वो दुश्मन सैनिकों के एक गुट के हाथों लग गया। उसकी बेतरतीब हालत देखकर, सैनिकों को लगा कि वो कोई आम आदमी है, और उसे 'गन्ने का एक गट्ठर देकर कहा कि वो उनके खच्चर की तरह उस गट्ठर के साथ दौड़े'। राय 'इसी बात से ख़ुश था कि उसे पहचाना नहीं गया, और अपना मन शांत रखते हुए वो ख़ुशी-ख़ुशी बोझा उठाने के लिए तैयार हो गया'। उसे आज़ादी तब मिली जब ये खुफ़िया जानकारी आई कि अहमद शाह ने विजयनगर की सेनाओं को छितरा दिया है। ये अंदाज़ा लगाकर कि 'गन्ने से ज़्यादा क़ीमती माल' लूटने को जल्दी ही मिलेगा, सैनिकों ने हड़बड़ी में गन्ना ढोने वाले कुली को पीछे छोड़ दिया। राय ने राहत की सांस ली और आखिरकार अपने लोगों तक पहुंच गया, इस तरह एक ऐसा जोखिम ख़त्म हुआ जो उसका आखिरी हो सकता था।[60] या यह कहें कि जैसा कहानी में बताया गया।

अगर इस नाटकीय घटना ने विजयनगर के राजा को अपमानित किया था,

अहमद शाह को भी ऐसी ही एक घटना से गुज़रना पड़ा था। सभी सुल्तानों की तरह वो एक काफिले के साथ चलता था और लड़ाइयों के बीच में मनोरंजन के लिए भी समय होता था। एक दिन सुल्तान को शिकार की इच्छा हुई और वो केवल अपने अंगरक्षकों के साथ निकल गया। इससे पहले कि उन्हें अहसास होता, वो बहमनी शिविर से काफ़ी दूर निकल आए थे और उस इलाके के काफ़ी नज़दीक पहुंच गए थे जो विजयनगर के सैनिकों से भरा था। एक टुकड़ी के द्वारा पीछा किए जाने पर सुल्तान को कायरता दिखाते हुए एक खलिहान में छिपना पड़ा—उसके साथी काट डाले गए थे, लेकिन इसके पहले कि दुश्मन अहमद शाह को पकड़ पाता, उसके अपने सैनिकों की बड़ी टुकड़ी उसके बचाव के लिए आ गई।[61]

हालांकि, मोटे तौर पर क़िस्मत बहमनियों के साथ थी। अपने शिविर में सुरक्षित पहुंच चुके राय ने अमन का पैगाम भेजा और वो सुल्तान को उपहारों से लदे हाथी भेजने को तैयार हो गया, उसकी हार का एक और सुबूत था कि उसने अपने उत्तराधिकारी को भी हाथियों के जुलूस के साथ भेजा। अहमद शाह ने विजयनगर के राजकुमार की अगवानी ज़रूरी धूमधाम के साथ की, उसे शाही लबादे, घोड़े, हाथी, शिकारी कुत्ते 'और तीन बाज़' उपहार में दिए। राजकुमार अपनी राजधानी लौटने के पहले कृष्णा नदी तक सुल्तान के साथ गया, और दोनों पक्षों के बीच विवाद थोड़े समय के लिए थम गया।[62] बहमनियों की प्रतिष्ठा लौट आई थी, जबकि विजयनगर सही अवसर के इंतज़ार में था।

वैसे तो युद्ध के दुष्परिणामों में दुश्मन के इलाके में मंदिरों को तोड़ना भी शामिल होता था ताकि उन मंदिरों को संरक्षण देने वाले राजाओं की सत्ता को अवैध ठहराया जा सके,[63] यह बात ध्यान देने की है कि अहमद शाह मनमाने तरीके से मूर्तियां नहीं तोड़ता था। हालांकि कहानियां ये भी हैं कि जब भी वो किसी युद्ध में बीस हज़ार हिन्दुओं को मार देता था, वो इसका जश्न एक खास दावत के साथ मनाता था।[64] इसके विपरीत, दक्कन में आज भी उसे लगभग एक संत के रूप में याद किया जाता है, और गैर-मुस्लिमों की बड़ी तादाद में उसे पूजा जाता है। उसकी मौत का उर्स हिजरी संवत के आधार पर नहीं, बल्कि हिन्दू चंद्र पंचांग के आधार पर मनाया जाता है, 'उस महीने की बीस तारीख को जिसमें होली मनाई जाती है'। उसकी याद से जुड़े उत्सवों की अध्यक्षता कोई मुसलमान धर्मगुरु या सूफी संत नहीं, बल्कि मध्याल के शैव लिंगायतों का *जंगम* (आध्यात्मिक गुरु) करता है। ये लोग, सैकड़ों श्रद्धालुओं के साथ (हिन्दू अहमद शाह को बीसवीं सदी के लिंगायत संत अल्लामा प्रभु का अवतार मानते हैं[65]) सुल्तान के मक़बरे पर आते हैं, जहां *जंगम* उर्स के दौरान रोज़ सभी शाही प्रतीकों और गाजे-बाजे के साथ शाही क़ब्र पर जाता है, शंख बजाता है, हिन्दू परंपराओं के अनुसार नारियल तोड़ता है, और क़ब्र पर फूल चढ़ाता है। हालांकि

ढीला लबादा और सिर पर टोपी पहने हुए *जंगम* पोशाक के मामले में मुसलमान की तरह दिखता है।[66]

विकिमीडिया कॉमन्स

अहमद शाह बहमनी का मक़बरा

यह कोई इकलौता मामला नहीं है—अहमद शाह का बेटा हिन्दू संत नरसिम्हा सरस्वती का करीबी था, और *गुरुचरित्र* में इस राजकुमार की उसके अच्छे कामों के लिए प्रशंसा की गई है, साथ ही कहा गया है कि साम्राज्य के लिए यह 'एक बहुत अच्छा शगुन है कि राजा ब्राह्मणों का उपासक है'। यह अलग बात है कि मुसलमान धर्मगुरुओं ने इसका विरोध किया था, और हिन्दुओं में भी कट्टर लोग थे जो इस बात से 'परेशान थे कि उनके भाई-बंधु पवित्र वेदों की चर्चा एक ऐसे व्यक्ति से करते हैं, जो भले ही राजा हो, लेकिन वो इस्लामिक आस्था का होने के कारण जाति से बाहर का है'।[67]

यह अहमद शाह ही था जिसने बहमनियों के लिए एक नई राजधानी बनाई और वास्तुकला की दक्कनी शैली विकसित की जिसमें 'ईरान की भव्यता, दक्षिण भारत के सौन्दर्य बोध, और यहां तक कि कहीं-कहीं यूरोप के प्रभाव' का मेल दिखता है।[68] उसने सोचा कि गुलबर्गा अतीत की यादों से भरा हुआ है—छुरेबाज़ी, अंधा करना, क़त्ल और इससे भी अधिक बुरी यादों से। एक ज़्यादा मुबारक जगह की तलाश में, अहमद शाह अपनी राजधानी को बीदर ले गया, जहां पुराने समय से चालुक्य, यादव और काकतीय जैसे महान राजघरानों ने राजधानी बनाई थी। जैसे दिल्ली में तुग़लक़ अपनी महानता साबित करने की कोशिश के तहत अशोक स्तंभों को अपनी राजधानी ले गए थे, बहमनियों ने भी वैसी ही कोशिश एक प्राचीन, ऐतिहासिक शहर पर कब्ज़ा करके की। इस बात का भी फायदा मिला कि बीदर उनके फैलते जा रहे साम्राज्य के केंद्र में स्थित

था और मराठी, तेलुगु और कन्नड़ बोलने वाले ज़िलों से बना था।[69] इसके नतीजे किसी भी तरह से देखें तो बेहतर थे: हमें बताया जाता है कि 'अगर हम बहमनी शासनकाल के गुलबर्गा काल की तुलना बीदर काल से करते हैं तो हमें तुरंत ही सल्तनत के स्वभाव में बड़ा बदलाव महसूस होता है। बीदर सल्तनत का काल आंतरिक शांति का काल था। इस बात में कोई शक नहीं कि साज़िश तब भी होती थी...लेकिन उल्लेखनीय बात यह है कि जब ख़ून की प्यास भरे माहौल के बाद अहमद ने गुलबर्गा छोड़ दिया...तब से हमें अगली सदी में राजवंश के पतन होने तक राजहत्या का एक भी मामला नहीं मिलता है। दरअसल इसी अवधि के दौरान बहमनियों में बड़े भाई के अधिकार की परंपरा मज़बूती से स्थापित हो गई, जिस परंपरा को उत्तर में मुग़लों ने कभी नहीं अपनाया और वो सत्ता का फ़ैसला युद्ध के मैदान में ही करते थे।'[70]

बीदर में ही सुल्तान ने खानदेश की उत्तरी रियासत की शहज़ादी ज़ैनब के साथ अपने बेटे की शादी का जश्न ख़ूब 'संगीत, सुगंध और शराब' के साथ मनाया।[71] और कुछ दशकों बाद ही रूसी यात्री अफानासी निकितिन ने बीदर का ज़िक्र 'मोहम्मडन हिन्दोस्तान के मुख्य शहर' के तौर पर किया था।[72] उसका मानना था कि शहर की गलियों में अक्सर चौदह फीट लंबे सांप दिख जाते थे, और 'सारे लोग काले और दुष्ट थे, और सभी औरतें वेश्याएं, या डायन, या चोरनियां और ठग थीं, जो हमेशा अपने मालिकों को ज़हर देकर बर्बाद करने की कोशिश करती थीं'।[73] लेकिन, कुल मिलाकर बीदर एक महत्वपूर्ण शहर था। उसने लिखा, 'महल बेहद शानदार है, इसकी हर चीज़ पर या तो नक्काशी की गई है या सोने की परत चढ़ी है, और छोटे से छोटे पत्थर पर भी सोने का शानदार काम किया गया है।'[74] अहमद शाह के समय में बहमनियों ने दक्कन पर अपने वंश की मज़बूत छाप छोड़ी थी और अगर गुलबर्गा को फ़िरोज़ शाह ने अंतरराष्ट्रीय नक्शे पर उभारा था, तो बीदर ने उससे कहीं बेहतर मानक स्थापित किए थे। हालांकि, जिस समय तक सुल्तान की मौत हुई थी, सल्तनत में सुल्तान की कामयाबी और नई राजधानी में धन-दौलत दिखाई देने के बावजूद सब कुछ सही और शांत नहीं था। इसके विपरीत, ढांचागत कलह के बीज अंकुरित होते दिखने लगे थे जिन्होंने आखिरकार बहमनियों की रीढ़ तोड़ डाली थी। अपने समृद्ध बंदरगाहों और आमदनी का बड़ा हिस्सा कारोबार के ज़रिए कमाने की वजह से राज्य स्वाभाविक रूप से बाहरी दुनिया के संपर्क में था। मिसाल के लिए, फ़ारस, अरब और इराक़ से लाकर हज़ारों की तादाद में नर घोड़े बीदर में बेचे जाते थे, और वैसे तो दक्कन के कपास को विदेशों में काफ़ी पहले ही शोहरत मिल चुकी थी, 'बहमनी काल में रेशम उद्योग को भी विदेशों में इज़्ज़त मिलने लगी थी: चीन से रेशम के कोकून खरीदकर कोंकण लाए जाते थे, जहां इससे रेशम निकालकर उसे रंगा और बुना जाता था और फिर मध्य पूर्वी बाज़ारों में भेजा जाता था। इसी तरह, मखमल उत्पादन की तकनीक वैसे तो मध्य एशिया

से आई थी पर इस इलाके में आकर यह भी स्वदेशी हो गई थी।'[75] दक्कन से सामान पूरी दुनिया में जाता था और यह राज्य के निवासियों का सबसे पसंदीदा काम था तथा आर्थिक कामयाबी ही राज्य की शान का आधार थी। वाणिज्य को एक पेशे के तौर पर इतनी ज़्यादा इज़्ज़त हासिल थी कि सुल्तान के दरबार के सबसे वरिष्ठ मंत्री को जो पदवी दी जाती थी, उसका मतलब होता था 'कारोबारियों का शहज़ादा'।[76]

हालांकि, जो चीज़ कम पसंद थी, वो थी दक्कन को इतने बड़े पैमाने पर अंतरराष्ट्रीय स्तर पर सबकी नज़रों में लाना, जिसकी वजह से लोग इसे मौके और मुनाफ़े का बड़ा इलाका मानने लगे थे। कुछ हद तक इसकी वजह ईरानियों का पूर्व की ओर आते जाना भी था: फ़ारस के लोग अराकान में बर्मी दरबार में भी सेवाएं देते थे, जबकि सत्रहवीं सदी में थाईलैंड के अयुत्थया साम्राज्य के राजा नराई को फ़ारसी संस्कृति ने इतना प्रभावित किया था कि उसे 'मांस भी ईरानी शैली में पकाकर खाना पसंद था...वो पोशाक भी ईरानी शैली की पहनता था', केवल उसे परहेज़ था तो विदेशी पगड़ी से क्योंकि 'उसका वज़न बहुत ज़्यादा था'।[77] हालांकि, दक्कन में फ़ारसियों के बड़े पैमाने पर आने के बाद दरबार में दो प्रतिद्वंद्वी गुट बन गए: दखनी, उत्तरी भारत से शुरुआती दिनों में आए मुसलमान प्रवासियों के वंशज, जो तुर्क़ या स्थानीय मूल के थे,[78] और अफ़ाक़ी या 'पश्चिमी', जो समुद्र पार कर बहमनी संरक्षण में कामयाब होने आए थे। (जहां तक दरबार की साज़िशों का सवाल है, हिन्दू सरदार इस वक़्त तक इतने असरदार नहीं रह गए थे।) अपने भाई की तरह ही अहमद शाह भी पश्चिमी लोगों पर काफ़ी यकीन करता था, और उसके दरबार में ऊंचे पद अक्सर फ़ारसी प्रवासियों को दिए जाते थे: तीन बहमनी शहज़ादियों की शादी पश्चिमी लोगों से हुई थी, शहज़ादों का सैन्य प्रशिक्षक एक अफ़ाक़ी था, और यहां तक कि फ़िरोज़ाबाद और बीदर का ख़ाका बनाने वाले भी फ़ारसी वास्तुकार थे (जिनके काम पर हिन्दू प्रभाव था)।[79] अफानासी निकितिन ने अपनी यात्रा के दौरान गौर किया कि कैसे 'खोरासानी [यानी फ़ारसी] देश पर राज करते थे'[80] और 'देश में शासक और सामंत सभी खोरासानी हैं'।[81] और यह 1470 ईसवी तक चला। यहां तक कि फ़िरिश्ता भी एक प्रवासी का बेटा था जो दक्कन में अपनी तरक़्क़ी के लिए आया था।[82]

इसलिए स्वाभाविक रूप से दखनियों को लगातार ये शिकायत रहती थी कि सल्तनत की सेवा इसकी शुरुआत से करने के बावजूद, और इसे खड़ा करने में अहम किरदार निभाने के बावजूद, उन्हें जो मिलता था वो दोयम दर्जे का बर्ताव था। बदक़िस्मती से, यह मामला सुलझ ही नहीं सकता था, और इसका साम्राज्य की बर्बादी की वजह बनना तय था:

एक तरफ़, दरबार उन उत्तर भारतीय लोगों के वारिसों को संरक्षण

> देने के लिए बाध्य था जो चौदहवीं सदी में दक्कन चले आए थे और जिन्होंने, दिल्ली के ख़िलाफ़ बग़ावत करके, इस राजवंश को खड़ा किया था। लेकिन दूसरी तरफ़ तैमूरी सत्ता से जुड़े हुनरमंद लोगों और नेकनामी हासिल करने के लिए [जिस चीज़ का सुल्तान ख्वाहिशमंद था] और दुनिया के राजनीतिक नक्शे पर अपनी पहचान बड़ी करने के लिए, दरबार में फ़ारस या फ़ारस के असर वाली जगहों से आए लोगों को भर्ती करना चाहता था... अगर दखनी औपनिवेशिक विचार के प्रतीक थे, यानी जड़ों से उखड़कर बने प्रवासी-संस्थापकों वाले समाज के...तो पश्चिमी लोग सांस्कृतिक विचार का प्रतिनिधित्व करते थे: बात-व्यवहार की सुसंस्कृत शैली, राजकाज की विशिष्ट परंपरा, एक प्रतिष्ठित भाषा। चूंकि दोनों ही वर्ग अपने-अपने तरीके से वैध थे, किसी को भी ना तो हटाया जा सकता था; ना ही कोई एक किसी दूसरे पर दबदबा बना सकता था।[83]

फिर यहां सांप्रदायिक विवाद भी थे। फ़ारस और विदेशों में इस्लामी राज्यों की हर चीज़ से प्रभावित बहमनी सुल्तान शिया विचारधारा की तरफ झुकते गए थे, जो कट्टर लोगों की नज़रों में, दखनियों की वास्तविक सुन्नी विचारधारा के साथ विश्वासघात से कम नहीं था। मिसाल के लिए, अहमद शाह का मक़बरा शिया प्रेरित लिखावट और सजावटी शैली की वजह से अलग से ध्यान खींचता था[84] और, अपने जीवन काल में भी, सुल्तान ने दखनियों के मुकाबले पश्चिमी लोगों को अपने ज़्यादा नज़दीक रखा था।[85] शियाओं के लिए मक्का के समान ही पवित्र कर्बला के लिए उसने काफ़ी पैसे दान में दिए, और जब एक शिया धर्मगुरु का एक दखनी दरबारी ने अपमान किया, तो सुल्तान ने 'मुजरिम को एक पागल हाथी से कुचलवा दिया था' हालांकि वो दरबारी वरिष्ठ था।[86] इस खाई को बड़ा करने का काम भाषा ने भी किया: जहां पश्चिमी लोगों ने 'शिद्दत से फ़ारसी ज़ुबान को बढ़ावा दिया और मराठी और कन्नड़ की बेइज़्ज़ती की', दखनियों ने 'अपनी अलग बोली [जिसका नाम भी दखनी है] विकसित की, और उनके मन में फ़ारसी के लिए इज़्ज़त नहीं थी'।[87] अहमद शाह के वारिस के शासनकाल यानी 1436 तक, अलगाव काफ़ी ज़्यादा बढ़ गया था। सुल्तान ने हुक़्म दे दिया था कि, दरबार में पश्चिमी लोग उसके दाहिनी तरफ़ खड़े होंगे, और दखनी उसकी बाईं तरफ़—यह दखनियों के लिए दोयम दर्जे का एक और इशारा था, क्योंकि पारंपरिक तौर पर बाएं पक्ष को कमज़ोर माना जाता था।[88] इस शहज़ादे के बाईस वर्षों के शासनकाल में नफ़रत बढ़ती चली गई, हर पक्ष दूसरे को कमज़ोर करने की कोशिश करता था, जब तक कि ये बीमारी सल्तनत और इसके संस्थानों में ऊंचे स्तर तक फैलकर नासूर नहीं बन गई।[89]

इस बढ़ते संकट के बीच जिस शख़्स ने दोनों गुटों के बीच दूरी को पाटने की कोशिश की, वो एक 'कारोबारियों का शहज़ादा' था जिसका नाम था महमूद गवान। और जैसा कि बाद में हुआ, इस समझदार नेता ने बहमनी सल्तनत को उसकी तरक्की के आखिरी साल दिए, जबकि राजवंश साज़िश और फूट के कारण बस किसी तरह लड़खड़ा रहा था। मिसाल के लिए, 1458 में, अहमद शाह के बेटे की मौत के तुरंत बाद, सामंतों के एक गुट ने सुल्तान के एक छोटे बेटे को फ़िरोज़ा तख़्त पर बैठा दिया। ये मान लिया गया था कि मज़बूत दावा रखने वाले बड़े बेटे को ख़त्म किया जा चुका है, और लोगों की भीड़ (नए सुल्तान की मौन स्वीकृति के साथ) लूटपाट मचाने के लिए उसके महल के बाहर जमा हो चुकी थी। लेकिन हुमायूं नाम का जो शख़्स अंदर था, वो दबने वाला नहीं था, और ना ही वो बिना लड़ाई के हार मानने वाला था—हुमायूं की तरफ से एक ऐसे शेख को बाहर भेजा गया जिसकी लोगों में बड़ी इज़्ज़त थी, उसके आने के बाद भीड़ शर्मिंदा होकर छंट गई। इसके बाद, अपने सौ से भी कम वफ़ादारों को साथ लेकर, हुमायूं अपने घर से दरबार गया, जहां उसने 'महल में तख़्त वाले कमरे तक जाकर हसन को गाल पर एक थप्पड़ जड़ा, उसे उतारा और फिर ख़ुद गद्दी पर बैठ गया'।[90]

लेकिन ये मामला इतनी आसानी से ख़त्म नहीं हुआ। हसन एक नाई के साथ भेस बदलकर छिपते हुए राजधानी से बाहर भाग निकला और बग़ावत कर दी। जब ये बग़ावत कुचल दी गई, वो राय की मदद मांगने के लिए विजयनगर की तरफ भागा, लेकिन उसे हिरासत में ले लिया गया और 1460 में उसके भाई के सामने पेश किया गया। हुमायूं, जिसकी सबसे बड़ी कमज़ोरी उसका गुस्सैल स्वभाव था, ने 'हसन को बाघों के सामने फिंकवा दिया, उसके कुछ साथियों को उबलते पानी और तेल से भरी कड़ाहियों में डलवा दिया और बाकी अभागों का शिकार करने के लिए उन पर पागल हाथी और दूसरे जंगली जानवर छोड़ दिए'।[91] इस तरह आखिरकार बीदर पर भी शाही ख़ून के छींटे पड़ ही गए थे। ऐसा लगता है कि इस साज़िश में कई पश्चिमी लोगों को दोषी ठहराया गया और उनकी खाली की गई जगहों को ताक़तवर दखनियों को तरक़्क़ी देकर भरा गया। लेकिन अगर इस गुट ने ये सोचा था कि सत्ता में उनके पक्षधर सुल्तान के आने के बाद उनके सुनहरे दिन आएंगे, तो उनकी उम्मीदें बिखर गई थीं। एक साल बाद, शायद असंतुष्ट पश्चिमी लोगों के उकसाने पर, सुल्तान (जिसे अब बेरहम हुमायूं कहा जाता था) को उसकी एक नौकरानी ने चाकू से गोद कर मार डाला, जब वो सो रहा था, और इस तरह उसका एक दर्दनाक अंत हुआ।[92] इसके बाद उसके एक बेटे को गद्दी पर बैठाया गया, लेकिन वो दो साल बाद मर गया, जिसके बाद दस साल का एक दूसरा लड़का उसकी जगह आया। वो बड़ा होकर विद्वान और क़ाबिल बन सकता था लेकिन अंत में, साज़िश के भंवर ने उसे भी निगल लिया और बहमनियों के अंत का इशारा कर दिया।

दस साल के उस सुल्तान की तरफ से राजकाज चलाने के लिए दरबारियों की एक समिति बनाई गई थी, जिसमें ख्वाजा-ए-जहां तुर्क नामक एक जागीरदार, महमूद गवान और हुमायूं की विधवा रानी शामिल थे। इनमें पहले को कम उम्र के उस सुल्तान के सामने ही मार डाला गया जब उसने समिति पर कब्ज़ा करने की बेवकूफ़ी की और उससे भी बुरा ये कि उसने विधवा रानी की बेइज़्ज़ती की। और इस तरह महमूद गवान का कद सबसे ज़्यादा बढ़ गया। ये शख्स दक्कन में एक फ़ारसी कारोबारी की तरह आया था और 1453 में दाभोल के बंदरगाह पर 'रेशमी कपड़ों, तुर्क और इथियोपियाई गुलामों, मोतियों, गहनों, और अरबी घोड़ों के एक जहाज़ के साथ उतरा था'।[93] काहिरा और दमिश्क में तालीम हासिल करने वाला ये शख्स जानकार था और बीदर आने के थोड़े ही वक़्त में उसने सुल्तान पर अपनी गहरी छाप छोड़ी थी। पहले उसे दरबार में एक कम हैसियत का सामंत बनाया गया था, लेकिन विदेशों में अपनी बेजोड़ जान-पहचान, जिनमें विद्वान भी थे और कारोबारी भी, के बूते वो सुल्तान के लिए क़ीमती साबित हुआ—वो बहमनियों के लिए विदेश से सबसे अच्छे घोड़े मंगा सकता था, यहां तक कि वो तुर्की और मिस्र के सुल्तानों के साथ निजी तौर पर बातचीत करता था।[94] जब हुमायूं अपने प्रतिद्वंद्वी को थप्पड़ मारकर गद्दी पर बैठा था, तो उसने एलान किया था: 'हम एक नए युग की दहलीज़ पर हैं...और मैं इससे बेहतर कुछ नहीं कर सकता कि मैं किसी ऐसे शख्स की सलाह मानूं जो बाहर से सच्चाई और वफ़ादारी दिखाए और जो अंदर से सभी बुराइयों और घमंड से दूर हो।'[95] वो शख्स था महमूद गवान, और उसे सुल्तान का वज़ीर बनाया गया था।

हुमायूं की विधवा नरगिस भी गवान पर भरोसा करती थी और 1472 में, उसने गवान को इस बात की छूट दी थी कि वो उससे बगैर पर्दे के आमने-सामने मिल सके, क्योंकि गवान की समझदारी और वफ़ादारी ने उसे 'भाई' का दर्जा दिला दिया था।[96] और वज़ीर के तौर पर उसके कामकाज के दौरान, जैसा कि शायर जामी ने लिखा है, बहमनी से 'यूरोप भी जलने लगा था'।[97] ये खोखली चापलूसी नहीं थी क्योंकि 'महमूद गवान के वज़ीर रहते बहमनी सल्तनत ने अपने पूरे इतिहास में सबसे ज़्यादा ऊंचाई हासिल कर ली थी'।[98]

मिसाल के लिए गवान ही था जिसने 1472 में बीदर मदरसा बनवाया था, वास्तुकला का एक शानदार नमूना (दुखद है कि अब ये खंडहर है), जहां तीन हज़ार किताबों के साथ एक बेहतरीन पुस्तकालय था ताकि वहां पढ़ने के लिए आने वाले ढेरों छात्रों की मदद हो सके।[99] 'राज्य के सांस्कृतिक पहलुओं के अलावा, राज्य की सीमाओं को भी सुरक्षित बनाया गया और इसके लिए दक्षिण में गोवा तक कोंकण के इलाकों, और पूर्व में गोदावरी-कृष्णा दोआब पर कब्ज़ा किया गया, जबकि फ़ौज को उड़ीसा के भीतरी इलाकों और कोरोमंडल तट पर

कांची तक भेजा गया। पहली बार बहमनी राज की सीमाएं समुद्र से समुद्र तक फैली थीं।'[100] सुल्तान को भी काफ़ी ताम-झाम के साथ रखा जाता था: ख़ुशी के मौकों पर वो हाथियों और सोने के ज़ीनपोश से सजे एक हज़ार घोड़ों के साथ बाहर निकलता था, जिस दौरान वो ख़ुद 'सोने की काठी से सजे एक घोड़े पर सवार रहता, नीलम की ज़रदोज़ी वाली पोशाक पहनता, और सिर पर एक बड़ा-सा हीरा जड़ी पगड़ी पहनता'।

डिनोडिया फ़ोटोज़ / अलामी स्टॉक फ़ोटो

बीदर मदरसा

उसका बख़्तरबंद सोने का बना होता था जिसमें जवाहरात लगे होते थे, वहीं उसका भाई 'सोने के एक बिस्तर पर सवार होता था, जो क़ीमती पत्थरों की कसीदाकारी वाले मखमली शामियाने से ढका रहता था'।[101]

स्वाभाविक रूप से दरबार में दूसरों को गवान की कामयाबी देखकर 'घायल सांप की तरह जलन और छटपटाहट' होने में ज़्यादा वक़्त नहीं लगा।[102] गवान इस बात को जानता था: उसने एलान किया था, 'उनके खज़ाने पूरी तरह गलत तरीके से कमाए रुपयों से भरे हैं, बिलकुल उसी तरह जैसे उनके दिल लालच, जहालत और जलन से भरे हैं...इन लोगों की भावना ऐसी है कि ये केवल जलन में भरकर एक-दूसरे को मार डालेंगे और फिर अपनी गलतियों का ठीकरा मेरे सिर फोड़ देंगे'।[103] उसके लिए नफ़रत सल्तनत के दोनों गुटों में थी, केवल इसलिए नहीं कि उसने आधिकारिक पदों और उपाधियों को बांटने में जितना मुमकिन हो सके, निष्पक्षता दिखाने की कोशिश की थी, बल्कि इसलिए भी कि वो जागीरदारों की स्वायत्तता को घटाकर राजशाही को मज़बूत करने की कोशिश कर रहा था। उसने जागीरों और रियासतों के आकार घटा दिए थे

(और साथ में, फ़ौजी ताक़त भी), जो दोनों गुटों के जागीरदारों को दिए गए थे। भ्रष्टाचार के जाल को तोड़ने के लिए नई राजस्व व्यवस्था लाई गई थी, और किसी भी सूबेदार को एक से ज़्यादा किला संभालने की इजाज़त नहीं थी। समय के साथ ज़्यादा से ज़्यादा ज़मीन को शाही जायदाद बना दिया गया, जिससे सुल्तान की सरकार को सीधे तौर पर बहुत बड़ी जायदाद की देखरेख और राजस्व कमाने का ज़िम्मा मिल गया और जागीरदारों पर उसकी निर्भरता कम हो गई, जिनका मिज़ाज और वफ़ादारी पल भर में एक पक्ष से दूसरे पक्ष की तरफ मुड़ जाती थी।[104] इससे सल्तनत को तो मज़बूती मिली लेकिन इसके वज़ीर ने अपने सारे दोस्त गंवा दिए।

1481 तक गवान के सितारे ढलने लगे थे और वो अपनी ही कामयाबियों का शिकार बन गया। सुल्तान अब तक जवान हो चुका था, शायद उसे विरासत में अपने पिता का गुस्सैल स्वभाव भी मिला था और विधवा रानी की मौत के साथ ही उसका असर भी ख़त्म हो चुका था। कुछ दखनी सामंतों ने गवान की मुहर लगाने वाले आदमी को शराब पिलाकर उससे एक सादे कागज़ पर वज़ीर की मुहर लगवा ली थी और बाद में उस पर उड़ीसा के राजा पुरुषोत्तम के नाम एक ऐसी चिट्ठी लिख दी, जिसमें बग़ावत की साज़िश थी। चिट्ठी में नाटकीय ढंग से लिखा था, 'हालांकि मैं अपने बादशाह का नमक खाकर पला-बढ़ा हूं, अगर आप उन सभी चीज़ों की शपथ लेते हैं जिन्हें आप पवित्र मानते हैं...कि आप दक्कन को अपने और मेरे बीच बांटने के लिए राज़ी हैं, मैं अपनी पूरी ताक़त से आपकी मदद का वादा करूंगा।'[105] ये फर्जीवाड़ा सुल्तान के सामने पेश किया गया, जो विदेशी शराब के साथ-साथ सत्ता के नशे में चूर था, और उसने गवान को बुलाकर सफाई मांगी। गवान ने ख़ुद को बेगुनाह बताया, लेकिन सुल्तान बेहद गुस्से में था—उसने उसी गुस्से में अपने वज़ीर को मौत की सज़ा सुना दी। गवान ने अपने सुल्तान के सामने भविष्यवाणी के अंदाज़ में कहा, 'मेरे जैसे बूढ़े आदमी की मौत तो सच में ज़्यादा दूर नहीं है, लेकिन हुज़ूर, ये आपके लिए पूरे राज्य के साथ-साथ आपकी इज़्ज़त का खात्मा कर देगी।'[106] मक्का की दिशा में झुकते हुए गवान ने अपनी गर्दन पेश कर दी और 5 अप्रैल 1481 को सल्तनत के इस बेजोड़ राजनेता को एक गुलाम ने मौत के घाट उतार दिया, जिसने 'केवल एक वार नहीं किया, बल्कि तब तक वार करता रहा जब तक कि वो मर नहीं गया'।[107]

जब उसे इस बात का अहसास हुआ कि उसने कितनी बड़ी गलती कर दी है, सुल्तान डर से कांप उठा। लेकिन अब बहुत देर हो चुकी थी। बहुत जल्दी उसकी राज्य के कामकाज में दिलचस्पी ख़त्म हो गई, और गवान की तरह अनुभवी कप्तान की कमी के मद्देनज़र सल्तनत का जहाज़ रास्ता भटक गया। सुल्तान फ़िरोज़ाबाद आ गया, जहां उसने ख़ुद को 'शराब और अय्याशियों में

डुबो लिया'। अंत में, अपने बारह साल के बेटे को बुलाकर उसने राजवंश और बहमनी साम्राज्य की क़िस्मत उस बदक़िस्मत किशोर को सौंप दी। सुल्तान को भी आने वाली बर्बादी की भनक मिल चुकी थी। जब दखनियों और पश्चिमी लोगों के मतभेद महीने भर में ही और बढ़ते चले गए तब सुल्तान ने कहा, 'अगर वो लोग मेरी बात नहीं मानते, जिसने कई सालों तक शान से राज चलाया और देशों को अपनी तलवार से जीता, वो एक बच्चे की बात कैसे मानेंगे?'[108] लेकिन अपने बेटे के लिए अच्छा भविष्य बनाने की कोई कोशिश किए बगैर, और गवान की हत्या का पाप करने के ठीक एक साल बाद, 1482 में सुल्तान एक दिन ज़मीन पर धड़ाम से गिरा और फिर जल्दी ही मिट्टी में मिल गया।

यह अंत की शुरुआत थी। छोटी उम्र का सुल्तान बड़ा हुआ और कई सालों तक ज़िंदा रहा। लेकिन वो एक सुल्तान से कहीं ज़्यादा उसके ताक़तवर जागीरदारों के हाथों की कठपुतली था। दरबार भी बिखर रहा था, एक-एक करके इसके नेता और सेनापति अपनी-अपनी रियासतों में अपनी महत्वाकांक्षाओं को पूरा करने जा रहे थे: बहमनी राज्य में इस वक़्त सबको खुली छूट मिल चुकी थी और केवल सबसे क़ाबिल ही ज़िंदा रह सकता था। एक दशक बीतते-बीतते सुल्तान का राज्य बंट गया। दो पश्चिमी और तीन दखनी सबसे आगे मोर्चे पर थे, बहमनियों को बचाने के लिए नहीं, बल्कि उनके बचे-खुचे राज्य पर कब्ज़ा करने के लिए। एक को अपनी मज़बूत फ़ौज से ताक़त मिल रही थी; दूसरे ने सुल्तान को काबू में कर रखा था और उसके नाम का फायदा उठाना शुरू कर दिया था। इस कहानी का पहला हिस्सा, जो हसन गंगू के ख़ुद को दक्कन का बादशाह एलान करने से शुरू हुआ था, अब एक दर्दनाक अंत की तरफ बढ़ रहा था—कई पीढ़ियां गुज़र गई थीं, और फ़िरोज़ा तख़्त अब अपनी बुनियाद खो चुका था। इस पर बैठने वाला शख्स निराशा भरी निगाहों से देख रहा था कि उसके बाप-दादाओं का बना राज्य टुकड़े-टुकड़े हो रहा था, और अब सत्ता के लिए नई खींचतान और जीत-हार का भयानक खेल शुरू होने वाला था।

III

हिन्दू सुल्तान

विजयनगर के तीन राजवंश

विकिमीडिया कॉमन्स

विकिमीडिया कॉमन्स

हंपी के स्मारक

संगम राजवंश

- **संगम प्रथम**
  - हरिहर प्रथम (1336–55/56)
  - कंपा प्रथम
  - बुक्का प्रथम (1356-77)
    - हरिहर द्वितीय (1377–1404)
      - बुक्का द्वितीय (1404–06)
      - विरुपाक्ष प्रथम या विरुपन्ना (विवादित उत्तराधिकार [1354–78])
      - देवराय प्रथम, जिसकी बेटी ने फ़िरोज़ शाह बहमनी से शादी की (1406–22)
        - विजय उर्फ बुक्का तृतीय (1422–25)
          - देवराय द्वितीय (1425–46)
            - मल्लिकार्जुन (1446–65)
            - विरुपाक्ष द्वितीय (1465–85)

अपने लंबे और मशहूर शासनकाल की शुरुआत में एक बार विजयनगर के सम्राट देवराय द्वितीय (1425-46) ने अपने मुख्य सलाहकारों और बड़े सामंतों की एक बैठक बुलाई। और इस बैठक में उसने पूछा कि उसके देश के 'विस्तार, जनसंख्या और राजस्व' में बहमनी सुल्तानों के मुकाबले कहीं बेहतर होने के बावजूद, क्यों उसके बाप-दादाओं को 'उन्हें तोहफ़े भेजने को मज़बूर होना पड़ा था'। कुछ दरबारियों ने मूर्खता भरे जवाब दिए कि मुसलमानों को ब्रह्मांड पर 'तीस हज़ार साल तक' राज करने का दैवीय वरदान मिला है, जबकि ज़्यादा तर्कसंगत ढंग से सोचने वालों ने इस बात की तरफ इशारा किया कि बहमनियों की ताक़त उनके घोड़ों और घुड़सवार तीरंदाज़ों में है। ऐसा कहा जाता है कि 'ये सुनकर देवराय ने अपनी सेना में मुसलमानों को शामिल करने, उन्हें जागीरें देने, और बिजानगर में उनके इस्तेमाल के लिए एक मस्जिद बनाने के आदेश दिए। उसने ये भी आदेश दिया कि उनके धर्म में कोई छेड़छाड़ नहीं करेगा, और तो और, उसने अपने सिंहासन के सामने एक क़ीमती मेज़ पर एक क़ुरान रखने का भी आदेश दिया ताकि मुसलमान उसकी मौजूदगी में बिना अपने नियमों के ख़िलाफ़ गए बंदगी कर सकें।'[1] और इस तरह विजयनगर के हिन्दू साम्राज्य में मुसलमानों की सेवाएं ली जाने लगीं, उस शहर के खंडहरों में आज भी मुसलमानों के भवन और कब्रगाह के अवशेष मिल जाते हैं—खंभों वाली एक इमारत, जिसे लंबे समय तक एक आरामगाह समझा जाता रहा, वो एक मस्जिद निकली जिसमें मीनारें और गुंबद नहीं थे और शहर के लोग उसे मस्जिद नहीं, बल्कि एक और *धर्मशाला* समझते थे।[2]

इस कहानी को बताने वाला फ़िरिश्ता आमतौर पर अपने लेखन में इस्लामी राजाओं की चापलूसी करता दिखता है, और जब वो मुसलमान घुड़सवारों को बेहतर बता रहा है तो इसमें थोड़ी चालाकी भी दिखती है। लेकिन इस जानकारी में सच्चाई भी है क्योंकि वास्तव में देवराय द्वितीय ने अपनी सेना में 'तुर्क' सिपाहियों की एक बड़ी तादाद रखी थी—1430 के एक अभिलेख से पता चलता है कि राजा ने दस हज़ार घुड़सवार शामिल किए थे,[3] वहीं फ़िरिश्ता ख़ुद शुरुआत में दो हज़ार सिपाहियों के शामिल किए जाने की बात कहता है।[4] हालांकि ऐसा नहीं है कि ये चीज़ पहले नहीं हुई थी। तीन सौ साल पहले होयसलों ने अपनी सेना में मुस्लिमों को भर्ती किया था, हालांकि ये लोग तटीय बस्तियों से आए थे और

ज़्यादातर अरब मूल के थे, ना कि तुर्क और ईरानी प्रवासी।[5] देवराय द्वितीय ने मुस्लिमों के साथ कारोबारी रिश्ते भी बनाए थे, और पश्चिमी तट पर बंदरगाहों को बढ़ावा देने और विदेशों से घोड़ों के आयात पर निगरानी रखने की कोशिशें भी कीं।[6] मिसाल के लिए, भटकल मुसलमान कारोबारियों के एक बड़े समुदाय का घर था, और जब दशकों बाद देवराय द्वितीय के एक गुस्सैल उत्तराधिकारी ने गलत खरीदार को माल बेचने के लिए मुसलमान कारोबारियों के बड़े हिस्से को ख़त्म कर डालने का फ़ैसला किया, तो ये बस्ती गोवा चली गई। फिर महमूद गवान ने तेज़ी से गोवा और इन सताए हुए कारोबारियों को अपने काबू में कर लिया ताकि उसकी अपनी सल्तनत के लिए घोड़े बेरोक आते रहें।[7] अगली सदी में कृष्णदेव तक को घोड़ों की लगातार आपूर्ति के लिए दिक्कतें झेलनी पड़ीं, और उन्होंने पुर्तगालियों को एक लुभावना प्रस्ताव भी दिया कि वो केवल उन्हें अपने घोड़े भेजें। लेकिन पुर्तगाली जानते थे कि ये धंधा कितना मुनाफे वाला है, उन्होंने चालाकी दिखाते हुए कृष्णदेव का प्रस्ताव ठुकरा दिया और अपनी तिजोरी भरने के सारे विकल्प खुले रखे।[8]

विजयनगर के रायों की सेवा करने वाले मुस्लिमों को प्रशासन में वरिष्ठ पद दिए गए, हालांकि सैन्य पद ज़्यादातर हिन्दू मूल के कन्नड़, तेलुगु और तमिल सामंतों के पास थे। ये व्यवस्था बहमनी व्यवस्था के बिलकुल उलट थी जहां प्रशासनिक पदों पर तो हिन्दू थे, लेकिन सेना के उच्च पदों पर नहीं।[9] विजयनगर के बाद के एक राज्य-संरक्षक ने तो ब्राह्मणों के विरोध के बावजूद मुसलमान दरबारियों को गाय का मांस तक खाने की इजाज़त दे दी थी, ये शख्स अपने शुरुआती दिनों में दिल्ली सल्तनत में काम कर चुका था।[10] ये सच है कि उसके शासनकाल में ही साम्राज्य बिखर गया, लेकिन इसी के साथ ये भी सच है कि उत्तर और दक्षिणी दक्कन में कुलीन 'राजनीतिक हवा का रुख देखकर जमकर दल-बदल किया करते थे' और इसमें उनका मज़हब कभी आड़े नहीं आता था[11]—ये चलन विजयनगर की इस छवि से मेल नहीं खाता है कि वो इस्लामी कट्टरता के ख़िलाफ़ हिन्दू प्रतिरोध का प्रतीक था। घिसी-पिटी मान्यता है कि दिल्ली से जब पहली बार हमलावर लूट-पाट, बलात्कार और बर्बादी के लिए आए, तो उनके दुष्कर्मों ने 'हिन्दू धर्म की छिपी हुई ताक़त को जगा दिया'। 'हिन्दू धर्म की सुलगती हुई ताक़तें' एक होकर अपने बचाव में जुट गईं और उन्हें विजयनगर के उत्थान में राजनीतिक अभिव्यक्ति मिली,[12] जिसके संस्थापकों ने 'मुसलमानों की गुलामी से हिन्दुओं की आज़ादी' की प्रतिज्ञा की थी।[13] इस गलतफ़हमी को बढ़ावा देने वाले रॉबर्ट सीवेल का मानना था कि विजयनगर का साम्राज्य 'विपक्ष की एक मज़बूत दीवार था' जिसने 'हिन्दू संस्कृति को बर्बादी, तबाही और सर्वनाश' से बचाया।[14]

ये व्याख्या निश्चित रूप से भावनाओं को भड़काने वाली है और इसे

दशकों तक सही माना गया, लेकिन सही व्याख्या भावनाओं को इतना नहीं भड़काती। मुसलमान इतिहासकारों के दिए गए आंकड़े अक्सर शक के घेरे में रहते हैं। जैसा कि एक विद्वान ने कहा है, अगर बहमनी सुल्तानों के द्वारा युद्धों में मारे गए हिन्दुओं की तादाद के बारे में फ़िरिश्ता के दावों को सही माना जाए, 'तो दक्कन में शायद ही कोई हिन्दू बचा होता'।[15] 1360 के दशक की शुरुआत में जब दोनों राज्यों की भिड़ंत हुई थी, 'पांच लाख' हिन्दुओं के मारे जाने की बात कही जाती है[16], जो अगर सच हो तो फिर विजयनगर साम्राज्य तो शुरुआत में ही कब्रगाह में बदल गया होता, जो कि नहीं हुआ, और इस साम्राज्य की तरक्की इसका सुबूत है। और सबसे खास बात ये है कि, विजयनगर के संस्थापकों में एक, बुक्का ने दिल्ली के सुल्तान को दक्षिण की तरफ आने की दावत दी थी ताकि दोनों मिलकर बहमनियों का नाश्ता कर सकें—ये किसी हिन्दू कट्टरपंथी की निशानी तो नहीं हो सकती जिसका राज्य इस्लाम के आने के पहले स्वर्ग की तरह था, और जिसे थोड़े समय पहले दिल्ली के मुसलमान बर्बरों ने बिखेर दिया था।[17] फ़िरिश्ता की ही तरह, बुक्का के इतिहासकारों ने भी चीज़ों को बढ़ा-चढ़ाकर बताया, और उसे 'म्लेच्छों (मुस्लिमों) के दबदबे से दुनिया को बचाने के लिए कृष्ण के पुनर्जन्म के तौर पर पेश किया'।[18] और ये तब है, जबकि वो राजनीतिक स्वार्थों के लिए म्लेच्छों को गले लगाने के लिए तैयार था। इसलिए असलियत यही है कि राजाओं की चापलूसी के लिए लिखी गई बातें हमेशा ही सच्चाई को नहीं दिखातीं। उनकी दुनिया बिलकुल वैसी नहीं थी जैसी हम सोचते हैं, हालांकि दोनों तरफ के राजाओं की सोच और उनके फ़ैसलों पर धर्म का असर ज़रूर होता था।[19]

इसलिए जब बुक्का को इस रूप में याद करने वाला दस्तावेज़ मिलता है तो ये चौंकाता नहीं है: 'जब उसकी तलवार ने युद्ध के मैदान में नाचना शुरू किया, तो तुर्कों के चेहरे मुरझा गए, कोंकण का राजा संकपर्य डर से कांप गया, आंध्र दौड़कर गुफाओं में चले गए, गुर्जरों की बाजुएं हर सड़क पर दिख रही थीं, कंबोज का साहस टूट गया था, कलिंग को हार मिली थी।'[20] इस बात को छोड़ दें कि कैसे ये अभिलेख पिछली सदी में दूर-दराज दिल्ली के सुल्तान रहे बलबन के अभिलेख से बिलकुल मिलता-जुलता है, यहां राजा अपने सभी दुश्मनों में तुर्कों को भी एक दुश्मन की तरह गिनता है—मुस्लिमों से अलग से कोई खास दुश्मनी नहीं दिखती है। इसी तरह डेढ़ सदी बाद, अतीत की प्रशंसा करने वाले दूसरे अभिलेखों में, सुल्तानों को भी इसी तरह दिखाया गया है जैसे उड़ीसा के हिन्दू शासकों को और तमिल देशों के चोल जैसे दूसरे राजवंशों को। 'दूसरे शब्दों में, मुस्लिमों को भी प्रायद्वीप की दूसरी बड़ी हिन्दू ताक़तों के बराबर ही राजनीतिक प्रतिद्वंद्वियों की तरह पेश किया गया है।'[21] आज हंपी में जो सबसे पुराने खंडहर दिखते हैं, उनमें शहर के रॉयल सेंटर में ग्रेट प्लेटफॉर्म पर, पत्थरों पर नक्काशी का काफ़ी काम दिखता है, और उनमें केवल हिन्दू नहीं बल्कि

मुस्लिम आकृतियां भी हैं—जिन्हें लंबी नाक, नुकीली टोपियां और नुकीले छोर वाले जूतों से दर्शाया गया है—और इन्हें हथियारों से लैस, घोड़े पर सवार और यहां तक कि विजयनगर महाराज के लिए नाचते हुए भी दिखाया गया है। बगल में रामचंद्र मंदिर में पत्थर की नक्काशी पर घोड़ों के आगे चलते अरबी लोग हैं, जबकि मशहूर विट्ठल मंदिर में एक मंडप है, जिसके एक खंभे पर 'पगड़ी पहने एक मुसलमान योद्धा' दिखाया गया है।[22]

ना तो हिन्दू कभी भी मुसलमानों को चुनौती देने के लिए एकजुट हुए, और ना ही अपने झगड़ों और आंतरिक विवादों की वजह से उत्तर भारत के मुसलमान एकजुट हो सके कि वो हिन्दुओं का सामूहिक शिकार कर सकें। यही नहीं, बहमनियों ने तो कई हिन्दू राजाओं के साथ गठजोड़ किए—तेलुगु रेड्डी और वेलम्मा सरदार एक समय उनके साथ थे, ना कि विजयनगर में हिन्दुओं के साथ,[23] और कई सालों बाद उड़ीसा के शासक भी दक्षिणी रायों के बजाय बीदर के साथ जुड़े, जबकि वो भी हिन्दू धर्म मानते थे।[24] आने वाले समय में, ऐसे कई उदाहरण मिले जब उत्तर के मुसलमानों ने अपनी लड़ाइयों में विजयनगर से मदद मांगी, और विजयनगर की एक रानी ने अपनी मदद के लिए एक सुल्तान से विनती की।[25]

इससे ये भी साफ़ होता है कि साहित्यिक स्रोतों में मुसलमान शासकों को उस समय के चलन के मुताबिक रूपकों में क्यों ढाला गया। उड़ीसा का राजा गजपति था, यानी हाथियों का राजा; बहमनी सुल्तान अश्वपति था, यानी घोड़ों का राजा; और विजयनगर का राजा नरपति था, यानी मनुष्यों का राजा।[26] अगर पूरा दक्षिण 'देशभक्त राष्ट्रीय'[27] धर्मयुद्ध के लिए इस्लाम के 'विदेशी हमले'[28] के ख़िलाफ़ खड़ा हो जाता, तो विजयनगर के संस्थापकों को 'कोंकण और तमिल राज्यों में बड़े पैमाने पर बग़ावत' को दबाना नहीं पड़ता, जो उनके साम्राज्य के शुरुआती दिनों में हिन्दू सरदारों ने की थी।[29] इस युग की लड़ाइयों को धार्मिक संघर्ष के रूप में देखना बिखराव के इस दौर को नकारने जैसा है, जिनमें ये लड़ाइयां हुईं। और भले ही ये दावा सुनने में रूमानी लगे कि विजयनगर की स्थापना के ज़रिये 'दक्षिण के हिन्दू आज़ादी के लिए'[30] लड़ रहे थे, विजयनगर के संस्थापकों की जीवन यात्रा से साबित होता है कि केवल व्यावहारिक राजनीति ही उनकी प्रेरणा थी, जिसे अक्सर धार्मिक शब्दावली के साथ पेश किया जाता था। हरिहर के बारे में तो कहा जाता है कि उसने दिल्ली सल्तनत की भी सेवा की थी। विजयनगर के राय, नए साम्राज्य के माध्यम से हिन्दू धर्म की उतनी रक्षा नहीं कर रहे थे, जितना कि 'लोगों के बीच अराजकता के दौर का फायदा' उठाकर अपना राज्य बनाने और अपने वंश के हितों को बढ़ाने में लगे थे।[31]

संगम वंश के उन पांच बेटों के बारे में ज़्यादा जानकारी नहीं है जिन्होंने विजयनगर राज्य की स्थापना की थी। हालांकि बाद में उन्होंने दावा किया था

डिनोडिया फोटोज़ / अलामी स्टॉक फोटो

रामचंद्र मंदिर में एक घोड़े को ले जा रहे
एक अरब को दिखाने वाली पट्टी

कि वो पौराणिक महाकाव्यों के चंद्रवंशी हैं, ज़्यादा संभावना इस बात की है कि वो वहां के मूल निवासी थे।[32] चौदहवीं सदी की शुरुआत तक, एक-एक करके ये भाई बिखर रहे होयसल साम्राज्य के अलग-अलग हिस्सों में सरदारों के रूप में उभर रहे थे। हालांकि एक मिथक उन्हें कर्नाटक नहीं, बल्कि तेलुगु राज से जोड़ता है जिसे दिल्ली ने बर्बाद कर दिया था।[33] भाइयों को उत्तर ले जाया जाता है जहां या तो उन्होंने अपनी इच्छा से सुल्तान का साथ देने का मन बना लिया था,[34] या फिर उनसे 'जबरन इस्लाम कबूल कराया गया था'।[35] अगर धर्म बदलने की बात सही है (क्योंकि इसका ज़िक्र स्थानीय कहानियों में ही प्रमुखता से है), तो ये अपनी इच्छा से हुआ होगा क्योंकि भाइयों ने मुहम्मद बिन तुग़लक़ का भरोसा जीत लिया था और अपने साम्राज्य में ढेरों बग़ावतों से परेशान सुल्तान ने उन्हें वापस भेजकर बेकाबू दक्षिण को काबू में करने का काम सौंपा था—अगर भाइयों ने बेमन से इस्लाम कबूला होता तो तुग़लक़ शायद ही उन्हें इतना बड़ा काम देता।[36] 1330 के दशक में उनमें से सबसे बड़ा, हरिहर, दक्कन में तुग़लक़ दरबार के एक अमीर के रूप में आता है (और इसी हैसियत में उसे रायचूर का प्रशासन मिला था, जो बाद में उस ज़िले पर विजयनगर के दावे का आधार बना)।[37] लेकिन जैसे ही 'उन्होंने अपनी मिट्टी को छुआ, हिन्दू मुक्ति आंदोलन की वजह से उनकी राष्ट्रभक्ति हिलोरें मारने लगी' क्योंकि वे 'मुसलमान अफसरों के बर्ताव से डरते और नफ़रत करते थे'।[38] कम से कम कहानी में तो यही दावा किया गया है।

लेकिन ऐसा हुआ होगा कि जैसे ही होयसल साम्राज्य बिखरा, और इसका हिन्दू राजा (वही जिसकी खाल निकालकर लटका दी गई थी) मदुरई के मुसलमान सरदारों के हाथों हार गया, 'हरिहर ने होयसल के लगभग सारे इलाके, अपने भाइयों के साथ मेलजोल के ज़रिये, जीत लिए, जो बिखरते हुए राज्य के अलग-अलग हिस्से में फैल गए थे'।[39] दूसरे शब्दों में, जहां एक पुराना हिन्दू राजवंश ख़त्म हुआ, भाइयों ने हिन्दू होने के बावजूद उनकी मदद करने के बजाय, देश में फैली हुई अराजकता का फायदा उठाते हुए अपना ही राजवंश शुरू कर दिया। फरवरी 1346 में, हसन गंगू के ख़ुद को बहमनी राज्य का सुल्तान घोषित करने के डेढ़ साल पहले, पांचों संगम भाई शैव आस्था के एक प्रमुख केंद्र श्रीरंगम में मिले और उन्होंने 'दक्षिणी प्रायद्वीप के एक तट से दूसरे तट तक की अपनी जीत' का उत्सव मनाया, इस समय तक वो दिल्ली के वफ़ादार भी नहीं रहे थे।[40] इस तरह, '1339 से 1347 के बीच, दो सामान्य परिवारों ने, जो कृष्णा नदी के दो विपरीत किनारों पर थे, उन आंदोलनों की अगुआई की, जिन्होंने दक्कन के राजनीतिक और उससे भी बढ़कर, वैचारिक नक्शे को एक नई शक्ल दी।'[41] तुग़लक़ों ने दक्षिण को तबाह करके इसके पुराने घरानों को ख़त्म कर दिया था। और इसी बर्बादी से विजयनगर और बहमनी सल्तनत उभरे थे, जिन्होंने धर्म की आड़ लेकर, दरअसल धन के लिए, एक-

दूसरे के ख़िलाफ़ तब तक लड़ाई की, जब तक कि केवल राख बची न रह गई।

हालांकि, दोनों पक्ष जिस तरह से एक-दूसरे को देखते थे, उसमें 'हम' और 'वो' की सोच तो थी ही। 1347 में संगम भाइयों में से एक ने अपनी उपाधियों (जिनमें 'सांपों को डराने वाली एक बड़ी चील' और 'विदेशी राजाओं को डराने वाला' जैसी नई पदवियां थीं[42]) में एक अभूतपूर्व उपाधि जोड़ी: हिन्दूराया सुरतराना, यानी हिन्दू राजाओं में सुल्तान। पांच साल बाद एक और भाई ने यही पदवी ली, जिसके बाद 1354 में हरिहर ने भी ख़ुद को सुल्तान कहा।[43] पहली बार भारतीय शासकों ने 'हिन्दू' शब्द का इस्तेमाल ख़ुद को विदेशी मूल के मुस्लिमों से अलग दिखाने के लिए किया था—दूसरे शब्दों में, बाहरी लोगों द्वारा आमतौर पर भारतीयों के लिए इस्तेमाल किया जाने वाला एक भौगोलिक शब्द अब यहां के लोगों ने अपना लिया था। और अपने आप को सुल्तान के रूप में पेश करके, ये शासक साफ़ तौर पर बाहरी दुनिया और एक बदले हुए भौगोलिक इलाके में अपनी पहचान बना रहे थे, जहां इस शब्द में ज़बर्दस्त ताक़त थी—सुल्तान बनने का मतलब था, उस नई दुनिया का हिस्सा बनना जो आकार ले रही थी। इस नयेपन को अपनाने में संगम राजा अकेले नहीं थे: तेलुगु शासक कपाया नायक आंध्र का सुल्तान था, जिसने बहमनियों को तोहफ़े में फ़िरोज़ा तख़्त दिया था, जबकि डेढ़ सदी बाद, विजयनगर में एक और शासक ने इन सबसे बढ़कर ख़ुद को गोला सुरतराना, यानी दुनिया का सुल्तान की पदवी दी थी।[44] नई सत्ता के उभरने के साथ-साथ सुल्तान की अवधारणा ने राजनीतिक सोच पर काबू कर लिया था। 'किसी ना किसी रूप में, इस पदवी का इस्तेमाल संगम भाइयों के वंशजों ने कम से कम अगले 250 वर्ष तक, सत्रहवीं सदी के शुरुआती वर्षों तक किया, हालांकि इस दौरान राजवंश में तीन बदलाव आ गए थे।'[45] और आखिरकार, इलाके से 'ताक़तवर तुग़लक़ों को बाहर निकालकर, विजयनगर और बहमनी साम्राज्यों के नेताओं ने 'दिलेरी और कामयाबी के साथ दिल्ली की सत्ता—यानी सुल्तान की पदवी लेने का हक हासिल किया था।'[46] राजनीतिक तौर पर इस बात से कोई फ़र्क़ नहीं पड़ता था, इनमें से एक हिन्दू था और दूसरा मुसलमान, हालांकि दोनों पक्ष ये बात जानते थे कि उनकी निजी पहचान अलग-अलग थीं।[47]

संगम राजाओं ने अपनी राजधानी के लिए जो जगह चुनी थी, वो तुंगभद्रा के एक मोड़ से लगी हुई थी। ये जगह पवित्र मानी जाती थी, इसका जुड़ाव एक तो नदी देवी पंपा के साथ था (जिससे मौजूदा नाम हंपी निकला है) और दूसरा विरुपाक्ष नाम के देवता के साथ। दोनों ही संस्कृत मुख्यधारा के देवी और शिव से जुड़े थे, और संगम राजा उनकी पूजा किया करते थे।[48] हालांकि इस शहर की उत्पत्ति से जुड़ी कहानी दिलचस्प है। एक दिन हरिहर नदी के किनारे शिकार कर रहा था कि उसने एक अजीब नज़ारा देखा: एक खरगोश, जिसका

पीछा उसके शिकारी कुत्ते कर रहे थे, दूसरी दिशा में भागने के बजाय, मुड़ा और कुत्तों को काट खाया।[49] राजा चौंक गया और थोड़ी देर बाद उसकी मुलाकात ऋषि विद्यारण्य से हुई, जिन्होंने उसे बिलकुल उसी जगह पर एक शहर बनाने की सलाह दी और कहा कि ये 'दुनिया का सबसे ताक़तवर शहर होगा'।[50] राजधानी को दैवी आशीर्वाद मिले होने के दावे के हिसाब से ये कहानी अजीब है, लेकिन ये इकलौती नहीं है: एक और कहानी के मुताबिक, श्रीलंका में कैंडी की स्थापना भी तभी हुई थी जब एक राजकुमार को कुत्ते को काट खाने वाला हिम्मती खरगोश दिखा था।[51] राजपरिवार की उत्पत्ति को लेकर भी ऐसे ढेरों मिथक थे—कन्नड़, तेलुगु, हिन्दू योद्धा, मुसलमान धर्मांतरित—और ज़रूरी नहीं है कि ये किसी गड़बड़ी या गलत व्याख्या की वजह से बने हों। हो सकता है कि 'ये कहानियां अलग-अलग लेखकों के ज़रिये अलग-अलग दर्शकों तक पहुंचाई गई हों', ताकि इलाके में एक नए राजघराने की मान्यता स्थापित हो सके, कई भाषाएं बोलने वाले और अलग-अलग रीति-रिवाज मानने वाले लोगों को अपने साथ जोड़ा जा सके और उन्हें एक राजसी छत्र के नीचे लाया जा सके।[52]

इन वंशों को वैधता समय के साथ मिली। जहां बहमनियों ने निज़ामुद्दीन औलिया और मिस्र में अब्बासिद खलीफ़ा से पैगंबरी कृपा मिलने का दावा किया, वहीं संगम राजाओं ने अपने जन्म और धर्म-परिवर्तन से जुड़े सवालों के जवाब में अपना संबंध विद्यारण्य से जोड़ा, जिसके बारे में माना जाता है कि उसने उन्हें दोबारा हिन्दू बनाया। दूसरे तरीके भी अपनाए गए। ख़त्म हो चुके लेकिन अमिट छाप वाले होयसल राजवंश के साथ अपने रिश्ते दिखाए गए—दावा किया गया कि हरिहर की बेटी की शादी होयसल के उस शासक के बेटे से हुई थी जिसे फांसी दी गई थी,[53] और ये भी कि हरिहर के भतीजे की शादी देवगिरी यादवों के अंत के ठीक पहले के राजा रामचंद्र की पोती के साथ हुई थी। यही भतीजा बाद में हरिहर द्वितीय के नाम से गद्दी पर बैठा।[54] इसी तरह तमिल राज्य में पांड्य राजवंश के साथ संबंध दिखाए गए—जब 1370 के दशक में विजयनगर ने वहां सल्तनत को ख़त्म किया और इसके इलाकों पर कब्ज़ा किया, तो सेना की कमान संभाल रहे राजकुमार की मदद एक रहस्यमयी महिला ने की, और दुश्मन से भिड़ने से पहले, उसे एक 'दिव्य तलवार भेंट की जो पांड्य राजपरिवार की विरासत थी',[55] और साथ ही उसे याद दिलाया कि वो विष्णु का अवतार है।[56] पुराने चालुक्य राजवंश के राजचिह्न, वराह (जंगली सूअर) को विजयनगर ने अपना राजचिह्न बनाया और शहर की शुरुआती वास्तुकला में प्राचीन चालुक्य राजधानियों की नकल की गई।[57] साथ ही, जब रायों ने अपना राज्य फैलाना शुरू किया, तो उन्होंने जीते हुए प्रांतों के सबसे महत्वपूर्ण मंदिरों को संरक्षण देकर समृद्ध किया ताकि स्थानीय लोगों और कुलीन वर्गों को ख़ुद से जोड़ा जा सके।[58] जैसे-जैसे हिन्दू सुल्तानों की ताक़त बढ़ती गई, हर पुराने (लेकिन समाप्त हो चुके) राजघराने और कई महत्वपूर्ण मंदिरों के साथ उनके संबंध भी स्थापित

होने लगे, जिनकी याद लोगों के ज़ेहन में ताज़ा थी, और इससे शासक के रूप में उनकी वैधता को भी मज़बूती मिली।[59]

शुरुआती दौर में विजयनगर का प्रशासन समानांतर शासन प्रणाली से चलता था, जिसमें सभी संगम भाई अलग-अलग प्रांतों में अपनी सत्ता चलाते थे। 1355-56 में हरिहर की मौत के बाद, बुक्का ने आधिपत्य जमाने में कामयाबी हासिल की और फिर बीस वर्ष से ज़्यादा तक राज किया, जिस दौरान साम्राज्य को स्थिरता और विस्तार मिला। पिछले दशकों में मुस्लिम हमलों के कारण टूटे मंदिरों को फिर से बनाया गया और साम्राज्य में धनी तमिल राज्य मिलने के बाद विजयनगर की समृद्धि हर जगह मशहूर हो गई—1374 में एक राजदूत तो चीन भी भेजा गया था। बहमनियों के साथ उनकी मशहूर लड़ाइयां दोनों राज्यों के बीच की सीमा पर होती थीं, इस बात पर कि रायचूर पर किसका अधिकार है। लेकिन जहां उन्हें धार्मिक तनाव का सामना करना पड़ा, वहां मुसलमान नहीं थे। 1368 में बुक्का को, जो ख़ुद शैव था, जैनियों और वैष्णवों के बीच एक झगड़े को निपटाना पड़ा था। उसने दोनों संप्रदायों के प्रमुखों को दरबार में बुलाया, और 'जैनियों के हाथ को अठारह ज़िलों के श्री-वैष्णवों के हाथ में रखकर एलान किया कि वैष्णव और जैन संप्रदायों में कोई अंतर नहीं है। इन वैष्णवों में श्रीरंगम, तिरुपति, कांची के *आचार्य* भी थे।' इसके बाद उसने जैनियों को वो सारी सुविधाएं सुनिश्चित कीं, जो उन्हें पिछले शासन में मिलती थीं और साथ में जोड़ा कि वैष्णवों को जैनियों के कल्याण को अपना कल्याण मानना चाहिए और 'जब तक सूर्य और चंद्रमा का अस्तित्व है, वैष्णवों को जैनियों की रक्षा करनी चाहिए।'[60] बाद के समय में, कांची में, जब मुश्किलें पैदा हुईं तो ये शैव और माधव ब्राह्मणों के बीच हुईं, और फिर दरबार के माध्यम से एक समझौता कराया गया।[61]

बुक्का के बेटे, हरिहर द्वितीय ने राज्य के बुनियादी ढांचे में बदलाव किया। अपने शासनकाल के दौरान, उसने साम्राज्य के दूर-दराज के प्रांतों का नियंत्रण अपने चचेरे भाइयों से ले लिया और मुग़ल बादशाहों की तरह, अपने बेटों को सूबेदार बनाकर भेज दिया।[62] समय के साथ साझा संप्रभुता की एक व्यवस्था बन गई, जिसे नायंकार कहा गया, इसमें सरदारों को अमरनायक कहा जाता था (अमर शब्द बहमनी अमीर से लिया गया) और उन्हें विजयनगर राज के अधीन जागीरें दी जाती थीं।[63] लेकिन इसका ये मतलब नहीं था कि सत्ता का हस्तांतरण आसानी से होता था, क्योंकि जब हरिहर द्वितीय की मौत हुई, वहां विरासत की लड़ाई शुरू हो गई और इस लड़ाई के तीन वर्षों में विजयनगर पर तीन राजाओं ने शासन किया। एक साहित्यिक स्रोत के मुताबिक, एक दावेदार को अपने ईर्ष्यालु रिश्तेदारों से निपटना पड़ा जिन्होंने उसे राजा बनने से रोकने के लिए 'कई दावेदारों को सोते हुए मार डाला था'।[64] हालांकि लगता है कि ये बढ़ा-चढ़ाकर

कहा गया है, क्योंकि भले ही विजयनगर में गद्दी के लिए पिता को मारने का एक उदाहरण मिलता है, आम तौर पर हारने वाले लोगों को सूबेदारी दे दी जाती थी। गद्दी के दो दावेदारों (जो अलग-अलग रानियों से हुए हरिहर द्वितीय के बेटे थे) में से एक के साथ ऐसा हुआ था—वो हार गया था और उसने एक प्रांतीय शासक के तौर पर 'कमोबेश पूरी आज़ादी के साथ' एक दशक तक राज किया था, जबकि जीतने वाला तीसरा बेटा विजयनगर का राय बना।[65] यही वो राजा था जिसकी बेटी की शादी 1407 में फ़िरोज़ शाह बहमनी से हुई थी, हालांकि एक और राजकुमारी की शादी इतने तामझाम के साथ नहीं हो पाई क्योंकि उसने सीमा शुल्क विभाग के एक अफसर को अपना पति चुना था।[66] फिर भी, राजसी परिवार में काफ़ी विविधताएं थीं, एक राजा ऐसा था जिसकी एक पत्नी हिन्दू नहीं बल्कि जैन धर्म को मानती थी।[67]

मध्य युग के सभी साम्राज्यों की ही तरह विजयनगर राज्य का शासन विकेंद्रीकृत था और ये एक लाख चालीस हज़ार वर्ग मील तक फैल चुका था।[68] राजधानी से बिलकुल सटे हुए ज़िलों का शासन राय ख़ुद करते थे और केवल राजधानी में ही एक लाख से ढाई लाख के बीच लोग रहते थे।[69] कृष्णदेव के शासन काल के अंत तक तो साम्राज्य की राजधानी में करीब चार लाख अस्सी हज़ार लोग रहने लगे थे, और 'आबादी के लिहाज़ से ये केवल बीजिंग से पीछे था'।[70] साम्राज्य के बाकी हिस्सों के साथ सम्राट का संपर्क सामंतों के माध्यम से होता था, कभी-कभी उन्हें अपनी प्रजा के हिंसक विरोध का सामना भी करना पड़ता था। उदाहरण के लिए, साम्राज्य की स्थापना के सौ साल पूरे होने के पहले ही 'राजधानी द्वारा थोपे गए दमनकारी करों के ख़िलाफ़ कावेरी नदी के दहाने के किसानों और कारीगरों के समुदाय ने बड़े पैमाने पर विद्रोह किया था।' विजयनगर कभी भी 'ऊपरी पठारी इलाकों की खेती आधारित अर्थव्यवस्था और समृद्ध तमिल तटों की व्यावसायिक अर्थव्यवस्था के बीच सामंजस्य नहीं बैठा सका था,' और तमिल लोगों को उसने काफ़ी हद तक स्वायत्तता दे दी थी।[71] करों पर भी मोलतोल हो सकता था। मिसाल के लिए, हमें कारीगर कर, करघा कर, विवाह कर, तेल कारखाना कर, और यहां तक कि 'अंडा कर' और खाना पकाने के कर के बारे में जानकारी मिलती है।[72] तमिल बुनकरों को ना केवल अर्थव्यवस्था में उनकी अहमियत का फायदा मिलता था, बल्कि उन्हें बेहतर दर्जे के साथ पालकियों के इस्तेमाल और धार्मिक उत्सवों के दौरान शंख बजाने के भी अधिकार थे।[73] दशकों बाद, नाइयों को कुछ छूट मिली थी,[74] और जब ईस्ट इंडिया कंपनी ने नाइयों पर वापस कर लगाने की कोशिश की, उन्होंने इसका भुगतान करने से इनकार कर दिया और बताया कि कैसे उनके बाप-दादाओं ने विजयनगर के राय की इतनी अच्छी दाढ़ी बनाई थी कि उसने ख़ुश होकर उन्हें हमेशा के लिए कर से छूट दी थी।[75]

अगले सम्राट के समय तक, साम्राज्य दक्षिण में अच्छी तरह जड़ें जमा चुका था और अब दुनिया का ध्यान खींच रहा था। देवराय द्वितीय विद्वान था और उसने ख़ुद कई किताबें लिखीं और उन्हें बढ़ावा देने के लिए अपने देश और साम्राज्य में अध्यादेश जारी किए।[76] उसने सिलोन के राजाओं से तोहफ़े स्वीकार किए और साथ ही मालाबार तट पर कुछ हद तक अधिकार भी हासिल किया। उसके दरबार में सिर्फ़ संस्कृत विद्वान और हिन्दू कवि ही नहीं, बल्कि एक ईसाई विद्वान भी था।[77] फ़ारसी राजदूत अब्दुर रज़्ज़ाक विजयनगर पर इतना मोहित था कि उसने लिखा कि 'यहां रहने वालों की दुनिया में कोई बराबरी नहीं कर सकता।'[78] देश के ज़्यादातर हिस्से में सिंचाई की अच्छी व्यवस्था थी और ज़मीन उपजाऊ थी, और इसके पास करीब तीन सौ अच्छे बंदरगाह थे। राज्य में एक हज़ार से ज़्यादा हाथी थे, जो पहाड़ियों की तरह ऊंचे और दानवों की तरह बड़े थे। सेना में ग्यारह लाख लोग थे। उसने लिखा है कि पूरे हिन्दुस्तान में राय की तरह कोई और शासक नहीं था,[79] जिसके महल में 'अनगिनत गुप्त राजसी कक्ष थे जिनमें सोना भरा था'।[80] उसकी राजधानी 'ऐसी है कि आंख की पुतली ने कभी ऐसी जगह नहीं देखी है, और कान को कभी ये नहीं बताया गया है कि पूरी दुनिया में इसकी बराबरी जैसा कुछ है भी। ये इस तरीके से बनाई गई है कि सात किले और इतनी ही दीवारें एक-दूसरे को चारों ओर से घेरती हैं।' इनके भीतर खेत, बगीचे, घर और बाज़ार थे। वो आश्चर्य जताते हुए लिखता है, 'सुनार बाज़ारों में खुलेआम मोती, माणिक, पन्ना और हीरे बेचते हैं। ये लोग गुलाब के बिना नहीं रह सकते, और वो उन्हें उतनी ही अहमियत देते हैं जितना भोजन को'।[81]

जब रज़्ज़ाक ने ख़ुद सम्राट को देखा—जिसने उसे विदेशी राजदूतों को दिए जाने वाले आम तोहफ़ों के अलावा एक चीनी पंखा भी दिया—तो वो प्रभावित हो गया था :

> राजा एक बड़े कक्ष में बैठा था, जो चारों तरफ से राज्य की सबसे आलीशान चीज़ों से घिरा था। उसकी दाईं और बाईं तरफ ढेरों लोग गोल घेरा बनाकर खड़े थे। राजा ने हरे मखमल की एक पोशाक पहन रखी थी, उसके गले में जो कंठी थी, उसमें साफ़ मोती और दूसरे शानदार रत्न जड़े थे। उसका रंग जैतून जैसा था, वो पतला था, लेकिन लंबाई थोड़ी ज़्यादा थी; उसके गालों पर हल्की सी दाढ़ी थी, लेकिन ठोड़ी पर बिलकुल नहीं। उसके चेहरे के हाव-भाव काफ़ी लुभावने थे।[82]

वैसे तो विजयनगर के दरबार पर पिछले राजवंशों के हिन्दू प्रभाव के अलावा कन्नड़, तमिल और तेलुगु संस्कृतियों का असर भी था, लेकिन इसके राजा उस दौर में तेज़ी से फैल रहे फ़ारसी समाज के असर से अछूते नहीं थे,

हालांकि गैर-मुस्लिम के रूप में उन्होंने उस तादाद में अपने दरबार में फ़ारसी लोगों को शामिल नहीं किया था जितना बहमनियों ने किया था। फ़ारसी संस्कृति धीरे-धीरे अपना असर बढ़ा रही थी, और कारोबारी जगत में इसकी शोहरत 'इज़्ज़तदार, महानगरीय, और सबसे बढ़कर, धार्मिक भावनाओं के बगैर हर नस्ल के लोगों में घुलने-मिलने वाली थी'।[83] और जैसे-जैसे विजयनगर की समृद्धि बढ़ी, इस पर विदेशी प्रभाव भी दिखने लगे, शायद बहमनियों से भी ज़्यादा। मिसाल के लिए, पोशाक के मामले में, हंपी में मिली चौदहवीं सदी की शुरुआती मूर्तियों में दिखता है कि दरबारी केवल धोती पहनते थे, और उनका ऊपरी शरीर नंगा रहता था। ये चलन भारत के दूसरे हिस्सों में भी पंद्रहवीं सदी तक चला—अब्दुर रज़्ज़ाक ने इस बारे में टिप्पणी करते हुए कहा कि पड़ोसी मालाबार में 'नाभि से घुटनों तक लंगोटी बांधे हुए राजा और भिखारी दोनों एक जैसे दिखते हैं'।[84] हालांकि उसने विजयनगर में पंद्रहवीं सदी के जिस राजा को देखा था, वो पोशाक के मामले में बिलकुल अलग था। क्योंकि देवराय द्वितीय के समय तक, पुरुष दुशाला, दुपट्टा और टोपियां पहनते थे, जिसके बाद 'चुस्त, ऊंचे गले की, पूरी बाजू वाली कमीज या बंडी पहनी जाने लगी थी जिनमें आमतौर पर सामने बटन लगे होते थे'। इसके सुबूत उस दौर की मूर्तियों में मिलते हैं। ऐसे ही प्रयोग धोती के साथ भी किए गए थे, जो 'घुटनों से लेकर एड़ी तक की लंबाई वाली मिलने लगी थीं और चौड़े कमरबंद से ढकी रहती थीं'।[85] दक्षिण में मुसलमान हमलावरों ने खास लोगों को सम्मान के रूप में लबादा देने की जो प्रथा शुरू की थी, जैसा हमने वारंगल के प्रतापरुद्र की हार के बाद देखा था, रायों ने उसे आगे बढ़ाया, जबकि अपने पश्चिम के देशों के चलन से प्रभावित होकर पुरुषों और महिलाओं दोनों ने रत्नों की कढ़ाई वाली नोकदार टोपियां पहननी शुरू कर दी थीं।[86]

वास्तुकला पर भी भारतीय और विदेशी छाप दिखाई देती है। शुरुआती दौर में जहां मंदिर और भवन बिलकुल दक्कनी शैली में बनाए जाते थे, जब विजयनगर ने अपने अधिकार क्षेत्र में तमिल प्रांतों को ले लिया, तब चोल राजाओं की पसंद के समान बेहतरीन नक्काशी और बड़े-बड़े मंदिर द्वार की शैली अपनाई जाने लगी।[87] जब अब्दुर रज़्ज़ाक ने शहर में नाचने वाली लड़कियों के कमरे देखे, उसे 'सड़क के दोनों तरफ शेर, चीते, बाघ और दूसरे जानवरों की तस्वीरें दिखीं, जिन्हें इतनी ख़ूबसूरती से उकेरा गया था कि वो असली लगते थे'।[88] शहर के केंद्र में, जहां राजा का निवास और उसका दरबार था, फ़ारसी प्रभाव जमकर दिखता था: 'गुंबद, मेहराब, कंगूरों वाली दीवारें, पलस्तर का बेहतरीन काम, वगैरह'। ढेर सारे खंभों वाला मंडप, जहां अब्दुर रज़्ज़ाक ने देवराय द्वितीय से मुलाक़ात की थी, उसे 'पर्सपोलिस के सिंहासन कक्ष और अपादाना महल' की याद दिलाते थे, और 'विजयनगर के महामंच के निचले हिस्से पर बने भित्तिचित्रों में सिंहासन पर बैठे राजा को तोहफ़े देते जुलूस दिखाए गए थे, जैसा कि यहां से

हज़ारों मील दूर अपादाना के महल में दिखते हैं।[89] हालांकि, ये किसी लोकप्रिय अंतरराष्ट्रीय शैली की नकल भर नहीं थी, ये वास्तुकला का मेल था जो 'हिन्दू मंदिरों के सीढ़ीदार नक्शे, कई स्तरों वाले और नक्काशीदार पत्थरों के तहखाने, घुमावदार छज्जे, सीढ़ीदार छतों, और पलस्तर से सजावट' वाली शैली से बना था, और वास्तुकला का ये शानदार मेल विजयनगर के शाही ठाठ का सच्चा आकर्षण बन गया।[90]

देवराय द्वितीय ख़ुद भारत से आगे की दुनिया को जानने में बेहद दिलचस्पी रखता था, क्योंकि जब वो अब्दुर रज़्ज़ाक से मिला, उसने अब्दुर से उसके सुल्तान के बारे में ढेरों सवाल पूछे—फ़ारसी सुल्तान के पास लड़ाई के कितने घोड़े हैं, उसके प्रमुख जागीरदार कैसे हैं—और साथ ही, हेरात और शिराज़ जैसे शहरों के बारे में जानकारी मांगी; होरमुज़ तो पहले से ही 'हुरुमानजी' के नाम से जाना जाता था।[91] इन सबसे देवराय द्वितीय की उसी तैमूरी दरबारी संस्कृति के बारे में 'जानकारी और गहरी दिलचस्पी' साबित होती है, जिसने फ़िरोज़ शाह पर जादू कर रखा था।[92] इसकी वजह कुछ हद तक वो राजनीतिक व्यवस्था भी थी, जो देवराय द्वितीय ने बनाई थी। होयसलों और काकतीयों के पुराने साम्राज्य ज़्यादातर उन इलाकों पर शासन करते थे जहां किसी एक भाषा का दबदबा था, और सांस्कृतिक पहचान भी एक थी। हालांकि, बहमनी सल्तनत की ही तरह विजयनगर कई क्षेत्रों वाला साम्राज्य था। अरबी और फ़ारसी भाषाओं के प्रभाव कन्नड़ और तेलुगु के साथ घुल-मिल गए थे और शहरीकरण अब तक के सबसे ऊंचे स्तर पर था—भाड़े के मुसलमान सैनिकों की भर्ती से लेकर सैनिक नेताओं को पुराने सामंतों के मुक़ाबले तरजीह देने तक, देवराय द्वितीय ने 'बेहद कामयाब और मज़बूत राज्य' बनाया था जहां राजनीतिक नीतियों का आधार ताक़त थी, ना कि उसके पूर्वजों को उत्तेजित करने वाला हिन्दू श्रेष्ठता का धार्मिक विचार।[93] दरअसल, जब अब्दुर रज़्ज़ाक के साथ विजयनगर के दूतों को माणिक और दूसरे तोहफ़ों के साथ फ़ारस भेजा गया था, तो राय के ये राजदूत भी ईरानी मूल के मुसलमान थे।[94]

हालांकि, दरबार में सब कुछ अच्छा नहीं था। भले ही विजयनगर की ताक़त बढ़ रही थी, वफ़ादार लोगों को अपने साथ बनाए रखना हमेशा आसान नहीं होता था, और 1440 के दशक की शुरुआत में देवराय द्वितीय की हत्या करने की एक साज़िश उसके एक भाई ने रची थी।[95] इस शख़्स ने अपने लिए एक नया महल बनवाया था जहां, गृह प्रवेश उत्सव के नाम पर, बड़ी तादाद में सम्राट के वरिष्ठ सामंतों और भरोसेमंद दरबारियों को भोज पर बुलाया गया था। अब्दुर रज़्ज़ाक बताता है कि उन्हें एक-एक करके बुलाया गया था—क्योंकि जाति-भेद के कारण सभी एक साथ नहीं खा सकते थे और इसलिए हर कोई अंदर एक-दूसरे से अलग वक़्त पर गया था—और दिन के अंत तक, महल

'नरसंहार की जगह' बन चुका था।[96] हमें ये भी पता चलता है कि 'इस बात का भी ख्याल रखा गया था कि शहर में जहां से भी हो, सारे ढोल, नगाड़े, बिगुल और बांसुरी मंगा ली गई थीं, और सभी को एक साथ बजाया जा रहा था, ताकि उनके शोर में कत्ल किए जा रहे लोगों की चीख दब जाए'।

इस तरह जब कई दरबारियों को मार डाला गया, तो देवराय द्वितीय का भाई उसके महल पहुंचा। 'वह बदमाश फिर राजा के सामने अपने हाथ में सुपारी से भरी एक थाली लेकर पहुंचा, जिसके नीचे एक तेज़ और पतला छुरा छिपा था। और सम्राट को संबोधित करते हुए, कुटिलता के साथ उसने कहा, "कक्ष तैयार है और सभी लोग आपके शुभ आगमन की प्रतीक्षा कर रहे हैं।"'[97]

हुआ ऐसा कि राय का किसी तरह के उत्सव में शामिल होने का मन नहीं था और उसने बीमारी का बहाना किया। 'इस तरह, जब बदमाश भाई की ये उम्मीद ख़त्म हो गई कि वो राजा को अपने घर ले जा सकेगा, उसने अपना छुरा निकाला और राजा पर कई बार हमले किए, जिससे वो अपने सिंहासन पर गिर गया।' गद्दार ने ये मान लिया कि राजा मर चुका है और उसने बरामदे में जाकर एलान कर दिया: 'मैंने राजा को भी मार दिया है...और इस-इस अमीर, ब्राह्मण और वज़ीर को भी मार दिया है; अब मैं राजा हूं।'[98] नुनिज़ के काफ़ी बाद के दस्तावेज़ के मुताबिक, देवराय द्वितीय को गंभीर चोट नहीं लगती है, 'क्योंकि वो अपने राज्य में तलवार और छुरा चलाने में सबसे बेहतर था' और 'उसने अपने शरीर को मोड़कर और सिकोड़कर सारे हमले बचा लिए, और उसे केवल मामूली चोट आई'।[99] रज़्ज़ाक के मुताबिक राजा मरा नहीं था, और वो अपने आप को बगल के दूसरे बरामदे तक खींचकर ले गया और चीखकर बोला, 'मैं ज़िंदा हूं। मैं अच्छा और सुरक्षित हूं। उस नीच को पकड़ो!'[100] नुनिज़ की कहानी के मुताबिक, हालांकि राजा अपने हत्यारे भाई को अपने ही कक्ष में मारता है, और 'ये होने के बाद, वो एक घोड़ा मंगाता है, और उस पर सवार होकर, महल से बाहर जाता है,' भयानक तरीके से उसने अपने हाथ में हत्यारे का सिर लिया हुआ है।[101] जो भी हो, इस घटना के बाद राजा के लिए परेशानी शुरू हो गई, क्योंकि इसके बाद हुई गड़बड़ी का फायदा उठाते हुए बहमनी सुल्तान ने सीमा पार कर ली। पहले तो देवराय द्वितीय का पलड़ा भारी था, और फ़िरिश्ता बताता है कि कैसे 'मुसलमानों को बड़ी परेशानियां झेलनी पड़ीं'। लेकिन फिर, जब सम्राट का बेटा युद्ध में मारा गया, राय ने युद्ध रोक दिया और शांति की विनती की।[102] देवराय द्वितीय भी बाहरी दुश्मन और दरबार के संकट दोनों से एक साथ लड़ नहीं सका था।

1446 में देवराय द्वितीय की मौत के बाद का समय राज्य के लिए अच्छा नहीं था। उसका बेटा और उत्तराधिकारी कमज़ोर था, और उसे ना केवल उड़ीसा के गजपति और बहमनी सुल्तान के संयुक्त आक्रमण का सामना करना

पड़ा, बल्कि उसे इन शासकों के हाथों काफ़ी खज़ाना और ज़मीन भी गंवानी पड़ी।[103] और भले ही उसके अपने अभिलेख उसे एक महान शासक और तुर्कों का विनाशक बताते हैं, हमें जानकारी मिलती है कि 1465 में उसकी मौत 'दिल टूटने की वजह से' होती है।[104] अगले राय के शासनकाल में भी विजयनगर में चीज़ें सुधरी नहीं—यही वो राजा था जिसने मुसलमान कारोबारियों को भागने पर मजबूर किया था और बहमनी सल्तनत के हाथों गोवा और दूसरे बंदरगाह गंवा दिए थे—और उसके उत्तराधिकारियों को व्यवस्था दोबारा कायम करने और विदेशी कारोबारियों का भरोसा जीतने में काफ़ी वक़्त लग गया। और जो थोड़ी बहुत व्यवस्था बची थी, वो सलुव (बाज़[105]) नरसिंह नामक सेनापति के कौशल का नतीजा थी, जो राजपरिवार से जुड़ा था।[106] मिसाल के लिए, जब बहमनी सुल्तान ने 1481 में कांची और इसके मंदिर को लूटा, तो इसके पहले कि खज़ाना वहां से हटाया जाता, नरसिंह ने बहमनी सुल्तान के आदमियों को रोक दिया और सारा सोना वापस वहां पहुंचा दिया, जहां से उसे लूटा गया था।[107] हालांकि इस शख़्स को काफ़ी बड़ी भूमिका निभानी थी, इसे विजयनगर के इतिहास में 'एक नए राजनीतिक दौर के सेतु' का काम करना था; ये भूमिका सम्राट की कमज़ोरी या अस्थिरता के मद्देनज़र राज्य को एक बनाए रखने की उसकी ढेरों सैन्य सफलताओं के मुकाबले कहीं अधिक महत्वपूर्ण तो थी ही, इसमें विश्वासघात भी शामिल था।[108]

ये मौका आया 1485 में, जब देवराय द्वितीय के पोते की हत्या उसके अपने बेटे ने कर दी और उसका ख़ून जमा देने वाला अंत हुआ।[109] 'हालांकि, पिता की हत्या करने वाले इस राजकुमार ने नैतिक डर से गद्दी ठुकरा दी और इसे अपने छोटे भाई को सौंप दिया।'[110] लेकिन तब तक सिंहासन के लिए ख़ून बहाने की शुरुआत हो चुकी थी, इस छोटे भाई ने परंपरा जारी रखते हुए उसी भाई को मौत के घाट उतार दिया जिसने उसे गद्दी सौंपी थी।[111] साम्राज्य में अराजकता फैल गई, और नए सम्राट को राज्य के कामकाज में बहुत ज़्यादा दिलचस्पी भी नहीं थी। जब प्रधान सेनापति नरसिंह लौटा, तो राजा दूसरी चीज़ों में ज़्यादा व्यस्त था, मसलन वो एक काम-साहित्य की किताब लिख रहा था, जिसमें बत्तीस छंद केवल मुख-मैथुन के लिए लिखे गए थे।[112] इसका नतीजा विजयनगर के इतिहास में एक नए युग की शुरुआत के तौर पर निकला। संगम के राजपराने का अंतिम अभिलेख 29 जुलाई 1485 की तारीख़ का है। पंद्रह महीने बाद के दस्तावेज़ बताते हैं कि एक नया राय आ चुका था: सलुव नरसिंह।[113] संगम वंश के अंतिम शासक को हटा दिया गया था, जिसमें शासन की प्रतिभा नहीं थी, हालांकि वो साहित्य रचना के मामले में होशियार था और हीरे का सिंहासन उसके सेनापति के कब्ज़े में था, जिसने सोचा कि वो सम्राट की तुलना में उस पर बैठने के लिए अधिक उपयुक्त है।[114]

हालांकि, नरसिंह की अगुआई वाला दूसरा राजवंश भी ज़्यादा वक़्त तक टिक नहीं सका। नरसिंह गद्दी पर कब्ज़ा करने के कुछ वर्ष बाद मर गया, और अपने बेटों को एक भरोसेमंद सहयोगी के हाथों सौंप गया। दो बच्चों में से एक की हत्या कर दी गई और दूसरे को करीब पंद्रह सालों तक कठपुतली बनाकर रखा गया। अंत में, जब उस बेटे ने असली सत्ता वापस मांगी तो राज्य-संरक्षक चिढ़ गया और उसे भी मौत के घाट उतार दिया गया। राज्य-संरक्षक के उत्तराधिकारियों ने 1505 में विजयनगर का तीसरा राजवंश स्थापित किया, जिसकी अंतरराष्ट्रीय मामलों में काफ़ी दिलचस्पी थी—इसी साल जब दरबार में पुर्तगाल से फ्रे लुई नामक एक 'ब्राह्मण' (पादरी) आया, तो उसे तोहफ़ों के साथ-साथ एक चिट्ठी भी दी गई जिसमें विजयनगर और पुर्तगाल के बीच वैवाहिक गठबंधन का प्रस्ताव था! प्रस्ताव ये था कि विजयनगर की एक राजकुमारी लिस्बन जाकर वहां रानी बनेगी, और पुर्तगाल के राजा मैनुअल की एक बेटी भारत आएगी, ताकि 'दोनों राजा ज़मीन और समुद्र पर संयुक्त कार्रवाई के मकसद से जुड़ सकें' और 'दोनों राजघरानों का ख़ून घुल-मिल सके'।[115] इससे कुछ निकलकर सामने नहीं आया—हालांकि ये सोचना बेहद रोमांचक है कि समुद्र में पुर्तगाली ताक़त और ज़मीन पर विजयनगर की महानता मिलकर क्या हासिल कर सकती थी। देवराय द्वितीय के बराबर का असली गौरव विजयनगर को इस तीसरे राजवंश ने चार साल बाद दिलाया, जब कृष्णदेव सत्ता में आए, जिनकी चर्चा हम पहले ही कर चुके हैं।

यही वो राजा थे जिन्होंने अपने दुश्मनों को उत्तर की तरफ भागने को मजबूर किया, इन्होंने ही शातिराना ढंग से तुर्क शक्ति पुनर्स्थापक की पदवी हासिल की थी और इन्होंने ही साम्राज्य की प्रतिष्ठा फिर से बहाल की थी। यही वो राजा थे, जिन्होंने अपने दुश्मन को अपना राजसी पैर चूमने को कहा था, और इसके बाद की घटनाओं ने उनके दो पीढ़ी बाद ऐसा राजनीतिक तूफान उठाया कि विजयनगर इसमें घिरकर तबाह हो गया। जहां एक समय महान शहर था, वहां अब खंडहर बच गए थे, और जैसा कि एक यात्री ने निराशा के साथ लिखा था, पूरी जगह अब 'खाली' थी और वहां 'बाघ और अन्य जंगली जानवरों के अलावा' और कोई नहीं रहता था।[116]

IV

बाग़ी सुल्तान

पांच बाग़ी बहमनी सूबेदार और विजयनगर का पतन

विकिमीडिया कॉमन्स

विकिमीडिया कॉमन्स

तारीफ़-ए-हुसैन शाही में प्रदर्शित हुसैन निज़ाम शाह (शासन 1553-65).
(भारत इतिहास संशोधक मंडल की मूल पांडुलिपि)

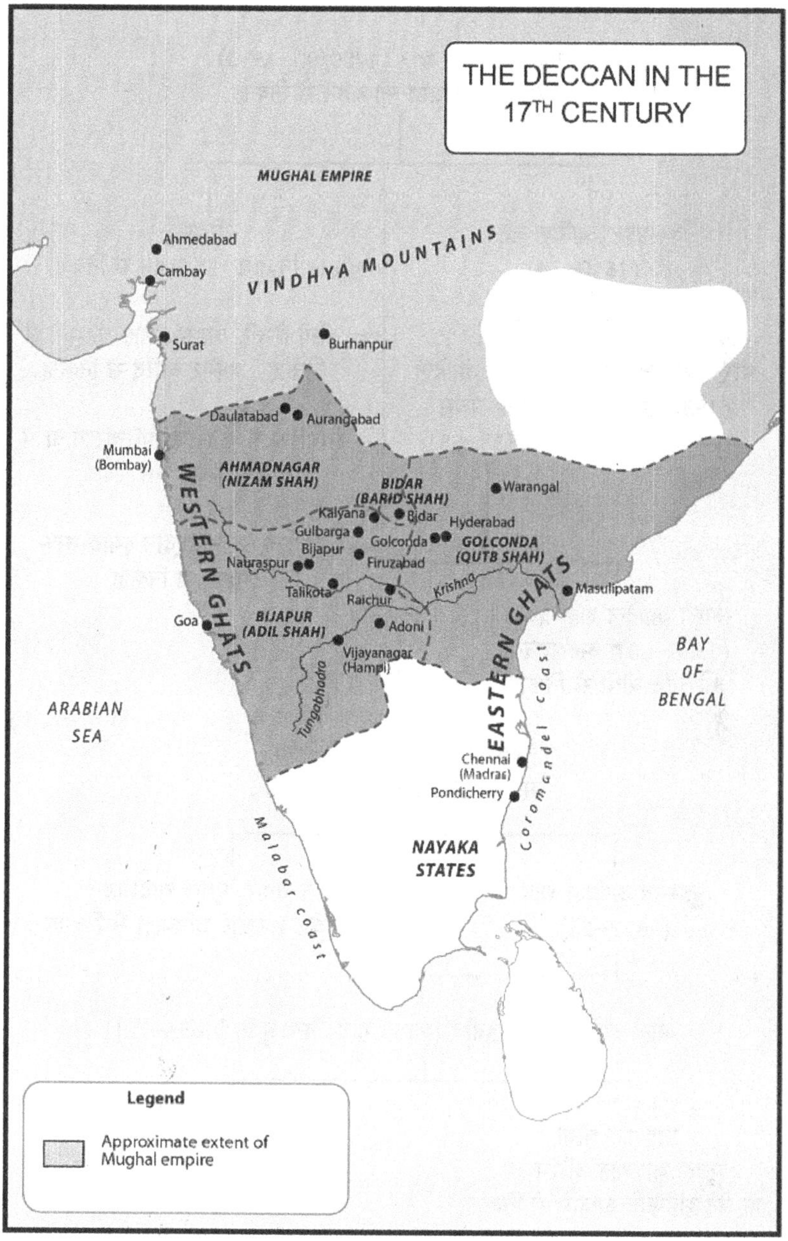

THE DECCAN IN THE 17TH CENTURY
MUGHAL EMPIRE
VINDHYA MOUNTAINS
Ahmedabad
Cambay
Surat
Burhanpur
Daulatabad
Aurangabad
Mumbai (Bombay)
WESTERN GHATS
AHMADNAGAR (NIZAM SHAH)
BIDAR (BARID SHAH)
Warangal
Kalyana
Bidar
Hyderabad
Gulbarga
Golconda
GOLCONDA (QUTB SHAH)
Bijapur
Nauraspur
Firuzabad
Talikota
Raichur
Krishna
Masulipatam
EASTERN GHATS
Goa
BIJAPUR (ADIL SHAH)
Adoni
Vijayanagar (Hampi)
Tungabhadra
BAY OF BENGAL
ARABIAN SEA
Coromandel coast
Chennai (Madras)
Pondicherry
NAYAKA STATES
Malabar coast
Legend
Approximate extent of Mughal empire

आदिल शाही राजवंश

- यूसुफ़ आदिल खान (1489/90–1510) मुकुंद राव मराठा की बहन से निकाह
  - इस्माइल आदिल खान (1510–34)
    - मल्लू आदिल खान (1534–35)
    - इब्राहिम आदिल शाह प्रथम (1535–58)
      - अली आदिल शाह प्रथम (1558–80), अहमदनगर की चांद बीबी से निकाह
      - तामास्प
        - इब्राहिम आदिल शाह द्वितीय, सरस्वती का पुत्र (1580–1627)
          - मुहम्मद आदिल शाह (1627–56)
            - अली आदिल शाह द्वितीय (शायद गोद लिया हुआ [1656–72])
              - पादशाह बीबी, मुग़ल बादशाह औरंगज़ेब के बेटे शहज़ादे आज़म से निकाह
              - सिकंदर आदिल शाह (1672–86)
          - सुलतान बेगम, मुग़ल बादशाह अकबर के बेटे शहज़ादे दनियाल से निकाह
  - मरियम, बुरहान निज़ाम शाह प्रथम से निकाह
  - बीबी सित्ती, अहमद शाह बहमनी से निकाह, आमिर बारिद से निकाह
  - मियां अली, जिसका परिवार गोवा में कैथोलिक बन गया
  - खदीजा, अलाउद्दीन इमाद-उल-मुल्क से निकाह

निज़ाम शाही राजवंश

- भैरू, ब्राह्मण
  - मलिक हसन बाहरी
    - अहमद प्रथम (1490–1510)
      - बुरहान प्रथम (1510–53)
        - मिरान शाह अली
          - मुर्तज़ा द्वितीय, जिसने मलिक अंबर की बेटी से निकाह किया (1600–10)
            - बुरहान तृतीय (1610–30)
              - हुसैन तृतीय, जिसे मलिक अंबर के बेटे के आत्मसमर्पण के बाद शाहजहां ने ग्वालियर भेज दिया (1631–33)
        - हुसैन प्रथम, जिसने तालिकोटा के युद्ध में हिस्सा लिया (1553–65)
          - मुर्तज़ा प्रथम (1565–88)
            - हुसैन द्वितीय (1588–89)
          - बुरहान द्वितीय, जो देशनिकाले के बाद कुछ समय के लिए बादशाह अकबर के दरबार में रहा (1591–95)
            - इब्राहिम, अफ्रीकी मां का बेटा (1595)
              - बहादुर, जिसे बादशाह अकबर ने देशनिकाले के बाद ग्वालियर भेज दिया (1595-1600)
            - इस्माइल (1589-91)

बारिदी राजवंश

क़ासिम बारिद
(–1504)

आमिर बारिद (1504–43)
(आमिर अली बारिद भी कहलाता है)
सबाजी मराठा की बेटी से निकाह,
बीबी सित्ती से निकाह

अली बारिद शाह
(1543–80)

इब्राहिम बारिद शाह
(1580–87)

क़ासिम बारिद द्वितीय
(1587–91)

अली बारिद शाह द्वितीय
(1591)

आमिर बारिद द्वितीय, जिसने तख़्त हड़प लिया (1591/92–1600)

मिर्ज़ा अली बारिद, जिसने तख़्त हड़पा (1600–09)

आमिर बारिद शाह, जिसने आदिल शाहों के हाथ हमेशा के लिए राज्य खो दिया (1609–19)

विजयनगर को तबाह करने वाले सुल्तानों के गुट की सबसे बड़ी वजह थी बहमनी साम्राज्य में चल रही उथल-पुथल। 1489 तक महमूद गवान का इंतकाल हो गया था और सल्तनत की कमान थी एक नौसिखिये सुल्तान के पास। हालात तख़्तापलट के लिए माकूल थे, लेकिन बहमनी सल्तनत में बाहुबलियों की कमी नहीं थी और आपस में किसी की किसी से नहीं बनती थी। आगे चलकर उनकी बर्बादी की भी यही सबसे बड़ी वजह बनी। बहरहाल, साम्राज्य का बंटवारा हो रहा था और बीदर में अपने महल से सुल्तान सिर्फ़ मूक दर्शक बनकर देख रहा था। दरअसल सुल्तान के हाथ में कुछ था भी नहीं, वह तो ख़ुद ही कैदी था उन पांच में से एक बाहुबली का जिसके हाथों में अब दक्कन की क़िस्मत थी। कुछ सालों के ही भीतर सुल्तान इतना उदासीन हो गया था कि जब दूसरा गुट उसे 'बचाने' आया, तो ये जानते हुए कि इसका मतलब बस इतना है कि अब उस पर कोई और निगरानी रखेगा, उसने बाहर निकलकर अपनी बहादुरी दिखाने के बजाय नहाना जारी रखा। अंत में जब उससे उसकी उदासीनता के बारे में सख़्ती से पूछा गया तो उसने मौजूदा गुट के साथ रहने का विकल्प चुना, क्योंकि वो किसी अनजान शख़्स के साथ जाने का जोखिम नहीं उठाना चाहता था।[1]

सुल्तान और बीदर के आस-पास की ज़मीन का संरक्षक वैसे तो बारिद शाह था, लेकिन कुछ सालों बाद 1542 में जब बहमनी सल्तनत का कोई दावेदार नहीं बचा रहा, तब वह शासक बनकर सामने आया।[2] बारिद शाह का असली नाम क़ासिम बारिद था और वह तुर्क मूल का एक साधारण गुलाम था। बहमनी साम्राज्य के एक रईस ने जॉर्जिया से सुल्तान के तोहफ़े के तौर पर उसे मंगवाया था। क़ासिम 'हस्तलेख में माहिर और संगीत के जानकार'[3] के तौर पर सुल्तान की खिदमत में आया, लेकिन उसकी असली महारत थी सैन्य मामलों में, जो तब सामने आई जब उसने एक मराठा सरदार के विद्रोह को कामयाबी से कुचल दिया। सुल्तान इस कारनामे से इतना ख़ुश हुआ कि उसने क़ासिम को उस मराठा सरदार की सारी जागीर इनाम के तौर पर दे दी। यही नहीं, मराठा सरदार की बेटी का निकाह भी क़ासिम के बेटे और वारिस से कराया गया और इस तरह क़ासिम के विदेशी घराने की रगों में देशी ख़ून दौड़ने लगा।[4] गवान के बाद बारिद खानदान ने कई सालों तक पर्दे के पीछे से सल्तनत को चलाया, लेकिन, आखिरी बहमनी सुल्तान की मौत और उसके वारिस के लापता होने के बाद, इस

खानदान की ताक़त में काफ़ी कमी आ गई। दूसरे उभरते हुए शाहों का सामना करने के लिए बारिद खानदान ने विजयनगर से समझौता करने की कोशिश की और फिर मुग़लों से मदद की गुहार भी लगाई, लेकिन उन्हें कामयाबी नहीं मिली। 1619 में बारिद शाह की छोटी सी रियासत पर उसके एक विरोधी गुट ने कब्ज़ा कर लिया और इस तरह ये राजवंश ख़त्म हो गया।

इस विरोधी गुट का अगुवा था यूसुफ़, बीजापुर सल्तनत का संस्थापक। बारिद की तरह यूसुफ़ भी पश्चिमी था। आने वाले सालों में यूसुफ़ के वंशजों ने दावा किया था कि वह एक तुर्क शहज़ादा था: तुर्की के सुल्तान मुराद द्वितीय का बेटा जिसे तख़्त की जंग में उसके भाई से बचाने के लिए उसकी मां ने 'सवा के सौदागर को सौंप दिया था' और इस तरह वह बहमनी के तट पर आया था, जहां उसे ठिकाना भी मिला और क़िस्मत बनाने का मौका भी।[5] लेकिन सच्चाई शायद यह थी कि यूसुफ़ उन हज़ारों विदेशी लोगों में से था जो 1460 में बेहतर जिंदगी की तलाश में बीदर पहुंचे थे, और यूसुफ़ तुर्क या फ़ारसी मूल का था।[6] यही नहीं, यूसुफ़ ने ईडर के मराठा राजा मुकुंद राव की बहन के साथ शादी कर इस ज़मीन के साथ अपना नाता और भी पुख़्ता कर लिया।[7] जल्दी ही यूसुफ़ महमूद गवान के खासम-खास के तौर पर उभर कर आया और गवान ने उसे सूबेदार का ओहदा भी दिया।[8] कई लोगों का मानना था कि गवान ने यूसुफ़ को 'गोद' लिया था और गवान के इंतकाल के बाद, 'आदिल खान' नाम ले चुके यूसुफ़ ने बहमनी दरबार में पश्चिमी नेता के रूप में अहमियत हासिल कर ली थी।[9] उसके गुट के ज़्यादातर सामंत दरबार भी तभी जाते थे जब यूसुफ़ उन्हें इसकी इजाज़त देता था।[10]

जब यह साफ़ हो गया कि बारिद शाह युवा सुल्तान को कठपुतली बनाकर राज करने वाला है, तब यूसुफ़ पहला बाहुबली था जिसने अपनी जागीर को सल्तनत में तब्दील करने का फ़ैसला किया। यूसुफ़ ने अपनी आज़ादी का एलान नहीं किया था, लेकिन हकीकत में बीजापुर और रायचूर समेत राज्य के ज़्यादातर अच्छे जिले उसकी मुट्ठी में थे। एक और बाहुबली ने और भी दुस्साहसी कदम उठाते हुए एक नए राज्य का ही एलान कर दिया। अहमदनगर में उसने अपनी राजधानी की स्थापना की और ख़ुद को निज़ाम शाह कहने लगा। जब गुस्से में बारिद शाह ने पूछा कि एक सल्तनत में दो सुल्तान कैसे हो सकते हैं और सफेद शाही छाते का इस्तेमाल कोई और कैसे कर सकता है, तो निज़ाम ने जवाब दिया कि वह 'सिर्फ चेहरे को धूप से बचाने के लिए' ऐसा कर रहा है।[11] दिलचस्प बात यह है कि निज़ाम शाह दखनी गुट का था और वह मूल तौर पर ब्राह्मण था।[12] कुछ लोगों का मानना था कि निज़ाम के दादा का नाम भैरू था और उसके पिता को विजयनगर से बंदी बनाया गया था। कुछ दूसरे लोगों का कहना था कि निज़ाम की जड़ें मराठवाड़ा के पाथरी में थीं और इसलिए वह

उत्तरी दक्कन का रहने वाला था। वाकई में, कुछ सालों बाद जब निज़ाम शाह के विरोधी ने उस जगह पर कब्ज़ा किया, तब निज़ाम ने ना सिर्फ पाथरी को वापस हासिल किया, उसने अपने ब्राह्मण 'रिश्तेदारों' को जागीरदार भी बनाया। इस तरह निज़ाम शाह ने अपने मुसलमान खानदान की हिन्दू जड़ों का सुबूत दिया।[13]

उत्तर में बेरार में एक और नए मुसलमान—यानी एक और दखनी—ने अपनी तरक्की का जोर-शोर से एलान किया। ये शख्स इमाद-उल-मुल्क से इमाद शाह बन गया। पूरब में गोलकोंडा के मज़बूत किले में राज था क़ुतुब शाही वंश का, जिनकी हीरे की खदानों और कपड़ों ने उन्हें बेशुमार दौलत दिलाई। इस खानदान ने भी अपने मूल को लेकर कई कहानियां गढ़ीं और उनकी इस कामयाबी को पड़ोसी साम्राज्य, विजयनगर, में भी बड़ी दिलचस्पी से देखा गया। हालांकि, उनकी इस दिलचस्पी पर नफ़रत का जामा चढ़ा था। कई पीढ़ियों बाद एक तेलुगु किताब में लिखा गया 'इस पूरी कहानी की शुरुआत हुई बीदर के बारिद से। किताब में उपहास करते हुए लिखा गया कि 'उसके बाज़ रखने वाला निज़ाम शाह कहलाने लगा, जबकि उसे पानी पिलाने वाले को लोग आदिल शाह कहने लगे और उसके कुत्तों की देखभाल करने वाले को क़ुतुब-अल-मुल्क कहा जाने लगा'। सैद्धांतिक रूप से बहमनियों के दक्षिणी पड़ोसी, यानी विजयनगर के लिए इन नए सुल्तानों की कोई अहमियत नहीं थी।[14] लेकिन हकीकत में, यही नए सुल्तान विजयनगर के पतन की सबसे बड़ी वजह बने।

क़ासिम बारिद को यूसुफ़ से खासी नफ़रत थी। क़ासिम की नज़रें हमेशा से ही बीजापुर पर थीं।[15] लेकिन यूसुफ़ की चालाकी ने उसके ख्वाबों को हकीकत में तब्दील नहीं होने दिया। 1490 के बाद यूसुफ़ ने अपने साम्राज्य को बढ़ाने के लिए कई कदम उठाए। समुद्र तक का रास्ता साफ़ करने के लिए यूसुफ़ ने गोवा के बहमनी सूबेदार से अपने दरबार में पेशी की मांग की। सूबेदार ने आदेश माना और इससे साफ़ हो गया कि यूसुफ़ ने बिना ख़ून की एक बूंद बहाए गोवा को अपने साम्राज्य में शामिल कर लिया, और सूबेदार की पदवी हमेशा के लिए पक्की हो गई।[16] हालांकि, यूसुफ़ की क़िस्मत हमेशा इतनी अच्छी नहीं रही। बहमनी साम्राज्य की पूर्व राजधानी, गुलबर्गा को हासिल करने के लिए यूसुफ़ को काफ़ी मशक्कत करनी पड़ी। क़ासिम बारिद खेमे के सूबेदार के ख़िलाफ़ यूसुफ़ ने एक ख़ूनी जंग लड़ी और कई ज़िलों पर कब्ज़ा कर लिया, जिसमें एक वक़्त बहमनी साम्राज्य की राजधानी रहा प्रतिष्ठित गुलबर्गा भी शामिल था।[17] यूसुफ़ और निज़ाम शाह, दोनों ये जान चुके थे कि सबसे ताक़तवर ही बहमनी साम्राज्य का वारिस बन सकता है और इसलिए लगातार कमज़ोर होते जा रहे बहमनी साम्राज्य के बारह प्रांतों में से ज़्यादा से ज़्यादा प्रांतों पर कब्ज़ा करने के लिए दोनों जुट गए।[18] आने वाले सालों में दोनों खानदानों में भले ही कई बार भिड़ंत हुई हो, इस वक़्त, आपसी फायदे के लिए ये पश्चिमी और दखनी नेता

हाथ मिलाने को तैयार थे।[19]

लेकिन यूसुफ़ जब अपनी चादर से बाहर पैर फैलाने लगा, तो क़ासिम बारिद को बदला लेने का बहाना मिल गया। 1502 तक यूसुफ़ बहमनी सुल्तान के नहीं, बल्कि अपने नाम पर खुतबा पढ़वाने लगा था। यह सुन्नी इस्लाम के रीति-रिवाजों के मुताबिक ही था, लेकिन फ़ारस में सफवी साम्राज्य के उदय के बाद, यूसुफ़ उन्हीं की तर्ज पर शिया इस्लाम को बीजापुर का शाही मज़हब बनाना चाहता था। गौरतलब है कि यूसुफ़ के इस फ़ैसले के पीछे मज़हबी वजहें कम और कूटनीतिक कारण ज़्यादा थे। दक्कन में अपनी स्थिति को मज़बूत बनाने और दुनिया के सबसे ताक़तवर साम्राज्यों में से एक का समर्थन पाने के लिए यूसुफ़ ऐसा करना चाहता था। और उसे इसका फायदा भी हुआ। 1519 में सफवी साम्राज्य ने यूसुफ़ को आधिकारिक तौर पर 'शाह' के ख़िताब से नवाज़ा।[20] इस घटना के तकरीबन एक सदी बाद, यूसुफ़ के एक वंशज ने सफवी साम्राज्य के 'महान' शाह अब्बास के सामने अपील करते हुए ख़ुद को उसका 'मामूली मुलाज़िम' बताया और एलान किया कि उसका दक्कनी राज्य, शाह अब्बास की सल्तनत का उतना ही अभिन्न हिस्सा है जितना कि 'फ़ारस, खुरासान या फिर अज़रबैजान'। आदिल शाह नामक इस शासक ने कहा कि उसके पूर्वज 'महज़ सफवी सुल्तान के नुमाइंदे' थे और वह सिर्फ 'विदेशियों से सुल्तान की जागीरों की हिफाज़त' करना चाहता था।[21] भले ही यह भीख मांगने जैसा दिखाई देता हो, लेकिन असलियत में यह कूटनीतिक चाल थी। उस वक़्त तक दिल्ली में बैठे मुग़लों की नज़र एक बार फिर दक्कनी राज्यों पर पड़ी थी और अपने आप को बचाने के लिए दक्कन के शाहों को हर मुमकिन मदद की ज़रूरत थी।

हालांकि, 1502 में यूसुफ़ को चेतावनी दी गई थी कि शिया इस्लाम को शाही मज़हब बनाने के उसके फ़ैसले की वजह से क़ासिम बारिद और अहमदनगर के सुन्नी निज़ाम शाह के एक साथ आने की आशंका है, भले ही वो केवल अपने-अपने फायदे के लिए हो, लेकिन यूसुफ़ अपने एलान पर कायम रहा।[22] यूसुफ़ का यह फ़ैसला, आधिकारिक एलान था कि 'वो दो अलग-अलग शासकों के अधीन है'। राजनीतिक तौर पर यूसुफ़ बहमनी सुल्तान का वफ़ादार है, जबकि मज़हब के मामले में वह ईरान के शाह के दिखाए हुए रास्ते पर चलता है।[23] ईरान का शाह पूरी दुनिया का इकलौता शिया सुल्तान था और उसकी ताक़त और शान-ओ-शौकत से तो मुग़ल भी ख़ौफ़ खाते थे। लेकिन, क़ासिम बारिद को ऐसे ही मौके की तलाश थी और उसके कहने पर बहमनी सुल्तान ने विश्वासघात को वजह बताते हुए अपने सूबेदार-जागीरदार से बदला लेने का हुक्म दिया। लेकिन, बेरार के इमाद शाह की वजह से ये गठजोड़ कामयाब नहीं हो पाया। इमाद ने दूसरे शाहों को समझाया कि अगर बीजापुर पर

क़ासिम बारिद की ये चाल कामयाब हो जाती है, तो उनके सिरों पर भी तलवार लटकने लगेगी। इमाद ने आगाह करते हुए कहा, 'क़ासिम बारिद पूरे दक्कन को अपनी मुट्ठी में करना चाहता है और सुन्नियत के बहाने का इस्तेमाल वो अपने ख़तरनाक मंसूबों को छिपाने के लिए कर रहा है'।[24] इमाद शाह ने यूसुफ़ को भी समझाते हुए कहा कि शक्ति संतुलन बनाए रखने के लिए मज़हब को पीछे करना ही पड़ता है। फिलहाल के लिए बीजापुर में शाही मज़हब के तौर पर सुन्नी इस्लाम को बहाल करने पर यूसुफ़ को मजबूर होना पड़ा।[25] लेकिन दो साल बाद, जब क़ासिम बारिद का इंतकाल हुआ, तो बीजापुर में एक बार फिर शिया इस्लाम की वापसी हुई। हालांकि इस बार यूसुफ़ ने बड़े अफसरों को भरोसे में लिया और उन्हें सुन्नी इस्लाम को मानने की आज़ादी भी दी।[26]

शिया और सुन्नी इस्लाम के बीच इस रस्सा-कशी ने बीजापुर के भविष्य पर गहरा असर डाला। उस शहर पर राज करने वाले नौ आदिल शाहों में पांच शिया थे, और तकरीबन आधा दर्जन बार राज्य का मज़हब बदलता रहा।[27] इसके दो नतीजे उभर कर आए–शिया सुल्तान फ़ारस के शाहों को अपना राजनीतिक और धार्मिक उपदेशक मानते थे, जबकि सुन्नी आदिल शाह तुर्क सुल्तान से प्रेरित थे। स्वाभाविक रूप से इसका असर उनकी विदेश नीति पर भी दिखता था। लेकिन दूसरी तरफ, इस धार्मिक अस्थिरता ने स्थानीय राजनीति पर भी असर डाला। मिसाल के लिए, बीजापुर के शिया सुल्तान पश्चिमी लोगों को दखनी लोगों पर तरजीह देते थे, पर सुन्नी सुल्तान इसका उलटा करते थे। जो श्राप बहमनी राज्य के पतन की वजह बना था, उसका शिकार नए राज्य को भी होना पड़ा। सुल्तानों के मज़हब बदलने की इस नीति ने 'साम्राज्य के स्तंभ' माने जाने वाले सूबेदारों की वफ़ादारी को बिखेरकर रख दिया।[28] बीजापुर के आदिल शाहों को मज़हब से ऊपर उठने की ज़रूरत थी, लेकिन वो ऐसा कर नहीं पाए–एक सुल्तान ने गुस्से में अपने दरबार से तीन हज़ार से ज़्यादा पश्चिमी लोगों को निकाल दिया, नतीजा ये हुआ कि वो सारे विजयनगर के हिन्दू राजा के मुलाज़िम बन गए और अपने पिछले सुल्तान के ख़िलाफ़ लड़े जिसने अपने आप को एक धर्मांध साबित किया था।[29]

1510 में यूसुफ़ के इंतकाल के वक़्त ऐसा लगने लगा था कि आदिल शाही खानदान लंबे समय तक बीजापुर पर राज करेगा। ऐसा नहीं है कि यूसुफ़ को झटके नहीं लगे थे—सदी की शुरुआत में पुर्तगाली भारतीय महासागर के रास्ते आए और बीजापुरी सूबेदार की नाक के नीचे से गोवा को छीन लिया। हालांकि 1510 में बरसात के दौरान, यूसुफ़ ने छह हज़ार सिपाहियों की सेना की अगुआई की और पुर्तगालियों से उनके गढ़, तिसवाड़ी, को वापस हासिल कर लिया और अपना राज दोबारा कायम किया। उसने पुर्तगालियों को उनके जहाज़ पर रहने और वहां चूहा खाने को मजबूर कर दिया।[30] लेकिन उसी साल,

यूसुफ़ के इंतकाल के बाद यूरोपीयों ने गोवा पर फिर से अपना परचम फहराने की कोशिश की। गोवा से ज़्यादातर सेना बीजापुर में यूसुफ़ के बेटे और वारिस इस्माइल आदिल शाह के दरबार में वफ़ादारी जताने गई थी और पुर्तगालियों ने इसी मौके का फायदा उठाते हुए बड़ी आसानी से गोवा को हासिल कर लिया। गोवा पर पुर्तगालियों का यह राज बीसवीं शताब्दी तक कायम रहा। लेकिन, जीत के बाद शुरू हुआ कत्ल-ए-आम। इस अंधाधुंध ख़ून-ख़राबे में सिर्फ किसान और ब्राह्मणों को बख्शा गया था, लेकिन मस्जिद-मंदिर समेत उन सभी इमारतों को जला कर राख कर दिया गया जहां बाशिंदों ने पनाह ली थी।[31] आखिरकार दोनों पक्षों में समझौता हुआ–गोवा पुर्तगालियों को सौंप दिया गया, बशर्ते बीजापुर के नियंत्रण वाले किसी और बंदरगाह पर पुर्तगाली हमला नहीं करेंगे, जिनसे राज्य को मोटी कमाई होती थी।[32]

लेकिन गोवा खोने के बाद, हादसों की झड़ी सी लग गई—मिसाल के तौर पर 1520 में विजयनगर के कृष्णदेव राय ने रायचूर पर कब्ज़ा कर लिया, जिसका ज़िक्र हम पहले भी कर चुके हैं। बीजापुर पर दबाव सिर्फ बाहरी ताक़तें ही नहीं डाल रही थीं, अंदरूनी दिक्कतों ने भी दरबार की हवा को ज़हरीला कर दिया था। नौजवान इस्माइल के राजकाज की शुरुआत एक सामंत की देखरेख में हुई थी। इस शख़्स ने ख़ुद को दखनी गुट में रखने का फ़ैसला किया और इसलिए सत्ता मिलते ही उसने 'शिया इस्लाम को बंद करने' के लिए कदम उठाए। इसके विरोध में किसी भी आवाज़ को बेरहमी से कुचल दिया गया। दिलचस्प बात ये है कि इस्माइल ख़ुद शिया था और उसका पालन-पोषण उसकी एक फ़ारसी चाची ने किया था जो शिया इस्लाम को मानती थी। यूसुफ़ के राज में फलने-फूलने वाले सभी पश्चिमी लोगों को नई सत्ता से बाहर निकाल दिया गया, और उनकी जगह इस सामंत ने अपने आदमी बैठा दिए। यही नहीं, ये पता चला कि इस जागीरदार ने बारिद शाह से सांठ-गांठ की थी और दोनों के बीच सत्ता-पलट को लेकर बातचीत चल रही थी। बारिद ने ना सिर्फ बीजापुर का राज्य लेने के लिए मदद का वादा किया था, बल्कि पड़ोसी निज़ाम शाही वंश से निपटने के लिए भी उसने फ़ौजी दस्ते भेजने का वादा किया था। लेकिन जब दक्कन की क़िस्मत शतरंज की बिसात की तरह हो गई थी तो हरम की महिलाओं ने इस चुनौती का डटकर सामना किया: एक पुराने वफ़ादार ने इसका ज़िम्मा उठाया और राज्य की देखरेख कर रहे जागीरदार से मुलाकात के दौरान, छुरा घोंपकर उसकी हत्या कर दी।[33] ये कहानी यहां ख़त्म हो गई, और बीजापुर एक बार फिर शिया राज्य बन गया और दरबार का कामकाज फिर से पश्चिमी लोगों के हाथ में आ गया—इस्माइल ख़ुद दखनी से बेहतर फ़ारसी बोलता था।[34]

1534 में इस्माइल आदिल शाह की मौत हो गई (लेकिन, तब तक उसने कृष्णदेव के उत्तराधिकारियों से रायचूर हासिल कर लिया था) और आने वाले

वक़्त में बीजापुर साम्राज्य में काफ़ी उथल-पुथल मचती रही, कुछ तो पारिवारिक झगड़ों की वजह से और कुछ पड़ोसी राज्यों से लड़ाई के कारण। मिसाल के तौर पर, इस्माइल की बहन, मरियम का निकाह अहमदनगर के निज़ाम शाह के साथ हुआ था। दहेज के तौर पर निज़ाम शोलापुर और उसके आस-पास के इलाकों की उम्मीद कर रहा था, लेकिन जब बीजापुर ने शादी में ये तोहफ़ा देने से इनकार कर दिया तो दोनों पक्षों के बीच जंग छिड़ गई। भले ही अहमदनगर को पहले दौर में हार का मुंह देखना पड़ा लेकिन शोलापुर दोनों पक्षों के लिए नासूर बन गया, और खानदानी दुश्मनी का एक और मोर्चा खुल गया—1543 में विजयनगर की मदद से निज़ाम शाह ने आखिरकार शोलापुर को हासिल कर ही लिया।[35] इस दौरान जहां मरियम को उसके शौहर की ज़िल्लतों और ज़ुल्म का सामना करना पड़ा। वहीं दूसरी ओर, बीजापुर में हरम की औरतें राज्य के हर अहम मामले में ख़ुद को शामिल करने लगीं। मिसाल के तौर पर, जब इस्माइल का बेटा मल्लू, तख़्त संभालने में नाकाम साबित हो रहा था, तो उसकी मराठा दादी ने उसे अंधा करवा कर, उसके भाई को सत्ता सौंप दी।[36] जब बात राज्य को चलाने की हो, तब हरम की महिलाओं को कड़े फ़ैसले लेने में कोई दिक्कत नहीं होती थी, चाहे इसमें कितने भी जज़्बात शामिल हों।[37]

इब्राहिम नामक नए शासक के नाजायज़ होने की अटकलें लगाई जाने लगीं,[38] और अपने राज की शुरुआत में ही उसे ताज के लिए एक अनोखी चुनौती का सामना करना पड़ा। यूसुफ़ का छोटा बेटा और इब्राहिम के चाचा, मियां अली को असंतुष्ट दरबारी नए आदिल शाह के विकल्प के तौर पर पेश करने लगे। हालांकि, मियां को इल्म था कि इस चुनौती से छुटकारा पाने के लिए उसका भतीजा ज़हर (या इससे भी भयानक तरीके) का इस्तेमाल कर सकता है, इसलिए उसने हज पर जाने की इच्छा जताई। लेकिन मियां का जहाज़ समुद्री लुटेरों का शिकार हो गया और उसे 1541 में भारत वापस आना पड़ा। गुजरात में दो साल के देश-निकाला के बाद, मियां आखिरकार बीजापुर के एक बाग़ी गुट के साथ जा मिला। ये दल उसे पुर्तगाली मदद से बीजापुर का तख़्त दिलाने का वादा कर रहा था। और इस तरह मियां अली का ज़िक्र गोवा के इतिहास में होता है, इतिहासकार संजय सुब्रह्मण्यम कहते हैं कि मियां भारत के पश्चिमी तट पर स्थित विदेशियों के लिए बीजापुर साम्राज्य को 'परेशान करने का ज़रिया' बन गया।[39] शुरुआत में इब्राहिम ने अपने चाचा को पुर्तगालियों से पचास हज़ार सोने की मुहरों के बदले में खरीदना चाहा, सौदे को और लुभावना बनाने के लिए उसने तिसवाड़ी के पास वाले इलाके—बार्देज और सैल्सेट—को भी पुर्तगालियों को देने का प्रस्ताव रखा[40] (हालांकि, इब्राहिम को पूरी उम्र अपने इस फ़ैसले का अफसोस रहा)। पुर्तगालियों ने ख़ुशी-ख़ुशी तोहफ़ों को कुबूल किया और फिर अपने वादे से मुकर गए। नतीजतन, बीजापुर और पुर्तगालियों के रिश्तों में हमेशा के लिए दरार पड़ गई।[41] जहां तक मियां अली की बात है, तो वो ताउम्र विदेशियों

का कैदी बना रहा। एक मौके पर तो पुर्तगालियों ने उसे समुद्र के ज़रिए मालाबार भेजा और फिर वापस बुला लिया, लेकिन मियां कई सालों तक गोवा में टिका रहा, उस दिन के इंतज़ार में जब उसकी क़िस्मत चमकेगी।

1555 में उम्मीद की किरण जगी। एक दशक तक टाल-मटोल के बाद, ये तय हुआ कि इब्राहिम आदिल शाह के ख़िलाफ़ अभियान छेड़ा जाएगा और पुर्तगाली मियां अली को आधिकारिक तौर पर शाह का दर्जा भी देने लगे। लेकिन, यह सिर्फ चार दिन की चांदनी थी और इससे पहले मियां कुछ भी समझ पाता वह गोवा की अंधेरी रात में लौट गया। अब वो ये समझ चुका था कि आदिल शाही ताज पहनने की कोई उम्मीद नहीं है। दो साल बाद, लुईस फ्रोइस नामक एक ईसाई पादरी ने मियां का ब्योरा देते हुए लिखा, 'वो मूर (मुसलमान) उम्रदराज़ और अनुभवी है...मुहम्मद का पक्का अनुयायी और क़ुरान का बड़ा जानकार है'।[42] 1557 में इस बुज़ुर्ग को एक और झटका लगा, हालांकि ये झटका निजी था। उसकी बेटी 'अपने कमरे की खिड़की से' एक स्थानीय औरत से बातचीत किया करती थी जिससे उसके काफ़ी अच्छे रिश्ते बन गए थे। बाद में मालूम चला कि वह बाइबल की चर्चा किया करती थी।[43] उसी साल उसकी बेटी ने अपनी एक सहेली से ईसाई बनने की इच्छा जताई, जबकि उसके अब्बा अहमदनगर के निज़ाम शाह या विजयनगर के रायों से उसका निकाह हो जाने की कोशिश कर रहे थे, अगर उनमें से कोई इसके लिए तैयार हो जाए। दुर्भाग्यवश, गोवा के सरकारी अफसरों ने एक गुप्त योजना बनाई, और एक रविवार की सुबह मियां अली के घर बड़ी तादाद में लोग पहुंच गए और उन्होंने एकाएक इस योजना के मुताबिक काम शुरू कर दिया।

जैसा कि फ्रोय लिखता है, 'लड़की की मां और उसकी दूसरी महिला रिश्तेदारों ने चीखना शुरू किया और फिर उसे खींचने लगीं। वहीं, पुर्तगाली औरतों ने दूसरी तरफ से लड़की को खींचना शुरू किया, ये रस्साकशी इतनी बढ़ गई कि सभी के बाल बिगड़ गए।'[44] अंत में, गोवा की औरतों की जीत हुई और उसे तुरंत वहां से कहीं दूर ले जाया गया (एक वफ़ादार हिजड़े के साथ) और उसे 'पुर्तगाली शैली की शानदार पोशाक' दी गई। उसी साल, 15 अगस्त को, डोना मारिया दे ऐलेम मार के नाम से समाज में उसका नया परिचय कराया गया, उसकी शादी उसी पुर्तगाली सहेली के भाई से हुई जिसने उसे सबसे पहले बाइबल के बारे में बताया था। मियां अली की बीवी ने मातम में अपना सिर मुंड़वा लिया, लेकिन उसकी बेटी ने परिवार में कई और लोगों के लिए कैथोलिक बनने का रास्ता खोल दिया था। मिसाल के लिए, मियां अली के एक बेटे के वारिसों ने ईसाई धर्म अपना लिया था, भले ही मियां 1567 में अपनी आखिरी सांस तक अल्लाह के दिखाए हुए रास्ते पर ही चलता रहा, इसके कुछ ही दशकों में उसके कई वंशजों ने अपना धर्म बदल लिया था, और डॉम

जोआओ मीअली और डॉम फर्नांडो मीअली जैसे नामों से पुकारे जाने लगे थे। गौरतलब है कि उनके नामों में लगा मीअली दरअसल उनके बदक़िस्मत पूर्वज, मियां अली, के नाम का ही बिगड़ा हुआ रूप था।[45]

इस तरह इब्राहिम आदिल शाह के प्रतिद्वंद्वी का निराशाजनक अंत गोवा में हुआ, लेकिन इब्राहिम ख़ुद बीजापुर के महल में दिक्कतें झेल रहा था। अपने कार्यकाल की शुरुआत उसने जीत के साथ की थी, लेकिन उसके बाद उसे निराशा ही हाथ लगी। मिसाल के तौर पर, इब्राहिम का पूरा समर्थन दखनियों के साथ था। उसने ना सिर्फ फ़ारसी की जगह, कन्नड़ और मराठी को दी, बल्कि बीजापुर के राजस्व मामलों की पूरी ज़िम्मेदारी भी उसने हिन्दुओं को सौंप दी।[46] लेकिन जैसे-जैसे वक़्त बीतता गया, उसने जितना कमाया, उससे ज़्यादा गंवाया। कुछ तो उसकी ख़ुद की गलती थी। सुन्नी होने की वजह से उसने कई वरिष्ठ शिया दरबारियों को दरबार से निकाल दिया था। फिर दो महीने के पागलपन भरे शासनकाल में, उसने 'चालीस हिन्दू और सत्तर मुसलमान अफसरों' को मौत के घाट उतार दिया। इस वजह से उनके कई समर्थक मियां अली का साथ देने लगे थे। 1558 में इब्राहिम आदिल शाह, गुस्से में आग-बबूला होकर मरा, और उसके इलाज के लिए कोई उसके पास नहीं था—वजह यह थी कि इलाज के दौरान जो भी हकीम उसका दर्द कम नहीं कर पाता था, इब्राहिम उसका सिर हाथियों से कुचलवा देता था। नतीजतन, सारे हकीमों ने बीजापुर छोड़ दिया था और सुनिश्चित कर दिया था इब्राहिम का अंत जितना दर्दनाक हो सकता हो, उतना हो।[47] लोग इब्राहिम से इतनी नफ़रत करते थे कि उसकी मौत के बाद जब शिया गुट की सत्ता में वापसी हुई, तो उन्होंने हज़ारों लोगों से पहले तीन खलीफाओं (जिन्हें शिया नहीं मानते) को दरबार, बाज़ार और सड़कों पर गाली दिलवाई।[48] साफ़ तौर पर, दक्कन के लोगों को कभी ऊब नहीं होती होगी।

इब्राहिम के वारिस, अली आदिल शाह की ज़िंदगी भी बेहद दिलचस्प थी और उसी के शासन के दौरान बीजापुर और विजयनगर की निर्णायक जंग के काले बादल छाने लगे थे। उसकी करतूतों ने इस आग में घी का काम किया। सबसे पहले तो, वह रोजाना बारह अंडों से कम नहीं खाता था[49] और ख़ूब शानो-शौकत से रहता था। अपने दरबार से उसने सारे दखनियों को खदेड़ दिया था, पर बावजूद इसके अली के पास अस्सी हज़ार सिपाही और सात सौ हाथियों की बड़ी फ़ौज थी। उसका जलवा दूर-दराज़ मालाबार में, कालीकट के ज़ामोरिन साम्राज्य तक था, जहां कला-संस्कृति के काम अली को समर्पित किए जाते थे।[50] अली आदिल शाह ने कला को बहुत बढ़ावा दिया और भले ही वो अपने वारिस के सामने फीका पड़ गया,[51] इसमें कोई शक नहीं है कि अली ने निर्माण की परंपरा को बहुत आगे बढ़ाया: जैसा किसी विद्वान ने लिखा है कि बीजापुर के आदिल शाहों ने 'जितनी अहम इमारतें बनवाईं उतनी दक्कन के सारे साम्राज्य

मिलकर नहीं बना पाए'।[52] 'उनकी वास्तुकला मूल रूप से फ़ारसी शैली की थी जिस पर हिन्दू प्रभाव दिखता था'—उत्तर भारत में मुग़लों ने राजपूत परंपरा को अपनी दरबारी वास्तुकला का हिस्सा बनाया था, बीजापुर की शैली दक्षिण भारतीय थी 'जिसका चरित्र अनोखा, घुमावदार रचनाओं और रत्न-जवाहरातों से लैस' था। वैसे तो इस शैली का असली विकास अली के वारिस के शासन के दौरान हुआ था।[53]

हालांकि, आदिल शाह के शासन के दौरान बीजापुर की किलेबंदी को मज़बूत किया गया और किले के चारों तरफ एक बाहरी दीवार बनवाई गई। आने वाले सालों में ब्रिटिश अधिकारी लॉर्ड नेपियर बीजापुर के खंडहरों को देखकर इतना प्रभावित हुए कि उन्होंने इसकी तुलना इस्तांबुल और समरकंद से की।[54] ऐसे शानदार काम के लिए अली आदिल शाह ने कारोबारी रिश्तों को भी मज़बूत किया था। उसने करीब दो सौ जहाज़ अरब सागर और बंगाल की खाड़ी में भेजे, फ़ारसी और तुर्क सुल्तानों से रिश्ते बेहतर किए (उन्हें दक्कन की बेहतरीन कपास भी बेची), बीजापुर के हितों को सबसे ऊपर रखते हुए वो विजयनगर के दरवाज़ों तक भी पहुंच गया था, और फिर उन पर हमला भी किया।[55]

~

1520 में इस्माइल आदिल शाह को कृष्णदेव के तिरस्कार का सामना करना पड़ा था, और चार दशक बाद बारी आई अहमदनगर के हुसैन निज़ाम शाह की। कम से कम इस्माइल के वक़्त सिर्फ़ ये प्रस्ताव दिया गया था कि वो कृष्णदेव के पैरों को चूमे और उस कहानी के दोनों पात्र कभी आपस में मिले नहीं थे। लेकिन, हुसैन को सच में इतनी बेइज़्ज़ती झेलनी पड़ी थी कि उसके आत्मसम्मान को ज़बर्दस्त ठेस पहुंची थी और उसे इस बेइज़्ज़ती के बदले अपने विरोधी के सिर के अलावा किसी और चीज़ से संतोष नहीं हो सकता था। हुसैन के मन में बदले की आग इस तेज़ी से भड़क रही थी कि उसने ना सिर्फ बीजापुर से सदियों पुरानी दुश्मनी को भुलाया, बल्कि दक्कन में आपसी झगड़े में उलझे बहमनी के सभी वारिसों को एकजुट किया, उस साम्राज्य के ख़िलाफ़ जिसके हाथों में उन सभी की क़िस्मत की डोर थी। दूसरे शब्दों में, हुसैन विजयनगर की तबाही की सबसे बड़ी वजह बना और दिलचस्प बात ये थी कि उसने अपने सबसे पुराने दुश्मन बीजापुर के आदिल शाह के साथ मिलकर इसे अंजाम दिया था।

हुसैन के पूर्वजों का राज कभी बेहद ख़ुशगवार नहीं रहा और हुसैन की क़िस्मत भी ज़्यादा अलग नहीं थी। हुसैन के परदादा उन तीन लोगों में शामिल थे जिनकी साज़िश की वजह से महमूद गवान को अपना सिर कटाना पड़ा था। ब्राह्मण से मुसलमान बने इस धोखेबाज़ को शुरुआत में तो तरक्की

मिली,[56] लेकिन उसके बुरे कर्मों का फल कुछ ही सालों बाद उसकी हत्या के रूप में सामने आया। बदले की आग में झुलस रहे उसके बेटे, अहमद ने बग़ावत का एलान किया और 1490 में क़ासिम बारिद के लोगों को बुरी तरह हराकर अहमदनगर का पहला निज़ाम शाह बना। जंग के दौरान कब्ज़े में आए सिपाहियों को, अहमद ने बीदर तक भैंसों पर बैठाकर भेजा ताकि वो बीदर में अपने मालिक को सीख दे सकें।[57] उसका गुस्सा इतना भयंकर था कि कोई भी 'बहमनी अफसर अहमद के ख़िलाफ़ नहीं जाना चाहता था'[58] और आखिरकार, बीदर के पास इसके अलावा कोई चारा नहीं बचा था कि वो निज़ाम शाह को बहमनी सुल्तान के केवल नाम के अधिकार क्षेत्र में मान्यता दे। लेकिन नए निज़ाम शाह को सुल्तान के आदेशों का उल्लंघन करने में बहुत मज़ा आता था और वो बहमनी के हर उस ज़िले पर कब्ज़ा कर लेता था, जो उसकी पसंद में आ जाता था। व्यावहारिक रूप से वो राजा था, लेकिन अगर वो किसी के अधीन था, तो वो था उसका कभी ना शांत होने वाला गुस्सा।

दूसरे निज़ाम शाह, बुरहान, ने 1510 में सिर्फ सात साल की उम्र में सत्ता संभाली और अगले तैंतालीस सालों तक राज किया। उसकी तालीम पर इतना ध्यान दिया गया था कि कहा जाता है कि दस साल की उम्र में वह 'नज़्म पढ़ने और लिखने में माहिर हो गया था'।[59] लेकिन, किशोरावस्था में शहज़ादे का रुझान किताबों से हटकर शरीर की बेइंतहा भूख में तब्दील हो गया। इसमें सबसे बड़ी भूमिका एक तवायफ की थी, जिसने शहज़ादे को शराब और इसके मज़े से रूबरू करवाया।[60] शाह का अभिभावक, जो 'साम्राज्य को बचाने की हर मुमकिन कोशिश' कर रहा था, उसने तंग आकर इस्तीफा दे दिया और 1520 तक नया राज्य-संरक्षक ढूंढ़े जाने तक साम्राज्य में अराजकता फैली रही, जबकि बुरहान पीने और सोने में डूबा रहा।[61] हालांकि, नया राज्य-संरक्षक युवा सुल्तान की आदतें सुधारने में कामयाब रहा—1524 में आदिल शाह की बहन मरियम से उसका निकाह करा दिया गया और उसे सुन्नियत छोड़कर शिया परंपरा को गले लगाना पड़ा। इसके बावजूद भी उसकी क़िस्मत नहीं बदली। 1548 में जब बुरहान ने शिया सफवी वंश से बीजापुर (जहां उस वक़्त सुन्नी सुल्तान था) के ख़िलाफ़ मदद की गुहार की, तो वो अनसुनी कर दी गई। दरअसल ईरानी हमेशा ही बीजापुर को तरजीह दिया करते थे, भले ही उसकी गद्दी पर शिया सुल्तान ना बैठा हो।[62] फ़ारसी दरबार में बुरहान की गुहार भले ही नाकाम रही हो, उसके लिए तसल्ली की इकलौती वजह बना ईरान के शाह का निजी हकीम, जो बुरहान के दरबार में आया और अहमदनगर राज्य का कारिंदा बन गया।[63]

शबाब और शराब से मन भरने के बाद, बुरहान ने अपना ध्यान शासकीय और सैन्य मामलों पर केंद्रित किया: उसी के दरबार में सैंचों पेरेज, जिसे गोवा में कत्ल के लिए तलाशा जा रहा था, शामिल हुआ और बेहतरीन घुड़सवार

और तोपची के तौर पर उभर कर आया, जिसे लोग फिरंगी खान कहने लगे।[64] मुहम्मद बिन हुसैन जैसा नामचीन उस्मानी अभियंता भी निज़ाम की खिदमत में आया और उसी ने मशहूर मलिक-ए-मैदान नाम की कांसे की तोप बनाई। चौदह फुट लंबी इस तोप को हंगरी में विकसित तकनीक पर बनाया गया और यह इतनी भारी थी कि इसे लड़ाई के मैदान में खींचकर ले जाने के लिए सैकड़ों बैलों और हाथियों की ज़रूरत पड़ती थी।[65] यही नहीं, आम का शौकीन और भारत के औषधीय पौधों पर चर्चित किताब लिखने वाला हकीम, गार्सिया डा ओर्टा भी बुरहान के दरबार में शामिल हुआ। डा ओर्टा के लिए निज़ाम सिर्फ मरीज़ नहीं, बल्कि पनाह देने वाला भी था। डा ओर्टा का असली नाम अब्राहम था और वह सफारद यहूदी था। जब पुर्तगाल में कैथोलिक चर्च ने यहूदियों और 'धर्म-विरोधियों' के ख़िलाफ़ तलाशी का अभियान चलाया था, डा ओर्टा बचने के लिए लिस्बन विश्वविद्यालय से इस्तीफा देकर गोवा आ गया था, जो तुलनात्मक रूप से सुरक्षित था। गोवा में डा ओर्टा सालों तक इत्मीनान से रहा, लेकिन जब 1545 में तलाशी अभियान भारतीय तटों तक पहुंच गया तब उसने गोवा छोड़कर अहमदनगर जाना बेहतर समझा। डा ओर्टा की बहन, जो गोवा में ही रह गई थी, उसे 'बेशर्म यहूदी' होने के जुर्म में जलाकर मार डाला गया। डा ओर्टा के मृत शरीर को भी कब्र से निकालकर मरणोपरांत सज़ा दी गई थी,[66] लेकिन जीते जी अहमदनगर में उसे कोई दिक्कत का सामना नहीं करना पड़ा—उसने निज़ाम शाह के बेटों को पुर्तगाली भाषा सिखाई, 'यूनिकॉर्न का सींग' बेचने का दावा करने वाले एक शख्स को पैसे देने की मूर्खता करने पर दुख जताया, स्थानीय हकीमों के साथ बातचीत करता रहा, अपने शोध पर काम किया और शायद जी भर कर आम भी खाए।[67]

जब हुसैन निज़ाम शाह ने 1553 में सत्ता संभाली, तब उसे भी उसके पूर्वजों की ख़राब क़िस्मत ने सताया। सबसे पहले तो हुसैन और ताज के बीच के रास्ते में उसके कई भाई थे, जिन्होंने बड़ी चालाकी से अपने आप को हुसैन के चंगुल से बाहर रखा था।[68] फिर उसे कई युद्ध लड़ने पड़े। 1558 में बीजापुर के आदिल शाह की मौत का फायदा उठाते हुए, हुसैन ने कुछ इलाके हथिया लिए। लेकिन नए आदिल शाह, अली ने पासा ही पलट दिया। उसने ना सिर्फ बीजापुर के ख़िलाफ़ जंग का एलान किया, बल्कि विजयनगर को भी अपने साथ आने के लिए मना लिया। हुसैन को समझाया गया कि 'राजनीतिक मामलों में जोश और ज़िद बेहद हानिकारक साबित हो सकते हैं' और अगर उसने छीने हुए इलाकों को वापस नहीं किया तो 'उसे बेहद खूंखार आक्रमण के लिए तैयार रहना चाहिए।'[69] हुसैन के दरबारियों ने खून-ख़राबे को रोकने की कोशिश की और उससे शोलापुर को वापस लौटाने की अपील भी की (अहमदनगर ने शोलापुर पर 1543 में कब्ज़ा किया था), लेकिन हुसैन ने एक ना सुनी और जंग की तैयारियों में जुट गया। उसने बेरार की एक शहज़ादी से निकाह किया और आने

वाले जंग में इमाद शाह का समर्थन पक्का किया। जब वक़्त आया, तब हुसैन के ससुर ने बीजापुर, विजयनगर और गोलकोंडा के क़ुतुब शाह (जो मज़बूत पक्ष देखकर लड़ाई में कूद गया था) की मिली जुली फ़ौज का सामना करने के लिए एक दिग्गज फ़ौजदार की अगुआई में मज़बूत सेना भेजी।[70] दोनों ही पक्ष काफ़ी मज़बूत थे, लेकिन जंग की शुरुआत से ही सब जानते थे कि इस लड़ाई का नतीजा मुसलमान शाह नहीं बल्कि दक्षिण का वो हिन्दू राजा तय करेगा जो लड़ाई के मैदान में सबसे ताक़तवर था।

उत्तरी दक्कन के राजकुमारों की तरह इस शख़्स की ज़िंदगी भी रंगीन थी। कई सालों पहले वो गोलकोंडा के दरबार में एक सैन्य कर्मचारी था,[71] लेकिन महान कृष्णदेव के शासनकाल में वो तुंगभद्रा नदी को पार कर विजयनगर की सेवा में आ गया था। ये महत्वाकांक्षी व्यक्ति, जिसे रामराय के नाम से जाना गया, की पारिवारिक साख भी अच्छी थी और उसने कृष्णदेव की एक बेटी से शादी की थी और ये गठबंधन राज्य में अभूतपूर्व ताक़त हासिल करने में उसके लिए पहली सीढ़ी बन गया।[72] इतिहासकारों में रामराय को लेकर आम सहमति नहीं बन पाई है। कुछ तो उसे 'शैतान का स्वरूप' तक मानते हैं जिसने 'लाखों सैनिकों का ख़ून बहाया' और आखिरकार अपने ससुर के साम्राज्य को बर्बाद कर दिया।[73] चाहे जो भी हो लेकिन सिंहासन तक का उसका रास्ता आसान नहीं था। कृष्णदेव के बाद विजयनगर की सत्ता संभाली उसके भाई ने, जो काबिल तो था लेकिन पूरी तरह अपनी पत्नी के परिवार की मुट्ठी में था।[74] लेकिन जहां शुरुआत में रामराय ने इस नए शासक को स्वीकार तो कर लिया पर सिंहासन पर बैठने की उसकी इच्छा बनी रही। सत्तापलट की एक कोशिश नाकाम रही,[75] लेकिन, जब कृष्णदेव के भाई की मृत्यु हो गई और उसकी पत्नी के भाइयों ने नए उत्तराधिकारी के ख़िलाफ़ साज़िश रचनी शुरू की, तब रामराय को सिंहासन पाने का मौका नज़र आया। विधवा रानी ने अपने बेटे को बचाने के लिए आदिल शाह को मदद के एवज में हीरे-जवाहरात देने की पेशकश की, पर रानी के भाइयों ने इससे भी ज़्यादा बड़ी रिश्वत—छह लाख सोने की मुहरें—देकर आदिल शाह को रोक दिया, और फिर अपने भांजे और बहन को मरवा दिया।[76]

रामराय ने पुराने राजपरिवार से अब एक और बच्चे को खोजकर निकाला और उसके नाम पर विद्रोह की मशाल जलाई। विद्रोह कामयाब हुआ और उस लड़के को गद्दी पर बैठाया गया, जबकि रामराय राज्य-संरक्षक बना। लेकिन, सत्ता वास्तव में रामराय के हाथ में ही थी। 'सदाशिव (यानी सम्राट) का दायां हाथ'[77] कहलाने वाले रामराय ने बीतते समय के साथ-साथ ख़ुद को और भी ज़्यादा बड़ा दिखाना शुरू किया। मिसाल के तौर पर रामराय स्वयं को कृष्णदेव का उत्तराधिकारी कहने लगा।[78] जब बालिग होने के बाद सम्राट ने अपने हक की मांग की, तो उसे कैद कर लिया गया और साल में सिर्फ एक बार जनता

के सामने उसे पेश किया जाता था। लेकिन, 1562 में यह प्रथा भी बंद हो गई। किन्तु सबसे ज़्यादा महत्वपूर्ण बात थी उत्तरी प्रदेशों के प्रति विजयनगर की नीति में बदलाव, जो रामराय लेकर आया। पहले विजयनगर 'कभी भी (कम से कम खुलेआम)' बहमनी साम्राज्य के 'अंदरूनी मामलों' में दखल नहीं देता था।[79] लेकिन 1542 के बाद रामराय ने इस नीति को बदल दिया। उसी की चालबाज़ी और मदद से निज़ाम शाह ने शोलापुर को 1543 में आदिल शाह से छीना था और दोनों राज्यों के बीच रिश्तों में हमेशा के लिए दरार पड़ गई। एक बार रामराय ने गोलकोंडा में भी बग़ावत की आग में घी डालने का काम किया। बहमनी साम्राज्य के पांच छोटे राज्यों में बंटने के बाद, शायद रामराय ने ये सोचा होगा कि वो अपने फायदे के लिए पांचों सुल्तानों में मतभेद पैदा कर सकता है; यह रणनीति शुरुआत में तो कामयाब रही, लेकिन बाद में यही विजयनगर के पतन की सबसे बड़ी वजह बनी।[80]

1558 में जंग की शुरुआत से ठीक पहले, अली आदिल शाह—जिसे नाश्ते में अंडे खाना बेहद पसंद था—ख़ुद विजयनगर गया और रामराय से मदद की अपील की। आधिकारिक तौर पर वो मातम में शामिल होने के लिए विजयनगर गया था क्योंकि रामराय ने हाल ही में अपने बेटे को खोया था, और अली के वहां जाने को काफ़ी सराहा गया। लेकिन हकीकत ये थी कि जब आदिल शाह ने विजयनगर से फ़ौजी मदद की अपील की थी, तब उसे रामराय के सामने ख़ुद आकर मदद मांगने को कहा गया था। इस मांग से उसे थोड़ा गुस्सा भी आया था, क्योंकि वो एक सुल्तान था और रामराय सिर्फ एक राज्य-संरक्षक, बावजूद इसके, अली आदिल शाह विजयनगर गया।[81] यह मुलाकात बेहद कामयाब रही और रामराय की पत्नी ने अली आदिल शाह को हाल ही में खोए अपने बेटे की जगह दी।[82] इसलिए 1559 में, रामराय लगभग अपनी पूरी सेना के साथ उत्तर में आदिल शाह की मदद के लिए गया और जल्दी ही हुसैन ने अपने आपको अहमदनगर के किले में घिरा हुआ पाया, जब किले के फाटक पर एक लाख घुड़सवार पहुंच गए। निज़ाम शाह के पास शहर छोड़कर भागने के अलावा कोई चारा नहीं बचा और आने वाले महीनों में स्थिति और बिगड़ गई। बेरार के इमाद शाह के बेहतरीन सेनापति,[83] जिसे निज़ाम शाह की मदद के लिए भेजा गया था, ने हमलावरों को बहुत परेशान किया। लेकिन दुश्मन ने इसका करारा जवाब देते हुए अहमदनगर में तबाही मचा दी—कहा जाता है कि रामराय के सैनिकों ने 'मुसलमान महिलाओं की बेइज़्ज़ती' तक की और 'शानदार इमारतों और मस्जिदों को बर्बाद कर डाला'।[84] गोलकोंडा का क़ुतुब शाह, जिसने आधे-अधूरे मन से रामराय का साथ दिया था, इस लूटपाट से इतना दुखी हुआ कि उसने ये अभियान बीच में ही छोड़ दिया।[85]

1561 तक अहमदनगर के पास सुलह के अलावा कोई विकल्प नहीं

बचा था। लेकिन अली आदिल शाह और रामराय मुश्किल में पड़े दुश्मन को बिलकुल चैन नहीं लेने देना चाहते थे और वो निज़ाम शाही इलाकों को आपस में बांटने की योजना बना रहे थे। रामराय के दूतों ने संदेश दिया कि सुलह मुमकिन थी, लेकिन तभी, जब हुसैन बिना किसी बदलाव के तीन शर्तों को मान जाए: बीजापुर को कुछ अहम इलाके सौंप दिए जाएं; इमाद शाह के सेनापति को मौत की सज़ा दी जाए; और सबसे ज़रूरी ये कि वो ख़ुद रामराय की छावनी में आकर 'उसके हाथों से पान खाए'।[86] साफ़ था कि ये आखिरी शर्त दिक्कत का सबब बन सकती है—राजाओं के लिए जंग में इलाकों को हारने और जीतने का सिलसिला तो चलता ही रहता था, लेकिन अपने दुश्मन के हाथों से मीठा खाना काफ़ी बड़ी बेइज़्ज़ती थी। लेकिन हुसैन के पास सभी शर्तों को मानने के अलावा कोई चारा नहीं था और उसे इमाद शाह के उस सेनापति को भी मरवाना पड़ा जिसने युद्ध में उसके लिए ज़बर्दस्त बहादुरी दिखाई थी। ये होने के बाद, तय किए गए दिन पर हुसैन निज़ाम शाह रामराय के खेमे में पान खाने गया।

विजयनगर का शासक अपनी गद्दी से उठा और हुसैन का हाथ थामकर अंदर ले आया। शायद रामराय अपने हारे हुए दुश्मन के लिए चीज़ें थोड़ा आसान करना चाहता था। लेकिन हुसैन ज़िल्लत के इस घूंट को पीने के लिए तैयार नहीं था, वो दिखाना चाहता था कि उसकी सेना भले ही हार गई हो, उसका दिल अभी नहीं हारा है: उसने सभी के सामने, एक पानी की कठौती मंगाई और अपने हाथों को धोने लगा जिन्हें रामराय ने छुआ था। खेमे का माहौल तुरंत बदल गया और रामराय ने सभी लोगों के सामने अपने एक साथी से कहा: 'अगर यह आदमी मेरा मेहमान ना होता, तो मैं इसके हाथ काटकर इसके गले में लटका देता'।[87] इस खटास के बावजूद दोनों पक्षों में सुलह कायम रही। लेकिन हुसैन के मन में बदले की आग भड़क रही थी। इस घटना को एक साल भी नहीं बीता था और हुसैन रामराय को हटाने की योजना बनाने में जुट गया। उसे मालूम था कि गोलकोंडा के क़ुतुब शाह को अहमदनगर में विजयनगर की सेना का व्यवहार पसंद नहीं आया था और इसलिए हुसैन ने उससे बातचीत शुरू की। दोनों के बीच समझौते को पुख़्ता करने के लिए एक शादी भी करवाई गई। यह तय हुआ कि दोनों मिलकर कल्याण के किले पर हमला करेंगे, जिसे निज़ाम शाह ने हाल ही में खोया था, और इसी किले के साये में, तोपों की पहुंच से दूर हुसैन की बेटी जमाल बीबी का निकाह क़ुतुब शाह के साथ बड़ी धूमधाम से कराया गया।[88] यह योजना चाहे जितनी बढ़िया रही हो, लेकिन असलियत में हुसैन को कामयाबी नहीं मिली और जब बारिश की वजह से उसका बारूद बर्बाद हो गया, तब हुसैन को वापस लौटने पर मजबूर होना पड़ा।[89] इसके बाद, एक बार फिर आदिल शाह ने विजयनगर की मदद ली और निज़ाम शाह को अहमदनगर छोड़कर दूर के एक शहर में भागना पड़ा। लेकिन रामराय इस बार केवल लूटपाट मचाने तक नहीं रुका—एक बार फिर मस्जिदों को तोड़ा गया और नागरिकों को मारा

गया।[90] और फिर सबको चौंकाते हुए विजयनगर की सेनाओं ने ना सिर्फ क़ुतुब शाह के इलाकों में, बल्कि अपने सहयोगी आदिल शाह के भी कुछ इलाकों में लूटपाट की।[91]

इतने ख़ून-ख़राबे और लूटपाट के बाद, उत्तरी दक्कन के शाहों को समझ में आने लगा कि आखिर खेल क्या है।[92] काफ़ी साल पहले जब क़ासिम बारिद ने बीजापुर के आदिल शाह के साथ गठबंधन बनाने की कोशिश की थी, तब बेरार के इमाद शाह ने समझाया था कि किसी भी एक इंसान के हाथों में इतनी ताक़त नहीं देनी चाहिए जिससे उनके अपने वजूद पर ही ख़तरा मंडराने लगे। इस बार दूसरों को ये सबक समझाने का काम किया गोलकोंडा के क़ुतुब शाह ने।[93] हाल की जंग के बाद, दक्कन के सुल्तानों को समझ में आ गया था कि विजयनगर का 'हाथ थामना कितना ख़तरनाक साबित हो सकता है और विजयनगर के अहंकार और ताक़त को तोड़ना' कितना ज़रूरी था। सारे सुल्तान अब सहमत थे कि इसे अंजाम देने के लिए 'उन्हें हाथ मिलाना ही पड़ेगा।'[94] खास तौर पर क़ुतुब शाह और आदिल शाह, रामराय की अकड़ से बेहद नाख़ुश थे, क्योंकि हाल के अभियान के बाद उसने दोनों राज्यों से भी कुछ ज़मीन हड़प ली थी।[95] कुछ हफ्तों में ही ये साफ़ हो गया था कि विजयनगर अपने आप को दक्कन प्रायद्वीप का सबसे शक्तिशाली साम्राज्य समझता था और अपने रणनीतिक फायदे के साथ-साथ रामराय की निजी महत्वाकांक्षा के लिए वो एक-एक करके सभी राज्यों को नुकसान पहुंचा सकता था।

इतिहास में पहली और आखिरी बार, 1564 में बहमनी सल्तनत के सभी उत्तराधिकारियों ने अपने दुश्मन को हराने के लिए हाथ मिलाया और इसके पीछे उनका एक धर्म के अनुयायी होने के अलावा फ़ारस के शाह का भी हाथ था, जिसने सभी से आपसी झगड़े ख़त्म करने को कहा था।[96] इस गठबंधन को मज़बूत करने के लिए शादियां करवाई गईं—हुसैन निज़ाम शाह पहले से ही गोलकोंडा के क़ुतुब शाह का ससुर था, और अब उसने अपनी एक और बेटी, चांद बीबी, का निकाह बीजापुर के अली आदिल शाह के साथ कराया। शोलापुर का किला, जो दोनों राज्यों के बीच दशकों तक विवाद की जड़ बना रहा था, दहेज के तौर पर निज़ाम ने आदिल शाह को दे दिया। दूसरी ओर, अली आदिल शाह की बहन का निकाह हुसैन निज़ाम शाह के बेटे और वारिस के साथ किया गया। यही नहीं, एक और बेटी क़ुतुब शाह को दी गई, और इस तरह तीनों राजवंशों के बीच रिश्ते इतने करीबी हो गए, जितने इसके पहले कभी नहीं थे।[97] दिसंबर 1564 में इन तीनों की मिली-जुली फ़ौज में बेरार के इमाद शाह की फ़ौज भी शामिल हुई और सभी तालिकोटा में जमा हुए। रामराय, जिसने विजयनगर के लिए पुराने रायचूर को फिर से जीत लिया था, की ताक़त का सामना करने के लिए जनवरी में उन्होंने कृष्णा नदी को पार किया। आधिकारिक तौर पर आदिल

शाह ने जंग का एलान किया, और सुल्तानों की गठबंधन सेना का स्वागत करने के लिए विजयनगर के सत्तर हज़ार घुड़सवार और नौ लाख पैदल सैनिक तैयार थे—यानी विजयनगर की पूरी सैन्य ताक़त।[98] एक लेखक ने बताया है, 'रामराय भले ही अक्खड़ था, लेकिन उसके ख़िलाफ़ हो रही साज़िशों से अनजान नहीं था' और उसे 'बहुत पहले से ही अपनी राजधानी पर ऐसे हमले की आशंका थी'।[99] जब उत्तर से दुश्मन जंग के मैदान में पहुंचे तो दक्षिण का यह शख़्स उनकी हर चुनौती के लिए तैयार था।

कई शुरुआती मुठभेड़ों के बाद, दोनों पक्षों के बीच निर्णायक जंग 23 जनवरी 1565 को बन्नीहट्टी नामक इलाके में शुरू हुई। 'हुसैन निज़ाम शाह बीच में था, जबकि दाहिनी तरफ अली आदिल शाह और इब्राहिम क़ुतुब शाह थे और अली बारिद शाह उसकी बाईं तरफ था, सभी के साथ उनकी सेनाएं भी थीं, जबकि इमाद शाह की सेना की भूमिका ज़्यादा बड़ी नहीं थी।[100] शुरुआत में विजयनगर की सेना की संख्या को देखकर ऐसा लगने लगा था कि जीत उसी की होगी जैसा पैंतालीस साल पहले हुआ था—जब कृष्णदेव ने बीजापुर के इस्माइल को मात दी थी। उस वक़्त बीजापुर के सैनिक अपने तोपखाने का इस्तेमाल बेहद धीमी रफ्तार से कर सके थे; लेकिन इस बार हुसैन ने वो गलती दोहराई नहीं।[101] 'उसकी लगातार गोलाबारी की वजह से विजयनगर की सेना दुश्मन फ़ौज के करीब आमने-सामने की लड़ाई के लिए नहीं पहुंच पाई। इसने ना सिर्फ बीच के सैनिकों को बचाया, बल्कि पूरे गठबंधन को भी इसी ने बचाया।'[102] आखिरकार, गठबंधन सेना के घुड़सवारों ने सीधे विरोधी पंक्ति के बीच में वार किया और जंग के सबसे ख़ूनी अध्याय की शुरुआत हो गई। पर इस ख़ून-ख़राबे के दौरान, विजयनगर के मुसलमान सेनापतियों से विद्रोह के लिए गुप्त बातचीत भी चल रही थी। लेकिन उत्तरी सेना के लिए बाज़ी पलटी, रामराय की ख़राब क़िस्मत ने। अपनी सेना का मनोबल बढ़ाने के लिए रामराय जंग के मैदान में एक सिरे से दूसरे सिरे तक घूम रहा था। उसने अपनी सेना से कहा था कि जीत के बाद वह उन सारे उत्तरी सुल्तानों को पिंजरे में बंद करके रखेगा (सिवाय हुसैन के, रामराय जिसका सिर चाहता था।[103])

उसके बाद जो हुआ उसके कई अलग-अलग वर्णन हैं। एक के मुताबिक, रामराय का कैद होना एक इत्तेफ़ाक था। 'निज़ाम शाह का एक जंगी हाथी अपने रास्ते से भटक गया था और उसका सामना रामराय को ले जाने वाली पालकी से हुआ। रामराय के अंगरक्षक इस हाथी को देखकर घबरा गए और अपने मालिक को छोड़कर भाग गए। इस तरह रामराय पकड़ा गया। यह देखकर विजयनगर की सेना भेड़ों के झुंड की तरह बिखर गई और मैदान से भाग गई।[104] एक अन्य वर्णन के मुताबिक, निज़ाम शाही सेना के तोपचियों ने चालाकी दिखाते हुए गोले के साथ तोपों में तांबे के सिक्के भी भर दिए थे। ये सिक्के गोलियों का काम

कर रहे थे और तोप के गोलों से कहीं ज़्यादा नुकसान पहुंचा रहे थे।[105] ऐसा ही एक गोला मैदान के बीच में लगे रामराय के शामियाने के पास आकर गिरा और एक साथ पांच हज़ार सैनिक उस भीषण धमाके के शिकार हो गए।[106] कहा जाता है कि रामराय भी उसी वक़्त वहां मारा गया, और उसकी लाश को बाद में गठबंधन सेना को सौंपा गया। हालांकि सबसे दिलचस्प लेकिन नाटकीय वर्णन के मुताबिक, अस्सी साल का रामराय अपने घोड़े पर सवार होकर आया, लेकिन भाले से चोटिल हो गया। चोटिल रामराय को हुसैन निज़ाम शाह के पास ले जाया गया, 'जिसने अपने कट्टर दुश्मन का सिर तुरंत कलम करवा दिया और उसमें भूसा भरवा दिया।'[107] शायद यह गुस्सा ही था जिसने हुसैन को इस समय तक ज़िंदा रखा था, क्योंकि जंग के सिर्फ पांच महीने बाद उसका भी इंतकाल हो गया, उसने शराब पी-पीकर ख़ुद को कब्र तक पहुंचा दिया।[108]

हालांकि विजयनगर के लिए यह अंत था। रामराय के भाई शहर लौटे, और उसे बचाने की जगह, वह जितना सोना, हीरे और दूसरे खज़ाने बटोर सकते थे, बटोरकर कठपुतली राजा के साथ, पांच सौ पचास हाथियों पर सामान लादकर भाग गए।[109] वो दूसरे शहरों से शासन करते रहे—एक भाई तो बिना राज्य के ही राजा भी बना, लेकिन विजयनगर शहर हमेशा के लिए ख़त्म हो गया।[110] राजधानी में बेहद असमंजस की स्थिति थी क्योंकि पहले ऐसे हालात कभी नहीं आए थे। लेकिन फिर, 'शहर में घबराहट फैल गई। सच्चाई सामने आने में ज़्यादा देर नहीं लगी। यह सिर्फ हार नहीं थी, बल्कि तबाही थी।' जो भाग सकते थे, खासतौर पर अमीर लोग जिनके पास हाथी, घोड़े और गाड़ियां थीं—भाग गए, लेकिन जो सिर्फ भगवान के भरोसे शहर में रुक गए थे, लुटेरों की फ़ौज ने उनके कत्ल किए, उन्हें लूटा और उनका बलात्कार किया। तीन दिन बाद जब दक्कन के शाह विजयनगर पहुंचे तो उन्होंने शहर को पूरी तरह बर्बाद करने के आदेश दिए। मंदिरों, महलों, घरों, मूर्तियों—सभी को तबाह कर दिया गया। घरों को जला दिया गया और हज़ारों लोगों को मार डाला गया।[111] फ़िरिश्ता के अभिलेखों के मुताबिक, 'ये लूट इतनी बड़ी थी कि गठबंधन फ़ौज का हर सिपाही हीरे, जवाहरात, घोड़ों और गुलामों से मालामाल हो गया।'[112] और फ़िरिश्ता के वालिद, जो निज़ाम शाह के दरबार में कभी तालीम दिया करते थे, ने ख़ुशी का इज़हार करते हुए कहा था, 'रामराय की मौत क्या बेहतरीन नज़ारा थी।'[113]

इतिहासकार रॉबर्ट सीवेल ने विजयनगर की क़िस्मत का बखूबी बयान किया है। उसने लिखा, 'दुनिया के इतिहास में शायद ऐसा पहले कभी नहीं हुआ था कि इतने कम वक़्त में एक ऐसे शानदार शहर को पूरी तरह बर्बाद किया गया हो; समृद्ध और उद्यमी जनसंख्या पर रातोरात अनकहे ज़ुल्म किए गए, और बर्बर कत्ल-ए-आम और दहशत के माहौल में इस तरह खंडहर में बदल दिया

गया कि जिसका वर्णन तक नहीं किया जा सकता है'।[114] लेकिन विजयनगर के साथ ऐसा ही हुआ था। वो शहर जो कभी दुनिया का सर्वश्रेष्ठ शहर था, वो धूल में मिल चुका था। 'दक्कन के सुल्तानों ने विजयनगर की कहानी का अंत तबाही और दर्द के साथ किया था।[115] लेकिन जल्दी ही, जब इस ऐतिहासिक जीत के पागलपन का खुमार उतरा, उन सुल्तानों के आपसी झगड़ों का सिलसिला फिर से शुरू हो गया, और वो तब तक चलता रहा जब तक कि वो ख़ुद बर्बाद नहीं हो गए।

अभी तक हुई घटनाओं का सार

1565 में विजयनगर शहर तो ख़त्म हो गया, लेकिन साम्राज्य नहीं। इस हार ने रामराय के उत्तराधिकारियों के सम्मान और शक्ति को बहुत कम कर दिया था, लेकिन फिर भी कई दशकों तक वो सत्ता अपने हाथों में रखने में सफल रहे। हालांकि, सत्रहवीं शताब्दी के मध्य तक साम्राज्य में फूट पड़ गई और विजयनगर की ताक़तवर राजनीतिक हस्ती इतिहास के पन्नों में सिमट कर रह गई। जिस तरह उत्तरी दक्कन में आदिल शाह, निज़ाम शाह, क़ुतुब शाह जैसी ताकतें उभर कर आई थीं, उसी तरह विजयनगर में अमरनायक सूबदारों ने विद्रोह किया और अपने-अपने अलग राज्य बनाए। 1565 में बाग़ी सुल्तानों ने विजयनगर साम्राज्य की राजधानी को तबाह किया था और बाकी जो बचा था, वो उन लोगों ने ख़त्म किया जो इसके लिए एक वक़्त वफ़ादारी दिखाते थे। अब वो अपनी आज़ादी के मकसद के साथ काम कर रहे थे। 'तालिकोटा की जंग'* ने भले ही विजयनगर का अंत तुरंत ना किया हो, लेकिन, इसने एक युग के अंत का एलान तो कर ही दिया था।

इस पूरी कहानी से दक्कन के सुल्तानों के लिए सबक साफ़ था। दक्कन के पुराने शासक—काकतीय, होयसल और यादव—एकजुट नहीं हो पाए थे और इसलिए खिलजियों और तुग़लक़ों के हाथों उनके राजघराने ख़त्म हो गए थे। जब बहमनी सल्तनत उभरी, इसके नेता भी, आखिरकार बग़ावत पर काबू नहीं कर पाए, और केवल कुछ ही पीढ़ियों में उनका साम्राज्य पतन और बिखराव का शिकार बन गया। बहमनियों से अलग हुए बाग़ी सुल्तानों ने भी इस परंपरा को जारी रखा और एक-दूसरे से हमेशा लड़ते रहे। लेकिन, रामराय की महत्वाकांक्षा ने उन्हें याद दिलाया था कि बिल्लियों की लड़ाई में फायदा हमेशा बंदर का ही होता है। एकजुट होकर, उन्होंने रामराय की चुनौती का सामना किया और विजयनगर को हमेशा के लिए मिट्टी में मिला दिया। उन्होंने साथ मिलकर वो कर दिखाया था जिसकी कल्पना शायद उन्होंने भी नहीं की थी।

फिर भी, हमेशा की तरह, बाग़ी सुल्तानों के आपसी झगड़े फिर शुरू

---

* 'तालिकोटा की जंग' भले ही लोकप्रिय हो, लेकिन ऐसा लगता है कि जिस जगह जंग हुई थी, वो रक्कास तंगाड़ी थी।

होने में ज़्यादा देर नहीं लगी। जैसा कि आगे के अध्यायों में साफ़ होगा, उन्होंने बहुत कुछ हासिल किया और शाही शान-ओ-शौकत के नए दौर की शुरुआत की। उन्हीं के बीच से कई महान पुरुष और महिलाएं उभरीं और उनके दरबार धन-दौलत और ताक़त के सबसे ऊंचे स्तर तक पहुंचे। जैसे-जैसे उनके साम्राज्य के इलाकों में इज़ाफा हुआ, वैसे-वैसे उनके राज करने के अधिकार को भी मान्यता मिली। लेकिन इस दौरान वो लगातार अपने पड़ोसियों पर शक करते रहे और रिश्तों में कड़वाहट बनी रही। वो फिर कभी दोबारा एकजुट नहीं हो पाए, तब भी नहीं, जब मुग़लों का ख़तरा दिखाई देने लगा दक्कन के सुल्तान ये नहीं समझ पाए कि अगर वो एक-दूसरे का साथ नहीं देंगे तो अंत में केवल तबाही ही हासिल होगी। आने वाले पन्नों में बाग़ी सुल्तानों और उनकी ताक़त की कहानी जारी रहेगी, साथ ही, ये भी बताया जाएगा कि सत्रहवीं सदी की शुरुआत दरअसल इनके अंत की शुरुआत थी।

V

सरस्वती का पुत्र

बीजापुर का सबसे महान राजा

विटसन एलबम, रिज्क्सम्यूज़ियम, एम्सटर्डम

इब्राहिम आदिल शाह द्वितीय
(1580-1627)

विटसन एलबम, रिज्क्सम्यूज़ियम, एम्सटर्डम

मुहम्मद आदिल शाह
(1627-56)

विटसन एलबम, रिज्क्सम्यूज़ियम, एम्सटर्डम

अली आदिल शाह द्वितीय (1656-72)

इमाद शाही राजवंश

फतुल्लाह इमाद शाह
(–1510)

अलाउद्दीन इमाद शाह
(1510 – 30)

दारया इमाद शाह
(1530 – 61)

बुरहान इमाद शाह
(1562 – 74)

1526 में जब मध्य एशियाई मूल के बाबर ने दिल्ली पर कब्ज़ा किया तब दिल्ली से सैकड़ों किलोमीटर दूर बैठे कलीमुल्लाह की आंखों में उम्मीद की किरण जगमगा उठी। चरमराती हुई बहमनी सल्तनत के फ़िरोज़ा तख़्त पर कलीमुल्लाह हाल ही में बैठा था। लेकिन, सल्तनत के अच्छे दिनों के दौरान, कलीमुल्लाह के पूर्वजों ने ख़ुद तैमूरलंग से इनायत की दरख्वास्त की थी। अब जबकि तैमूरलंग का वारिस ही दिल्ली के तख़्त पर बैठा था, तब कलीमुल्लाह ने अपील करना मुनासिब समझा। अगर बाबर अपनी फ़ौज के साथ आए और बहमनी सल्तनत को बारिद शाह के चंगुल से आज़ाद करा दे, तो वो बेरार और दौलताबाद के इलाके मुग़ल साम्राज्य के हवाले कर देगा।[1] लेकिन बाबर के सामने मसले दूसरे थे। जैसा बाबरनामा में ख़ुद बाबर ने लिखा है, उसे बताया गया था कि बहमनी सल्तनत में किसी के पास 'कोई फ़ैसला लेने का हक' नहीं बचा था।[2] नतीजतन, कलीमुल्लाह की अपील को ठुकरा दिया गया। 1528 में कलीमुल्लाह और मुग़ल सल्तनत की इस खुफ़िया बातचीत का खुलासा हुआ और रातोरात उसे बीदर छोड़कर पनाह की तलाश में बीजापुर जाना पड़ा।[3] उसके मेज़बान का मेहमान-नवाज़ी करने का इरादा नहीं था, इसलिए कलीमुल्लाह ने अहमदनगर का दरवाज़ा खटखटाया। अगले दस सालों तक कलीमुल्लाह निज़ाम शाह के महल में रहा, पर उसे दरबार में कदम रखने की इजाज़त नहीं थी। इसकी वजह भी थी। किसी भी नए सुल्तान के लिए अपनी हुकूमत को मनवाना मुश्किल होता है, और जब उसके पहले का सुल्तान उसी की छत के नीचे सोता हो, तो ये और भी मुश्किल हो जाता है।[4] 1538 में जब कलीमुल्लाह का इंतकाल हुआ, तब किसी ने उसके बेटे को सुल्तान का नकली खिताब भी नहीं दिया। ख़ुद को और बाकियों को शर्मिंदगी से बचाने के लिए, बहमनी सल्तनत का आखिरी वारिस, एक विदेशी जहाज़ में सवार होकर जितनी दूर जा सकता था, चला गया।

लेकिन दक्कन के लिए बाबर की बेरुखी की भरपाई उसके पोते की दिलचस्पी ने कर दी। शहंशाह अकबर का मानना था कि 'हर सुल्तान को नए इलाकों को अख्तियार करने के लिए हमेशा तैयार रहना चाहिए'। दक्कन उसकी इसी सोच को पुख्ता करने का मौका था।[5] पुर्तगालियों ने भी अकबर को काफ़ी तंग किया हुआ था। उनके कब्ज़े में सारे बंदरगाह थे और जिन जहाज़ों ने कारोबार करने का लाइसेंस पुर्तगालियों से नहीं लिया था उनका जीना हराम हो

चुका था। मिसाल के तौर पर, जब 1575 में अकबर की बुआ, गुलबदन बेगम, हज पर जाने के लिए निकली, तो उन्हें पुर्तगालियों ने साल भर तक सूरत में रोके रखा। आखिरकार, मुग़ल सल्तनत को पुर्तगालियों को वलसाड की कमान देनी पड़ी और उसी के बाद गुलबदन बेगम को उनके जहाज़ में जाने दिया गया।[6] इस घटना से कुछ साल पहले दो मुग़लिया जहाज़ों का पूरा सामान पुर्तगालियों ने ज़ब्त कर लिया था। पहले अकबर पुर्तगालियों को मुर्गी कहा करता था (शायद जिनकी गर्दन को और मरोड़ने की ज़रूरत थी) लेकिन अब उसने पुर्तगालियों की इस हरकत का बदला लेने का सोच लिया था।[7] यही नहीं, दक्कन में तरह-तरह की लुभावनी चीज़ें भी थीं। दक्कन भेजे गए एक ख़बरनवीस ने लिखा था, यहां की ज़मीन में बेहतरीन पपीते होते थे और यहां केले भी बहुतायत से होते थे।[8] इसीलिए अकबर के शासनकाल से मुग़लों की विदेश नीति में एक बड़ा बदलाव आया। 'दक्कनी सल्तनतों को ख़त्म करना और उनकी आबादी और खज़ानों को अपनी सल्तनत में शामिल करना मुग़लों का अहम लक्ष्य' बन गया।'[9]

हालांकि, शहंशाह को दक्कन की ओर देखने में काफ़ी वक़्त लगा। जब उत्तरी भारत के सभी इलाकों पर मुग़लों का परचम लहराने लगा और अकबर की हुकूमत पर लोगों की मंज़ूरी की मुहर लग गई, तब शहंशाह की दिलचस्पी दक्कन में पैदा हुई। 1591 में अकबर ने अपने दूत भेजे, जिनका मकसद दक्कनी सुल्तानों को मुग़ल सल्तनत में शामिल होने के लिए मनाना था। लेकिन दूत अपनी इस मुहिम में कामयाब नहीं हो पाए और 1593 में लौटकर उन्होंने बादशाह अकबर को बताया कि दक्कन के सुल्तान इसके लिए तैयार नहीं हैं।[10] बादशाह ने सोचा कि उसके पास अब दूसरे तरीके हैं दक्कन पर मुग़ल दबदबा कायम करने के। अकबर के साथी और इतिहासकार अबुल फज़ल ने लिखा है, दक्कन की आज़ादी को अपनी बादशाहत की नाफ़रमानी मानते हुए 'शहंशाह अहमदनगर से बग़ावत की जड़ों को हमेशा के लिए उखाड़ फेंकना चाहते थे और उसके बाद बीजापुर, गोलकोंडा और बीदर पर कब्ज़ा करना चाहते थे।'[11] अकबर के बेटे, दनियाल को बड़ी फ़ौज के साथ दक्कन भेजा गया, इस निर्देश के साथ कि जहां बातों से बात ना बने, वहां ताक़त का इस्तेमाल करने में उसे हिचकिचाना नहीं चाहिए।[12] दनियाल ने अपने वालिद के लिए ना सिर्फ दक्कन के इलाकों को जीता, उसने अपने लिए एक बेगम भी हासिल की। इस ख़ुशगवार मौके पर शायद ही किसी ने ये सोचा होगा कि एक दिन दक्कन ही मुग़ल सल्तनत के अंत की वजह बनेगा।

दनियाल की बेगम के वालिद से अकबर ज़रूर मिलना पसंद करता क्योंकि दोनों की सोच एक जैसी थी, चाहे वो ज़िंदगी के बारे में हो या फिर सामाजिक दिक्कतों के बारे में। यह शख्स था बीजापुर का सुल्तान इब्राहिम आदिल शाह द्वितीय। इब्राहिम द्वितीय वैसे तो सुन्नी था, लेकिन उसके इंतकाल

के बाद उसकी मज़हबी मान्यताओं को लेकर बहस छिड़ गई थी। आलम ये था कि इन अफ़वाहों को दूर करने के लिए सुल्तान के कुतबा मज़ार पर लिखा गया 'इब्राहिम ना तो यहूदी था ना ही ईसाई, वो तो पाक मुसलमान था जिसने कभी मूर्ति पूजा करने वालों का साथ नहीं दिया।'[13] ये आखिरी वाक्य, जैसा हमें देखने को मिलेगा, पूरी तरह गलत है। बीजापुर सल्तनत का सबसे दिलचस्प आदिल शाह था इब्राहिम जिसने 1580 में अली आदिल शाह के बाद सत्ता संभाली। इब्राहिम द्वितीय, अकबर के दीन-ए-इलाही के एलान से दो साल पहले, बीजापुर के तख़्त पर बैठा। लेकिन, वहां तक का रास्ता भी इब्राहिम की शख्सियत जितना ही दिलचस्प था। इब्राहिम का चाचा, अली, विजयनगर को तबाह करने वाले बाग़ी सुल्तानों के गठबंधन का अहम हिस्सा था, लेकिन हरम के दो हसीन हिजड़ों ने अली का उसी के कमरे में एक शाम कत्ल कर दिया, जबकि ये दोनों उसके काफ़ी करीबी थे।[14] नतीजतन, नौ साल के इब्राहिम को अली के वारिस के तौर पर बीजापुर के तख़्त पर बैठाया गया। हालांकि, उम्र कम होने की वजह से अली की बेवा, चांद बीबी, इब्राहिम के मुहाफिज़ के तौर पर सत्ता चलाने लगी।

चांद बीबी एक लाजवाब शख्सियत थी, जिसकी गिनती 'भारत में पैदा होने वाली सबसे महान महिलाओं' में की जाती है और आगे हम देखेंगे कि वो दक्कन की आज़ादी की सबसे दिलेर सिपाही के तौर पर उभर कर सामने आती है।[15] उसके शौहर, अली के समलैंगिक झुकाव के बावजूद, चांद बीबी ने कामयाबी से अपनी शादी को निभाया। चांद बीबी की तस्वीरों में उसे बाज़ के साथ खेलते हुए, सितार बजाते हुए और रंगसाज़ी करते हुए दिखाया गया है। यही नहीं, कहा जाता है कि चांद बीबी पांच ज़ुबानों में माहिर थी।[16] साथ ही, यह साफ़ है कि वो पर्दे के रिवाज़ और औरतों के लिए बनाए कायदे-कानूनों को ज़्यादा तवज्जो नहीं देती थी क्योंकि चांद 'अपने शौहर की मुहिम पर उसके साथ जाती थी और उसी के साथ मैदान-ए-जंग में लड़ाई भी करती थी'। अमन के दौरान सल्तनत के रोज़मर्रा के कामों का काफ़ी बड़ा हिस्सा भी चांद बीबी ही संभालती थी। वो खुले दरबार में लोगों से मिलती और उनसे बातचीत किया करती थी। चांद बीबी को ना सिर्फ उसकी हिम्मत के लिए लोग पसंद करते थे, बल्कि उसके इंसाफ़ के लिए भी अवाम चांद की मुरीद थी।[17] चांद संतान थी हुसैन निज़ाम शाह की, जिसकी नफ़रत और हिम्मत ने विजयनगर का खात्मा किया और शायद इसलिए वो भी अपने वालिद की तरह बेखौफ थी। लेकिन, रियासत के मुहाफिज़ के तौर पर उसे दूसरों की ज़रूरत पड़ी और इसलिए उसने एक जागीरदार को नियुक्त किया। हालांकि, यह जागीरदार जल्दी ही 'ताक़त के नशे में चूर हो गया' और चांद बीबी से ही बदतमीज़ी तक करने लगा। चांद ने उसे ख़त्म करने की ठान ली[18] और जल्दी ही इस काम को अंजाम तक पहुंचा दिया। अपनी जान बचाने के लिए इस शख्स ने किले की दीवार से छलांग लगाई और खंदक में जा गिरा। वहां से उसे निकाला गया, उसका सिर कलम करवाया

गया और उसकी जगह एक नए शख्स को नियुक्त किया गया।

लेकिन ये नया शख्स भी चांद बीबी के लिए सिरदर्द बन गया। जब चांद के भाई, अहमदनगर के निज़ाम शाह, ने बीजापुर पर हमला किया, तो इस अफसर ने चांद पर साज़िश का आरोप लगाया। नासमझ आदिल शाह की इजाज़त पाकर इस अफसर ने चांद बीबी को कैद करवा दिया।[19] लेकिन खेल यहीं ख़त्म नहीं हुआ, इस हादसे के सात महीनों के अंदर बीजापुर सल्तनत का दरबार एक *तीसरे* आदमी की धुनों पर थिरकने लगा। इस दखनी आदमी के ज़रिये चांद ने अपनी आज़ादी हासिल की और उसका शुक्रिया अदा करने के बाद, उस पर लगाम लगाने की कोशिशों में जुट गई। नतीजतन थोड़ा और ख़ून-ख़राबा हुआ और अब सत्ता गई एक फ़ौजदार के पास, जिसने अगले आठ सालों तक कमान अपने हाथों से फिसलने नहीं दी और चांद बीबी की जगह ले ली।[20] अपने ओहदे और ताक़त में आई गिरावट चांद बीबी को पसंद नहीं आई और जब इब्राहिम द्वितीय की बहन का निकाह निज़ाम शाह के बेटे के साथ हुआ, तो चांद ने नई दुल्हन के साथ अहमदनगर लौट जाने का फ़ैसला किया।[21] उसके बाकी कारनामे, जैसा कि हम आगे देखेंगे, बीजापुर में नहीं बल्कि अहमदनगर में देखने को मिले।

इन सियासी दांव-पेंचों के बीच इब्राहिम बच्चे से बालिग बन गया और 1590 में उसने अपने सरपरस्तों को अलविदा कहने का मन बना लिया। लड़के में हार ना मानने का जज़्बा कूट-कूट कर भरा था, मिसाल के तौर पर जब गोलकोंडा का क़ुतुब शाह उसकी बहन के निकाह को लेकर टाल-मटोल कर रहा था, तो इब्राहिम ने मामले को निपटाने के लिए फ़ौज ही भेज दी। जैसी उम्मीद थी, वैसा ही हुआ और फ़ौज दुल्हन के साथ वापस लौटी।[22] अपने सरपरस्त से छुटकारा पाने के लिए भी इब्राहिम ने ऐसा ही जज़्बा दिखाया। उसी साल की गर्मियों के दौरान, एक रात जब इब्राहिम का सरपरस्त एक 'दक्कनी कुमारी के साथ अपने पुराने ख्वाब' को पूरा करने में जुटा था, तब इब्राहिम उसके चंगुल से भाग गया।[23] इसके बाद हुआ ये कि सरपरस्त का ओहदा ख़त्म कर दिया गया और वो अपनी जान बचाने के लिए अहमदनगर भाग गया। सालों तक दूसरे के कहने पर चलने के बाद, आखिरकार, इब्राहिम द्वितीय अब अपने पैरों पर खड़ा हो गया था।[24] दो साल बाद उसने अपने सरपरस्त को वापस आने का प्रस्ताव भेजा। उस बदक़िस्मत शख्स ने आदिल शाह की बात मान ली और जैसे ही वो वापस आया, उसे अंधा करके उसी किले में कैद कर लिया गया, जिसमें कभी चांद बीबी भी कैद थी।[25] ऐसा ही हश्र इब्राहिम के भाई का भी हुआ, जिसने अहमदनगर के निज़ाम शाह के उकसाने पर बग़ावत की गुस्ताखी की थी। इब्राहिम द्वितीय के भाई को अपनी ज़िंदगी से हाथ धोना पड़ा।[26]

इब्राहिम के दौर में अपनी हुकूमत को कायम रखने के लिए सिर्फ ताक़त काफ़ी नहीं थी, उस ताक़त का इज़हार करना उतना ही ज़रूरी था। बावजूद इसके इब्राहिम ने नए सिरे से अपनी सल्तनत में तालीम और तहज़ीब को बहुत बढ़ावा

दिया। इब्राहिम से पहले वाले आदिल शाह ने इस सिलसिले में पहला कदम उठाया था। भले ही वो इब्राहिम द्वितीय की तरह मशहूर नहीं हुआ, लेकिन जंग, सियासत और हत्यारे हिजड़ों के अलावा दूसरी चीज़ों में भी अली आदिल शाह की दिलचस्पी थी। मिसाल के तौर पर, 1560 में मज़हब पर चर्चा करने के लिए अली आदिल शाह ने तीन ईसाई पादरियों को अपने दरबार में बुलवाया था।[27] अली आदिल शाह, विद्वान और अभियंता मीर फतुल्लाह शिराज़ी का रहनुमा भी था, जिसने तोपखाने के लिए कई शानदार मशीनें बनाई थीं। हालांकि, अली की मौत के बाद अकबर ने मीर फतुल्लाह को बीजापुर से छीन लिया था।[28] अली, जो ख़ुद को आदिल शाह सूफी कहता था, 'खुली सोच वाला शख्स' था और 'जंग के मैदान पर भी किताबें साथ लेकर' जाता था। 1570 में अपने कत्ल से पहले, अली ने *नुजूम-अल-उलूम* को लिखवाया (और शायद लिखने में मदद भी की)। यह किताब लिखी तो 'फ़ारसी में गई थी लेकिन इसमें दक्कनी उर्दू का भी बखूबी इस्तेमाल हुआ था'। यह किताब हिन्दुस्तानी, इस्लामी, यूनानी और तुर्क ख्यालों से प्रेरित थी और इससे मध्यकालीन दक्कनी दरबारी तहज़ीब का अंदाज़ा मिलता है। ज्योतिष विद्या, खगोलशास्त्र और रहस्यवाद से भरी ये रचना 'दिखाती है कि समाज में दक्कनी और पश्चिमी संस्कृति के बीच चल रहे मतभेद या फिर शिया-सुन्नी दरारों के बावजूद, दक्कनी दरबारों में हिन्दुस्तानी और फ़ारसी ख्यालों का बेहतरीन निचोड़ था'।[29]

यह बात बढ़ा-चढ़ाकर नहीं कही जा रही है—तीन सौ अड़तालीस पन्ने के *नुजूम* में करीब आठ सौ तस्वीरें हैं, जिनमें से कई तो हिन्दू देवी-देवताओं की हैं, जैसे डरावनी देवी चालांधरी, जो अपने हाथों में इंसान के कटे हुए सिर को लेकर घूमती हैं या फिर देवी शुभापगी, जिसे छत्र के नीचे अपने बच्चे को दूध पिलाते हुए दर्शाया गया है। देवी के सेवकों ने छत्र को पकड़ कर रखा है, जबकि दूसरे सेवक देवी के पैर दबा रहे हैं।[30] एक और तस्वीर में आठ फ़रिश्तों को दिखाया गया है जिनका धड़ तो इंसानों का है लेकिन सिर गाय का है। तस्वीर की शैली बेहद खास है क्योंकि इसमें फ़ारसी असर कम और दक्षिण की मंदिर शैली का असर ज़्यादा है। ये तस्वीरें शायद विजयनगर से प्रेरित थीं क्योंकि 'देवियों के गले में फूलों का हार है और उन्हें सोने के आभूषणों के साथ दर्शाया गया है। इन आभूषणों में गोलाकार कान की बालियां शामिल हैं जो लगभग उनके सिर जितनी ही बड़ी हैं। देवियों के स्तनों को काफ़ी बड़ा दिखाया गया है, जबकि उनकी कमर पतली है।'[31] नुजूम में जहां एक तरफ प्लेटो और सिराज-अल-दिन-अल-सकाकी जैसे विचारकों की बात की गई है, तो दूसरी ओर वार्षिक ज्योतिष विद्या पर संस्कृत की एक किताब के अनुवाद को भी शामिल किया गया है।[32] नुजूम का पांचवां अध्याय सिर्फ घोड़ों के बारे में है तो सोलहवें अध्याय में मर्दों और औरतों के 'बैठने के तरीकों' में अंतर का ब्यौरा दिया गया है। जहां छब्बीसवें अध्याय में विरोधियों का नाश करने के लिए मंत्र दिए गए

हैं, तो वहीं पचासवें अध्याय में हलवा और शर्बत की अलग-अलग किस्म की बात हुई है।[33] दिलचस्प तस्वीरें, जादुई टोटके और ज्योतिष शास्त्र की टीकाओं की बात करने वाले नुजूम को हज़ारों किताबों से भरे आदिल शाही किताबखाने में जगह दी गई थी (अफ़सोस की बात ये है कि आज इस नुजूम के ज़्यादातर पन्ने गायब हो चुके हैं)। इन किताबों की देखरेख का दारोमदार एक ब्राह्मण पर था, जिसके नीचे साठ लोग काम करते थे और जिसकी सालाना तनख्वाह एक हज़ार मुहरें थीं।[34]

इब्राहिम द्वितीय के अरमान उसके पूर्वज से कहीं ज़्यादा थे। वो बेहद दिलचस्प किरदार था और सिर्फ इसलिए नहीं क्योंकि वो अपने नाख़ूनों पर लाल रंग लगाता था।[35] उसके मुहाफिज़ ने उसे सुन्नी इस्लाम के रिवाज़ों के मुताबिक बड़ा किया था, लेकिन, कई लोगों का मानना था कि बालिग होने के बाद वो अपने चाचा की तरह शिया इस्लाम को अपना लेगा। इसलिए उसकी इनायत पाने के लिए दरबारियों में होड़ सी लग गई। लेकिन, सबको चौंकाते हुए युवा इब्राहिम ने सुन्नी रहने का एलान किया और वो हर मुमकिन मौके पर अपने दरबारियों का 'सियासी शिया' कहकर मज़ाक भी उड़ाता था।[36] लेकिन इससे भी ज़्यादा हैरतअंगेज़ बात थी, हिन्दुओं के लिए इब्राहिम की हमदर्दी। अपने चालीस साल के शासन के दौरान उसने कई मंदिर बनाने के लिए दान दिए और हिन्दू तीर्थ यात्रियों के लिए लोकप्रिय तीर्थ स्थानों पर सुविधाएं भी मुहैया करवाईं। बचपन में इब्राहिम की मुलाकात शिव भक्त नटपंथियों से हुई थी और इस मुलाकात ने उस पर गहरा असर डाला था।[37]अपने कांसे के सिक्कों पर इब्राहिम ख़ुद को संस्कृत में *'अबला बलि'* (कमज़ोरों का हमदर्द) कहता है।[38] उसने अपने राज्य में पुर्तगाली ईसाइयों को गिरजाघर बनाने की मंज़ूरी भी दी और इनमें से कई तो 1866 तक आदिल शाही फरमान पर चलते रहे।[39] इब्राहिम के सत्ता में आने के चौदह साल बाद आए एक यात्री ने लिखा है, 'इब्राहिम एक अमन पसंद सुल्तान है—वो ज़ालिम नहीं बल्कि विदेशियों का हमदर्द है और सभी पड़ोसी राज्यों के साथ उसके रिश्ते अच्छे हैं'।[40] लेकिन अगर पड़ोसी इस अमन को भंग करते थे, तो इब्राहिम का वो डरावना रूप जाग उठता था, जिसने सत्ता पाने के लिए अपने भाइयों तक का कत्ल करवाया था और अपने सरपरस्तों को अंधा करवा दिया था।

लेकिन, जब वो सौम्य और रचनात्मक मनोदशा में होता था, इब्राहिम द्वितीय पूरी दुनिया में किसी को भी दीवाना बना सकता था।[41] इस सुल्तान के कई फरमानों की शुरुआत देवी सरस्वती की प्रार्थना से होती है।[42] देवी सरस्वती के प्रति इब्राहिम की इस श्रद्धा की वजह से सल्तनत में कई लोगों को यकीन था कि वो हिन्दू बन गया है या फिर बनने के बेहद करीब है। एक वक़्त पर उसने बीजापुर (जिसका पहले नाम विजयपुर था) का नाम बदल के विद्यापुर कर दिया।[43] इब्राहिम द्वितीय की एक नज़्म में जो बातें लिखी गई हैं वो कट्टरपंथियों

की नज़र में इस्लामी कायदे-कानूनों के बिलकुल ख़िलाफ़ हैं। मिसाल के तौर पर, सुल्तान कहता है:

अलग-अलग हैं ज़ुबानें;
पर दिल की आवाज़ है सिर्फ एक।
चाहे वह ब्राह्मण हो या फिर तुर्क,
है वह ख़ुशक़िस्मत जिस पर
तालीम की देवी [सरस्वती] है मुस्कुराती।
ओ इब्राहिम, दुनिया सिर्फ इल्म है पाना चाहती।
तह-ए-दिल से बन जा मुलाज़िम,
लफ्ज़ों की इस ताक़त का।[44]

इब्राहिम की बहुचर्चित 'उनसठ कविताओं और सत्रह दोहों' वाली *किताब-ए-नवरस* में उस वक़्त की 'धार्मिक समन्वयता' की झलक दिखाई देती है। साथ ही, अपने आप में ये किताब 'बेहद रोचक है और इसमें अलंकार और रूपकों का बेहतरीन इस्तेमाल' हुआ है। इसमें इब्राहिम के पारिवारिक मुद्दों के साथ-साथ सियासी मसलों का भी तफ़सील से ज़िक्र किया गया है। इसके चरित्रों में चांद बीबी और इब्राहिम का पालतू हाथी अताश खान शामिल है। शिव-पार्वती जैसे हिन्दू देवताओं के अलावा इसमें हिन्दू महाकाव्यों में लिखी गई बातों का ज़िक्र भी हुआ है।[45] इब्राहिम की मज़हबी सोच इस किताब की 'शुरुआती पंक्तियों में ही साफ़ हो जाती है जिसमें इस्लामी और हिन्दू विचारों का समन्वय है।'[46] इब्राहिम ने सैकड़ों तस्वीरें बनवाईं, जिसमें से एक देवी सरस्वती की भी है जो अपने स्वर्ण सिंहासन पर वीणा और शंख के साथ विराजमान हैं। लेकिन, दिलचस्प बात ये है कि सरस्वती की छवि को किसी भी स्थापित शैली के अनुरूप नहीं बनाया गया है। 'अपने मौजूदा या फिर पुराने निरूपण से बिलकुल अलग, इब्राहिम की सरस्वती सफेद पोशाक में किसी हिन्दू देवी जैसी कम और दक्कनी शहज़ादी जैसी ज़्यादा दिखती हैं'।[47] इतने ही दिलचस्प हैं वो लफ्ज़ जो इस तस्वीर में लिखे गए हैं—'इब्राहिम द्वितीय के पिता हैं गुरु गणपति और उनकी मां हैं साक्षात सरस्वती'।[48] इब्राहिम को कई और तस्वीरों में संगीत के साज के साथ और हिन्दू तपस्वियों से जुड़ी रुद्राक्ष माला पहने हुए दिखाया गया है।[49] शायद इसी वजह से सल्तनत के कुछ दरबारी हमेशा गुस्से में रहते थे।

सुल्तान की सोच हिन्दू धर्म से प्रेरित थी और उसकी नीतियों में इस झुकाव का असर भी दिखाई देता है। सुन्नी होने की वजह से इब्राहिम फ़ारसियों से ज़्यादा दखनियों को तवज्जो देता था—इसका फायदा मराठा सरदारों को हुआ जिनके साथ फ़ारसी सूबेदारों की चुनौतियों का सामना करने के लिए दखनी हाथ मिलाने लगे थे। हालांकि, दरबार में ईरानी तौर-तरीकों का ही जलवा था और यही रिवाज़

अठारहवीं शताब्दी के मराठा साम्राज्य तक कायम रहा।[50] विजयनगर के पतन के बाद सैकड़ों कलाकार बेरोज़गार हो गए थे और उन्हें हर मुमकिन मदद देने के लिए इब्राहिम ने अपने खज़ाने के दरवाज़े खोल दिए।[51] अगर सियासी मामलों में मराठा ब्राह्मणों का दबदबा था, तो कला, संगीत और वास्तुशास्त्र के विषयों की कमान इब्राहिम ने तेलुगु और कन्नड़ लोगों के हाथों में थमाई थी।[52] इब्राहिम आदिल शाह दरबार में मराठी बोलना पसंद करता था जिसका गवाह एक मुग़ल दूत बना।[53] हरम में इब्राहिम की पसंदीदा तवायफ का नाम था रंभा, जो मराठी मूल की नर्तकी थी।[54] इब्राहिम फ़ारसी से बेहतर संस्कृत जानता था और इसके बारे में तब भी लोगों को जानकारी थी।[55] कट्टर मुसलमानों के लिए इब्राहिम का दखनियों की ओर ये लगाव धोखे से कम नहीं था, खास तौर पर जबकि कुछ ही पीढ़ी पहले उसके पूर्वज इस्माइल का बर्ताव बिलकुल इसके उलट था, उसने दखनी तौर-तरीकों पर रोक लगाई थी और ईरानी तौर-तरीकों को इस कदर बढ़ावा दिया था कि उसकी फ़ौज ने ईरानी शैली के कपड़े और कसरत तक अपना ली थी।[56]

इब्राहिम द्वितीय के इन बदलावों का असर सिर्फ दरबार तक सीमित नहीं था। इस आदिल शाह ने बीजापुर को ही पूरी तरह बदल दिया। चार दशक पहले अली का एक ईसाई मेहमान राजधानी की खस्ता हालत देखकर चौंक गया था, जहां ज़्यादातर लोग फटे-पुराने तंबुओं में बेहद गरीबी की हालत में रहते थे। कुछ हद तक यह पूर्वाग्रह था क्योंकि ये ईसाई मुसलमानों से नफ़रत करता था और उन्हें 'कीड़ों की तरह' रहने का गुनहगार मानता था।[57]

डिनोडिया फोटोज़ / अलामी स्टॉक फोटो

जामी मस्जिद

हालांकि, राजधानी की मरम्मत का काम, 1565 में विजयनगर को जीतने के तुरंत बाद शुरू हो गया था। बीजापुर सल्तनत का आकार लगभग दोगुना हो गया था और रामराय के साम्राज्य से मिली दौलत का इस्तेमाल बीजापुर को सजाने-संवारने के लिए किया गया। इब्राहिम के सत्ता में आने के बाद इसमें और तेज़ी आ गई।[58] इसी दौरान दक्कन की सबसे बड़ी मस्जिदों में से एक जामी मस्जिद का भी निर्माण हुआ। साथ ही, शहर में कई बगीचे और जन-कल्याण के लिए इमारतें बनवाई गईं। शहर की दीवारों की भी मरम्मत की गई। नदी के किनारे बसे गांव तोरवी से नदी का पानी शहर में लाने के लिए सुरंगें बनवाई गईं, जिनकी गहराई कहीं-कहीं ज़मीन से साठ फीट तक जाती थी। ये बीजापुर सल्तनत की बेहतरीन अभियांत्रिकी को दर्शाता है।[59]

1599 में इब्राहिम द्वितीय ने एक नए शहर नौरसपुर के निर्माण का काम शुरू किया। सुल्तान के इस ख्वाब को पूरा करने के लिए बीस हज़ार कारीगर जुट गए।[60] इब्राहिम द्वितीय के शासन के चौदह साल बीत जाने के बाद जब मुग़लों का दूत आया तो उसने एक समृद्ध राजधानी का अनुभव किया जहां के बाज़ारों में 'क़ीमती और नायाब सामान मौजूद था, जो किसी और शहर में नहीं मिलता था'। कपड़े, ज़ेवर, शराब और खाना भरपूर मात्रा में उपलब्ध था। एक सड़क पर 'हज़ारों की तादाद में लोग मौज-मस्ती के लिए इकट्ठा होते थे और किसी के बीच कभी कोई मतभेद नहीं होता था। ऐसा एक बार नहीं बल्कि रोज़ होता था। शायद दुनिया में ऐसी कोई और जगह नहीं है जहां कोई राहगीर ऐसा नज़ारा देख सके।'[61] दिलचस्प बात ये है कि विरोधी सुल्तान के दूत के पास इब्राहिम की तारीफ करने की कोई वजह नहीं थी। मुग़ल दूत की लिखी बातों का कुछ हिस्सा नज़रअंदाज़ भी कर दिया जाए तब भी इसमें कोई शक नहीं है कि इब्राहिम द्वितीय के शासन में बीजापुर एक समृद्ध राज्य था। सुल्तान की दरियादिली का फायदा उसकी अवाम तक पहुंचता था, अगर दूर-दराज के गांवों तक ना भी पहुंचता हो तो शहरी इलाकों में तो ज़रूर समृद्धि थी।[62] इसकी वजह भी थी, हिन्दुस्तान में लोगों की मंज़ूरी पाने के लिए सुल्तानों को दौलत का दिखावा करना बेहद ज़रूरी था, खास तौर पर बीजापुर जैसी सल्तनत के लिए, जो कुछ वक़्त पहले तक बहमनी साम्राज्य के एक सूबे से ज़्यादा कुछ नहीं थी। वो सुल्तान, जिनकी रगों में शाही ख़ून नहीं था, उनके लिए अवाम की इज़्ज़त पाने का इकलौता ज़रिया था दौलत का ये तमाशा।[63]

इस स्वर्ण युग में बीजापुर की ओर खिंचे चले आ रहे कलाकारों में नीदरलैंड्स का एक शख्स कॉर्नेलियस क्लॉज हेडा भी शामिल था। 1610 में जब वो बीजापुर पहुंचा, तब उसकी उम्र चालीस के करीब थी और आदिल शाह के दरबार में ही इस चित्रकार को अपनी मंज़िल मिली। नीदरलैंड्स में अपनी पहचान बनाने में नाकाम रहने के बाद, हेडा पहले प्राग गया, लेकिन वहां भी उसकी क़िस्मत नहीं चमकी। 1605 में ख़ुशक़िस्मती से उसकी मुलाकात

एक ईरानी दस्ते से हुई और उसी के साथ वो स्पेन और पुर्तगाल के रास्ते पूर्वी अफ्रीका जा पहुंचा। लेकिन, वहां की स्थानीय पुर्तगाली हुकूमत ने हेडा पर जासूस होने का आरोप लगाकर उसे गिरफ्तार कर लिया। नतीजतन, ईरान के शाह के दरबार की जगह हेडा गोवा की जेल में जा पहुंचा (शायद इसलिए वो पुर्तगालियों को बेईमान बेवकूफ कहता था)। हालांकि, 1610 में उस पर लगे आरोपों को खारिज कर दिया गया और हेडा ने बीजापुर आकर आदिल शाह की रहनुमाई हासिल करने का फ़ैसला किया। इब्राहिम द्वितीय से हेडा बेहद प्रभावित हुआ—उसने शाह की तारीफ करते हुए कहा, 'वो बाकी मुसलमानों से बिलकुल अलग है। वो दयालु और नम्र होने के साथ-साथ कला का प्रशंसक भी है'। सिर्फ हेडा ही नहीं, सुल्तान भी हेडा का मुरीद था। उसकी पहली तस्वीर देखकर इब्राहिम इतना ख़ुश हुआ कि उसने हेडा को पांच सौ सोने की मुहरें इनाम के तौर पर दीं। इस इनाम के पीछे एक वजह और थी। उस दौर के सुल्तानों में विदेशी मूल के चित्रकारों को इकट्ठा करने की होड़ सी लगी थी और इब्राहिम इस बात से ख़ुश था कि उसे ईरान के शाह से भी पहले कोई यूरोपीय चित्रकार मिल गया था (ईरान के शाह को 1617 तक फिरंगी कलाकार के लिए इंतज़ार करना पड़ा था)।[64]

इब्राहिम द्वितीय के शासन के दौरान बीजापुर में कला ने अलग मुकाम हासिल किया। 1596 से 1609 तक बीजापुर ने मशहूर ईरानी रंगसाज फारूख बेग की मेज़बानी की। बेग इससे पहले मुग़ल शहंशाह अकबर की खिदमत में था और दक्कन में अपना वक़्त गुज़ारने के बाद वो जहांगीर के दरबार में लौट गया। बेग ने अपने दक्कनी हिमायती की काफ़ी तस्वीरें बनाईं, जिसमें उसकी रंगसाजी का फ़ारसी मूल और अफ़ग़ान तथा मुग़ल असर साफ़ दिखाई देता है। बेग की तस्वीरों में सुल्तान को बगैर दाढ़ी के दिखाया गया है, साथ ही, सुल्तान को बाज़ों के साथ खेलते हुए, तानपुरा बजाते हुए और अपने पसंदीदा हाथी, अताश खान की सवारी करते हुए दिखाया गया है। ये तस्वीरें सूक्ष्म चित्रकारी शैली में बनी हैं। लेकिन, बेग की विदाई और हेडा के आने के बाद, बीजापुर की रंगसाजी में यूरोपीय असर दिखाई देने लगा। पुनर्जागरण के बाद यूरोपीय चित्रकारी की कसौटी बन चुके तीन आयामी यथार्थवाद का बीजापुरी कला में आगाज़ हुआ। दक्कनी औरतों को यूरोपीय शैली के पहनावों में दिखाया गया (कभी-कभी टोपी पहने फिरंगी लोग भी इन तस्वीरों में दिखाई दे जाते हैं)। एक तस्वीर में लाल पोशाक में एक औरत चीनी कप में शराब डालते हुए दिखाई देती है। उस औरत के सिर पर एक टोपी है जिसमें एक लंबा सा सफेद पंख लगा हुआ है। यह तस्वीर अलग-अलग शैलियों का मिश्रण है जिसमें स्थानीय और विदेशी शैलियां शामिल हैं। इन तस्वीरों में 'तिलिस्म, तसव्वुर, शायराना ख्याल और विदेशी असर का बेहतरीन मेल' दिखाई देता है।[65] डेबोरा हटन के मुताबिक ये तस्वीरें शायराना ख्याल को ज़ाहिर करने का ज़रिया हैं और उन्हें इसी नज़रिये से देखना

चाहिए। यहां तक कि इब्राहिम द्वितीय की तस्वीरों में सिर्फ उसके नाक-नक्श को नहीं, बल्कि आदिल शाह के शायराना *ख्याल* को भी दर्शाया गया है।[66]

विदेशी असर दूसरे रास्तों से भी बीजापुर पहुंचा और ये विलासिता के सामानों की बीजापुर में अनूठी खपत में दिखता है। 1604 में बेल्जियम से हीरे-जवाहरात का सौदागर, जाक्स डे कूत्र, इब्राहिम आदिल शाह के दरबार में हाज़िर हुआ। दोनों की जब पहली मुलाकात हुई तो आदिल शाह खुले आसमान के तले अपने दरबारियों के साथ बैठक कर रहा था और वहां उसका मनोरंजन बहुमूल्य जेवरों से सजी पांच सौ औरतें कर रही थीं। इस मौके पर डे कूत्र ने सुल्तान के साथ तीन पन्नों का सौदा किया (जिसमें से सबसे बड़ा पन्ना तकरीबन तीन सौ कैरेट का था) जबकि उसके बेटे ने एक अरबी घोड़ा खरीदा।[67] एक साल बाद जब उस सौदागर की वापसी हुई तो उसने सुल्तान को महल में कुश्ती का लुत्फ़ उठाते हुए पाया, फिर शहर के बाहर पत्थर से बने अखाड़े में सुल्तान ने हाथियों की कुश्ती देखी। जब डे कूत्र की रवानगी का वक़्त आया तो सुल्तान ने उसे 'इत्र से नहलवाया, रेशम की पोशाक दी और फूलों की माला पहनाई'।[68] लेकिन इस सौदागर को बीजापुरी लोगों की आदतें पसंद नहीं आईं, मिसाल के तौर पर, उसे लगता था कि वो 'अय्याश और खर्चीले' हैं जो हीरे-जवाहरात से सजी हुई पालकियों में दर्जनों अंगरक्षकों और जानवरों के साथ चलते हैं। कुछ-कुछ औरतों के कान में उनकी हथेलियों जितनी बड़ी बालियां थीं और गले में मोतियों के हार के अलावा कई और जेवर भी थे। इन जेवरों में बीजापुर का खास पेंडेंट, *उर्बसी*, भी शामिल था। यह दरअसल नगों से जड़ा छोटा छल्ला है जिसे जोड़ कर कंगन का आकार दिया जा सकता है।[69] बीजापुर की चकाचौंध और रईसों का रहन-सहन देखकर ये सौदागर सिर्फ अभिभूत नहीं हुआ था, बल्कि उस पर मुग्ध हो गया था।

अनोखे मेहमान और आदिल शाही दरबार का अनोखा चाल-चलन—इसी दरबार की कहानी लिखने के लिए फ़िरिश्ता ने सालों बिताए। ये किताब कई और नामों से जानी जाती है जिसमें *गुलशन-ए-इब्राहिमी* भी एक है। आदिल शाही दरबार के इस अनोखेपन का विरोध होना भी लाज़मी था। लेकिन, इस मौके पर विरोध मौलानाओं की जगह सूफी संतों की तरफ से आया। मिसाल के तौर पर, एक संत बीजापुर आया तो उसने सुना कि सुल्तान को 'हिन्दू नाच-गाने' का बहुत शौक है। संत ने इन गैर-पाक चीज़ों से दूर रहने पर काफ़ी ज़ोर दिया। उस वक़्त सुल्तान की उम्र कम थी और किसी भी नौजवान की तरह उसने भी उस बुजुर्ग संत को आदतें बदलने का आश्वासन देकर टाल दिया। हालांकि, 1596 में शिया त्योहार के वक़्त जब वही संत दंगों में हिस्सा लेते हुए पाया गया तो सुल्तान ने उससे हमेशा के लिए निजात पाने का फ़ैसला किया। कुछ दरबारियों ने भी सुल्तान को सलाह दी कि संत की 'भक्ति' के बावजूद उसकी 'गैर मौजूदगी सल्तनत के लिए ज़्यादा बेहतर साबित होगी'। सुल्तान को बस

यही सुनना था और उसने तुरंत संत को मक्का भेजने का फ़ैसला कर लिया। साथ ही, किसी कड़वाहट को दूर करने के लिए वजीफा भी दिया।[70] एक और संत की कहानी के मुताबिक आदिल शाह को हिन्दू योगी के चंगुल से बचाने के लिए हज़ारों लोगों ने गुहार लगाई। इस कहानी में सूफी संत कामयाब होता है और ना सिर्फ सुल्तान पाक रास्ते पर लौट आता है, हिन्दू योगी भी इस्लाम को अपना लेता है। इस कहानी की सच्चाई को अगर दरकिनार भी कर दें, इसमें कोई शक नहीं है कि सुल्तान पर गैर-इस्लामी प्रभाव की वजह से बीजापुर के कई असरदार गुटों के अंदर घबराहट थी।[71] बेल्जियम के उस जौहरी ने सुल्तान के चाल-चलन पर अपनी नापसंदगी को साफ़ तौर पर ज़ाहिर भी किया था। 'आदिल शाह अय्याश है,' उसने दावा किया था क्योंकि उसका मानना था कि सुल्तान के पास नौ सौ तवायफ थीं जो 'उसकी हर ख्वाहिश को किसी भी वक़्त पूरा करने के लिए' तैयार रहती थीं।[72] इब्राहिम द्वितीय ने इस दबाव से बचने के लिए दो रास्ते निकाले—वह इन्हें या तो टाल देता था या फिर एक कान से सुनता और दूसरे से निकाल देता।

लेकिन इब्राहिम आदिल शाह की हुकूमत के दौरान ईरानी असर का कम होना एक तरह से विडंबना ही है, क्योंकि इब्राहिम ही वो सुल्तान था जिसने ईरान के शाह से मदद की गुहार लगाई थी। आदिल शाही दरबारी तहज़ीब में कुछ आदतों ने घर कर लिया था—मिसाल के तौर पर जब कोई चिट्ठी आती थी, तो दरबारी उस चिट्ठी को लेते थे और फिर उसे सुल्तान को दिया जाता था। लेकिन, सफवी फरमान (और बाद में मुग़ल फरमान भी) को सुल्तान ख़ुद 'दूत के हाथों से लेने की ज़हमत' उठाते थे।[73] 1612 में हम सुल्तान को ईरान से कुछ सियासी मुद्दों पर 'सफाई' मांगते हुए देखते हैं, और ईरान के शाह के 'फरमानों पर अमल' करने की बात भी होती है। इससे पहले जब मुग़ल सल्तनत में आए बदलावों की लहर से बीजापुर कांप उठा था, तब आदिल शाह ने ईरान के शाह से अपील करते हुए कहा था कि 'वो बीजापुर को अकेला नहीं छोड़ सकते' और उनको 'बीजापुर सल्तनत को बचाने के लिए आगे आना चाहिए'।[74] ऐसा नहीं है कि ईरान का शाह दक्कनी सुल्तानों की बातों को अनसुना कर देता था—तालिकोटा की जंग से पहले ईरान के शाह ने सभी सुल्तानों को विजयनगर की चुनौती से पार पाने के लिए एक होने की सलाह दी थी।[75] एक वक़्त पर सफवी शाह ने मुग़लों को भी लिखा था कि दोनों मुल्कों के बीच 'इत्तिहाद, अमन और दोस्ती' की खातिर मुग़ल बादशाह को 'दक्कन के भले पड़ोसियों' के लिए 'रहम और अहसान के दरवाज़े' खोल देने चाहिए। बाद में जब मुग़लों ने अपने 'पड़ोसियों' की आज़ादी को ख़त्म करने की ठानी, तब ईरान के शाह ने 'दक्कन के बदले अपनी हुकूमत से दक्कन जितने बड़े या उससे बड़े इलाके को मुग़लों को देने की पेशकश' की।[76] कंधार और अफ़ग़ान की पहाड़ी ज़मीन की मिल्कियत के मुद्दे पर मुग़ल और सफवी सल्तनत के बीच तनाव के मद्देनज़र,

ईरान के शाह की ये पेशकश बेहद उदार थी, खासतौर पर इसलिए क्योंकि ईरान के शाह के लिए दक्कन पर हुकूमत करना लगभग नामुमकिन था।

शायद ईरान के शाह को मालूम था कि मुग़ल बादशाह उसकी पेशकश ठुकरा देगा। दरअसल शाह मुग़लों से दक्कन को बख़्शने की जितनी ज़्यादा अपील करता, दक्कन को हासिल करने का मुग़लों का जज़्बा और मज़बूत हो जाता। ईरान के शाह से की गई अपील के पीछे की वजह थी इब्राहिम की घबराहट, जो बाकी दक्कनी सुल्तान और मुग़लों से उसकी बातचीत से पैदा हुई थी। लेकिन, इब्राहिम को घबराने की ज़रूरत नहीं थी, क्योंकि अकबर इब्राहिम की सल्तनत से ज़्यादा उसकी दोस्ती को हासिल करना चाहता था। हालांकि, अहमदनगर सल्तनत का निज़ाम शाह इतना ख़ुशक़िस्मत नहीं था और दक्कन को पाने की अकबर की ख्वाहिश का सीधा असर उसे झेलना पड़ा। इब्राहिम जानता था कि जब तक अहमदनगर मुग़लों से जूझ रहा है, तब तक आदिल शाही हुकूमत सलामत रहेगी।

~

जब 1574 में निज़ाम शाह ने बेरार पर कब्ज़ा किया था तब आने वाले तूफान के आसार नज़र नहीं आ रहे थे। फिलहाल के लिए उन्हें सिर्फ ये दिखाई दे रहा था कि बेरार बेहतरीन मौका था निज़ाम शाही हुकूमत को बढ़ाने का। बेरार के इमाद शाह, बहमनी सल्तनत से उभरने वाले सुल्तानों में सबसे फीके थे। इमाद शाही सल्तनत के तीसरे सुल्तान ने अपने 'लंबे और उतार-चढ़ाव से भरे शासनकाल' के दौरान 'कई बार लोगों को साथ लाने का काम किया लेकिन कभी भी मैदान-ए-जंग में अहम किरदार नहीं निभाया'।[77] जैसा पहले कहा गया है कि इमाद शाह की बेटी का निकाह हुसैन निज़ाम शाह से हुआ था, लेकिन इस घटना के चंद महीनों बाद ही सुल्तान का इंतकाल हो गया और बेरार सल्तनत में उथल-पुथल का दौर शुरू हो गया। 1574 में अहमदनगर की फ़ौज ने बड़ी आसानी से बेरार को जीत लिया और ना सिर्फ तख़्त हड़पने वाले सुल्तान को कैद किया, बल्कि इमाद शाही सल्तनत के वाजिब वारिस को भी सलाखों के पीछे डाल दिया—कहा जाता है कि बाद में दोनों का गला घोंटकर मौत के घाट उतार दिया गया था।[78] लेकिन इससे पहले कि अहमदनगर अपनी कामयाबी का पूरा लुत्फ़ उठा पाता, एक बेहद दिलचस्प घटना घटी। हुसैन के वारिस, मुर्तज़ा निज़ाम शाह का कत्ल उसी के गुसलखाने में हो गया[79]—और कातिल था उसी का बेटा।[80] गौरतलब है कि मुर्तज़ा ने इससे पहले अपने बेटे के कमरे में आग लगवाकर उसे मरवाने की कोशिश की थी।[81] कुछ लोग मानते थे कि मुर्तज़ा पागल था (खासतौर पर जब उसने विजयनगर से जीते हुए खज़ाने को आग में डाल दिया था[82]) जबकि दूसरों का मानना था कि वो अपने गुलाम और आशिक के हाथों की कठपुतली था और वही करता था जो उसका गुलाम उसे

कहता था।[83] चाहे जो भी हो, इस शख्स ने अपनी जान गंवाई और अहमदनगर ने अपना भविष्य।

इन्हीं बुरे हालातों के बीच चांद बीबी अपने शौहर, अली आदिल शाह की सल्तनत को छोड़कर अपने मायके लौट आई थी। एक इतिहासकार लिखता है, 'वो चैन की तलाश में अपने घर लौटी थी, लेकिन वो जहां से आई थी उससे ज़्यादा अफरा-तफरी उसे अपने घर में मिली'।[84] असलियत में तो वो फ़ुरसत नहीं, मौकों की तलाश में लौटी थी। चांद के इस कदम के पीछे उसका हौसला बढ़ाने वाली वजह भी थी। 1565 और 1571 के बीच उसकी मां, खुंजा हुमायूं, ने सत्ता की बागडोर संभाली थी। लेकिन उस दौर का अंजाम बेहद बुरा रहा था।[85] चांद बीबी के लिए दिक्कतें और भी बढ़ गई थीं क्योंकि उसके आते ही सिलसिलेवार कत्ल होने लग गए: पहले मुर्तज़ा ने कब्र तक का रास्ता तय किया और उसके बाद उसके कातिल ने।[86] सोलह साल के इस लड़के ने 'अय्याशी को अपनी ज़िंदगी का मकसद' बना लिया था। नशे में धुत्त वो सड़कों पर अपने अलमस्त साथियों के साथ लोगों को कुचलता था और साथ ही, बेहद घटिया हरकतों में शामिल हुआ करता था।'[87] शायद ही किसी को बुरा लगा होगा जब उसे तख़्त से उतनी ही तेज़ी के साथ हटा दिया गया जितनी तेज़ी के साथ उसे बैठाया गया था।

अगर ख़ुद को ख़त्म करने की बाप-बेटे की ये मिसाल काफ़ी नहीं थी, तो जल्द एक और मिसाल मिलने वाली थी। सल्तनत के सामंतों ने मुर्तज़ा के भतीजे की ताजपोशी कर दी थी पर इससे उसका बाप खफा हो गया। कुछ साल पहले उसने भी सत्ता हथियाने की कोशिश की थी, लेकिन वो नाकाम होकर बादशाह अकबर की राजधानी में भागने को मजबूर हो गया था। पर अब वह अपने बेटे से सत्ता छीनने की साज़िश करने लगा। अहमदनगर में भी उथल-पुथल बढ़ गई थी। नए सुल्तान को फ़ारसी दरबारी तो पसंद करते थे, पर दखनियों को वो बिलकुल पसंद नहीं था। लेकिन उनके पसंदीदा दावेदार, मुर्तज़ा के बेटे का सिर एक भाले पर टंगने के बाद,[88] उनके पास इस नए सुल्तान को मन मसोसकर मंज़ूरी देने के अलावा कोई चारा नहीं बचा था। हालांकि, अपना पक्ष मज़बूत करने के लिए उन्होंने बगैर कोई भेदभाव के हर फ़ारसी को मौत के घाट उतारने का फरमान दिया। फ़ौज और उनके साथियों को ख़ून-ख़राबा मचाने की पूरी आज़ादी दी गई। उन्होंने फ़ारसी मूल के रईसों, मालिक, नौकर, हाजी, कारोबारी किसी को नहीं बख्शा। 'उनके घरों में आग लगा दी गई। कटे हुए सिरों को सूली से उतार कर ज़मीन पर फेंक दिया गया और पर्दानशीन औरतों को बालों से घसीटकर शराबियों की महफिल में लाया गया और बेइज़्ज़त किया गया।'[89]

मई 1591 में, अहमदनगर में तीन साल की अफरा-तफरी के बाद, मौजूदा निज़ाम शाह का वालिद और अकबर की पनाह में रह रहा शख्स वापस लौटा और तुरंत अपने बेटे से सत्ता छीन ली। जहां दखनियों ने अपने मज़हब सुन्नी

इस्लाम को शाही दीन का ओहदा दिया था, वहीं अब शिया इस्लाम की वापसी हुई और बचे-खुचे फ़ारसियों पर क़िस्मत फिर से मुस्कुराने लगी। मुग़लों ने सोचा था कि नया निज़ाम मुग़ल सल्तनत में शामिल होने के उसके प्रस्ताव को मान लेगा। लेकिन, निज़ाम ने ऐसा करने से इनकार कर दिया।[90] अकबर अहमदनगर के दरबार में अपने नाम का ख़ुतबा पढ़वाना चाहता था और जब एक *खातिब* ने ऐसा करने की कोशिश की, तो दरबार में मौजूद फ़ारसियों ने 'भेड़ या बकरी की जगह निज़ाम शाह के सामने उसी खातिब की कुर्बानी दे दी'।[91] जैसा कि शहंशाह अकबर के इतिहासकार ने लिखा है, 'जब उसने (निज़ाम शाह ने) अपने बेटे से तख़्त छीनने में कामयाबी हासिल की, तब उसे बादशाह का शुक्रगुज़ार होना चाहिए था और दक्कन के बाकी सुल्तानों के लिए मिसाल पेश करनी चाहिए थी। लेकिन कामयाबी के नशे में वो शहंशाह के अहसान को भूल गया। यह बदनसीबी है कि उसने कमज़ोर पर ज़ुल्म ढाने को अपना मकसद बना लिया और मानने लगा कि दूसरों की बर्बादी में ही उसका फायदा है।'[92] चाहे जो भी हो, इस अहसानफरामोश निज़ाम शाह का 1594-95 तक इंतकाल हो गया और अहमदनगर में एक बार फिर सत्ता की लड़ाई शुरू हो गई। लेकिन इस बार मुग़लों ने इंतज़ार नहीं किया। निज़ाम शाह और दक्कन के उसके साथी सुल्तानों को शहंशाह की ताक़त का अहसास कराने के लिए मुग़ल फ़ौज दक्कन पहुंची। अहमदनगर के अंत की शुरुआत नज़र आने लगी थी।

इस मुश्किल वक़्त में चांद बीबी ने अहमदनगर सल्तनत को बचाने और वहां के जागीरदारों को उनके मतभेद भुलाने के लिए एक आखिरी कोशिश की, लेकिन यह आसान नहीं था। सुल्तान बनाने के लिए चांद बीबी का नुमाइंदा था पिछले अहसानफरामोश निज़ाम शाह का एक पोता, जबकि बाकी दोनों गुटों के पास भी अपने-अपने नुमाइंदे थे, जिनके शाही खानदान के साथ असली या नकली रिश्ते दिखाए गए थे।[93] आखिरकार, चांद बीबी समझौता करने में कामयाब रही। उसने 'सभी से सहयोग की अपील की, प्रशासनिक बदलाव किए और अपने अमीरों की हामी के बाद एलान किया' अपने नुमाइंदे के निज़ाम शाह बनने का।[94] लेकिन जल्दी ही अहमदनगर को घेर लिया गया था। उस वक़्त के एक इतिहासकार ने लिखा है कि 'महारानी बिलक़िस [यानी चांद बीबी] ने मुग़लों के ख़िलाफ़ इस जंग के लिए बीजापुर और गोलकोंडा से मदद मांगी, और उन्हें दुश्मन की ताक़त और अपनी कमज़ोर हालत के बारे में भी बताया।'[95] आदिल शाह ने तीस हज़ार घुड़सवार जबकि निज़ाम शाह ने तीस हज़ार की फ़ौज चांद बीबी की मदद के लिए भेजी, जो ख़ुद मैदान-ए-जंग में उतरने के लिए तैयारी कर रही थी।[96]

मुग़लों ने किले की दीवार के नीचे कई बारूदी सुरंगें लगा दी थीं—आम गोलाबारी अगर बेअसर साबित हो, तो शहर में घुसने के लिए इस नीति का इस्तेमाल पहली बार महमूद गवान ने किया था।[97] लेकिन, जिस सुबह इन

विस्फोटकों को फोड़ा जाना था, उससे पहले ही विरोधियों ने उन्हें निकालना शुरू कर दिया था। लेकिन, जब वो तीसरे और सबसे बड़े बारूदखाने को साफ़ करने में जुटे थे, तो मुग़लों ने विस्फोटकों को फोड़ दिया और दीवारों में दरार आ गई। तब चांद बीबी 'ख़ुद बख्तरबंद पहनकर और हाथों में तलवार तानकर, मुग़ल फ़ौज को रोकने के लिए कूद पड़ी।' उसके सिपाही मुग़लों पर ऊपर से गोलियां बरसा रहे थे, जबकि चांद बीबी सुबह से शाम तक उसी दरार के आस-पास रही और अपनी फ़ौज का हौसला बढ़ाती रही। मुग़ल फ़ौज लड़ाई का ये दौर तो हार गई और काफ़ी ख़ून-ख़राबे के बावजूद शहर सलामत रहा।[98] रात भर दरारों की मरम्मत का काम चलता रहा और अगली सुबह मुग़ल फ़ौज को फिर से शुरुआत करनी पड़ी। भले ही चांद बीबी की फ़ौज ने राहत की सांस ली हो, लेकिन उनकी हालत खस्ता थी। गोलाबारी के लिए जब तोप के गोलों की कमी पड़ने लगी, तो कहा जाता है कि चांद बीबी ने शाही खज़ाने के दरवाज़े खोल दिए और सोने और चांदी से तोप के गोले बनवाए![99]

जब मुग़ल फ़ौज को ये मालूम चला कि गोलकोंडा और बीजापुर की फ़ौज चांद बीबी की मदद के लिए पहुंच रही है और चांद बीबी के लोगों ने मुग़ल फ़ौज की रसद की कड़ी को तोड़ दिया है, तब उन्होंने सुलह करने की पेशकश की। अब मुग़ल चांद को बेगम नहीं बल्कि चांद सुल्तान कहकर पुकारेंगे, लेकिन ये खिताब बड़े झटके के असर को कम करने का ज़रिया था। दरअसल, अकबर को बेरार चाहिए था।[100] पहले चांद बीबी ने इस समझौते को ठुकराने की सोची, लेकिन उसे समझाया गया कि प्रस्ताव को मानना बेहतर साबित होगा क्योंकि एक तरफ उनका मुकाबला था मुग़ल बादशाह से तो दूसरी ओर अहमदनगर की सत्ता को लेकर भी दिक्कतें चल रही थीं। मुग़ल फ़ौज निज़ाम शाही की इन दरारों का पूरा फायदा उठाना चाहती थी। एक मुग़ल फ़ौजदार ने सुलह की बातचीत के दौरान कहा, 'तुम हिजड़ों की तरह बैठे हो, और किले में एक औरत को इस उम्मीद में बैठा रखा है कि वो तुम्हारी मदद करेगी...यह शख़्स [मुग़ल शहज़ादा] ख़ुद शहंशाह अकबर का बेटा है, जिसके सामने कई राजा सिर झुकाते हैं...क्या तुम सोचते हो कि अहमदनगर के कौवे और गीदड़, तैमूर के वंशज का सामना कर सकते हैं? तुम [फ़ारसी] तो हमारी तरह ही हो, अपने आप को बर्बाद मत करो'।[101] चांद बीबी के साथ किसी दरबारी ने दगा तो नहीं किया, लेकिन दो दशक पहले तक इमाद शाहों के कब्ज़े में रहा बेरार अब दक्कन में मुग़ल सल्तनत का 'पहला मज़बूत कदम' बना। बदले में शहंशाह अकबर ने अहमदनगर के निज़ाम शाह की हुकूमत को मान्यता दी, हालांकि अहमदनगर को मुग़ल सल्तनत को राजस्व देना पड़ता था।[102] अमन कायम तो हुआ, लेकिन, माहौल में बेचैनी थी और हर कोई जानता था कि जंग की नौबत कभी भी आ सकती थी। जैसा बीजापुर के इब्राहिम द्वितीय ने आगाह करते हुए कहा था, 'दुश्मन अभी भी उनके दरवाज़े पर ही था'।[103]

बदक़िस्मती से अहमदनगर में सियासी झगड़े ख़त्म होने का नाम ही नहीं ले रहे थे। तख़्त पर कौन बैठेगा, इस पर अभी भी सियासी खींचतान चल रही थी, जबकि तबाही का साया उनके ऊपर मंडरा रहा था। जब चांद बीबी ने ख़ुद की, और तख़्त पर बैठे अपने नुमाइंदे की हिफाज़त के लिए इब्राहिम द्वितीय की फ़ौज बुलवाई, तब उसकी बहुत थू-थू हुई।[104] इसी कमज़ोरी का फायदा उठाते हुए मुग़लों ने धीमे-धीमे निज़ाम शाही सल्तनत का दम घोंटना शुरू किया—एक दिन नासिक अपने कब्ज़े में कर लिया, फिर लौहगढ़ और ऐसा करते-करते मुग़लों ने आधे दर्जन से ज़्यादा किलों पर कब्ज़ा कर लिया।[105] 1597 में जब चांद बीबी, आदिल शाही और क़ुतुब शाही फ़ौजों ने इन इलाकों को दोबारा हासिल करने की कोशिश की, तो उन्हें हार का सामना करना पड़ा। दूसरी ओर, अहमदनगर में चल रहे सियासी खेल में सुल्ताना (चांद बीबी) को हटाने की साज़िश की जा रही थी। गृह युद्ध ने निज़ाम शाही सल्तनत को अंदर से खोखला कर दिया। इसी दौरान अहमदनगर को हासिल करने के लिए मुग़ल भी योजनाएं बना रहे थे। 1599 में शहज़ादा दनियाल बड़ी फ़ौज के साथ अहमदनगर पहुंचा और चांद बीबी के सामने एक बड़ा सवाल आ गया—क्या उसे एक तरफ अपने जागीरदारों से और दूसरी तरफ मुग़ल फ़ौज से मुकाबला करना चाहिए या फिर शाही फ़ौज की शर्तें मान लेनी चाहिए। आखिरकार, जैसा किसी ने कहा था, 'दुश्मन की ताक़त दक्कन से दोगुनी है...बारिश की कुछ बूंदों का ये दावा करना कि वो महासागर के बराबर हैं, या तुच्छ धूलकणों की अपनी बराबरी सूरज की रोशनी से करना बेतुका है'।[106] चांद बीबी ने मुग़लों के साथ अमन का रास्ता चुना—और यही उसकी मौत की बड़ी वजह बना। जैसा एक इतिहासकार कहता है—

> जब किलेदार और विरोधी दस्ते के सरदार, हामिद खान, ने ये सुना कि चांद ने मुग़लों से सुलह कर ली, तो वो सड़कों पर भागते हुए गया और कहने लगा कि सुल्ताना ने अहमदनगर की अवाम के साथ धोखा किया है। अहमदनगर के फ़ौजी, सुल्ताना की सारी मेहरबानियों को भुलाकर उसके महल के सामने इकट्ठा हो गए। हामिद खान की अगुआई में ये भीड़ महल के अंदर घुस गई और जब दरबार में सुल्ताना नहीं मिली, तो उसके निजी कमरे में पहुंच गई। वहां उसका सामना हुआ इस निडर सुल्ताना से जो बिलकुल घबराई हुई नहीं थी, हालांकि, उसे भी दिख रहा था कि उसका अंत नज़दीक है। सुल्ताना की बातें सुनने और समझने के लिए इस भीड़ के पास अक्ल नहीं थी और हामिद खान ने अपनी तलवार से चांद बीबी का कत्ल कर दिया। इस तरह अंत हुआ भारतीय इतिहास के सबसे दिग्गज किरदारों में से एक का।[107]

डिनोडिया फोटोज़ / अलामी स्टॉक फोटो

एक निज़ाम शाही जागीरदार का मक़बरा, जिसे चांद बीबी की याद में चांद बीबी महल कहा जाता है

हालांकि इस कत्ल का कोई फायदा नहीं था, क्योंकि ना केवल अहमदनगर ने एक निडर और काबिल नेता गंवा दिया बल्कि किला तो उनके हाथ से चला जाने वाला ही था—पिछली बार की गलतियों से सीख लेते हुए, मुग़ल फ़ौज ने एक बार फिर शहर के अंदर घुसने के लिए बारूदी सुरंगों का इस्तेमाल किया और इस बार उन्हें कामयाबी मिली।[108] 'फिर कत्ल-ए-आम हुआ, खज़ाना लूट लिया गया और अहमदनगर के नौजवान सुल्तान को अकबर के पास भेज दिया गया। (तसल्ली की इकलौती बात ये थी कि मुग़लों ने चांद बीबी के कातिल को मौत के घाट उतार दिया था।[109]) आने वाले वक़्त में, इस नौजवान निज़ाम शाह को ग्वालियर के किले में बंदी बनाया गया और लोगों की नज़रों से दूर, यहीं उसका इंतकाल भी हुआ। इसी के साथ, अहमदनगर सल्तनत भी आधिकारिक तौर पर ख़त्म हो गई। लेकिन, जैसा विजेताओं को जल्द मालूम चलने वाला था कि दक्कन को गुलाम बनाकर रखना आसान नहीं था, और बग़ावत का सिलसिला कई दशकों तक चलने वाला था। क्योंकि जिस निज़ाम शाह को

ग्वालियर में कैद गिया गया था, वो तो निज़ाम शाह के ओहदे के ढेरों दावेदारों में से बस एक था। भले ही एक सुल्तान और राजधानी ना रही, लेकिन खानदान दूसरे दावेदारों के ज़रिये कायम रहने वाला था। आगे कई और जंग होने वाली थीं और अकबर के वारिस की पूरी हुकूमत दक्कन के रखवालों के इस जज़्बे को तोड़ने में गुजरने वाली थी।

~

बीजापुर के इब्राहिम द्वितीय को अहमदनगर के निज़ाम शाही सल्तनत के हादसे ने हिला दिया था। अपनी चाची को याद करते हुए आदिल शाह ने लिखा:

> नहीं टूटती थी उसकी हिम्मत जंग के डरावने मंज़र में, अमन के अल में थी वो ख़ाकसार और सयानी। कमज़ोर पर मेहरबान; ज़रूरतमंदों के लिए दरिया दिल, ऐसी ही नेक चांद सुल्ताना, बीजापुर की प्यारी रानी।[110]

1597 की हार के बाद, इब्राहिम द्वितीय ने मुग़लों के साथ समझौता करना बेहतर समझा। उसने मुग़ल सल्तनत का गुलाम बनने से इनकार तो किया, लेकिन अपनी बेटी का निकाह दनियाल से कराने के लिए मान गया। (मुग़ल कभी भी दक्कन के सुल्तानों को शाह कहकर नहीं पुकारते थे। वे सिर्फ उन्हें उनकी बहमनी पदवियों आदिल खान, निज़ाम उल मुल्क और क़ुतुब उल मुल्क से बुलाया करते थे[111]) इसी सिलसिले में सन् 1600 में दिल्ली के शाही दरबार से एक दूत बीजापुर भेजा गया जिसकी ज़िम्मेदारी गोलकोंडा को मनाने की भी थी। लेकिन दक्कन के सुल्तान बेहद चालाक थे। बातचीत के दौरान, उन्होंने मुग़ल शहंशाह की ही कमज़ोरी का पता लगा लिया और वो थी, मुग़ल खासदारों का लालच। अगले चार सालों तक, बीजापुर के इब्राहिम आदिल शाह और गोलकोंडा के क़ुतुब शाह ने रिश्वत के रूप में हज़ारों सोने की मुहरें खर्च कर दीं, ताकि इस मामले को जहां तक हो सके, लंबा खींचा जा सके।[112] अकबर के दूत ने भी अपना किरदार बखूबी निभाया। दक्कन की खातिरदारी के बदले में वो अकबर के सामने एक के बाद एक बहाने बनाता रहा, इसी ने आदिल शाह और क़ुतुब शाह को समझौते को टालने की मोहलत भी दी।

लेकिन 1604 तक अकबर को उसके पीठ पीछे चल रहे खेल के बारे में पता चल गया और एक नए, ज़्यादा भरोसेमंद आदमी को दक्कनी समझौते को अंजाम तक पहुंचाने के लिए भेजा। इस शख़्स का नाम था असद खान और जैसे ही वो बीजापुर के करीब पहुंचा, इब्राहिम द्वितीय ने उसे भी जीतने की कोशिश की। इब्राहिम ने 'पुर्तगाली शराब पीने वाला एक शानदार हाथी, मुलम्मे की जीन के साथ दो अरबी घोड़े और चांदी के साज-सामान' तोहफ़े के तौर पर भिजवाए। यहीं नहीं, शानदार लिबासों से लदी नौ तश्तरियां, कर्नाटक का एक नायाब

असबाब और जेवरों से भरी सोने की एक खास तश्तरी भी भेजी। उसे लुभाने की एक और कोशिश दो लाख सोने की मुहरों के साथ की गई, लेकिन असद खान टस से मस नहीं हुआ और वो बीजापुर की ओर बढ़ता रहा।[113] समझौते के अंजाम में देर करने के पीछे आदिल शाह की एक वजह और थी। उसकी बेटी, जिसका निकाह अकबर के वारिस दनियाल के साथ हुआ था, अपने वालिद के दुश्मन के यहां बहू के रूप में जाना नहीं चाहती थी। और अगर उसे जाने पर मजबूर किया गया, तो वो चुपचाप ऐसा नहीं करेगी।

पर असद बेग भी पक्के इरादे वाला था—अकबर के निर्देशों के मुताबिक उसे बीजापुर में एक रात से ज़्यादा का वक़्त नहीं बिताना था[114]—और इसलिए जब असद बीजापुर से एक दिन की दूरी पर था, तब बड़ी समझदारी दिखाते हुए आदिल शाह ने उसे रोकने के लिए फिर कोशिश की। असद बेग को कहा गया कि आदिल शाह किसी बेहद ज़रूरी मामले में उलझ गया है और इसलिए अगले दो हफ्तों तक वह असद से मुलाकात नहीं कर पाएगा। बड़ी हिचकिचाहट के साथ मुग़ल कारवां थम गया और ऐसा होते ही मुग़लिया दूत का मनोरंजन करने के लिए आदिलशाही दरबार से तोहफ़े लिए ढेरों कलाकार पहुंच गए। इब्राहिम द्वितीय ने अपनी गर्मजोशी का इज़हार खाने के ज़रिये भी किया। असद बेग को बीजापुर से आदिल शाह ने अव्वल दर्जे के बर्तनों में बेहतरीन पकवान भिजवाए। असद बेग को अचानक अहसास हुआ कि उसके पास इन बर्तनों के ढेर को रखने की कोई जगह नहीं है और वो बेहद खफा हो गया।[115] आखिरकार, चौदह दिन बीत गए और ये शख्स अपनी मंज़िल की ओर निकल पड़ा। बीजापुर में कदम रखते ही, असद खान ने बड़ी संजीदगी से अकबर का फरमान पढ़ा। अगली सुबह जब असद ने शहज़ादी के साथ रवाना होने की इजाज़त मांगी, तब आदिल शाह ने कहा कि असद उसके सम्मान में दी गई दावत में शामिल होने के बाद जा सकता है। असद ने हामी भर दी, लेकिन इसके पीछे वजह ये थी कि वो एक बार फिर बीजापुर के किले को गौर से देखना चाहता था। आदिल शाह के दरबार में उसने इब्राहिम द्वितीय के ख़ूबसूरत सुनहरे तख़्त को देखा और साथ ही बीजापुर की दौलत का नज़ारा भी देखा, जिसमें चीनी फूलदानों का एक संग्रह भी शामिल था।[116]

अंत में आदिल शाह ने असद को रोकने की एक कोशिश और की, जो बेकार साबित हुई। दावत के दौरान, इब्राहिम आदिल शाह ने असद से एक तमगा ले लिया था, जो उसे अकबर ने दिया था। ये तमगा शहंशाह के नए मज़हब दीन-ए-इलाही को मानने वाले पहना करते थे।[117] इब्राहिम इस तमगे को देखकर बेहद ख़ुश हुआ, ख़ुद को नए दीन का पालक कहने लगा और असद के तमगे को लौटाने से इनकार कर दिया। शहंशाह के निर्देशों के मुताबिक असद खान बीजापुर से तो रवाना हो गया, लेकिन थोड़ी दूर जाकर ही उसने

अपना खेमा जमा लिया और आदिल शाह से तमगे को वापस देने की मांग की। 'लंबी बातचीत के बाद ही मुग़ल दूत को अपना क़ीमती तमगा वापस मिला।'[118] मुग़लिया कारवां को इसके बाद थोड़ी और देरी का सामना करना पड़ा। बीजापुर की शहज़ादी उस कारवां से भागकर वापस अपने वालिद की सल्तनत में चली गई थी। 'हालांकि, अगली सुबह उसे पकड़ लिया गया और उसके शौहर को सौंप दिया गया'।[119] फिर गोदावरी के किनारे, बीजापुर की इस शहज़ादी का निकाह तैमूरलंग के खानदान के शहज़ादे दनियाल के साथ हो गया। अब मुग़लिया हरम में दक्कन की शहज़ादी भी शामिल हो गई थी, जिसकी क़िस्मत में दक्षिण की सल्तनतों की बर्बादी का गवाह बनना लिखा था।

जब असद बेग वापस मुग़ल सल्तनत की राजधानी लौटा, तो अपने साथ वो शहंशाह अकबर के लिए उसके बेटे के ससुर की ओर से दिए गए ढेरों तोहफ़े लेकर लौटा। इसमें एक ऐसी नई चीज़ भी शामिल थी जो जल्दी ही मुग़लिया दरबार की पसंदीदा बन गई—तंबाकू। जैसा कि असद बेग लिखता है, 'शहंशाह मेरे दिए गए तोहफ़ों से बेहद ख़ुश था और उसने मुझसे पूछा कि मैंने कैसे इतने कम वक़्त में इतनी सारी अनोखी चीज़ें इकट्ठा कर लीं। तभी शहंशाह की आंखें हुक्के वाली तश्तरी पर पड़ीं...वो थोड़ा चौंके और तंबाकू की करीब से जांच की और मुझसे पूछा कि वो क्या है और कहां से मिला।' शहंशाह को तंबाकू के बारे में बताया गया, साथ ही ये भी बताया गया कि मक्का और मदीना में ये बेहद लोकप्रिय है और इसे 'दवाई' के तौर पर भी लिया जा सकता है, तो 'शहंशाह ने उसे देखा और मुझसे हुक्का बनाने को कहा। जब वो हुक्का पी रहे थे, तो शाही हकीम ने शहंशाह को रोकने की कोशिश भी की। लेकिन जहांपनाह ने कहा कि मेरी मेहनत की कद्र करने के लिए उन्हें थोड़ा तो पीना ही पड़ेगा और उन्होंने दो-तीन कश लगाए।'[120] दक्कन से आए तोहफ़े अकबर को ज़रूर पसंद आए होंगे क्योंकि ऐसा कहा जाता है कि उसने असद बेग को ये हुक्म दिया था:

> बेहद मुश्किल हालात का सामना करके तुम आदिल खान की बेटी को लेकर आए क्योंकि वह ज़रूरी था। अब तुम्हें दक्कन के बाकी चार प्रांतों में जाना होगा और चाहे जितना वक़्त लगे, तुम वहां से शानदार हाथी और नायाब हीरों को लेकर ही वापस आना। पैसे तुम रख सकते हो क्योंकि मुझे सिर्फ हाथियों और हीरों में दिलचस्पी है। मुग़ल सल्तनत के लिए तुम्हें ये करना ही होगा और जब तक एक भी हाथी या नायाब हीरा तुम्हारी पहुंच से बाहर है, तब तक तुम आराम नहीं कर सकते हो।[121]

लेकिन, इसके थोड़े वक़्त बाद ही अकबर का इंतकाल हो गया और जहांगीर सल्तनत का बादशाह बन गया। अपनी फ़ारसी बेगम नूरजहां के साथ उसने मुग़ल सल्तनत के लिए शान-ओ-शौकत के नए दौर का आगाज़ किया।

मुग़लों को दूर रखने के लिए आदिल शाह ने ईरानियों से मदद मांगी और नए सुल्तान को बधाई देने और उसकी अधीनता मानने से इनकार कर दिया। लेकिन इसका ज़्यादा असर नहीं हुआ क्योंकि सल्तनत की योजनाएं कुछ और ही थीं। अब मुग़ल बादशाह सिर्फ हाथी और जवाहरातों से संतुष्ट नहीं होने वाले थे और मुग़लों की आने वाली तीन पीढ़ियां दक्कन को ही पूरी तरह ख़त्म करने वाली थीं। राह में सिर्फ एक अड़चन थी, वो शख्स जिसे अकबर ने 'घमंडी' और 'शैतान का रूप' कहा, जबकि जहांगीर ने उसे 'कलमुंहा' और 'काली ज़ुबान वाला' कहा। इस शख्स का नाम था मलिक अंबर।

VI

इथियोपिया का एक योद्धा

अफ़्रीकी गुलाम से बाग़ी योद्धा

विकिमीडिया कॉमन्स

मलिक अंबर की एक तस्वीर

(मूल तस्वीर पेरिस के बिब्लियोथेक्र नेशनाले डि फ्रांस, पेरिस में मौजूद)

दक्कन के इस नायक का रंग कोयले जैसा था। जहां बादशाह उसके नाम से ही कतराते थे, वहीं उसके कदमों की आहट ही दुश्मनों को खौफ़ज़दा करने के लिए काफ़ी थी। बहुत लोग उसे नापसंद करते थे, लेकिन ज़्यादातर अवाम के लिए वो किसी मसीहा से कम नहीं था। उसकी कहानी बड़ी ही अनोखी थी, हालांकि, ना तो वो अफ्रीका से दक्कन आने वाला पहला शख्स था और ना ही उसके कारनामे अलग थे। बावजूद इसके वो किसी भी मायने में किसी बादशाह से कम नहीं था। 'उसके नाक-नक्श बिलकुल इतालवियों की तरह हैं,' उसका ब्यौरा देते हुए एक मुसाफिर ने लिखा, 'वो लंबी कद-काठी का है' लेकिन 'शीशे जैसी उसकी सफेद आंखें,' उस मुसाफिर ने जोड़ा, 'उस पर जमती नहीं हैं।'[1] वो अपने उदार मिजाज़ के लिए जाना जाता था और उसकी फ़ौज दिलेरी के लिए। जब उसका इंतकाल हुआ तो मुग़लों ने भी माना कि उनका विरोधी कोई आम आदमी नहीं था। 'जंग में, हुकूमत में, इंसाफ़ में और सियासत में पूरे दक्कन में कोई उसकी बराबरी नहीं कर सकता था...दक्कन के सियासी तूफानों पर उसने काबू किया और अंत तक अपनी आन और शान को बरकरार रखा। इतिहास गवाह है कि कोई और अफ्रीकी गुलाम इस दर्जे को हासिल नहीं कर पाया।'[2] मुग़ल सल्तनत से आई ये तारीफ बताती है कि ये इंसान कितना खास था क्योंकि मुग़ल बादशाहों की दो पीढ़ियों ने इस शख्स को सिर्फ गाली ही दी थी, जिसका नाम था मलिक अंबर।

दक्कन में हमेशा से ही विदेशियों का आना-जाना था। पहले फ़ारसी आए, फिर अरब और उसके बाद मध्य एशियाई लोग। इनमें से कइयों ने सूबेदार का ओहदा हासिल किया, तो कई बादशाह बने। बहमनी सल्तनत में आने वाले विदेशियों में अफ्रीकी मूल के भी कई लोग थे। इनमें से ज़्यादातर उस इलाके से आए थे जिसे आज इथियोपिया कहा जाता है। दूसरों की तरह इन्होंने भी दक्कन में कामयाबी हासिल की। लेकिन कुछ हब्शियों के साथ धोखेबाज़ का तमगा चिपक गया। मिसाल के तौर पर, महमूद गवान को धोखा देने वाला और उसका कातिल, दोनों ही हब्शी थे।[3] जब यूसुफ़ आदिल शाह का इंतकाल हुआ, तब उसके वारिस का संरक्षक भी एक हब्शी ही था, हालांकि, विदेशियों की जगह जब उसने सुन्नी लोगों को बढ़ावा दिया तो छुरा घोंपकर उसका भी कत्ल कर दिया गया।[4] सालों बाद जब चांद बीबी को कैद कर लिया गया था, तब उसे

रिहा करवाने वाला और बीजापुर की सत्ता पर कुछ दिनों तक राज करने वाला भी हब्शी था।[5] यही नहीं, आठ साल तक नौजवान इब्राहिम आदिल शाह द्वितीय के नाम पर सियासत चलाने वाला भी हब्शी ही था।[6] जब अहमदनगर में 1590 के दशक में सियासी जंग छिड़ी हुई थी, तो एक दावेदार साल भर भी तख़्त पर इसलिए नहीं टिक पाया क्योंकि उसकी मां अफ़्रीकी मूल की थी।[7] हालांकि, जब मुग़लों ने अहमदनगर के किले को घेर लिया था तब बीजापुर और गोलकोंडा की फ़ौजों को लेकर चांद बीबी को बचाने वाला फ़ौजदार, सुहेल खान, भी हब्शी था।[8] कई साल बाद, दक्कन में मुग़लों की आखिरी मुहिम से ठीक पहले बीजापुर में एक और हब्शी ने, कम वक़्त के लिए ही सही, पर वज़ीर का किरदार निभाया।[9]

इन सारे हब्शियों ने अपनी ज़िंदगी की शुरुआत गुलाम के तौर पर की थी। पूर्वी देशों में अफ़्रीकी मूल के गुलामों की बहुत मांग थी। इब्न बतूता ने इस मुद्दे पर चौदहवीं शताब्दी में लिखा है कि हिन्द महासागर में आवाजाही कर रहे जहाज़ों पर हब्शियों को 'रखवाले' का खिताब दिया गया था। ये हब्शी अपनी दिलेरी के लिए इतने मशहूर थे कि कहा जाता था 'अगर जहाज़ पर सिर्फ एक भी हब्शी हो तो भी समुद्री लुटेरे उससे दूर रहना ही बेहतर समझते थे।'[10] सदियों बाद एक पुर्तगाली मिशनरी ने लिखा कि कैसे 'अरब, फ़ारस, मिस्र और यूनान गुलामों से भरे थे' जिनमें काबिलियत थी 'बेहतरीन योद्धा' बनने की।[11] यही हाल हिन्दुस्तान का भी था। 1230 के दशक में दिल्ली सल्तनत की रज़िया सुल्तान के कत्ल की सबसे बड़ी वजह थी उसका अपने अफ़्रीकी गुलाम, जमाल अल-दिन याकूत, की ओर लगाव।[12] चौदहवीं शताब्दी के अंत की ओर, दिल्ली सल्तनत के एक और हब्शी गुलाम ने जौनपुर में अपनी आज़ाद रियासत बनाई जो 1479 तक कायम रही।[13] फ़िरोज़ शाह बहमनी के हरम में कई हब्शी औरतें थीं, जबकि 1487 में, बंगाल में हब्शी गुलामों ने बग़ावत की और अपनी सल्तनत को थोड़े दिनों के लिए कायम किया।[14] अहमदाबाद की ख़ूबसूरत सिद्दी सैयद मस्जिद को भी एक हब्शी ने 1572 में बनवाया था। बाद में, जंजीरा के हब्शी किलेदार को औरंगज़ेब ने अपनी नौसेना की कमान थमाई और शाही जहाज़ी बेड़े की मरम्मत के लिए उसे सालाना चार लाख रुपए भी दिए जाते थे। पुरानी दिल्ली में तो एक इलाके का नाम ही फाटक हबाश खान है। कहा जाता है इस इलाके का नाम उस दरबारी के नाम पर है जिसने दक्कन छोड़कर मुग़लों की खिदमत करने का फ़ैसला किया था।[15]

वैसे तो ऐसी कई और मिसालें मिल जाएंगी जहां मुश्किल हालात के बावजूद हब्शियों ने कामयाबी हासिल की (और कई बार बदनामी भी), लेकिन इस उड़ान की शुरुआत कभी भी सुखद नहीं रहती थी। हब्शियों को छोटी उम्र में ही अगवा कर विदेश में गुलाम के तौर पर बेच दिया जाता था। उस वक़्त

इथियोपिया को अबीसीनिया के नाम से जाना जाता था और 'हब्शी' लफ़्ज़ इसी से बना है। मलिक अंबर भी इसी इंसानी खरीद-फरोख्त का शिकार था। उसका जन्म 1548 के करीब ओरोमो कबीले में हुआ था, पर बचपन में ही उसे अगवा कर लिया गया था और बीस सोने की मुहरों की क़ीमत पर उसे एक अरबी को बेच दिया गया था।[16] बगदाद में उसे नया मालिक मिला जिसने फिर एक बार उसका सौदा किया। हालांकि इस बार वो उस आदमी का गुलाम बना जिसकी बदौलत मलिक हिन्दुस्तान पहुंचा। इसी आदमी ने मलिक को तालीम दी, हालांकि तब तक उसने अपने असली नाम, चापू को छोड़ कर इस्लाम को अपना लिया था। 'उसने इस्लाम से प्रभावित होकर धर्म बदला या फिर केवल सहूलियत के लिए, ये कहना बेहद मुश्किल है'[17] चाहे वजह जो भी रही हो, इस्लाम ने उसकी ज़िंदगी को बेहतर बनाने में अहम किरदार अदा किया। जिन बादशाहों और जागीरदारों की खिदमत में वो जा रहा था, उन्हीं के मज़हब को अपनाने का उसे बहुत फायदा हुआ।

1571 में जब अंबर अपनी ज़िंदगी के दूसरे दशक में था, तब उसके मालिक ने उसे अहमदनगर के पेशवा (मुख्य मंत्री) को बेच दिया। ये सौदा अनोखा नहीं था क्योंकि भले ही उसके मालिक ने उसे पालकर बड़ा किया हो, वो 'बेटा या वारिस' नहीं बल्कि सिर्फ 'जायदाद' था।[18] लेकिन जिस आदमी ने अंबर को खरीदा, शायद उसी ने उसके सामने नए मौकों के रास्ते भी खोल दिए थे। पेशवा ख़ुद अफ्रीकी मूल का था और उन्हीं हालात में दक्कन आया था जिन हालात में अंबर पहुंचा। आने वाले वक़्त में पेशवा का कत्ल कर दिया गया, पर अंबर के लिए ये साफ़ हो गया था कि हिन्दुस्तान में गुलामी की जंजीरों को तोड़कर बड़ी कामयाबी हासिल करना नामुमकिन नहीं था—हालांकि, वो ख़ुद पेशवा के हजारों हब्शियों में से एक था।[19] हर हब्शी को जंग के लिए तैयार किया जाता था और ये रिवाज नया नहीं था। जब शासकों को अहसास हुआ कि वो सूबेदारों और जागीरदारों पर पूरी तरह यकीन नहीं कर सकते, तब अपनी हुकूमत को बरकरार रखने के लिए उन्होंने गुलामों की फ़ौज बनाई। इन फ़ौजियों का कोई परिवार नहीं होता था और वो सिर्फ अपने आका के ही वफ़ादार होते थे। मिस्र, तुर्की, फ़ारस और यहां तक कि हिन्दुस्तान में भी ये नुस्खा कई बार अपनाया गया—दिल्ली सल्तनत के शुरुआती बादशाह भी हमलावर मुहम्मद गोरी के गुलाम थे।[20] इस व्यवस्था का फायदा उठाने वाले एक शख्स ने टिप्पणी की थी, 'एक वफ़ादार गुलाम तीन सौ बेटों से बेहतर है क्योंकि बेटों की चाहत अपने बाप की दौलत होती है, जबकि गुलाम की चाहत अपने मालिक की शोहरत।'[21]

अंबर ने पूरे मन से अपने मालिक की खिदमत की होगी, क्योंकि जब पेशवा की मौत हुई तो उसकी बेवा ने अंबर को आज़ाद कर दिया और उसे

अपना मुस्तकबिल ख़ुद बनाने के रास्ते पर भेज दिया, हालांकि उसे पेशवा की गुलामी करते हुए सिर्फ पांच साल हुए थे। अगले बीस सालों तक अंबर पेशेवर सिपाही रहा जिसके पास ख़ुद की छोटी सी फ़ौज थी। उसने अहमदनगर और गोलकोंडा में भी थोड़ा वक़्त बिताया लेकिन ज़्यादातर समय वो बीजापुर के आदिल शाह के लिए काम करता रहा और उन्होंने ही उसे 'मलिक' के खिताब से नवाज़ा।[22] उसने शादी भी की (मुमकिन है कि उसने अपनी बीवी को भी खरीदा होगा) और उसके दो बेटे और दो बेटियां थीं। उसने अपने एक बेटे का नाम अपने आखिरी मालिक, अहमदनगर के पेशवा, के नाम पर रखा।[23] दक्कन में रह रहे ज़्यादातर हब्शियों की तरह मलिक अंबर भी दखनी खेमे का ही था। 'ये इसलिए क्योंकि गुलामी की वजह से हब्शियों के अफ्रीका से सारे नाते टूट गए थे। कई पीढ़ियों तक दक्कन में रहने के बावजूद मध्य एशिया से आए विदेशी उस इलाके से अपने रिश्तों को नहीं तोड़ पाए थे और लौटने का ख्वाब देखते थे। लेकिन हब्शियों के लिए इथियोपिया वापस जाना मुमकिन नहीं था। दक्कन ही उनका घर था और उन्होंने वहीं के रीति-रिवाज़ों और ज़ुबानों को पूरी तरह अपना लिया।[24]

1590 के दशक में, जब मुग़लों ने अहमदनगर पर हमला किया, तब पहली बार मलिक अंबर की काबिलियत सामने आई। पहली घेराबंदी के वक़्त, अंबर के पास सिर्फ डेढ़ सौ घुड़सवार थे और उसने एक बड़े हब्शी आमिर से हाथ मिलाना बेहतर समझा।[25] लेकिन जंग ने लोगों की वफ़ादारियों पर सवालिया निशान लगा दिया और साल भर के अंदर, अंबर के पास तीन हज़ार सिपाही हो गए। सन् 1600 तक ये आंकड़ा बढ़कर सात हज़ार हो गया। उसकी फ़ौज में अब मराठी और दखनी भी शामिल थे—'अलग-अलग जाति और मूल के लोगों की फ़ौज, जो एक ही प्रांत से थे और मुग़लों से अलग थे।'[26] ये सही है कि इस वक़्त तक दक्कन के लोगों में क्षेत्रीय पहचान बनने लगी थी। शायद इसलिए जब सालों बाद मलिक अंबर किसी और बादशाह के परचम तले उस दुश्मन के ख़िलाफ़ लड़ा जो उत्तरी हिन्दुस्तान से आया था, तब इस ख़तरनाक दुश्मन को हराने के लिए दक्कन के बाकी बादशाहों ने भी उसकी मदद की।[27] जैसा कि उसने ख़ुद इब्राहिम आदिल शाह को खत में लिखा था, 'जब तक मेरी सांस चलती रहेगी तब तक मैं मुग़लों के ख़िलाफ़ लड़ता रहूंगा'।[28] दरअसल, अंबर की शोहरत और शख्सियत में इस तरह इज़ाफा हुआ कि मराठों ने उसे दैवी रूप देने के लिए दंतकथाएं भी बना ली थीं। उन्होंने दावा किया कि जब उस हब्शी को कोई नहीं जानता था, तब एक मराठा सरदार ने उसे रास्ते के किनारे सोते हुए देखा। हब्शी के पैरों पर उस मराठा ने 'करिश्माई निशान' देखे और भविष्यवाणी करते हुए कहा कि वो हब्शी बड़ी कामयाबियां हासिल करेगा, और उसे आगे

बढ़ने में पूरी मदद की।[29] अहमदनगर के पतन के दस सालों के अंदर, हर कोई अंबर को अपनाना चाहता था जो तब भी निज़ामशाही परचम लहरा रहा था।

हालांकि, इसके पीछे अंबर का भी स्वार्थ था। दरअसल, अहमदनगर के तख़्त पर जायज़ शाह को बैठाने में उसी का फायदा था। जब मुग़लों ने चांद बीबी के नुमाइंदे को इंदौर में बंदी बना लिया, तब अंबर ने शाही खानदान के एक और उम्मीदवार का साथ देने का फ़ैसला किया। अंबर का नुमाइंदा हुसैन निज़ाम शाह का भतीजा था और अहमदनगर के तख़्त का जायज़ वारिस भी। परेंदा में अपने मुख्यालय से अंबर ने एलान किया कि वो मुग़लों का विरोध इस नए निज़ाम शाह के परचम तले करेगा। शुरुआत में उसे कामयाबी भी मिली—शहज़ादा दनियाल दक्कन की अनगिनत भिड़ंतों से थक गया था और उसने अंबर के साथ सुलह कर ली। दरअसल, अकबर की तबियत ख़राब हो रही थी और दनियाल मुग़ल तख़्त को हासिल करने पर सारा ज़ोर देना चाहता था (और चैन से शराब पीना भी)। अंबर ने कैद किए गए मुग़ल सिपाहियों को आज़ाद कर दिया और बदले में हब्शी के नियंत्रण वाले इलाकों पर दनियाल ने निज़ाम शाह की हुकूमत को मान लिया।[30] इसी दौरान अंबर ने निज़ामशाही तख़्त के एक और दावेदार को भी रास्ते से हटाने में कामयाबी हासिल की। मुग़लों के पास अहमदनगर था, जबकि दक्षिण और पूर्व के इलाकों पर अंबर का कब्ज़ा था और जल्द उसने उत्तरी और पश्चिमी इलाकों को भी हासिल कर लिया।[31] कभी ताक़त, तो कभी सियासी चाल का इस्तेमाल कर, अंबर अहमदनगर सल्तनत का एक बेहद मज़बूत किरदार बन कर उभरा। जब वो उफान पर था, कहा जाता है कि तब 'पश्चिमी दक्कन के निज़ामशाही इलाकों को सिर्फ 'अंबर की जायदाद' कहकर पुकारा जाता था।'[32]

मुग़लों के साथ उसकी ये भिड़ंत दशकों तक जारी रही। जैसा कि एक अंग्रेज़ ने लिखा है, 1610 तक अंबर के पास दस हज़ार हब्शियों के साथ-साथ चालीस हज़ार दक्कनी थे।[33] बादशाह जहांगीर निज़ाम शाहों के इस रखवाले को हमेशा अपमानजनक शब्दों से ही पुकारता था, जिनमें 'कलमुंहा' से लेकर 'चालबाज़ अंबर' और जहांगीर के लिए शायद सबसे सटीक 'मनहूस शख़्स' जैसे नाम शामिल थे।[34] छिपकर अचानक हमला करना उसकी पसंदीदा तकनीक थी और आगे चलकर मराठों ने इसी को और बेहतर किया। उसी साल, अंबर ने पचास हज़ार की फ़ौज के साथ मुग़लों पर सूरत में हमला किया और इसी से प्रेरणा लेते हुए पांच दशक बाद शिवाजी ने भी सूरत पर धावा बोला। पर अंबर को हमेशा कामयाबी नहीं मिली। जैसा एक मुग़ल इतिहासकार ने लिखा है, 'मलिक अंबर कभी जीतता था, तो कभी हारता था लेकिन उसने कभी विरोध करना नहीं छोड़ा'।[35] जहांगीर उससे इतना परेशान था कि उसने एक तस्वीर

बनवाई जिसमें यह दर्शाया गया कि शहंशाह हब्शी के कटे हुए सिर पर तीरंदाज़ी का अभ्यास कर रहा है। 'इस तस्वीर में मुग़ल शहंशाह को इंसाफ़ और रोशनी का प्रतीक बताया गया है जबकि मलिक अंबर के सिर के चारों ओर ज़िंदा और मुर्दा उल्लुओं का होना बताता है कि वो रात, अंधेरा और नाइंसाफी का प्रतीक है। दरअसल मुग़ल अपने दुश्मन की चमड़ी की रंगत से सबसे ज़्यादा नफ़रत करते थे। लेकिन, ये तस्वीर मुग़ल बादशाह की नाकामी को बयान करती है: हकीक़त में जिस चीज़ को वो नहीं कर पाया, उसने उस चीज़ को अपने तसव्वुर में हासिल किया।'[36]

इसी दौरान अंबर ने कई सियासी जंग भी जीतीं। 1600 में जब पहली बार वो अहमदनगर सल्तनत के परचम तले मुग़लों के ख़िलाफ़ लड़ने वाला था, तब निज़ाम शाह को उसकी कामयाबी पर शक था। निज़ाम को मनाने के लिए अंबर ने अपनी एक बेटी का निकाह उससे करवाया, यानी निज़ाम के पास एक अफ्रीकी बेगम आई।[37] हालांकि, 1610 तक इस रिश्ते में दरार पड़ने लगी। जैसा एक यूरोपीय मुसाफिर ने लिखा, 'निज़ाम की दूसरी बेगम, जो गोरी और ईरानी मूल की थी, उसने मलिक अंबर की बेटी को काफिर और रखैल कहकर पुकारा...साथ ही, ये भी कहा कि उसका वालिद, शाह के ख़िलाफ़ साज़िश रच रहा है।' निज़ाम शाह उसके दबदबे से बाहर निकलने की भरसक कोशिश कर रहा था और अंबर भी इससे बेहद परेशान हो गया था। अंबर ने जब इस वारदात के बारे में सुना तो उसे 'इतना गुस्सा आया कि उसने निज़ाम का कत्ल करने की साज़िश रच डाली।' निज़ाम शाह और उसकी फ़ारसी बीवी का कत्ल ज़हर देकर करवाया गया। हालांकि, अंबर ने उनके पांच साल के बेटे की ताजपोशी कर दी और अभिभावक के तौर पर हुकूमत करता रहा। लिखा गया है, 'मालिक हर हफ्ते दो बार सुल्तान के सामने अपनी वफ़ादारी दिखाने जाता था'।[38] दूसरी ओर उसके दुश्मनों का मानना था कि हब्शी 'काला जादू करता था और शाह को काबू में रखने के लिए शैतान को इंसानों की कुर्बानी देता था।'[39]

अहमदनगर से कुछ वक़्त तक मुग़लों को खदेड़ने और दौलताबाद को हासिल करने के बाद, अंबर ने 1610 में खिरकी नामक जगह पर अहमदनगर सल्तनत की नई राजधानी बनाई और इस नई राजधानी को महलों, झरनों, सड़कों और शाही शान के हर मुमकिन निशान से सजाया—ये शहर दो लाख से ज़्यादा लोगों का घर बना जो शहर के चौवन मोहल्लों में बसे।[40] अपने वफ़ादार मराठा सूबेदारों के सम्मान में अंबर ने नई राजधानी के मोहल्लों का नाम उनके नामों पर रखा—पारसपुरा, विठापुरा, खेलपुरा इत्यादि। एक इतिहासकार के मुताबिक अंबर के शासन के दौरान 'निज़ामशाही सल्तनत हकीक़त में हब्शी-मराठों की संयुक्त सत्ता बन गई थी।'[41] इस सल्तनत को सही मायने में शिवाजी के मराठा

साम्राज्य की नर्सरी के तौर पर देखा जा सकता है। (शिवाजी के दादा मलिक अंबर के साथी थे)[42] फिलहाल इस सल्तनत में इस्लामी तौर-तरीके हावी थे, और शाह के कत्ल के बावजूद, अंबर मज़हबी मामलों में बेहद सख्त था। सल्तनत में शराब पीने पर पाबंदी थी और अगर कोई शराब पीता हुआ मिलता था तो उसके गले में पिघला सीसा डालने का कानून था। 'किसी को भी शराब बेचने या फिर उसे अपने पास रखने की इजाज़त नहीं थी।'[43] दक्कन के मुग़ल दूत असद बेग ने भी लिखा है कि 'हर रात हब्शी खेमे में हज़ारों मुस्लिम क़ुरान की आयत पढ़ा करते थे, और ख़ुद अंबर भी आम लोगों के साथ नमाज़ पढ़ता था'।[44]

ऐसी सख्ती से राज करने वाले के ख़िलाफ़ आवाज़ उठना तो स्वाभाविक है। अपने जीवनकाल में मलिक अंबर पर कई बार जानलेवा हमले हुए। इनमें से पहला 1613 में हुआ और फिर 1614 में दूसरा हमला हुआ—इनके पीछे हाथ था, अंबर के मराठा और राजपूत फ़ौजदारों का।[45] उनकी नाकामी के बारे में सुनने के बाद, कहा जाता है कि शहंशाह जहांगीर ने कहा था कि अगर बाग़ियों ने थोड़ी और मेहनत की होती तो इस नीच का अंत हो गया होता।[46] सन् 1621 और 1624 में मलिक अंबर पर कई और हमले हुए—पहले उसे डुबाकर मारने की कोशिश की गई, फिर ज़हर देकर, लेकिन मलिक अंबर 'हर बार अपनी जान बचाने में कामयाब रहा'[47]। सन् 1616 में मुग़लों के ख़िलाफ़ जंग से ठीक पहले उसके कई मराठा साथी मुग़ल खेमे में चले गए।[48] नतीजतन, अंबर को पहली और आखिरी बार, मुग़लों से हार का सामना करना पड़ा। मलिक अंबर को कई इलाके और किले मुग़ल बादशाह के सुपुर्द करने पड़े। खिरकी को मुग़लों ने लूटा और लगभग तबाह कर दिया। चंद साल बाद शहज़ादे खुर्रम, जो आगे चलकर शाहजहां के नाम से जाना गया, ने भी खिरकी का वही हाल किया और हब्शी को शहज़ादे को पचास लाख रुपए का मुआवज़ा देना पड़ा।[49] मराठा हमले के दौरान ये लिखा गया था कि 'जिस शहर को बनाने में बीस साल लगे, वो शायद अगले बीस सालों तक अपनी खोई शान वापिस हासिल ना कर सके।'[50] हालांकि, आने वाले वक़्त में अंबर ने दोबारा उस शहर को हासिल किया और जितना हो सका, शहर की उतनी मरम्मत भी की।

1616 में अंबर को भारी नुकसान झेलना पड़ा। गोदावरी नदी के किनारे, पैठण शहर के पास एक जंग लड़ी गई। बीजापुर दरबार के एक इतिहासकार ने लिखा है, 'अंबर के फ़ौजी रोज़ आकर बर्गियों (गुरिल्लों) की तरह लड़ते थे।' लेकिन, जब मुग़लों को ये ख़बर मिली कि अंबर ख़ुद चालीस हज़ार घुड़सवारों के साथ हमले की तैयारी कर रहा था, तब उन्होंने मुग़ल फ़ौज को नदी से घिरे एक गांव के बीच में तैनात कर दिया। फ़ौज के सामने और पीछे गहरे खंदक

बनाए गए जिनमें तोपें तैनात की गईं। जब निज़ामशाही फ़ौज मैदान-ए-जंग में पहुंची तब शुरुआती घुड़सवार सीधे खंदक में जा गिरे। वो ना तो आगे बढ़ पा रहे थे और ना पीछे जा पा रहे थे। ऐसा लग रहा था कि सभी घुड़सवारों को जंजीर से बांध दिया गया है। फिर मुग़ल गोलाबारी में वो इस तरह गिरने लगे जैसे तूफ़ान के दौरान पेड़ों से पत्ते गिरते हैं...मुग़लों ने फिर चढ़ाई की और अंबर के सैकड़ों गुलामों को मौत के घाट उतार दिया। इस हादसे में हब्शी फ़ौज को भारी हार का सामना करना पड़ा'।[51] इन हालातों में अंबर को सुलह करने पर मजबूर होना पड़ा और मुग़लों को जो चाहिए था, उसे वो सौंपना पड़ा। इस बड़ी शिकस्त के बावजूद मलिक अंबर तकरीबन आधी निज़ामशाही सल्तनत पर अपनी हुकूमत रखने में कामयाब रहा। जैसा कि उसकी जीवनी के लेखक ने लिखा है, 'दक्कन के मौसमी पेड़ों की तरह अंबर को भी मालूम था कि कब हवाओं के साथ झुकना उसकी सेहत के लिए बेहतर था'[52]। साथ ही, वो यह भी जानता था कि कब इंतज़ार करना चाहिए।

फिलहाल उसके पास निपटने के लिए मसलों की कमी नहीं थी। बीजापुर का इब्राहिम आदिल शाह, जो ख़ुद को देवी सरस्वती का बेटा और कला का रहनुमा कहता था, अंबर के ख़िलाफ़ हो गया। 1613 में उसने मुग़ल बादशाह को सिर्फ आगरा और दिल्ली का शासक कहने की हिम्मत दिखाई थी,[53] लेकिन जब शहज़ादे खुर्रम ने उसे लूट का आधा हिस्सा देने का वायदा किया, तो इब्राहिम अपनी तमाम खूबियों के बावजूद मुग़लों का साथ देने का फ़ैसला लेते वक़्त आगे की नहीं सोच सका।[54] बेल्जियम के उस जौहरी ने, जिसने इब्राहिम आदिल शाह के नौ सौ औरतों के हरम की खिल्ली उड़ाई थी, उसने बीजापुर के आदिल शाह को डरपोक तक कह दिया।[55] लेकिन इब्राहिम का नज़रिया अलग था। अपनी सफाई में इब्राहिम ने कहा, 'मैं मुग़लों से लड़ाई क्यों करूं? दौलत और तोहफ़ों के बदले में अगर मैं उनकी दोस्ती हासिल कर पाऊं और अपने घर में अमन और चैन से रह सकूं, तो मेरे लिए ये बेहतर सौदा है'।[56] इब्राहिम की पेशकश वाकई लाजवाब थी—एक से बढ़कर एक हीरे, नीलम, माणिक और कई बेशक़ीमती मोती—इन जवाहरातों की कुल क़ीमत बीस लाख रुपए से ज़्यादा थी। बख़्त बुलंद और दर्जनसाल नाम के दो मशहूर हाथियों को भी आगरा तोहफ़े के तौर भेजा गया और जब शहंशाह शाहजहां के सामने ये पेश किया गया तब वो फूला ना समाया, 'ऐसी शानदार पेशकश अब तक मुग़ल खानदान के किसी बादशाह को नहीं मिली है'![57] लेकिन ऐसा करते वक़्त, इब्राहिम आदिल शाह ने विजयनगर की जंग में मिले सबक को भुला दिया था: एक दुश्मन के ख़िलाफ़ सुल्तानों की एकजुटता में ही दक्कन की सलामती है।

भले ही 1624 में उसके पड़ोसियों ने मुग़लों से सुलह कर ली हो, लेकिन

हब्शी ने अपनी हार का बदला आखिरकार ले ही लिया। पांच साल पहले बीजापुर के आदिल शाह और मुग़लों के बीच हुए इस खुफिया समझौते का खुलासा तब हुआ जब इब्राहिम आदिल शाह ने निज़ामशाही इलाकों पर हमला किया। तब तक, बीजापुर से ना सिर्फ दौलत बल्कि सिपाहियों के रूप में ताक़त भी आती रही थी। लेकिन अब अंबर को, उत्तर और दक्षिण, दो तरफ से दुश्मन का सामना करना था। 1616 में आदिल शाह ने अपनी फ़ौज निज़ामशाही फ़ौज के साथ मुग़लों का सामना करने के लिए भेजी थी, लेकिन पहले 1618/19 और फिर 1624 में उसकी फ़ौज खिरकी के इस हब्शी के ख़िलाफ़ मुग़ल सेना का साथ देने पहुंची। 'अंबर बेहद शातिर था और वो इस बात को जानता था कि पहला वार करना उसके लिए फायदेमंद रहेगा।'[58] सबको चौंकाते हुए अंबर ने इब्राहिम की राजधानी बीजापुर पर हमला किया और फिर पीछे हट गया ताकि आदिलशाही फ़ौज उसका सामना उसी की शर्तों पर करे।[59] गुरिल्ला रणनीति के लिए मशहूर अंबर ने इब्राहिम की फ़ौज का सामना करने के लिए भाटवाडी को चुना। नज़दीकी तालाब के बांध को तोड़कर अंबर ने लड़ाई के मैदान को कीचड़ के मैदान में तब्दील कर दिया ताकि मुग़ल सेना को आगे बढ़ने में दिक्कत हो। हर रात अंबर के आदमी मुग़ल खेमे पर रोंगटे खड़े कर देने वाले हमले करते, जिससे 'मुग़ल सैनिकों के दिल में ख़ौफ़ बैठ गया था और उनकी रातों की नींद और दिन का चैन खो गया था'।[60] आखिर में मुग़ल सेना इस कदर डर गई कि 'अंबर ने उनके खेमे के ठीक सामने बड़ी शान के साथ अपना निज़ाम शाही खेमा लगवाया।'[61]

अंबर ने जंग जीत ली। मुग़ल और उनके साथियों को 'ज़िल्लत' का सामना करना पड़ा। 'इस जीत के बाद अंबर दिग्गजों की फेहरिस्त में शुमार हो गया। एक मामूली चींटी से वो ख़तरनाक सांप बन गया। कोराह के खज़ाने से ज़्यादा दौलत अंबर ने हासिल की और उसकी फ़ौज पहले से कई गुना ज़्यादा बड़ी हो गई'।[62] अंबर ने इब्राहिम आदिल शाह के पसंदीदा नौरसपुर को भी लूटा, जहां इब्राहिम अपने कला के शौक को पूरा करता था और अपने शायरों और चित्रकारों को रखता था।[63] अगले साल यानी 1625 में अंबर ने इब्राहिम द्वितीय से शोलापुर भी छीन लिया और उसका विजय रथ आगे बढ़ता रहा।[64] पर 1626 में, करीब अस्सी साल की उम्र में, किंवदंती बन चुके अंबर की मौत कुदरती वजहों से हो गई। लेकिन उस वक़्त तक अंबर ने जंगी मैदान पर इतनी कामयाबियां हासिल कर ली थीं कि मुग़लों ने भी अपने इतिहास में उसका ब्यौरा सुनहरे अक्षरों में दिया। अंबर से खासी नफ़रत करने वाले जहांगीर के लिए इकलौती तसल्ली शायद यही थी कि उससे पहले उसके जानी दुश्मन ने दुनिया छोड़ दी।[65] इस हब्शी को जिस मकबरे में दफनाया गया, उसका खाका उसने

पॉल फेयर्न / अलामी स्टॉक फोटो

मलिक अंबर का मक़बरा, 1865 ईसवी के आसपास

ख़ुद बनाया था। ये मकबरा उस देश में नहीं था जहां उसकी पैदाइश हुई थी, बल्कि उस ज़मीन पर था जिसे उसने अपनाया और जिसकी खिदमत उसने अपनी आखिरी सांस तक की।[66]

अंबर के बाद, उसके बेटे ने मुग़ल सल्तनत का सामना किया। लेकिन, बेटे में अपने वालिद की करिश्माई काबिलियत नहीं थी। अंबर के वारिस के पास कमज़ोरी को मज़बूती बनाने की ना तो समझ थी और ना ही जुनून। उसकी सबसे बड़ी कामयाबी यही थी कि वो खिरकी का नाम ख़ुद के नाम पर थोड़े समय के लिए रख सका।[67] 1633 तक अंबर के बेटे ने उस निज़ाम शाह का कत्ल कर दिया, जिसके मां-बाप का कत्ल अंबर ने किया था, और तख़्त पर एक और छोटा बच्चा बैठाया गया, बावजूद इसके वो अहमदनगर सल्तनत पर अपना कब्ज़ा करने में नाकाम रहा। इसमें क़िस्मत ने भी उसका साथ नहीं दिया। 1630 तक दक्कन में इस कदर भुखमरी छा गई थी कि 'लोग रोटी के बदले में जान और मीठे के बदले में ओहदा देने को तैयार थे, लेकिन फिर भी कोई खरीदार नहीं मिल रहा था...बेटों की मुहब्बत से ज़्यादा पिताओं को उनके मांस से लगाव था',[68] एक और वजह ये भी थी कि मुग़ल फ़ौज की अगुआई शहंशाह ख़ुद कर रहा था। मुग़लों के साथ आखिरी समझौते के मुताबिक अंबर के बेटे को शानदार वजीफा दिया गया, जबकि अहमदनगर के तख़्त पर बैठे नौजवान निज़ाम शाह को ग्वालियर भेज दिया गया। गौरतलब है कि तीस साल पहले भी ग्वालियर में एक निजाम शाह को कैद किया गया था। दक्कन के कुछ इलाकों में अभी भी मुग़लों का विरोध किया जा रहा था जिसकी अगुआई मराठा सेनापति शाहजी कर रहे थे (शाहजी शिवाजी के पिता थे)। लेकिन 1636 तक ये कोशिश भी नाकाम रही और मुग़लों के साथ हुए समझौते के तहत शाहजी को इब्राहिम आदिल शाह

ने अपनी फ़ौज में शामिल कर लिया।[69] उसी साल से अहमदनगर के सारे ज़िलों में निज़ाम शाह नहीं बल्कि मुग़ल बादशाह के नाम के खुतबे पढ़े जाने लगे।[70]

~

मलिक अंबर का भरोसा तोड़ने का पूरा असर देखने के लिए इब्राहिम आदिल शाह द्वितीय ज़िंदा नहीं रहा, हालांकि अपनी मौत से पहले उसे आने वाले वक़्त की मुश्किलों का अंदाज़ा ज़रूर लग गया था। 1617 में इब्राहिम द्वितीय से मिले तोहफ़ों के बाद, ख़ुशी से फूले ना समाये शहंशाह जहांगीर ने लिखा, 'हमारी नज़र हमेशा आप की तरफ बनी रहेगी, हमारे साये में आप चैन की सांस ले सकते हैं।'[71] उस वक़्त ये साफ़ नहीं था कि बादशाह की 'नज़र' के लिए दक्कन को कितनी बड़ी क़ीमत अदा करनी पड़ेगी। दक्कन का खज़ाना खाली हो रहा था। 1604 में ही बादशाह अकबर के दूत असद बेग की बीजापुर सल्तनत से मांग इतनी बड़ी थी कि अंत तक इब्राहिम आदिल शाह द्वितीय को ये कहते हुए मिन्नत करनी पड़ी थी कि उसके पास निजी जेवरात ही बच गए हैं। इब्राहिम को ना सिर्फ अपने पसंदीदा हाथी चंचल को नज़राने के तौर पर देना पड़ा (चंचल इतना चहेता था कि 1590 में *पेम नेम* नाम से छपी एक किताब में उसका जिक्र किया गया था), साथ ही चीनी नामक एक अरबी घोड़ा और उसकी ताजपोशी पर इब्राहिम की वालिदा का तोहफ़े में दिया हुआ जड़ाऊ गुलदान का स्टैंड भी उसे देने पड़े थे।[72] जैसा कि एक इतिहासकार ने लिखा है कि तोहफ़ों का लेन-देन तो सिर्फ पर्दा था, असलियत में ये 'व्यवस्थित लूट' थी जिसका शिकार बने, वो छोटे शासक जो ना इज़्ज़त और ना ही चैन गंवाना चाहते थे।[73]

बहरहाल 1627 में एक लंबे शासनकाल के बाद (जिस दौरान बीजापुर समृद्धि के शिखर पर पहुंचा और मुग़ल उसके दरवाज़े पर) इब्राहिम द्वितीय का इंतकाल हो गया। सत्ता को पाने के लिए उसके चार बेटों में होड़ सी लग गई और फिर ख़ून-ख़राबा तो होना ही था।[74] सत्ता की इस जंग के अंतिम दौर में घमासान हुआ, इब्राहिम के बड़े और मझले बेटे के बीच। बड़े बेटे ने ना सिर्फ सत्ता पाने का मौका गंवाया, बल्कि अपनी आंखें भी गंवा दीं। आने वाले तीस साल बीजापुर सल्तनत की कमान रही मुहम्मद आदिल शाह के हाथों में। बालिग बनने से पहले ही बीजापुर सल्तनत का सुल्तान बनने वाले मुहम्मद आदिल शाह के दरबार में दो खेमे बन गए—एक जो मुग़लों से हाथ मिलाना चाहता था ताकि निज़ामशाही लूट का हिस्सा उन्हें भी मिले, जबकि दूसरे खेमे में शिवाजी के पिताजी जैसे लोग थे, जो अहमदनगर को मज़बूती देना चाहते थे ताकि मुग़ल हमेशा के लिए वहां फंसे रहें। झूले की तरह बीजापुर कभी मुग़लों की तरफ झुकता तो कभी दूसरी तरफ। 1635 तक बीजापुर आधिकारिक तौर पर मुग़लों के साथ था, पर उसी दौरान वो अहमदनगर में बाग़ियों का भी भरसक समर्थन कर रहा था (इसी वजह से बहुचर्चित मालिक-ए-मैदान नामक तोप भी बीजापुर

आई[75])—नतीजतन, मुग़लों ने एक बार फिर हमला किया और फिर से एक बड़ी रकम बीजापुर से निकलकर शाही खज़ाने में चली गई।[76]

1636 में मुहम्मद आदिल शाह मुग़ल सल्तनत का जागीरदार बन गया, साथ ही मुग़ल बादशाह को एकमुश्त बीस लाख रुपए, कुछ तोहफ़े और गजराज नामक हाथी दिया। साथ ही, ये भी तय हुआ कि मुग़ल बीजापुर पर हमला नहीं करेंगे और गोलकोंडा के साथ किसी विवाद में बीच-बचाव का हक मुग़लों के पास होगा।[77] शाहजहां को लिखे एक खत में आदिल शाह लिखता है, 'शाही फरमान, शहंशाह की तस्वीर और बाकी तोहफ़ों के लिए मैं हमेशा शुक्रगुजार रहूंगा...शहंशाह की उदारता को बयान करने के लिए मेरे पास शब्द नहीं हैं...इन तोहफ़ों को लेने से पहले मैंने शहंशाह के सम्मान में *सजदा* और *तसलीम* किया। दिन-रात मैं उनकी तरक्की के लिए दुआ करता हूं और उनके नाम को *वज़ीफा* की तरह दोहराता हूं'।[78] समझौते के कागजात को अहद नामा कहा जाता है, लेकिन ये साफ़ था कि दोनों पक्षों के बीच ये बराबरी का समझौता नहीं था।

डिनोडिया फोटोज / अलामी स्टॉक फोटो

इब्राहिम आदिल शाह द्वितीय का मक़बरा

हालांकि समझौते की शर्तें दिलचस्प थीं। मिसाल के तौर पर बीजापुर के आदिल शाह पर सालाना नज़राने का बोझ नहीं था। साथ ही, बीजापुर में जुम्मे को ईरान के शाह के नाम का ख़ुतबा पढ़ा जा सकता था। गोलकोंडा के क़ुतुब शाह के साथ किए गए इन्क़ियाद नामा की शर्तें अलग थीं। क़ुतुब शाह को हर साल दो लाख मुहरें देना और सिक्कों को मुग़लिया शैली में ढलवाना ज़रूरी था। साथ ही, ईरान के शाह के नाम पर पढ़े जाने वाले ख़ुतबे पर भी पाबंदी लगा दी गई थी।[79] शर्तें भले ही कुछ भी हों, असलियत में आदिल शाह की हैसियत ज़्यादा से

ज़्यादा मुग़लिया सल्तनत के जागीरदार की थी। शाही फरमानों को लेने का एक तय रिवाज़ था जिसके अंतर्गत शाह को अपने शहर से थोड़ी दूर जाकर फरमान लेना होता था। लेकिन, आदिल शाह ऐन मौके पर हर बार 'बीमार' पड़ जाता था। नतीजतन, या तो वो अपने शहर से बाहर ही नहीं जाता था या फिर शाहजहां के शाही फरमान को लेने के लिए कम से कम दूरी तय करता था।[80]

इन सबके बावजूद मुहम्मद आदिल शाह का शासनकाल काफ़ी ख़ुशनुमा रहा। हुकूमत चलाने में आदिल शाह को मदद मिली अपने पसंदीदा हब्शी, इख्लास खान से (जिसके साथ हाथी पर सवार मुहम्मद आदिल शाह की तस्वीर इस किताब के आवरण पर है)।[81] मुग़लों ने मुहम्मद आदिल शाह को उत्तरी इलाकों पर कब्ज़ा करने से रोका था, लेकिन दक्षिण की ओर ऐसी कोई पाबंदी नहीं थी। विजयनगर साम्राज्य के पतन के बाद उभरे छोटे-मोटे राज्यों को आदिलशाही सल्तनत ने धीरे-धीरे दबोच लिया। 1648 में मुग़ल बादशाह शाहजहां ने बीजापुर के सुल्तान को शाह का दर्जा भी दे दिया। हालांकि बीजापुरी सुल्तान हमेशा ख़ुद को शाह ही मानते थे, लेकिन अकबर के वक़्त से ही मुग़लों ने उन्हें शाह कहकर कभी नहीं पुकारा।[82] इन कामयाबियों की मिठास को कई नाकामियों ने कम भी किया। 1650 तक आदिल शाह की तबियत ख़राब रहने लगी और तब लोग खुलेआम उसके हुक्म की बेअदबी करने लगे। इस दौर में बीजापुर के दूसरे राज्यों के साथ रिश्तों को भी काफ़ी झटका लगा। उस वक़्त दक्कन में मुग़ल सल्तनत का नुमाइंदा वो शख्स था जो आगे चलकर शहंशाह औरंगज़ेब बनने वाला था। दक्कन की आखिरी दो आज़ाद सल्तनतें—बीजापुर और गोलकोंडा के लिए औरंगज़ेब के दिल में कोई प्यार नहीं था। इसकी वजह भी थी। अहमदनगर के जो इलाके उसकी देखरेख में थे, वो 1630 के सूखे की वजह से इतने तबाह हो गए थे कि दो दशक बाद भी वो स्थानीय प्रशासन का खर्च उठाने में नाकाम थे।[83] औरंगज़ेब को लगता था कि अगर वो अपनी रियासत की सरहदों को बढ़ा नहीं पाया तो ये उसके पूर्वज तैमूर की तौहीन होगी।[84] इसलिए उसकी नज़र बीजापुर और गोलकोंडा की तरफ पड़ी और उसने अपने वालिद, शाहजहां से शिकायत करते हुए कहा कि दोनों सल्तनतों ने दक्षिण के इलाकों पर कब्ज़ा करने से पहले मुग़ल बादशाह की इजाज़त नहीं ली थी।[85]

1656 में मुहम्मद आदिल शाह के इंतकाल के बाद औरंगज़ेब ने बीजापुर सल्तनत में दखलंदाज़ी का बहाना भी ढूंढ़ लिया। मुहम्मद आदिल शाह की मौत के बाद, मुग़लों के उकसाने की वजह से कर्नाटक के इलाकों में बग़ावत के हालात बन गए। यही नहीं, औरंगज़ेब ने कहा कि मुहम्मद आदिल शाह का कोई बेटा नहीं था और आदिलशाही तख़्त पर बैठा अली आदिल शाह द्वितीय जायज़ वारिस नहीं था।[86] कुछ लोगों का वाकई मानना था कि मुहम्मद ने अली को

डिनोडिया फोटोज़ / अलामी स्टॉक फोटो

गोल गुंबज़, मुहम्मद आदिल शाह का मक़बरा

गोद लिया था, जैसा थेवेनो ने कुछ साल बाद लिखा था, 'बादशाह (अली आदिल शाह द्वितीय) दरअसल यतीम था जिसे मुहम्मद और उसकी बेगम ने गोद लिया था।'[87] हिन्दुस्तानी दस्तावेज़ों में भी ये लिखा है कि अली द्वितीय को मुहम्मद की बेगम ने पाला-पोसा था लेकिन उसकी असली मां का नाम कहीं भी नहीं मिलता है। बहरहाल, इससे पहले कि अली आदिल शाह द्वितीय अपने नए तख़्त पर ठीक से बैठ भी पाता, बीजापुर पर औरंगज़ेब की तलवार लटक गई।

लेकिन क़िस्मत ने अली आदिल शाह द्वितीय का साथ दिया। ख़बर आई कि मुग़ल बादशाह की तबियत ख़राब है, और जल्दी ही आगरा में तख़्त-ए-ताऊस पर बैठने के लिए शाहजहां के बेटों में विरासत की जंग छिड़ने वाली थी। लेकिन जाने से पहले, औरंगज़ेब ने अली द्वितीय से काफ़ी फायदे का सौदा किया। निज़ाम शाही सल्तनत के जिन हिस्सों पर बीजापुर का कब्ज़ा था, वे अब मुग़लों के हो गए। यही नहीं, बीजापुर को डेढ़ करोड़ रुपए के साथ-साथ कई और इलाकों को भी मुग़लों को देना था जिसमें बीदर भी शामिल था। बीदर कभी बहमनी साम्राज्य की राजधानी हुआ करता था और फिर 1619 तक बारिदशाही सल्तनत की, जब इब्राहिम आदिल शाह द्वितीय ने उसे जीता था।[88] हालांकि ये मांग काफ़ी ज़्यादा थी और थोड़े समय बाद औरंगज़ेब ने ख़ुद ही इन शर्तों में इस डर से ढिलाई दे दी कि कहीं उससे खफा होकर दक्कनी सुल्तान तख़्त-ए-ताऊस के लिए उसके विरोधियों का समर्थन ना करें।[89]

इसके बाद काफ़ी वक़्त तक औरंगज़ेब अपनी हुकूमत को पुख़्ता करने और अपने कैद वालिद की मौत के इंतज़ार में लगा रहा। औरंगज़ेब ने जब

'आलमगीर' (जग जीतने वाला) की पदवी ले ली, तो ईरान के शाह ने उसका मज़ाक भी उड़ाया क्योंकि औरंगज़ेब ने अपने बीमार बाप से तख़्त छीनने के अलावा और कुछ नहीं जीता था। दूसरी ओर, 1660 के दशक में अली आदिल शाह भी कर्नाटक के इलाके में अपनी हुकूमत को जमाने में जुटा रहा। पर दशक के मध्य तक एक बार फिर मुग़ल बादशाह की नज़र दक्कन की ओर घूमी। उसने मराठा बग़ावत को ख़त्म करने के लिए अपने जाने-माने राजपूत सिपहसालार को भेजा। साथ ही, ये अली आदिल शाह के लिए भी संदेश था क्योंकि माना जा रहा था कि उसी की मदद से मराठों ने बग़ावत की थी। ऐसा बिलकुल मुमकिन था क्योंकि अली 'अपने आप को बचाने के लिए दो या तीन अलग-अलग किरदार निभा रहा था'। 'मुग़लों के सामने वो बिलकुल फरमाबरदार पेश आता था, लेकिन उनके पीठ पीछे वो सेंध लगाने में जुटा रहता था क्योंकि उसे मालूम था कि मुग़ल सल्तनत से भिड़ंत को रोकना नामुमकिन है।' मराठा बग़ावत को समर्थन देते वक़्त उसे समझ आ गया था कि इससे ना सिर्फ बाग़ी उसकी सल्तनत से दूर रहेंगे, बल्कि उनके ज़रिए मुग़लों पर भी लगाम लगाई जा सकती है।[90] जैसा कि औरंगज़ेब के सिपहसालार ने देखा और अपने बादशाह को बताया, 'आदिल खान ने हमारे साथ धोखा किया है। उसने मराठा इलाके में अपनी फ़ौज तो भेजी लेकिन पूरी तरह बाग़ियों को ख़त्म नहीं किया। वो उनको मुग़ल और बीजापुर के बीच दीवार की तरह इस्तेमाल करना चाहता है।'[91]

1666 में मराठा बग़ावत को दबाने के बाद मुग़ल दस्ता बीजापुर की ओर बढ़ चला। चालीस हज़ार की फ़ौज के साथ, मुग़ल सिपहसालार के पास नौ हज़ार सिपाहियों की टुकड़ी भी थी जो उसे उन्हीं मराठा बाग़ियों ने दी थी जिनकी मदद अली आदिल शाह कर रहा था।[92] आदिल शाह ने अपनी राजधानी को लंबी घेराबंदी के लिए तैयार किया। 'तालाबों के बांधों को तोड़ दिया गया, कुओं में ज़हर और लाशें डाल दी गईं, किले के आस-पास सभी बड़े पेड़ और इमारतों को गिरा दिया गया...बीजापुर के पास की ज़मीन को रेगिस्तान में तब्दील कर दिया गया जहां घास या चारे का एक भी पत्ता नहीं था।'[93] आदिल शाह के इस कदम ने मुग़लों को सकते में डाल दिया था। दरअसल, मुग़लों ने बीजापुरी जागीरदारों को बहुत रिश्वत दी थी और उन्हें उम्मीद नहीं थी कि राजधानी को जीतने के लिए ऐसे मुश्किल हालात में उन्हें घेराबंदी करनी पड़ेगी। मुग़ल दौलत और इनायत के वादों से बीजापुर को जीतना चाहते थे। भले ही आदिल शाह का साम्राज्य मुग़लों के मुकाबले छोटा था, लेकिन किसी भी नज़रिए से वो कमज़ोर शासक नहीं था। हाल-फिलहाल तक, 'बीजापुर की सालाना आय 7.84 करोड़ रुपए थी, साथ ही, नज़राने के तौर पर हर साल उसे 5.25 करोड़ रुपए मिलते थे। बीजापुर के पास अस्सी हज़ार घुड़सवार, ढाई लाख पैदल सिपाही और पांच सौ तीस हाथियों की फ़ौज थी।'[94] अगर मुग़लों से तुलना की जाए तो

शाहजहां के शासन के दौरान, सल्तनत की सालाना आय बाईस करोड़ रुपए की थी।[95] भले ही अपनी मुहिम और मुसीबतों की वजह से आदिल शाह पहले से गरीब हुआ था, लेकिन फिर भी वो बीजापुर को आसानी से किसी हमलावर को सौंपने वालों में से नहीं था। आठ महीनों तक मुग़ल सिपहसालार ने बीजापुर को हासिल करने की कोशिश की। इस दौरान उसने ना सिर्फ औरंगज़ेब के दिए चालीस लाख रुपए खर्च किए बल्कि अपनी जेब से लगभग दोगुनी रकम भी उसे लगानी पड़ी, लेकिन आखिरकार मुग़ल फ़ौज को बीजापुर छोड़कर अपने अड्डे खिरकी पर लौटना पड़ा, जिसे औरंगज़ेब के सम्मान में अब औरंगाबाद कहा जाने लगा था।[96]

इस कामयाबी के बाद जहां अली आदिल शाह द्वितीय को अपनी तैयारियों को और मज़बूत करने में जुट जाना चाहिए था, वहीं वो शराब के नशे में डूब गया। 1672 में जब उसकी मौत हुई तो चार साल का एक बच्चा बीजापुर सल्तनत के तख़्त पर बैठा दिया गया। जैसा इन हालात में होता है, सियासी रस्साकशी का दौर शुरू हो गया। नए आदिल शाह का पहला संरक्षक हब्शी था, फिर पश्चिम एशियाई मूल के शख्स को ये ओहदा मिला और उसके बाद फिर से एक और हब्शी संरक्षक बना। इन तीनों से में सिर्फ आखिरी संरक्षक ही उस ओहदे पर दो साल का वक़्त बिता पाया। इन सियासी झगड़ों का फायदा उठाते हुए मराठों ने एक-एक करके सरहदी किलों पर कब्ज़ा कर लिया। सूबेदारों ने सुल्तान के फरमानों को मानने से इनकार कर दिया और शाही खज़ाना लगभग खाली हो गया। आदिल शाह के तीसरे संरक्षक का झुकाव मुग़लों की तरफ था और इसलिए उसने 1678 में सुल्तान की बहन का निकाह मुग़ल बादशाह के बेटे से तय कर दिया।[97] लेकिन उसके इस फ़ैसले से सल्तनत में तूफान सा आ गया और उसे अपने वादे से पीछे हटना पड़ा। बीजापुर की फ़ौज बग़ावत पर आमादा थी और इसलिए सल्तनत की हिफाज़त के लिए उसने मराठों से मदद मांगी।[98] इससे बड़ी विडंबना और कुछ नहीं हो सकती थी, लेकिन थोड़े समय के लिए इससे राजधानी बच ज़रूर गई। 1679 में जब मुग़ल फ़ौज बीजापुर पहुंची तो उसे हार का सामना भी करना पड़ा। कुछ दिनों तक किले पर गोलाबारी करने के बाद, मुग़ल सिपहसालार के हुक्म पर फ़ौज ने आस-पास के इलाकों में कोहराम मचा दिया। लेकिन मार्च 1680 में मराठों के हाथ एक और ज़बर्दस्त हार ने मुग़ल बादशाह को 'शर्मसार होकर दस्ते को वापस बुलाने' पर मजबूर कर दिया।[99] हालांकि दुखद ये था कि इस लड़ाई से ठीक पहले बीजापुरी शहज़ादी मुग़ल खेमे में ख़ून-ख़राबा रोकने की उम्मीद से ख़ुद चली गई थी, लेकिन वो हमलावरों को रोक नहीं सकी, और जब वो पीछे हट गए, तो उसे बादशाह के बेटे के साथ निकाह करने पर मजबूर होना पड़ा।[100]

इस वारदात के चार साल बाद तक औरंगज़ेब मराठों को कुचलने और

अपने बेटे की बग़ावत को दबाने में उलझा रहा। ख़ुद अपने वालिद को कैद कर तख़्त हासिल करने वाले औरंगज़ेब को हमेशा अपने बेटों की वफ़ादारी पर शक रहता था। बहरहाल, 1685 में औरंगज़ेब ने तय किया कि बीजापुर को ख़त्म करने का वक़्त आ गया है और उसी साल अप्रैल में मुग़ल फ़ौज बीजापुर पर कब्ज़ा करने पहुंची। पर अगले तेरह महीनों तक जब उन्हें कामयाबी नहीं मिली तब जुलाई 1686 में ख़ुद औरंगज़ेब बीजापुर के आदिल शाह को तख़्त से हटाने के लिए आ गया। गांवों में सूखे का प्रकोप था और किले के अंदर रसद करीब-करीब ख़त्म हो रही थी। आदिल शाह की हिफाज़त करने वाली टुकड़ी में कुल दो या तीन हज़ार सिपाही थे, जिन्हें ना तो पेट भर खाना मिल रहा था और ना ही पूरी तनख्वाह। उसके बाद उनका मनोबल मुग़लों की बड़ी फ़ौज और शहंशाह की मौजूदगी ने पूरी तरह तोड़ दिया। औरंगज़ेब की मौजूदगी से ये तो साफ़ हो गया था कि मुग़ल बादशाह बीजापुर की कमर तोड़ने पर आमादा था। इसलिए 22 सितंबर 1686 के दिन, आदिल शाह ने हार मान ली और किले की चाबी और मुहर लेकर ख़ुद औरंगज़ेब को सौंपने चला गया। इस तरह उसने वो सल्तनत गंवा दी जिस पर उसके खानदान ने दो सौ साल तक राज किया था। 'मैं तुम्हें तोहफ़ों और इनायत से लाद दूंगा', औरंगज़ेब ने आदिल शाह को कहा, 'अपना मन शांत रखना'।[101] असलियत में बीजापुर सल्तनत का शासक अब सिर्फ 'आदिल खान' रह गया था और उसका नाम मुग़ल जागीरदारों की फ़ेहरिस्त में शामिल हो गया था। एक लाख रुपए की पेंशन के साथ उसे पहले दौलताबाद और फिर सतारा भेज दिया गया, जहां 1700 में उसकी ज़िंदगी के तीसरे दशक में उसका इंतकाल हो गया। इस शख्स का नाम सिकंदर था और इसी के साथ आदिलशाही सल्तनत हमेशा के लिए ख़त्म हो गई।[102]

1680 में जब सिकंदर सिर्फ बारह साल का था,तब चांद मोहम्मद और कमाल मोहम्मद नाम के दो कलाकारों ने '*बीजापुर घराना*' नाम की एक तस्वीर बनाई। ये तस्वीर बेहद दिलचस्प है क्योंकि इसमें आने वाले दिनों में बीजापुर की क़िस्मत का अंदेशा मिलता है। इस तस्वीर में आदिलशाही खानदान के सभी शासकों को एक साथ दिखाया गया है, जिसमें बीजापुर सल्तनत की स्थापना करने वाला यूसुफ़ तख़्त पर बैठा है जबकि बाकी सारे ज़मीन पर बिछी कालीन पर बैठे हैं। यूसुफ़ के पीछे सफेद पोशाक में सफ़वी सल्तनत के एक शख्स को दर्शाया गया है जो यूसुफ़ को एक चाबी दे रहा है। इस शख्स को जानकार शाह इस्माइल मानते हैं और चाबी को भौतिक और आध्यात्मिक जगत का प्रतीक। तस्वीर में पीछे समंदर नज़र आता है जिसमें एक जहाज़ भी है और ये प्रतीक है उस दौर की आधुनिक दुनिया में बीजापुर सल्तनत की अहमियत का। यूसुफ़ के सभी वारिस अपने अलग-अलग अंदाज़ में नज़र आते हैं। मिसाल के तौर पर, अली आदिल शाह प्रथम को ही केवल बख्तरबंद दिखाया गया है जिसने 1565 में 'तालिकोटा की जंग' में विजयनगर साम्राज्य को हराने में अहम किरदार

निभाया था। सिकंदर को तस्वीर में सबसे छोटा दिखाया गया है और गौरतलब है कि इतिहास में भी उसकी हैसियत सबसे कम है। यहां तक कि सिकंदर की पगड़ी भी उसके पिता की पगड़ी की नकल है जो दिखाती है कि सिकंदर को अभी अपनी अलग शख्सियत बनानी थी। लेकिन बदक़िस्मती से उसे ऐसा करने का मौका नहीं मिला। इतिहास में ये तस्वीर, जैसा कि एक जानकार ने लिखा है, आदिलशाही खानदान के वारिसों को दिखाने के लिए कम और 'अंत का इशारा' के तौर पर ज़्यादा जानी जाती है।[103]

बीजापुर शहर को भी इसका खामियाज़ा भुगतना पड़ा। 'पालकी में बैठकर, सोने और चांदी के सिक्के फेंकते हुए औरंगज़ेब शहर के अंदर आया। लेकिन, जैसा बाद में खुलासा हुआ, वो दरअसल बीजापुर जैसे गौरवशाली और शानदार शहर के लिए आखिरी रस्म अदा कर रहा था। इस वारदात के चंद महीनों बाद ही बीजापुर की आधी आबादी महामारी का शिकार हो गई और शहर खंडहर में तब्दील हो गया। आमदनी की कमी की वजह से शहर के सारे कलाकार, शायर और विद्वान इधर-उधर बिखर गए'।[104] जो हाल एक वक़्त अहमदनगर का हुआ था, बीजापुर का भी वही हाल हुआ। बीजापुर के नए सुल्तान की दिलचस्पी सिर्फ उसकी दौलत में थी जिसका इस्तेमाल वो नए इलाकों को जीतने के लिए करने वाला था और इस तरह दक्कन का ये प्रतापी शहर मुग़ल सल्तनत की प्रांतीय चौकी बनकर रह गया। जो बचा था, उसे अठारहवीं शताब्दी में मराठों ने लूट लिया और 1808 में जब एक अंग्रेज़ मुसाफिर आदिलशाही सल्तनत की राजधानी को देखने आया तो उसे सिर्फ 'रेगिस्तान' ही नज़र आया। 'चौदह मील तक,' मुसाफिर ने लिखा है, 'चंद तोते, तीतर, खरगोश और हिरणों के झुंड के अलावा कोई और ज़िंदा चीज़ नज़र नहीं आती'।[105]

VII

भेड़ का घराना

दक्कन की आखिरी सल्तनत

विटसन एलबम, रिज्क्सम्यूज़ियम, एम्सटर्डम

सुलतान-क़ुली क़ुतुब शाह
(1518-43)

विटसन एलबम, रिज्क्सम्यूज़ियम, एम्सटर्डम

इब्राहिम क़ुतुब शाह
(1550-80)

विटसन एलबम, रिज्क्सम्यूज़ियम, एम्सटर्डम

मुहम्मद-क़ुली क़ुतुब शाह
(1580-1612)

विटसन एलबम, रिज्क्सम्यूज़ियम, एम्सटर्डम

अब्दुल्लाह क़ुतुब शाह
(1626-72)

विटसन एलबम, रिज्क्सम्यूज़ियम, एम्सटर्डम

अबुल हसन क़ुतुब शाह
(1672-87)

क़ुतुब शाही राजवंश

सुलतान-क़ुली क़ुतुब-उल-मुल्क (1518 – 43)

- जमशेद क़ुतुब शाह (1543 – 50)
- इब्राहिम क़ुतुब शाह (1550 – 80)
  - मुहम्मद-क़ुली क़ुतुब शाह (1580 – 1612)
    - मुहम्मद क़ुतुब शाह (1612 – 26)
      - हयात बक्श बेगम, मुहम्मद क़ुतुब शाह से निकाह
        - अब्दुल्लाह क़ुतुब शाह (1626 – 72)
          - बेटी, जिसका निकाह औरंगज़ेब के बेटे शहज़ादे मुहम्मद सुलतान से हुआ
          - फातिमा खन्नम
          - बेटी, अबुल हसन क़ुतुब शाह से निकाह, जिसने मदन्ना और अक्कन्ना को नियुक्त किया और बाद में औरंगज़ेब ने उसे देश निकाला दिया (1672 – 87)

दक्कन में अगर कोई ऐसा राजघराना था जो बहमनी रियायतों को हथियाने के बाद अपनी रगों में शाही ख़ून बहने का दावा कर सकता था, तो वो था गोलकोंडा के क़ुतुब शाह का घराना। चौदहवीं सदी में उनके बाप-दादा बग़दाद की सल्तनत के जागीरदार थे, और तुर्क क़ारा क़ोयनलु (काली भेड़) कबीले से आते थे, जिनका आर्मेनिया और अज़रबैजान के अलावा मोसुल के पास उत्तरी इराक़ के कुछ हिस्सों पर कब्ज़ा था। एक वक़्त तो इस परिवार के एक सदस्य ने काफ़ी शोहरत हासिल की जब उसने तैमूर लंग से लड़ाई की, और उसकी मौत के बाद दुनिया के इस हिस्से में तैमूर के काम को पलटकर रख दिया। इसने बग़दाद पर भी कब्ज़ा कर लिया था, हालांकि इसके वारिस इतने काबिल नहीं थे कि वो उसकी कामयाबियों का बचाव भी कर पाते, जब भाई-भाई आपस में लड़ने लगे और बेटों ने अपने बाप का तख़्तापलट करना शुरू कर दिया तो ये घराना बहुत जल्दी पतन का शिकार हो गया। 1460 के दशक के ख़त्म होते-होते इस घराने का अंत दिखने लगा था, और उनके दुश्मन कबीले, अक़ क़ोयनलु (उजली भेड़), ने उन सब इलाकों पर कब्ज़ा कर लिया जो अब तक 'काली भेड़' कबीले के पास थे। हालांकि ईरान के हमादान में उपर्युक्त नायक की चौथी पीढ़ी का एक वारिस थोड़ा-बहुत दबदबा बनाए रखने में कामयाब रहा था, लेकिन इसके साथ ही कत्ल या जंग की आशंका हमेशा बनी हुई थी क्योंकि उजली भेड़ कबीला अपने दुश्मन काली भेड़ कबीले के हर मर्द को ख़त्म करने के लिए कमर कस चुका था। और इसलिए अपने बुजुर्गों की सलाह लेकर, अपने घराने को ख़त्म होने से बचाने के लिए, इस शख़्स ने अपने बेटे को उस देश में भेज दिया जहां उसे अपना मुस्तक़बिल बनाने और नए सिरे से शुरुआत करने का असली मौका मिल सकता था: हिन्दुस्तान।[1]

बेशक, किसी को महान बताने के लिए जीवनी लिखने की परंपरा को निभाते हुए इस कबीलाई राजनीतिक लड़ाई को तारीख़-ए-क़ुतुब शाही में चमकदार अंदाज़ में 'अल्लाह के हुक्मनामे' के तौर पर पेश किया गया है, जिसने लोगों को 'विधर्मियों के देश में इस्लाम की रोशनी फैलाने' के लिए प्रेरणा दी।[2] लेकिन सच ये था कि बीजापुर के पहले राजा यूसुफ़ आदिल शाह, और बीदर के प्रवासी बारिद शाह की ही तरह, गोलकोंडा का क़ुतुब शाह भी हिन्दुस्तान अपनी क़िस्मत की तलाश में आया था, बस उसकी रगों में बहने

वाले शाही ख़ून का इतिहास कहीं ज़्यादा उपलब्धियों भरा था। दरअसल, ऐसा लगता है कि उसने ज़मीनी रास्ते से पहले दिल्ली तक का सफर तय किया था, लेकिन वहां अपने लिए खास मौके ना देखकर, वो दक्षिण में बहमनी दरबार पहुंच गया। 1470 के दशक के आसपास सुल्तान क़ुली, जिस नाम से वो पुकारा जाता था, बीस साल का था।[3] उसका चाचा उसे यहां छोड़कर अपने देश लौट गया था, जबकि सुल्तान क़ुली 'शाही हरम का मुख्य मुनीम' बन गया। ऐसा लगता है कि इस जगह पर काम करके उसने दरबार से जुड़ी औरतों का भरोसा जीत लिया था, और उनकी तरफ से लड़ाई के मैदान में कुछ विवाद भी निपटाए थे।[4] 1487 में, जब उसने हत्यारे दखनियों के एक घेरे से निकालकर बहमनी सुल्तान की जान बचाई, तो उसे एक ऊंची पदवी दी गई और वो वहां से लगातार नई ऊंचाइयां छूता गया। सात साल बाद, जब उसने गोवा में एक बग़ावत को दबा दिया, उसे क़ुतुब-अल-मुल्क बनाया गया, सुल्तान ने उसे पूर्वी प्रांतों का सूबेदार नियुक्त किया, साथ ही उसकी जागीर में गोलकोंडा भी जोड़ दिया।[5] इस समय तक, हालांकि, ये सबको समझ आ चुका था कि सल्तनत बिखर रही है—और गोलकोंडा पर काबिज़ इस शख़्स ने अपना हिस्सा लेने में कोई हिचक नहीं दिखाई। लेकिन, उसने उस सुल्तान के ज़िंदा रहते अपनी आज़ादी का एलान नहीं किया, जिसने सबसे पहले उसे ताक़त और हैसियत से नवाज़ा था: 1518 ईसवी में उसने एक मस्जिद पर बहमनी सुल्तान का नाम खुदवाया,[6] और बीदर में कठपुतली सुल्तान को हर साल 'एक अच्छी-खासी रकम' भेजता रहा।[7] ऐसा लगता है कि गोलकोंडा के पहले क़ुतुब शाह के लिए वफ़ादारी मायने रखती थी, भले ही जिस शख़्स के लिए ये निभाई जा रही थी, वो काफ़ी हद तक निकम्मा था।

इस बहमनी सुल्तान की मौत के बाद, हालांकि गोलकोंडा ने अपनी पुरानी राजधानी के लिए किसी भी तरह का औपचारिक आदर दिखाना बंद कर दिया, और भले ही उसने कभी भी खुलकर सुल्तान की पदवी नहीं ली, व्यावहारिक रूप से सुल्तान क़ुली अब एक आज़ाद सुल्तान था। गोलकोंडा के किले को बेहतर किया गया, इसकी मिट्टी की दीवारों को ग्रेनाइट के ठोस छल्लों के साथ नई मज़बूती दी गई, और किले को सही मायने में ऐसा बना दिया जिसे आसानी से जीता नहीं जा सकता था।[8] दूसरी रियासतों के उलट, इस राज्य में सांस्कृतिक रूप से ज़्यादा अंतर नहीं थे, इसमें मोटे तौर पर काकतीय के पुराने इलाके शामिल थे और इसकी तेलुगु बोलने वाली आबादी अपने-आप को तेलंगाना साम्राज्य की प्रजा मानती थी।[9] हिन्दू सरदार (जिनमें से कई मुग़ल काल और बाद में 1947 में भारत की आज़ादी तक कायम रहे) अपने घरानों को काकतीयों के दिनों का बताते थे, और उन्हें क़ुतुब शाही सामंतों में शामिल कर लिया गया था।[10] इस तरह, अपने दौर की दिक्कतों के बावजूद सुल्तान क़ुली ने अपने राजकाज में काफ़ी कामयाबी हासिल की। दक्कन के अपने

प्रतिद्वंद्वियों के अलावा, उसे दक्षिण में कृष्णदेव के विजयनगर की ताक़त से भी जूझना पड़ा था। और कृष्णदेव ने भी अपने पड़ोसी को और आतंकित कर दिया था जब उन्होंने ख़ुद को परिभूत सुरतराना (सुल्तानों का विजेता) घोषित किया था।[11] उत्तर में उड़ीसा के गजपति के रूप में एक और दुश्मन का इलाका था, और अगर गोलकोंडा अपने शुरुआती दिनों में अपना वजूद बचा पाया, तो वो इसलिए कि उसका शासक फ़ैसले लेने में उतना ही काबिल था, जितना वो जंग से ना घबराने वाला था।

विजयनगर के कृष्णदेव से सुल्तान क़ुली ने एक-दो नहीं, बल्कि उन्नीस किले छीने थे,[12] जिनके साथ मसुलिपाटम का बंदरगाह भी शामिल था, हालांकि जब सुल्तान क़ुली ने ऐसी ही कोशिश बीजापुर के दूसरे आदिल शाह के साथ की थी, तो उसे चेहरे पर ऐसा भयंकर ज़ख़्म मिला कि वो हमेशा के लिए बदसूरत हो गया।[13] बीजापुर में शिया धर्म को राज्य धर्म घोषित किए जाने से उत्साहित होकर क़ुतुब शाह ने गोलकोंडा को भी शिया साम्राज्य घोषित कर दिया था। हालांकि आदिल शाही राज के उलट, गोलकोंडा में कभी भी सुन्नी धर्म को राज्य धर्म नहीं बनाया गया—जब तक कि 1636 में मुग़लों ने उन्हें अपने अधीन करके उनके शाही रिवाज़ों को मानने के लिए गोलकोंडा को मजबूर नहीं किया।[14]

1543 में, जब वो अपनी उम्र के नवें दशक में पहुंच चुका था, सुल्तान क़ुली की उसके बेटे की शह पर हत्या कर दी गई थी। कुछ जगहों पर कहा गया है कि उसकी हत्या नमाज़ पढ़ते वक़्त छुरा घोंपकर की गई थी, जबकि दूसरी जगहों पर बताया गया है कि ये घिनौना काम महल के बगीचे में, या फिर उस कमरे में किया गया था जहां क़ुतुब शाह अपने पसंदीदा गहनों को देख रहा था। लेकिन ये आम राय है कि उसका बेटा अपने पिता की (धीमी-धीमी) बढ़ती उम्र को देखकर थक गया था, और उसने अपनी विरासत ख़ुद को सौंपने का काम अपने हाथों में लेने का फ़ैसला कर लिया था।[15] जो भी हो, ख़ून बह चुका था। नए सुल्तान ने इसके बाद एक भाई को किनारे करने के लिए उसे अंधा कर दिया, जबकि दूसरा देश छोड़कर भाग गया। दिलचस्प ये है कि इस भाई को पनाह दी थी विजयनगर के रामराय ने, जिसने ख़ुद एक वक़्त पर सुल्तान क़ुली के दरबार में जागीरदार के रूप में काम किया था।[16] लेकिन अपने वालिद की ही तरह, गोलकोंडा का नया क़ुतुब शाह भी अपनी शाही हैसियत का दिखावा करने से बचता रहा।[17] उसने अपने पड़ोस के अलग-अलग राजाओं के साथ अलग-अलग मकसद से गठजोड़ किए और दक्कन के शासकों के बीच होने वाले संघर्षों में 'अपने वारिसों के मुकाबले कहीं ज़्यादा दखलंदाज़ी' की।[18] उसके हितों की रक्षा साठ हज़ार सैनिक करते थे, और उसका खास आदमी था जगदेव राव नाम का एक तेलुगु सरदार। हालांकि उसका शासनकाल ज़्यादा नहीं रहा, और 1550 तक वो मर चुका था: अपने वालिद का कत्ल करने वाला ये शख़्स

अगर अपने गुनाह के पछतावे से नहीं मरा, तो कर्कट रोग से ज़रूर मर गया।[19]

इसी वक़्त, गद्दी पर मृतक के एक बेटे को बैठाए जाने के थोड़े दिनों बाद, देश छोड़कर भागा भाई विजयनगर से वापस आने में कामयाब हो गया। इसमें उसकी मदद जगदेव राव और गोलकोंडा किले की रखवाली करने वाले सैनिकों ने की।[20] इस नए शासक का नाम था इब्राहिम क़ुतुब शाह। वह किशोरावस्था में था जब वह अपने पिता के राज्य से भागा था, और अब, लौटने के बाद उसने सबसे पहले अपने पिता की कब्र पर सिर झुकाया।[21] और फिर, स्वाभाविक रूप से, उसने अपने जागीरदारों से पूरे तौर पर वफ़ादारी की मांग की—उसके शुरुआती दिनों के एक शिलालेख से इस बात की पुष्टि होती है कि काफ़ी भद्दे ढंग से, उसने एलान किया था कि अगर कोई भरोसे के लायक नहीं है तो 'उसकी मूंछ की हैसियत किसी वेश्या के गुप्तांगों के बाल से ज़्यादा नहीं है'।[22] ऐसी अजीब भाषा के बावजूद, इब्राहिम का शासन काल अगले तीस सालों तक चला और इस दौरान उसने ना सिर्फ सत्ता पर मज़बूत पकड़ बनाई, बल्कि कई शानदार उपलब्धियां भी हासिल कीं। वैसे तो जगदेव राय को साज़िशों के चलते देश-निकाला दे दिया गया था, लेकिन आम तौर पर हिन्दू जागीरदार इस अवधि में फलते-फूलते रहे। इसकी वजह कुछ हद तक इब्राहिम का अपनी जवानी के कुछ साल विजयनगर में बिताना भी हो सकता था, माना जाता है कि वहां से वो अपनी बीवियों में से एक को लाया था।[23] इसके अलावा क़ुतुब शाह तेलुगु प्रेमी था। 'उसके दरबार में नामी स्थानीय कवियों का जमघट लगा रहता था, और उसे स्वदेशी संस्कृति इतनी पसंद थी कि प्यार से उसे तेलुगु में मलिकब्रह्म और अभिराम पुकारा जाने लगा था।'[24] पुराने हिन्दू राजाओं की परंपरा की तरह इब्राहिम ने भी प्राचीन महाकाव्यों को नए सिरे से लिखने को प्रोत्साहित किया—अद्दानी गंगाधर नामक एक कवि को उसने महाभारत के एक अध्याय को विस्तार से लिखने का ज़िम्मा सौंपा था, जिसमें ताप्ती और संवरण की प्रेम कहानी थी।[25] इस बीच, इब्राहिम के बेटों में से एक 'शास्त्रीय विद्या में निपुण हो गया, वो तर्क शास्त्र, दर्शन शास्त्र और औषधि विज्ञान का विद्वान था।'[26] इस समय से दरबार से जारी किए जाने वाले फरमान दो भाषाओं में होने लगे थे,[27] क़ुतुब शाहों के शासन काल के अंत तक सभी घोषणाएं देसी भाषा में लिखी जाती थीं, 'और फ़ारसी में उनका सारांश पीछे लिखा जाता था'।[28] हालांकि ईरान के शाह के साथ मज़बूत कूटनीतिक रिश्ते बनाए गए थे, और फ़ारसी दोस्तों के साथ क़ुतुब शाहों के रिश्ते उनके पड़ोस में मुग़लों के आने के साथ और मज़बूत होने लगे थे। सैन्य मामलों में, इब्राहिम निष्पक्ष था और तेलुगुभाषी इलाकों के अलावा अपने अधिकार क्षेत्र को बढ़ाने की शायद ही सोचता था। हालांकि, 1565 में यही वो शासक था, जिसने कभी उसके मददगार रहे रामराय के ख़िलाफ़ गुट बनाने में दक्कन के दूसरे सुल्तानों का साथ दिया था, और दक्षिण की तरफ विस्तार करने का रास्ता खोल दिया था। काफ़ी लंबे

समय तक विजयनगर के साथ उसके रिश्ते अच्छे थे, लेकिन गोलकोंडा की जायदाद पर रामराय के कब्ज़े ने इस दोस्त को भी दुश्मन में बदल दिया था। उसे इस बात ने भी नाराज़ कर दिया था कि विजयनगर ने जगदेव राव को पनाह दी थी, और उसके उकसाने पर गोलकोंडा में बग़ावत भड़काने की कोशिश की थी—एक बार जब क़ुतुब शाह लंबे समय के बाद गोलकोंडा लौटा, तो उसे अपनी राजधानी के दरवाज़े अपने लिए ही बंद मिले थे। वो शायद हिन्दुस्तान में इकलौता ऐसा शासक बन गया था, जिसे अपने निजी मुख्यालय की घेराबंदी करने की शर्मिंदगी उठानी पड़ी थी, ताकि वो फिर से इसका मुखिया बन सके।[29]

दि प्रिंट कलेक्टर / गेटी इमेजेस

गोलकोंडा किला, एलिसी रेकलस के दि यूनिवर्सल जियोग्राफी विद इल-स्ट्रेशंस एंड मैप्स, डिवीज़न XV से लिया गया (वर्चू एंड कंपनी लि., लंदन द्वारा प्रकाशित), 1895

ऐसे लम्हे इब्राहिम क़ुतुब शाह के दूसरे पहलू को सामने लेकर आए—उसने इस बग़ावत में हिस्सा लेने वाले सभी सैनिकों को मरवा दिया। इसी तरह, उसकी तीस संतानों में से जब कुछ लड़के उपद्रवी बन गए, इब्राहिम ने उन्हें सज़ा दी: सबसे बड़े को ज़हर दे दिया गया, जबकि दूसरे को डुबाकर मार डाला गया—शायद क़ुतुब शाह अपने वालिद के साथ हुए हादसे को ख़ुद के साथ दोहराना नहीं चाहता था।[30] विरासत के मुद्दों पर ये क्रूरता भरे फ़ैसले, और विजयनगर के ख़िलाफ़ 1565 के युद्ध में निभाई भूमिका इब्राहिम के शासनकाल की सबसे आक्रामक घटनाएं हैं। हालांकि, ज़्यादातर समय वो गोलकोंडा में समृद्धि लाने के लिए जाना जाता था, एक शांत मन के साथ, यह गुण उसके बराबर की उम्र के राजाओं में शायद ही था। मिसाल के लिए, इब्राहिम के लंबे शासनकाल के

दौरान मसुलिपाटम आर्थिक गतिविधियों के प्रमुख केंद्र के रूप में उभरा, जो गोलकोंडा के शासकों के लिए अहम था। ये एक बुरा बंदरगाह था, 'जिसका लंगर भारत के पूर्वी तट पर सबसे ख़राब लंगरों' में से एक था। 'जहाज़ों को समंदर में लंगर डालने को मजबूर होना पड़ता था और सामान की ढुलाई छोटी नावों के ज़रिए हो पाती थी।' इसकी कमज़ोरियों के बावजूद, मसुलिपाटम की अहमियत इस तथ्य से ज़ाहिर होती थी कि 'गोलकोंडा सल्तनत में पैदा होने वाली चीज़ों के लिए ये प्रमुख बंदरगाह था'—और कारोबारी जगत के अलग-अलग केंद्रों पर इन चीज़ों की भारी मांग थी।[31] निर्यात होने वाली चीज़ों में प्रमुख थे कपड़े, और क़ुतुब शाह के राज्य में बेहद अच्छी गुणवत्ता वाले छींट कपड़े बनाए जाते थे, जिस पर ख़ूबसूरत 'चित्रकारी' होती थी। एक मुसाफिर ने टिप्पणी की थी, 'भारत भर में ये कपड़ा मशहूर था' और 'देखने और छूने में ये वाकई सबसे अच्छा था'।[32] गोलकोंडा से जहाज़ पूरब में मलेशिया, स्याम और सुमात्रा जाते थे, जबकि पश्चिम में सालाना हज और ईरान के लिए जाते थे। इन जहाज़ों पर अक्सर कालीन होते थे, क्योंकि ईरान से बाहर, 'सबसे अच्छे फ़ारसी कालीन गोलकोंडा में एल्लुरू के पास बनाए जाते थे।'[33] जब डच और अंग्रेज़ ईस्ट इंडिया कंपनियों ने बंगाल की खाड़ी में प्रवेश किया, तो क़ुतुब शाह के कपड़ा उद्योग को यूरोप में भी हाथों-हाथ लिया गया, जहां भारतीय कपड़े रोज़ाना इस्तेमाल की चीज़ बन गए थे—ख़ूबसूरत डिज़ाइन और रंगों वाले गोलकोंडा छींट की इंग्लैंड के अलावा खासतौर पर हॉलैंड और फ्रांस में अच्छी मांग थी।[34] अंग्रेज़ों ने महसूस किया था कि 'गोलकोंडा के साम्राज्य की धन-दौलत और ख़ुशहाली इसके देसी उद्योगों में छिपी है'।[35] यहां चीज़ें आयात भी होती थीं, ना केवल मालाबार और बंगाल से, बल्कि दूर-दराज के चीन और जापान से भी, और मंगाई जाने वाली चीज़ों में 'लौंग, काली मिर्च, दालचीनी, चांदी, तांबा, टिन और सोना होता था'।[36] राज्य के जंगल 'जहाज़ बनाने के फलते-फूलते धंधे' में काम आते थे, और इसकी खदानों में विदेश की सेनाओं के लिए तलवार बनाने वाले बेहतरीन इस्पात का उत्पादन होता था।[37] यही नहीं, 1677 की एक ब्रिटिश रिपोर्ट के मुताबिक, गोलकोंडा की तेईस खदानें और बीजापुर की पंद्रह खदानें मिलाकर पूरी दुनिया की हीरों की मांग पूरा कर सकती थीं—खदानों का कामकाज जान-बूझकर कम रखा जाता था ताकि क़ीमती पत्थरों की हैसियत कम ना हो जाए, क्योंकि ये खदानों में बड़ी तादाद में मौजूद थे।[38] गोलकोंडा शब्द के साथ ही इतना वैभव जुड़ा था कि 1813 ईसवी में अमेरिका के इलिनॉय में एक शहर ने अपना नाम साराविले से बदलकर गोलकोंडा रख लिया, ताकि उस समृद्धि का दृष्टिकोण अपनाया जा सके, जो इस नाम के वास्तविक शहर में मौजूद थी।[39]

अगर इब्राहिम क़ुतुब शाह ने अपने साम्राज्य को समृद्धि के रास्ते पर रखा, तो उसके वारिसों ने इसकी बुनियाद को और मज़बूत कर दिया। जैसे-जैसे

गोलकोंडा बढ़ता गया, इब्राहिम ने राजधानी के विस्तार की योजनाओं पर और किले के बाहर बगैर चारदीवारी के एक शहर बनाने का काम शुरू कर दिया। पश्चिम दिशा में ऐसी एक कोशिश पानी की कमी के चलते नाकाम हो गई, जिसके बाद इब्राहिम ने पूरब दिशा में मूसी नदी पर एक पुल बनवाया। इब्राहिम ने हुसैन सागर झील के साथ-साथ गोलकोंडा से करीब सोलह मील दूर अपने नाम पर एक और शहर बनवाया। लेकिन क़ुतुब शाहों के सिर का ताज था हैदराबाद शहर, जिसे इब्राहिम के बेटे मुहम्मद क़ुली ने बनवाया था, और उसे एक किताब में 'सुलेमानी शहंशाह' के बराबर बताया गया है।[40] अपने वालिद की ही तरह, मुहम्मद क़ुली क़ुतुब शाह में कई खासियतें थीं। एक तरफ, वो विरहिणि शैली में कविताएं लिखता था। इस शैली में वो अपने प्रेमी यानी ईश्वर के लिए तड़पती महिला के शब्दों में कविताएं लिखता था। इस तरह हम देखते हैं कि क़ुतुब शाह पुकारता है, 'हे परम मोहक/ देखें ये बेचारी आपकी कितनी बड़ी दासी है!'[41] दूसरी तरफ, वो कलाओं और लेखन का बहुत बड़ा संरक्षक था, उसके एक महल में विशेष विभाग था 'जहां किताब की छपाई से जुड़ी हर तरह की गतिविधियां होती थीं, जिनमें काग़ज़ बनाना, किताब छापना, सोने का पानी चढ़ाना और तस्वीरें बनाना भी शामिल था,' और यहां फ़ारस, उत्तरी भारत और तेलुगु के स्थानीय कलाकार रहा करते थे।[42]

हालांकि उसने एक महान निर्माता के रूप में अपने लिए खास जगह बनाई। हैदराबाद के रूप में मुहम्मद क़ुली क़ुतुब शाह ने एक ऐसे शहर की कल्पना की थी, जो 'पूरी दुनिया में अनोखा' और 'स्वर्ग का असली प्रतिरूप' हो।[43] एक कहानी ये है कि एक बार नदी पार शिकार करते हुए उसकी मुलाकात एक ख़ूबसूरत महिला भागमती से हुई और उससे शादी करने के बाद मुहम्मद क़ुली ने उसके नाम पर एक शहर बनवाने का फ़ैसला किया: भागनगर, जो बाद में भागमती के हैदर महल नाम रखने के बाद हैदराबाद हो गया। एक मुग़ल जागीरदार ने इस पूरी योजना को 'एक बूढ़ी वेश्या' पर मोहित एक राजा का बेकार काम कहकर खारिज किया।[44] उसने कहा कि शहर का नाम 'एक पुरानी वेश्या' के नाम पर रखा गया है।[45] सच्चाई ये है कि इसका नामकरण अली, जिन्हें हैदर भी कहा जाता है, के नाम पर किया गया था और जिन्हें शिया अपना पहला इमाम मानते हैं। हैदराबाद का नामकरण क़ुतुब शाह की किसी प्रेमिका के नाम पर नहीं किया गया था। ये उसकी अपनी एक शायरी से साफ़ होता है जिसमें उसकी खासमखास समेत सत्रह प्रेमिकाओं के नाम दिए गए हैं; और इनमें से किसी का नाम भागमती नहीं था, और दरअसल इस जगह ये सुल्तान अपने नए शहरी ख्वाब को हैदराबाद कहकर ही पुकारता है। इसी तरह, उस समय के सिक्कों में गोलकोंडा और हैदराबाद नाम तो खुदे मिलते हैं, भागनगर कभी सामने नहीं आता। इस बात की संभावना ज़्यादा है कि एक बार जब ये राजवंश सत्ता से हट गया, मुग़ल अफ़वाह 'मज़ाक उड़ाने वाले एक वाक्य से एक अनुच्छेद

में बदली, और फिर बढ़ते-बढ़ते कई अध्यायों में बदल गई,' और इस तरह एक झूठ को तब तक दोहराया गया, जब तक कि उसे सच नहीं मान लिया गया।[46]

डिनोडिया फोटोज़ / अलामी स्टॉक फोटो

चारमीनार

जो भी हो, इस शहर ने गोलकोंडा को सत्रहवीं सदी में एक नई चमक दी, क्योंकि ये शहर बेहद ख़ूबसूरत था और अपने में अनोखा भी। टैवर्नियर ने यहां की यात्रा करने के बाद लिखा, 'शहर ऑर्लियंस से कुछ ही कम था, अच्छी तरह बना हुआ और खिड़कियों से भरा हुआ', जबकि नदी पार करने के लिए बना पुल 'पेरिस के पो-नफ से कम ख़ूबसूरत नहीं था'।[47] 1592 में बनकर तैयार हुआ चारमीनार मुख्य सड़कों के बीचोबीच, मुख्य चौराहे के पास दाईं ओर खड़ा था, और इसकी सजावट एक फव्वारे से की गई थी, जिसे चार-सू-का-हौज़ कहते थे। इसके नज़दीक ही शाही परिवार के नए महल बने, और क़ुतुब शाह ने पूरे शहर में करीब चौदह हज़ार दुकानों, मदरसों, गुसलखानों, कारवां सरायों और दूसरे सार्वजनिक भवनों को बनवाकर रौनक ला दी।[48] शिया प्रतीकों से प्रेरित डिज़ाइन वाले चारमीनार के भीतर ही, ऊपरी मंज़िलों पर एक मस्जिद और एक

मदरसा था, जो हिन्दुओं और मुसलमानों सबके लिए खुला था। ये जगह आम लोगों की भलाई के लिए किए जाने वाले एलान पढ़ने के लिए भी इस्तेमाल होने लगी थी।[49] माना जाता है कि सुल्तान का मुख्य महल और भी शानदार था, जिसमें सात या आठ मंज़िलें थीं, और हर मंज़िल का नाम शिया इमामों, पैगंबर और अल्लाह के नाम पर रखा गया था। 'इनमें, अली के नाम पर रखी गई मंज़िल, हैदर महल सबसे अधिक भव्य थी, और कहा जाता है कि इसकी छत और खंभों पर क़ीमती पत्थर और सोने की कीलें जड़ी गई थीं।'[50] जब अंग्रेज़ कारोबारी विलियम मेथवल्ड हैदराबाद आया था, तो उसने शहर का जोश भरा वर्णन किया था। 'अपनी मीठी हवा, पानी की सहूलियत और उपजाऊ मिट्टी की वजह से ये शहर हिन्दुस्तान का सबसे बढ़िया शहर है, और राजा के महल का तो कहना ही क्या, ये अपने आकार और भव्यता में मुग़ल या किसी भी दूसरे राजा को कहीं पीछे छोड़ देता है।'[51] दिलचस्प ये है कि मेथवल्ड अफ़सोस जताते हुए कहता है कि 'जहां क़ुतुब शाह की चार बीवियां और हज़ार प्रेमिकाएं हैं, हमारे महान [अंग्रेज़] महाराज के पास तीन साम्राज्य होते हुए भी केवल एक बीवी है'।[52] लेकिन शाही हरम की बात छोड़ दी जाए तो ये शख़्स क़ुतुब शाह की नई राजधानी देखकर ख़ुश था। इस समय साम्राज्य की कमाई बीस से पच्चीस लाख रुपए के बीच होती थी और कर वसूली का काम सबसे ऊंची बोली लगाने वाले को दिया जाता था, जो राजधानी में हर साल एक तयशुदा रकम जमा करने को तैयार होता था।[53] फ्रेंच डायरी लेखक ज्यां डी थेवेनो ने लिखा है कि सुल्तान 'अपने साम्राज्य की सारी ज़मीन का मालिक था, और वो सबसे ज़्यादा किराया देने वाले को ही ज़मीन देता है, सिवाय अपने कुछ खास दोस्तों को ख़ुश करने के लिए, यानी जागीरदारों को एक निश्चित अवधि तक इस्तेमाल के लिए ज़मीन दी जाती है'।[54] यही नियम खदानों पर भी लागू होता था। एक स्थानीय कहानी के मुताबिक गोलकोंडा में हीरे की खोज एक चरवाहे ने की थी, जिसे संयोग से 'ऐसा पत्थर मिला था जो चमकदार था'। उस आदमी ने इसे थोड़े चावल के बदले बेच दिया।[55] जब चमकदार पत्थर की असलियत को समझा गया, खुदाई का कामकाज ज़ोर-शोर से शुरू कर दिया गया।[56] मिसाल के लिए, एक खदान को 'सुनार जाति के मारकांडू नामक शख़्स' को भाड़े पर दिया गया था, और इसका सालाना भाड़ा तीन लाख पगोडा था। हालांकि अगर एक निश्चित आकार से बड़ा पत्थर बाहर निकलता था, तो वो गोलकोंडा के शाही खज़ाने का हिस्सा बन जाता था।[57] टैवर्नियर का दावा है कि एक खदान में साठ हज़ार लोग काम करते थे (और उनमें से एक चोर था, जिसने अपनी आंख के कोने में एक हीरा छिपाने की कोशिश की थी)। एक अन्य जगह उसने लिखा है कि कारोबारियों के पास, उसने दो सौ बयालीस कैरेट का पत्थर (दि ग्रेट टेबल) देखा था, 'जो किसी कारोबारी के हाथ में उसकी ज़िंदगी में देखा सबसे बड़ा क़ीमती पत्थर था'।[58] माना जाता है कि होप नामक हीरा गोलकोंडा से निकला था, जहां से वो

फ्रेंच दरबार में पहुंच गया, और इसी तरह दरिया-ए-नूर भी गोलकोंडा से निकला माना जाता है जो अब तेहरान में ईरानी मुकुटों के संग्रह का हिस्सा है। सदियां बीतती गईं, और बड़े-बड़े हीरे जैसे शाह डायमंड, रिजेंट डायमंड और ऑरलोव डायमंड (अब रूस में) क़ुतुब शाही खदानों से बाहर निकलते गए। हालांकि कोहिनूर को शायद भारत के किसी दूसरे हिस्से में पहले ही ढूंढ़ निकाला गया था, मशहूर (और विवादास्पद) हीरों से जुड़ी कुछ कहानियों में इसे भी गोलकोंडा से जोड़ा जाता है। माना जाता है कि सत्रहवीं सदी के अंत के आसपास किसी मौकापरस्त वज़ीर ने अपने सुल्तान की पीठ में छुरा घोंपकर इस हीरे को तस्करों के पास पहुंचा दिया था।[59]

मेथवल्ड की तरह, एंटनी शोरर नामक एक डच भी हैदराबाद को देखकर बेहद प्रभावित हुआ था। उसने 1609 में लिखा, 'गोलकोंडा के राजा का राज्य शानदार है। जब वो बाहर आता है, उसके पीछे बड़ी भीड़ होती है, कुछ घोड़ों पर होते हैं, और कुछ पालकियों में। उसके पास ढेरों हाथी और ऊंट हैं। वो ख़ुद बाहर आते वक़्त हाथी पर बैठता है...कहा जाता है कि सभी शुल्कों को छोड़कर भी राजा की सालाना कमाई उन्नीस टन खज़ाना है। वो धार्मिक काम पर, खासकर फ़ारसियों पर, बहुत पैसे खर्च करता है, और फ़ारसी यहां बड़ी तादाद में आते हैं, जो होते कुलीन परिवार के हैं लेकिन गरीब।'[60] फ़ारसियों को संरक्षण का मतलब ये नहीं था कि पिछले सुल्तान के समय में तेलुगु हिन्दुओं को मिलने वाला समर्थन रुक गया था—इसके विपरीत, गोलकोंडा में ऊंची जगहों पर गैर-मुस्लिमों को रखा जाता था और दरबार का राजकवि पट्टमेत्ता सोमायाजु हिन्दू था, जबकि क़ुतुब शाह का मुख्य पंडित गणेश पंडितुलु था।[61] आम तौर पर विजयनगर से अलग हुए तंजौर और मदुरई नायकों के राज्यों से जुड़े रहे मशहूर कवि क्षेत्रय्या ने अपनी एक कविता में वर्णन किया है कि उन्होंने चालीस दिनों में क़ुतुब शाह के लिए गाए जाने वाले पंद्रह सौ पदों की रचना की थी।[62] अंग्रेज़ कारोबारी अक्सर प्रशासनिक और राजस्व विभागों में ब्राह्मणों की मौजूदगी की चर्चा करते थे, दरअसल उनकी जाति मुनीम के काम का पर्याय बनती जा रही थी—1678 में तो एक ऐसा उदाहरण भी मिलता है जहां हैदराबाद की एक मस्जिद के काम के लिए 'लिखने वाले ब्राह्मण' की तलाश की जा रही थी।[63] मुहम्मद क़ुली क़ुतुब शाह ने अपनी रचना, कुलियत, में हिन्दुओं, मुस्लिमों (खासकर शियाओं) और यहां तक कि पारसियों के रीति-रिवाजों का जिक्र किया है, उसने उनकी ज़िंदगी और पर्व-त्योहारों की बात की है और उनकी तारीफ की है[64] (ये गोलकोंडा में खेले जाने वाले खेलों पर चर्चा के अतिरिक्त है, जिसमें महिलाओं के एक अजीब खेल पोखारी फू का भी वर्णन है)।

राज्य के बंदरगाहों और कभी-कभी हैदराबाद में भी रहने आने वाले विदेशियों में 'फ़ारसी, अरब, तुर्क और बर्मी' थे, जहां शोरर ने दक्षिण पूर्वी

एशियाई नस्ल के कई लोगों को बर्मी कहा है।[65] 1669 में शहर में एक आर्मेनियाई था जो किसी फ्रांसीसी के लिए काम करता था और उसने क़ुतुब शाह से कुछ कारोबारी सहूलियतें मांगी थीं,[66] वहीं थोड़े समय बाद इतालवी निकोलाओ मनुची (जो मुग़लों से बचकर भाग रहा था) गोलकोंडा में आ गया, और एक हकीम के तौर पर उसने शाही हरम में रहने वाली—लंबे-चौड़े डील-डौल की जॉर्जिया की एक महिला का इलाज भी किया था।[67] एक सदी पहले मसुलिपाटम से होने वाले कारोबार से जलने वाले पुर्तगालियों ने सैनिक और कूटनीतिक, दोनों तरीकों से उनकी कर्टाज़ प्रणाली अपनाने का दबाव क़ुतुब शाह पर डाला था (इस प्रणाली के तहत समुद्र में जहाज़ों की सुरक्षा की गारंटी के लिए पुर्तगाली कुछ पैसे लेकर लाइसेंस देते थे)। हुआ ऐसा कि पुर्तगालियों से निपटने के लिए क़ुतुब शाह को सलाह देने वाला भी एक भागा हुआ पुर्तगाली था जिसका नाम था फर्नाओ रोड्रिग्स कैडेरा—गुस्साए गोवा शासक ने उसकी हत्या का आदेश जारी कर दिया।[68] हालांकि बड़े शहरों और राज्य की शहरी बस्तियों में साफ़ दिखने वाली अमीरी का बड़ा हिस्सा कुछ खास वर्गों तक सीमित था—आम देसी लोगों के बीच गरीबी अलग-अलग स्तर पर मौजूद थी। जैसा 1609 में क़ुतुब शाह की कमाई जानने के बाद शोरर ने टिप्पणी की थी, 'मैं अक्सर सोचता हूं कि इतनी रकम कैसे वसूल की जा सकती है, क्योंकि लोग तो आम तौर पर बेहद गरीबी की हालत में रहते हैं।'[69] ये कोई नई बात नहीं थी—इसके काफ़ी पहले 1470 के दशक में, बहमनी सुल्तानों के दिनों में रूसी डायरी लेखक अफानासी निकितिन ने लिखा था कि कैसे दक्कन में 'ज़रूरत से ज़्यादा लोग हैं', और 'गांव में रहने वाले लोग बेहद दयनीय हालत में हैं, जबकि जागीरदार बेहद अमीर हैं, अय्याशी की ज़िंदगी बिताते हैं और चांदी की पालकियों में घूमने के आदी हैं।'[70] राज्य में भ्रष्टाचार भी था, और कारोबारी—जिनसे मिलने वाला भुगतान ही शहरों में जमा होने वाली ज़्यादातर दौलत का ज़रिया था—अक्सर शिकायत करते थे कि हर बीस लीग पर सोलह अफसर कानूनी और गैर-कानूनी बकाया वसूलने का इंतज़ार करते थे।[71] यात्रियों ने एक और चीज़ पर गौर किया था कि बुरी आदत सब पर हावी थी—मेथवल्ड, थेवेनो और शोरर के कुछ दशकों बाद, एक अंग्रेज़ ने लिखा था कि गोलकोंडा में तंबाकू का ज़बर्दस्त चलन है, यहां तक कि 'तीन या चार साल के बच्चे भी इसका इस्तेमाल करते हैं, और ये लोगों में उतना ही लोकप्रिय है जितना मांस और शराब'।[72] ऐसा लगता है कि इसके बाद साम्राज्य की समृद्धि में धीरे-धीरे गिरावट आती गई और मुग़ल हमले के पहले तक ये पतन और कमज़ोरी का शिकार हो चुका था।

वैसे, हैदराबाद जब शोहरत की बुलंदी पर था, तब यहां केवल यूरोपीय ही नहीं आए थे। 1603 में एक खास फ़ारसी दूत शहर में आया था, और वो अपने साथ अपने सुल्तान शाह अब्बास का एक संदेश और कई महंगे तोहफ़े लाया था, 'जिसमें माणिक जड़ा एक शाही ताज भी शामिल था'। उसके मिशन

में सौ वरिष्ठ सफ़वी अफ़सर थे और वो गोलकोंडा की शहज़ादी और मुहम्मद क़ुली क़ुतुब शाह की बेटी हयात बख्श बेगम के साथ ईरान लौटने के मकसद से आया था। छह साल तक फ़ारसी दूत हिन्दुस्तान में रहा, लेकिन अपने मकसद को हासिल करने में नाकाम रहा। ईरान के शाही परिवार के साथ रिश्ते जोड़ने से मिल सकने वाली इज़्ज़त के बावजूद, शहज़ादी का निकाह उसके एक चचेरे भाई के साथ हुआ और वो दक्कन में ही रही (जहां उसे आगे जाकर बड़ी भूमिका निभानी थी)।[73] जब 1612 में मुहम्मद क़ुली क़ुतुब शाह की मौत हुई, तो इसी शहज़ादी का पति उसके बाद गद्दी पर बैठा, जिसे स्थानीय दस्तावेज़ों में सुल्तानु मुहम्मदु पदुसा राज्याना कहकर संबोधित किया गया है।[74] वो 'बेहद तमीज़दार शख्स' था लेकिन 'इतना मेहनती नहीं था कि इतिहास रच सके'—उसका शासनकाल 'तूफान के पहले की शांति' साबित हुआ।[75] जब 1626 में उसकी मौत हुई, अगला क़ुतुब शाह बना उसका बेटा अब्दुल्ला, जो मुश्किल से अभी किशोरावस्था में पहुंचा था। हालांकि असली सत्ता हयात बख्श बेगम के हाथों में रही। सच्चाई ये है कि छियालीस साल के अपने शासन काल में इस सुल्तान ने ख़ुद को बेहद ढीला साबित किया, सिवाय अपने दरबारी कवि से तूती नामा (तोतों की दास्तां) का उर्दू संस्करण तैयार कराने के।[76] जैसा बाद में कहा गया था, उसके अंदर 'मानसिक ऊर्जा की कमी थी और...वो कभी भी ना जनता की बात सुनता था और ना ही फ़ैसले सुनाता था...और ना ही वो कभी गोलकोंडा के किले की दीवारों के बाहर कदम रखता था'। स्वाभाविक रूप से उसके जागीरदार ऐसे ढीले सुल्तान की ज़्यादा इज़्ज़त नहीं करते थे, और अपने-अपने इलाकों में 'घिनौने ज़ुल्म' कर रहे थे क्योंकि उन्हें काबू में करने वाला कोई नहीं था।[77]

इस ढीले क़ुतुब शाह की कुछ अजीब आदतें थीं। 1652 में जब टैवर्नियर तीसरी बार गोलकोंडा आया, उसने लिखा कि सुल्तान का शल्य चिकित्सक एक डच था। एक दिन सुल्तान ने 'शल्य चिकित्सक को बुलाया और उसे कहा कि अगले दिन उसकी जीभ के नीचे चार जगहों से ख़ून निकाला जाए क्योंकि ऐसा उसके हकीम ने कहा है, लेकिन ये ध्यान रहे कि ख़ून आठ औंस से ज़्यादा ना निकले'। चिकित्सक ने चुनौती स्वीकार कर ली और महल में तय वक़्त पर पहुंच गया। वहां वह ये जानकर चौंक गया कि उसे सबसे पहले नहलाया जाएगा—उसे 'दो या तीन हिजड़े और चार बूढ़ी औरतें एक कमरे में ले गईं... उसके कपड़े उतारे और उसे अच्छे से नहलाया, खास तौर पर उसके हाथों को अच्छे से साफ़ किया गया, इसके बाद उसके शरीर पर दवाएं और सुगंधियां लगाई गईं, और पहनने को भारतीय कपड़े दिए गए। आखिरकार जब वो ख़ून खींचने जैसा करीबी काम करने के लिए सुल्तान के सामने जाने वाला था तो उसे सबसे अच्छा दिखना चाहिए। जब उसने अब्दुल्ला क़ुतुब शाह की जीभ के नीचे से बिलकुल सटीक आठ औंस ख़ून निकाल लिया, सुल्तान की वालिदा हयात

बख्श बेगम और सुल्तान की बीवी ने भी ख़ून निकलवाने का फ़ैसला किया।' टैवर्नियर का मानना था कि 'इसकी वजह इलाज नहीं बल्कि उनका कुतूहल था, क्योंकि चिकित्सक एक नौजवान और अच्छी कद-काठी का मर्द था, और शायद उन्होंने अपनी ज़िंदगी में किसी अजनबी को इतना करीब नहीं देखा था।' हालांकि ये देखते हुए कि सुल्तान की वालिदा के हाथ में असली सत्ता थी, इस बात की संभावना कम है कि वो मर्दों से दूर रहती होगी। लेकिन टैवर्नियर की कहानी गोलकोंडा के सूरज डूबने के पहले वहां के हालातों के बारे में काफ़ी-कुछ बयान कर देती है।[78] क्योंकि जहां दरबार एक उदासीन सुल्तान की वजह से अपना मन बहलाने में लगा था, उसके देश के पतन की शुरुआत हो चुकी थी।

~

1643 में राज्य का कामकाज संभालने के लिए अब्दुल्ला ने मीर मुहम्मद सईद नामक एक शख्स को मीर जुमला (मुख्य मंत्री) बनाया। राज्य में लोगों का हौसला पस्त हो रहा था। मुग़लों के हाथों गोलकोंडा ने प्रतिष्ठा के अलावा भी काफ़ी कुछ गंवा दिया था। इस समय तक दक्कन में केवल बीजापुर और गोलकोंडा राज्य ही बचे थे। मुग़ल बादशाह के खज़ाने में हर साल गोलकोंडा को दो लाख सोने की मुहरें भेजनी होती थीं और 1636 में, अधीनता के समझौते के साथ ही खुतबा से ईरानी शाह का नाम हटाकर शाहजहां का नाम शामिल कर लिया गया था। हालांकि इस अवधि में क़ुतुब शाह ने कर्नाटक में थोड़ा फायदा कमाया था, लेकिन मुग़लों की वजह से उन्हें चैन नहीं मिलता था। नए मीर जुमला का कार्यकाल इस बात का सुबूत था कि वो कितना काबिल और जोशीला हो सकता था, और वो गोलकोंडा की तकदीर बदल सकता था अगर उसे इस बात का अहसास नहीं होता कि क़ुतुब शाह के दुश्मनों से हाथ मिलाकर उसकी अपनी तकदीर कई गुना बेहतर हो सकती है। गोलकोंडा के सुल्तान को धोखा देने की उसकी वजह कुछ तो निजी थी और कुछ जान बचाने की मजबूरी भी—तेरह सालों के शासन के दौरान मीर जुमला इतना ताक़तवर और अहंकारी हो गया था कि जब उसका बेटा नशे में क़ुतुब शाह के तख़्त पर सो गया और फिर उस पर उल्टी कर दी, तो भी वो उम्मीद कर रहा था कि उसके बेटे को सुल्तान हिरासत में ना ले। अब्दुल्ला भले ही कमज़ोर था, लेकिन थोड़ा आत्मसम्मान रखता था और उसने इस बेइज़्ज़ती को माफ़ करने से मना कर दिया; इसके बदले में उसके मंत्री ने ख़ुद को मुग़लों के हाथों बेच दिया, और उन्हें दो दशकों के बाद गोलकोंडा में दखल देने और धीरे-धीरे लेकिन पक्की जीत का रास्ता खोल दिया।[79] मीर जुमला के लिए हमदर्दी रखने वाले इतिहासकार कहते हैं कि वो अपने काम में इतना कामयाब था कि उससे जलने वाले दरबारियों ने क़ुतुब शाह के कान भर दिए थे और सुल्तान को उसके वफ़ादार वज़ीर के ख़िलाफ़ कर दिया था।[80]

मीर मुहम्मद सईद 1590 के दशक में ईरान में पैदा हुआ था और एक कारोबारी के साथ दक्कन आया था। उसकी शख़्सियत असाधारण थी, और उससे दो सदी पहले के महमूद गवान के कदमों पर चलने की उम्मीद की जा सकती थी। एक तरफ वह अपनी सेना को संभालता था, वहीं दूसरी तरफ वह सुल्तान से भाड़े पर लिए हीरे की खदान से ज़बर्दस्त मुनाफा कमाने की काबिलियत भी रखता था। थेवेनो बताता है कि इस शख़्स के पास हीरों का निजी संग्रह था जिनका वजन करीब पांच सौ पौंड था।[81] 1634 के आसपास वह हैदराबाद में सरदफ्तरदार के पद पर था, भले ही हैसियत में उसकी पदवी कम थी, लेकिन अपने कारोबारी मुनाफे के बूते पर उसने जल्दी ही निज़ामपट्टीनम के हवलदार का पद हासिल कर लिया था।[82] दशक के अंत तक, वो सर-ए-खैल (सूबेदार) की पदवी तक पहुंच चुका था, और 1643 में वो मीर जुमला बन गया था। इस शानदार तरक्की के दौरान उसकी माली हैसियत भी लगातार बढ़ती गई थी और साथ ही उसके द्वारा दी जाने वाली घूस की रकम भी। जिस साल उसे मीर ज़ुमला बनाया गया था, उसने अंग्रेज़ों को भी पैसे उधार देने शुरू कर दिए थे, और इसकी वापसी कई तरह से होती थी: एक बार उसे 'पीतल की एक बंदूक' मिली थी।[83] मीर मुहम्मद सईद एक साथ ही कारोबारी, बैंकर और गोलकोंडा का मुख्य मंत्री था, और वो भी ऐसे दौर में, जहां शायद किसी को भी स्वार्थों के टकराव के ऐसे खतरों की जानकारी नहीं थी। फिर भी, ये सभी को मालूम था कि गोलकोंडा में इस फ़ारसी जितनी ताक़त कुछ ही लोगों के पास थी और शायद यही वजह थी कि सभी चुपचाप गुलामों की तरह उसकी बात मानते थे। 1651 के एक अंग्रेज़ी दस्तावेज़ के मुताबिक 'गोलकोंडा के पूरे साम्राज्य पर उसका शासन था, उसके सामने लोग उसी तरह सिर झुकाकर डर से खड़े रहते थे जैसे कि सुल्तान के सामने।' क़ुतुब शाह को बीस लाख पगोडा देने के बाद भी, 'उसके पास अपने चार हज़ार घोड़े, तीन सौ हाथी, चार या पांच सौ ऊंट, और दस हज़ार बैल थे, जो उसके सामान को कई देशों, जैसे गोलकोंडा, बीजापुर और मुग़ल साम्राज्य के अलग-अलग हिस्सों तक ढोने का काम करते थे।' अंतरराष्ट्रीय कारोबार के मामले में उसका 'काम लाल सागर से लेकर बसरा और मकस्सर तक फैला था'[84] और उसके पास 'अपने दस जहाज़ थे', जिसमें समय के साथ कुछ और जुड़ गए थे।[85]

उसके एक जहाज़ की क्षमता पांच सौ टन की थी, जो उसके जैसे रसूख के कारोबारी के लिए सामान्य बात थी, जो गोवा के सूबेदार के साथ-साथ ऊंची हैसियत रखने वाले तेलुगु योद्धाओं के साथ भी कारोबार करता था।[86] जो भी हो, 1650 के दशक तक मीर ज़ुमला का ज़बर्दस्त असर ना सिर्फ सरकार पर था, बल्कि दक्कन, मुग़ल इलाकों और कई देशों में फैले उसके आर्थिक जाल के ज़रिये उसने बड़े पैमाने पर निजी जायदाद भी बना ली थी। उसके हाथों में इतनी ज़्यादा ताक़त देने के बाद उसे अलग-थलग करना अब्दुल्ला की ऐसी

भूल थी जिसका पछतावा उसे बची हुई ज़िंदगी भर रहा। इस बात की संभावना है कि अब्दुल्ला क़ुतुब शाह को देर से ही पर समझ आ गया था कि उसने नौकर को मालिक से ज़्यादा बड़ा बनने की छूट दे दी थी और फिर उसका कद छोटा करने की कोशिश की थी। इस बात की शंका भी थी कि इतने सारे देशों में उसके आर्थिक संपर्क होने की वजह से मीर जुमला गोलकोंडा के लिए वफ़ादार था ही नहीं। उसके बेटे के उल्टी करने वाली घिनौनी कहानी के अलावा स्थानीय गपशप में एक और (शायद बनावटी) कहानी सामने आती है। इसमें सुल्तान को बताया जाता है कि उसके मीर जुमला का चक्कर उसकी वालिदा के साथ था, जिसने उसे मीर जुमला की अकड़ को ख़त्म करने के लिए उकसा दिया।[87] वजह जो भी हो, 1655 में क़ुतुब शाह ने मीर मुहम्मद सईद को बर्खास्त कर दिया, उसकी जायदाद जब्त कर ली और कामकाज अपने हाथ में लेने की भरपूर कोशिश की। हालांकि शाही गुस्से के शिकार मीर ने बड़ी ताक़तों से इसकी शिकायत की। सबसे पहले, मीर ने ईरान के शाह से मदद मांगी,[88] जिसमें नाकाम होने के बाद वो दक्कन के मुग़ल सूबेदार के पास गया, जिसके साथ ऐसा लगता है कि उसकी बातचीत के रास्ते हमेशा से खुले थे। ख़ुद औरंगज़ेब ने दक्कन के साम्राज्यों के लिए चालाकी भरी योजनाएं बनाई थीं, और वो बस कहीं अपनी टांग अड़ाने के लिए मौका मिलने का इंतज़ार कर रहा था। सूबेदार के बेटे के साथ एक फ़ौज हैदराबाद रवाना हुई और शहर के नज़दीक उसने डेरा डाल दिया। क्या करने की ज़रूरत है, इसे लेकर औरंगज़ेब का नज़रिया साफ़ था। उसने भूतपूर्व मीर जुमला को लिखा, 'गोलकोंडा के क़ुतुब शाह में ना हिम्मत है और ना ही इज़्ज़त की परवाह। वो गुस्सैल और जल्दबाज़ है। वो बहुत आसानी से डर जाता है। अगर तुम मेरे हुक्म के मुताबिक काम करोगे, तो तुम कामयाब होगे'।[89] शहर के कुछ हिस्से और यहां तक कि सुल्तान के महल को भी लूटने का जिक्र मिलता है, जब तक कि क़ुतुब शाह के फ़ौजियों ने अपने मालिक के हितों को बचाने के लिए पलटवार नहीं किया। मुग़ल फ़ौज के ख़िलाफ़ 'हमले' का बहाना बनाकर, औरंगज़ेब ख़ुद गोलकोंडा के बाहर हमले की कमान संभालने के लिए आ गया।

किले की सुरक्षा के घेरे में रहते हुए ही अब्दुल्ला ने उत्तर में सीधे बादशाह के सामने हालात समझाते हुए गुहार लगाई, और औरंगज़ेब को दुखी करते हुए उसके वालिद ने उसे ये पूरी कवायद रोकने का हुक्म दिया।[90] कथित तौर पर ये गोलकोंडा के लिए उसकी हमदर्दी की वजह से था, जहां से एक बार ख़ुद शाहजहां को मदद मिली थी, जब उसने अपने वालिद के ख़िलाफ़ बग़ावत की थी।[91] औरंगज़ेब के भाई और प्रतिद्वंद्वी दारा शिकोह की पैरवी ने भी शाहजहां के इस फ़ैसले पर असर डाला था—शहज़ादा दारा नहीं चाहता था कि औरंगज़ेब दक्कन में ज़्यादा ताक़तवर हो जाए, और उसने क़ुतुब शाह को ख़ुद खत लिखकर अपना 'पूरा साथ' देने का भरोसा दिलाया था।[92] लेकिन औरंगज़ेब

चालाक था—उसने शाहजहां का हुक्म तब तक छिपाए रखा जब तक कि उसे क़ुतुब शाह से मनचाही चीज़ नहीं मिल गई।[93] उसने भूतपूर्व मीर जुमला को लिखा, 'क़ुतुब अल मुल्क अब माफ़ी के लिए तरस रहा है, लेकिन मैं उसे बर्बाद करना चाहता हूं।'[94] ये तब था जबकि मुग़लों से नफ़रत करने के बावजूद अब्दुल्ला औरंगज़ेब के गुस्से को सहन कर रहा था: ऐसी कहानी है कि क़ुतुब शाह के किले से एक बंदूकची ने हाथी पर बैठे औरंगज़ेब को अपने निशाने पर ले लिया था और घेराबंदी के दौरान उसे ख़त्म करने की इजाज़त मांगी थी। अब्दुल्ला ने ही उसे कहीं और निशाना लगाने को कहा, क्योंकि 'शहज़ादों की ज़िंदगी की इज़्ज़त करनी चाहिए'।[95] मई 1656 में जब तक मुग़ल पीछे हटे, हयात बख़्श बेगम औरंगज़ेब से मिल चुकी थी, उसके बेटे के लिए अपनी पोती का हाथ देने का वादा कर चुकी थी, उस बेटे को अब्दुल्ला (जिसका कोई बेटा नहीं था) का वारिस बनाने को राज़ी हो गई थी और शहज़ादी के दहेज के तौर पर कुछ ज़िलों को औरंगज़ेब को देने के लिए तैयार थी।[96] इसी वक़्त भूतपूर्व मीर जुमला ने, जिसने मुग़ल पक्ष की तरफ से सारी कार्यवाही में हिस्सा लिया था, आगरा में शाही दरबार में हाजिर होकर अपनी मदद के लिए आभार जताते हुए शाहजहां को तीन सौ साठ कैरेट का एक हीरा तोहफ़े में दिया था, जिसके बारे में कहा जाता है कि वो आम हीरा नहीं बल्कि कोहिनूर था।[97]

क़ुतुब शाह इससे नाराज़ था—ऐसा नहीं लगता है कि कोहिनूर मीर मुहम्मद सईद का था, जो उसने शाहजहां को दे दिया था—और उसने फ़ारस के शाह को लिखी चिट्ठी में अपनी सारी चिंताएं जताईं।[98] अपने पूर्व मंत्री को 'नीच' करार देते हुए उसने बताया कि कैसे मुग़लों ने हैदराबाद से 'करोड़ों रुपए की नकदी और सामान, क़ीमती गहने, सोने और चांदी के प्याले जैसी महंगी चीज़ें और विद्वानों के दस्तखत की हुई किताबें' लूट ली थीं। शांति समझौते के मुताबिक मुआवजा दिए जाने के बावजूद, पूर्व मीर जुमला को उत्तर ले जाया गया और उसके साथ 'नकदी, सामान, सोने की कशीदाकारी वाले हथियार, हीरे, माणिक और दूसरी क़ीमती चीज़ें भी ले जाई गईं, जो मंत्री ने लूट या धोखे से हथियाए थे'। इससे भी बुरी बात ये कि शहंशाह ने दरबार में उसकी अगवानी की और उसे कई पदवियों और मुग़ल दर्जे से नवाज़ा। गोलकोंडा के क़ुतुब शाह ने अपनी बात ख़त्म करते हुए लिखा, 'मैं उम्मीद करता हूं कि हमारे मज़हब के रिश्ते की वजह से आप मुग़लों के ज़ुल्म को नापसंद करेंगे। आपको ये अच्छा नहीं लगेगा कि इमामों का मज़हब इस देश से मिटा दिया जाए, जहां एक सौ सत्तर सालों से लोगों के कानों में ये आवाज़ गूंजती है कि अली ही अल्लाह का वली है। इस मुसीबत में आप मुझे जो मदद करेंगे उसे आप मज़हब के नज़रिए से देखें। लेकिन मैं सैनिकों का खर्चा चुकाऊंगा, जब वो सरहद पर पहुंच जाएंगे।'[99] ये हताशा से भरी गुहार थी, लेकिन फ़ारस के साथ बनाए सारे रिश्तों, और हिन्दुस्तान में फ़ारसियों की तक़दीर बदलने के बावजूद इलाके के आखिरी

सुल्तानों में एक को बचाने के लिए उस वक़्त कोई मदद नहीं आई, जब इसकी सबसे ज़्यादा ज़रूरत थी।

अगले कई सालों तक, मुग़लों ने गोलकोंडा को अकेला छोड़ दिया क्योंकि वो मराठों और बीजापुर के साथ उलझे हुए थे। 1672 में अब्दुल्ला की मौत हो गई। चूंकि उसका दामाद और औरंगज़ेब का बेटा, जिसे गोलकोंडा का तख़्त दिया जाना था, उसने अपने आशंकित पिता को नाराज़ कर दिया था—जो अब मुग़ल बादशाह था और हमेशा इस डर में रहता था कि उसकी संतान उसके ख़िलाफ़ साज़िश कर रही है—उसे ग्वालियर में हिरासत में रखा गया था। यानी अब वारिस उन दो मर्दों में से तय होना था जिन्होंने क़ुतुब शाह की बेटियों से शादी की थी। क़ुतुब शाह की मौत के पहले छह साल तक इनमें से बड़े दामाद ने सुल्तान पर अपना काफ़ी असर जमा लिया था। हयात बख्श बेगम की मौत हो चुकी थी, और इस शख़्स ने खाली पड़े तख़्त पर कब्ज़ा जमा लिया। वैसे, वो कोई बुरा शख़्स नहीं था, वो एक तरह का गणितज्ञ (रियाज़ीदान) था और मानता था कि इस विषय में ईसाई अच्छे होते हैं। जब कोई फादर इब्राहिम गोलकोंडा से गुज़र रहे थे, इस सुल्तान ने उन्हें यहां बस जाने के लिए मनाने की पूरी कोशिश की, उन्हें एक घर, गिरजाघर और ऊंचे ओहदे का प्रस्ताव दिया (लेकिन सब बेकार साबित हुआ)।[100] पर इस तरह की लुभावनी हरकतों के बावजूद, इस दामाद को गोलकोंडा के दरबारी पसंद नहीं करते थे, ज़्यादातर की पसंद मरहूम सुल्तान का सबसे छोटा दामाद था। इसका नाम था अबुल हसन और वो शाही परिवार का दूर का रिश्तेदार था। सालों तक वो किले के बाहर सूफ़ी बनने की ख्वाहिश के साथ रह रहा था, लेकिन अचानक ही उसकी शादी सुल्तान की बेटी के साथ हो गई—बेटी का मंगेतर शादी के लिए आया तो था, लेकिन अंतिम क्षणों में एक तकरार के बाद शादी तोड़ दी गई। हालांकि, जलसे को रद्द करने के बजाय केवल दूल्हे को बदल दिया गया, और अबुल हसन को दरबार में बुलाकर उसे एक अहम बीवी सौंप दी गई।[101]

गोलकोंडा का ये आखिरी शासक—जो बनना उसकी क़िस्मत में था—कोई बहुत ताक़तवर सुल्तान नहीं था, वो अपने ससुर से भी कमज़ोर था। उसके पास कला और संगीत का हुनर ज़रूर था, कुछ चीज़ों में वो लोकप्रिय भी था, लेकिन सैन्य और प्रशासन के मामलों में वो बेहद कमज़ोर था। अपने आप को मज़बूत करने की कोशिश करने के बजाय, अबुल हसन (एक इतिहासकार के तीखे शब्दों में 'बेकार और अय्याश'[102]) ने शासन के वास्तविक अधिकार एक मंत्री को सौंपने का फ़ैसला किया। कई जागीरदार इसी चीज़ की ख्वाहिश में थे—एक छुटभैया जिसे काबू में रखा जा सके—लेकिन वो चौंक गए थे। क्योंकि नए क़ुतुब शाह ने किसी फ़ारसी या मुस्लिम को नहीं चुना था—गोलकोंडा का आखिरी मुख्य मंत्री एक ब्राह्मण था। वैसे तो हिन्दू हमेशा से राज्य की सेवा

करते आए थे, इसके पहले इतने ऊंचे ओहदे तक मदन्ना जैसा चालाक और महत्वाकांक्षी कभी नहीं पहुंचा था, जिसने अपनी शुरुआत 'एक मुंशी के रूप में की और सबसे ऊंची पदवी पर अपने हुनर, मक्कारी और साज़िश के ज़रिये पहुंच गया था'।[103] वो इतना ताक़तवर था कि थेवेनो को बताई गई एक कहानी के मुताबिक गैर-मुस्लिमों का असर बढ़ने की वजह ये तथ्य था कि मरहूम क़ुतुब शाह अब्दुल्ला वास्तव में एक ब्राह्मण मां की संतान था, और इसने ब्राह्मणों को नई ऊंचाइयों तक पहुंचने का रास्ता खोल दिया था।[104] ये बकवास था, लेकिन गंभीर बात ये थी कि जब हिन्दू सरकार के ऊंचे ओहदों तक पहुंच रहे थे, पीढ़ियों से वहां कब्ज़ा जमाए लोग परेशान थे।

मदन्ना वारंगल के किसी 'बानूजी पुंतूलू' के चार बेटों में एक था। इन भाइयों में एक अक्कन्ना भी अपने भाई की तरह प्रभावशाली था और उसे भी दरबार में जगह मिली थी।[105] वे सालों तक एक वर्ग के रूप में अपने आपको सहायक के तौर पर देखने के बाद निश्चित रूप से अपनी तरक्की को एक तरह का इंसाफ़ मानते थे। जैसा कि अक्कन्ना ने तेलुगु बोलने वाले एक डच कारोबारी को कहा था, 'आप ख़ुद सोच सकते हैं कि कौन सी सरकार राजा का काम सबसे अच्छा करती है, हमारी या मुसलमानों की; हमारी सरकार पूरी तरह देश के कल्याण के लिए समर्पित है क्योंकि हम लोगों के पास ना तो दूसरा देश है और ना ही हम उसकी तलाश करते हैं, जबकि मुसलमानों की सरकार केवल अमीर बनने के लिए और फिर उन जगहों पर चले जाने के लिए काम करती है जिन्हें वो अपना वतन या पवित्र मानते हैं।'[106] अपने समय के हिसाब से ये एक असाधारण बयान था, शायद एक तरह का पूर्व-राष्ट्रवाद था, हालांकि यहां मुसलमानों से मतलब फ़ारसियों से है, दखनी मुसलमानों से नहीं।[107] ये भी जोड़ा जाना ज़रूरी है कि दखनी भी एक ताक़तवर हिन्दू पक्ष के आने से पूरी तरह ख़ुश नहीं थे, लेकिन उन्होंने अपने हितों की रक्षा के लिए उनके साथ मिलकर काम किया—वे फ़ारसियों के मुकाबले हिन्दुओं के ज़्यादा नज़दीक थे। जो भी हो, भले ही दावा किया गया था कि उनकी सरकार बेहतर है क्योंकि इसमें स्थानीय लोगों का प्रतिनिधित्व था, सच यही था कि मदन्ना का कार्यकाल लोकप्रिय नहीं था। सबसे पहले तो, पहले से चले आ रहे मुस्लिम दरबारियों की जगह वरिष्ठ पदों पर बड़ी तादाद में हिन्दुओं की तुरंत नियुक्ति ने जल्दी ही मदन्ना के लिए दुश्मन तैयार कर दिए।[108] कुछ लोगों के मन में उनके अपने पूर्वाग्रह थे, जैसे कि ब्राह्मण वफ़ादार नहीं हैं—सालों पहले, एक ब्राह्मण अफ़सर को मुग़लों के साथ गुप्त बातचीत करने का दोषी पाए जाने के बाद पीटकर मार डाला गया था।[109]

जब मदन्ना ने देशहित में राजस्व प्रणाली को ज़्यादा पारदर्शी बनाने की कोशिश की, तो पुरानी प्रणाली के अंदर दशकों तक फले-फूले लोगों में उसके लिए नफ़रत और बढ़ गई।[110]

जैसा पहले बताया गया है, क़ुतुब शाह को सबसे बड़ी बोली लगाकर सबसे ज़्यादा सालाना रकम देने वाले को किसी ज़िले में कर वसूली का ज़िम्मा दिया जाता था। मदन्ना ख़ुद भी एक वक़्त कर वसूली करता था (और उसके भाई के पास कारोबारी जहाज़ थे, हालांकि वो भूतपूर्व मीर जुमला जैसे रसूख वाला नहीं था), और अब राजस्व प्रणाली को केंद्रीकृत करने और वेतनभोगी अफ़सरों को रखने की उसकी कोशिशें चालबाज़ी लग रही थीं। मद्रास में इंग्लिश ईस्ट इंडिया कंपनी तो पक्के तौर पर उसे नापसंद करती थी, और 1676 में उसके बारे में लिखा था: 'मदन्ना के पास पूरा नियंत्रण है, और लोगों को चूसने और निचोड़ने के अलावा कुछ नहीं सोचा गया है। देश की सरकार अब इतने गंदे हाथों में है कि सिवाय धोखाधड़ी और ज़ुल्म के कुछ नहीं होता, और अफ़सर इतने बेशर्म हैं कि किसी भी समझौते, वादे, क़ौल या फरमान की कोई साख नहीं बची है।'[111]

मदन्ना की इस सोच ने भी कि जब दुश्मनों को खरीदा जा सकता है तो युद्ध पर अपनी ऊर्जा बर्बाद क्यों की जाए, दरबार में बंटवारा कर दिया था। कई मुस्लिम जागीरदार मराठों (जो गोलकोंडा के इलाके में तेज़ी से जगह बना रहे थे) और मुग़लों के ख़िलाफ़ आक्रामक कार्रवाई के पक्ष में थे। इसके बजाय, फ़ौज पर नियंत्रण रखने के मकसद से मदन्ना ने अपने भाई को सरलश्कर (सेनापति) बना दिया, और उसकी एक तस्वीर बनवाई जिसमें वो तलवार के साथ खड़ा था (हालांकि एक डच प्रतिनिधि डेनियल हावर्ट ने लिखा था कि 'उसने तस्वीरों के अलावा कभी कोई लड़ाई नहीं देखी थी'[112])। मराठों से निपटने के लिए मदन्ना ने क़ुतुब शाह को शिवाजी के साथ एक समझौते के लिए राज़ी किया, जिसके तहत उन्हें हर साल एक लाख सोने की मुहरें सुरक्षा धन के रूप में दी जाती थीं, और इसकी शुरुआत 1674 से हुई थी।[113] 1677 में इस बात पर सहमति बनी कि कर्नाटक में एक मराठा विजय अभियान के लिए क़ुतुब शाह भुगतान करेगा, और कुछ इलाके गोलकोंडा को सौंप दिए जाएंगे।[114] मराठा नेता शिवाजी ने थोड़े समय पहले ही गद्दी संभाली थी और अपने इलाकों को एक वैध साम्राज्य घोषित किया था। गोलकोंडा में उनकी अगवानी ख़ुद अबुल हसन ने की थी। जैसा कि शिवाजी ने ख़ुद लिखा है, 'मैंने क़ुतुब शाह के साथ दोस्ती का एक समझौता किया है, जिसने मुझे हाल ही में निजी तौर पर मिलने के लिए बुलाया, और अपनी हथेली की छाप वाली चिट्ठी भेजी। मैं इस निमंत्रण का सम्मान करते हुए क़ुतुब शाह से मिला, जिसने ये जानने के बाद कि मैंने अपने आप को एक स्वतंत्र राजा घोषित कर दिया है, मुझे आम मुसलमानी रिवाजों से बख़्श दिया...जैसे कि उनके अभिवादन में ज़मीन को सिर से छूना। क़ुतुब शाह और मैं बराबरी से मिले, दोनों मुलाकात के लिए आधे-आधे रास्ते तक आए... मेरा हाथ पकड़कर उसने मुझे अपने पास बैठाया और काफ़ी इज़्ज़त दी, और हमारे रिश्तों को मज़बूत किया।'[115] हालांकि, इस बात के संकेत मिलते हैं कि

गोलकोंडा के पास शिवाजी के भयंकर हमलों को देखते हुए उनसे हाथ मिलाने के अलावा और कोई रास्ता नहीं था; जैसा हावर्ट ने अपमानजनक और चौंकाने वाली भाषा का इस्तेमाल करते हुए लिखा था कि मदन्ना केवल 'उनका मुंह सोने के ढेरों टुकड़ों से भरकर बंद कर पाया था'।[116]

जिस तरह शिवाजी के साथ पैसे के ज़ोर पर शांति समझौता हुआ था, मदन्ना ने सोचा था कि सोना फेंककर मुग़लों के साथ भी वैसे नतीजे मिल जाएंगे। 1683 में जब एक मुग़ल फ़ौज हैदराबाद के करीब आई, हावर्ट ने बताया है कि कैसे 'कोई खास तैयारी नहीं की गई थी सिवाय इसके कि महल में कुछ ज़रूरी चीज़ें भरी जा रही थीं और महल भी मौजूदा सुल्तान के शासनकाल में काफ़ी टूट-फूट गया था'। उसने आगे लिखा, 'बेवक़ूफ़ ब्राह्मणों को फ़ौजी मामलों की कोई जानकारी नहीं थी, वो सब कुछ अपने बटुए पर छोड़ देते थे और उन्हें बस इतना पता था कि पैसे के बल पर कैसे सभी लड़ाइयों का रुख मोड़ा जा सकता है, जैसा कि उस बड़ी रकम से समझ आता है जो एक छोटे से समय में ही औरंगज़ेब को भेजी गई थी'। ये बात सच थी क्योंकि उसी साल, औपचारिक तोहफ़ों के अलावा, केवल मार्च और जुलाई के दौरान मदन्ना ने बादशाह को आमों से लदी गाड़ियों के साथ करीब नौ लाख रुपए दिए थे।[117] इस समय तक, क़ुतुब शाह का भी अपने मंत्री पर कोई नियंत्रण नहीं रह गया था। 1683 में ख़ुद अबुल हसन को पांच मौकों पर पैसे मांगने मदन्ना के घर जाना पड़ा था। ये हो सकता है कि सुल्तान ज़्यादा खर्चीला हो रहा था और उसका मंत्री खर्च कम करना चाहता था, लेकिन किसी सुल्तान का अपने नौकर के पास पैसे मांगने के लिए जाना बेइज़्ज़ती की निशानी थी। और 1685 तक मसुलिपाटम में ये बात खुलेआम कही जाने लगी थी कि क़ुतुब शाह व्यावहारिक रूप से काम करना बंद कर चुका है, और ये समझौता हुआ है कि वो मदन्ना के कामकाज में दखल नहीं देगा जब तक कि उसे हर महीने एक लाख पचास हज़ार रुपए मिलते रहेंगे।[118]

अबुल हसन पैसे लेकर चुप बैठ सकता था, लेकिन औरंगज़ेब को तो घूस की ज़रूरत थी नहीं, और उसका इरादा गोलकोंडा को लंबे समय तक चैन से रहने देने का नहीं था। जिस समय गोलकोंडा का मराठों के साथ गठबंधन तैयार हुआ था, लगभग उसी समय बादशाह ने क़ुतुब शाह के साथ लड़ाई छेड़ने की कोशिश की थी। अबुल हसन के पास से दो बड़े-बड़े हीरे लाने के लिए एक दूत को भेजा गया था—या कम से कम दूत का औपचारिक मकसद यही था, जिसे बादशाह ने गुप्त रूप से कहा था कि हीरे 'पत्थर के बेकार टुकड़े' हैं। मुग़ल प्रतिनिधि का असली मकसद था कि वो कोई ना कोई ऐसा मुद्दा ढूंढ़े, जिसे बादशाह की बेइज़्ज़ती बताकर जंग का एलान किया जा सके। गोलकोंडा के इस क़ुतुब शाह में चाहे जो कमियां हों, वो गुस्से में जल्दी नहीं आता था और

उसने दूत को उसकी चाल में कामयाब होने का कोई मौका नहीं दिया। इस दूत ने वहां रहने के दौरान काफ़ी बुरा बर्ताव किया और लगातार कोशिश करता रहा कि क़ुतुब शाह ऐसा कुछ बोल दे जिसे बेइज़्ज़ती कहा जा सके। लेकिन अबुल हसन ने ख़ुशामदी रुख बनाए रखा। जब दूत ने इस बात पर नाराज़गी जताई कि वो ख़ुद को सुल्तान कहता है, क़ुतुब शाह ने इस बात को मज़ाक में उड़ाते हुए कहा, 'अगर हम जैसे लोगों को सुल्तान नहीं कहा जाएगा तो औरंगज़ेब को सुल्तानों का सुल्तान कैसे कहा जाएगा?'[119] मकसद नाकाम रहा, लेकिन औरंगज़ेब इस मामले को यहां छोड़ना नहीं चाहता था।

1685 में जब बीजापुर के ख़िलाफ़ जंग चल रही थी, मुग़लों को आखिरकार वो मौका मिल गया जिसकी उन्हें तलाश थी। क़ुतुब शाह का अपने दूत को भेजा एक खत गलत हाथों में पड़ गया। इसमें पाया गया कि सुल्तान बीजापुर के आदिल शाह को मदद भेजने की बात कह रहा था।[120] तुरंत एक फ़ौज गोलकोंडा भेज दी गई। पहले तो इसे आगे बढ़ने से रोक दिया गया, लेकिन फिर दो महीने बाद गोलकोंडा की हिफाज़त के ज़िम्मेदार सेनापति को घूस देने में मुग़ल कामयाब रहे—उसने अपने आदमियों को हटा लिया और मुग़ल बादशाह की फ़ौज को सुल्तान के राज्य में आने दिया। इस हमले के नतीजे के तौर पर उसी साल अक्टूबर में समझौते की शर्तें तय हुईं: मदन्ना और उसके भाई को उनके ओहदे से हटाया जाएगा; लगान की रकम बढ़ाई जाएगी; कुछ प्रांतों को बादशाह को सौंपा जाएगा; और मुग़लों को 1.2 करोड़ रुपए का हर्जाना दिया जाएगा।[121] इनमें से कुछ शर्तों पर क़ुतुब शाह सहमत था, लेकिन वो अपने मंत्री को नहीं हटाना चाहता था, शायद इसलिए कि उसे पता नहीं था कि वो उसके बगैर काम कैसे करेगा। हालांकि मदन्ना और उसके भाई का वक़्त बीत चुका था। 29 अक्टूबर को, हरम में रची गई एक साज़िश में, उन्हें पकड़कर कत्ल कर दिया गया, और गोलकोंडा में आम ब्राह्मणों का कत्लेआम मच गया।[122] हालांकि इसका मतलब ये नहीं था कि ब्राह्मणों का प्रभाव ख़त्म हो गया था—कुछ महीनों बाद तीसरे भाई वेसन्ना ने क़ुतुब शाह को दो लाख पचास हज़ार सोने की मुहरें दीं और अपने भाइयों के सारे ओहदे हासिल कर लिए।[123] लेकिन ये सब बेकार था, क्योंकि आगे सिर्फ अंधेरा था।

1685 के आक्रमण के दौरान अबुल हसन ने नेतृत्व क्षमता की अपनी कमी जगज़ाहिर कर दी थी। जब हमलावर आए, क़ुतुब शाह हैदराबाद के अपने महल से भागकर गोलकोंडा के किले में चला गया, 'बिना अपने किसी जागीरदार से सलाह किए, या बिना अपनी जायदाद या अपने परिवार और औरतों की इज़्ज़त की परवाह किए...वो रातोरात कुछ नौकरों को लेकर क़ीमती चीज़ों से भरे संदूकों के साथ भाग निकला था।'[124] एक मुग़ल के दस्तावेज़ों में लिखे होने की वजह से इसमें पूर्वाग्रह हो सकता है, लेकिन इसमें जो तस्वीर

खींची गई है, वो ख़ौफ़नाक है। एक सदी पहले विजयनगर के शासकों के पांच सौ पचास हाथियों पर लदे खज़ाने के साथ भाग जाने के बाद जैसा हुआ था, बिलकुल वैसा ही अपनी राजधानी से पुराने शहर में क़ुतुब शाह के भाग जाने के बाद हुआ, 'क़यामत के दिन की तरह शोर और गुबार उठा।' शहर में हिंसा और लूट का नंगा नाच होने लगा और इसके अपने ही कुछ लोगों ने सुल्तान के कानून और उसे लागू कराने वालों की गैर-मौजूदगी में भयंकर ज़ुल्म ढाए। 'महंगे कालीन, जो उठाकर ले जाने के लिए बेहद भारी थे, उन्हें तलवारों और छुरों से टुकड़ों में काट डाला गया,' और एक के बाद एक घर से क़ीमती चीज़ें लूट ली गईं। एक और गवाह ने लिखा कि 'यहां तक कि दरवाज़े भी उखाड़ लिए गए' जब जागीरदार और आम लोग किले में भाग गए। उन्होंने हैदराबाद में अपने पीछे केवल एक दुखद, भूतिया शहर छोड़ा था जिसे एक दिन पहले तक दुनिया के सबसे बेहतरीन शहरों में एक कहा जाता था।[125]

इस मामले में हालांकि मुग़लों के साथ शांति समझौता हो चुका था, 1686 के अंत में बीजापुर पर कब्ज़ा करने के बाद औरंगज़ेब ने पूरी ताक़त से गोलकोंडा की तरफ रुख किया। फरवरी 1687 में, वो क़ुतुब शाह को तबाह करने के लिए रवाना हुआ, और अपने सैनिकों की छावनी के लिए उसने पिछले शासकों की भव्य कब्रगाहों और मक़बरों का इस्तेमाल किया। इतनी जल्दी कोई उकसाने वाली वजह नहीं दी जा सकती थी, इसलिए उसने नैतिकता का लबादा ओढ़ लिया। नाटकीय तरीके से गुस्से भरे शब्दों में बादशाह ने एलान किया, 'इस दुष्ट आदमी के बुरे कामों को लिखा भी नहीं जा सकता है, लेकिन सैकड़ों में से केवल एक काम का जिक्र उसके बारे में बताने के लिए काफ़ी होगा। पहले तो सरकार चलाने का ज़िम्मा नीच और ज़ुल्मी काफ़िरों यानी मदन्ना जैसे ब्राह्मणों को सौंपकर क़ुतुब शाह ने भारी गुनाह किया था। अय्याशी, नीचता, नशाखोरी और बुराई भी इसे गुनहगार बनाती है। एक शिया होने के बावजूद, वो कुफ्र और इस्लाम, ज़ुल्म और इंसाफ़, नीचता और बंदगी में अंतर करने में नाकाम रहा, और इसके लिए भी उसे सज़ा दी जाएगी। यही नहीं, ये भी पता चला है कि शिवाजी की मौत के बाद उसके वारिस और मराठों के अगुआ दुष्ट संभाजी को इसने एक लाख सोने की मुहरें भेजी थीं।'[126] असली बात ये है कि अब बादशाह के पास गोलकोंडा पर कब्ज़ा नहीं करने की कोई वजह नहीं थी। और अगर कोई वजह नहीं भी थी, तो वो मनगढ़ंत वजह बनाने के लिए तैयार था।

हालांकि ये घेराबंदी मुग़लों के लिए बुरा ख़्वाब साबित होने वाली थी। बीजापुर की तरह धनी भले ना हो, लेकिन गोलकोंडा अभी भी मज़बूत किला था। कई मौकों पर, किले को बचाने वालों को क़िस्मत का साथ भी मिला। एक इतिहासकार लिखता है कि एक रात, जब मुग़ल दीवारों पर चढ़ने की कोशिश कर रहे थे, कोई कुत्ता एक दिन पहले मारे गए लोगों की लाशों को खाने

निकला था। ये कुत्ता अपनी आदत से मजबूर होकर सैनिकों पर भौंकने लगा, जिससे दीवारों पर मौजूद रखवाले जग गए और मुग़लों के हमले को बेकार कर दिया।[127] एक अन्य मौके पर, किले के नीचे लगाई गई बारूदी सुरंगों में धमाके तो सही समय पर हुए, लेकिन वो इतने ताक़तवर थे कि उड़ते हुए पत्थरों और मलबे की चपेट में सैकड़ों मुग़ल सैनिक आए और वो वहीं ख़त्म हो गए।[128] किले की दीवारों का निचला हिस्सा आग की लपटों में घिर गया और ऐसा लगने लगा कि किला ही आग का बना है।[129] संख्या में कम होने के बावजूद किले के रखवालों का हौसला कम नहीं था। एक रात, एक बुर्ज से बंदूकों ने औरंगज़ेब के खेमे को निशाना बनाया और इसके जवाब में 'आफ़त के आसमान में शाही गुस्से का सूरज निकला' और इसने किले के अंदर तैनात रखवालों पर 'अपनी तीखी नज़रें' डालीं।[130] लेकिन बादशाह की तीखी नज़रें जंग तो नहीं जीत सकती थीं। और जब बरसाती मौसम आया तो चीज़ें और मुश्किल हो गईं। 'हवा ने बादलों को छोड़कर बाकी हर चीज़ को टुकड़े-टुकड़े कर दिया, और जो कुछ हवा से बचा, उसे पानी ने डुबो दिया।'[131]

औरंगज़ेब को अपने खेमे में भी मुश्किल का सामना करना पड़ा। मुख्य क़ाज़ी का कहना था कि जंग नाइंसाफी है क्योंकि इसमें दो मुस्लिम सुल्तान हैं और मुस्लिम सैनिक एक-दूसरे से लड़ रहे हैं। उसने सलाह दी कि 'अबुल हसन के जुर्म को, जो दरअसल गुनाह है...मेहरबानी से माफ किया जा सकता है बजाय इसके कि तसद्दुद जारी रखा जाए।'[132]

शाही खेमे में बड़ी तादाद में शिया भी थे—जबकि बादशाह उन लोगों को 'लाश खाने वाले राक्षस' कहा करता था[133]—और वो मन से ये नहीं चाहते थे कि हिन्दुस्तान का आखिरी शिया सुल्तान अपना ताज और राज्य गंवाए।[134] लेकिन औरंगज़ेब का मानना था कि गोलकोंडा का सोना उसके खेमे के लोगों का मन पिघला रहा है, और वो सही भी था। सभी उपाय नाकाम रहने के बाद ख़ुद अबुल हसन ने उसे खत लिखकर अमल में लाने वाली दलीलें रखने की कोशिश की थी। उसने पेशकश की थी कि अगर बादशाह दुश्मनी ख़त्म कर दे तो वो इसके बाद मुग़ल जागीरदार बनकर रहेगा। 'लड़ाई से तबाह हुई इस ज़मीन पर खेती और आबादी को फलने-फूलने में सात से आठ साल लग जाएंगे और इस दौरान मुग़लों को कुछ हासिल नहीं होगा। दूसरी तरफ अगर बादशाह अमन की पेशकश मानकर मेरी सरहद के पार चले जाते हैं, तो मैं उन्हें हर्जाने में एक करोड़ रुपए दूंगा, साथ में उन्हें हर उस जंग के लिए एक करोड़ दूंगा जिसकी अगुआई उन्होंने ख़ुद की है।'[135] बादशाह का रूखा जवाब ये था कि शर्तों पर बात तभी होगी जब क़ुतुब शाह अपने गले में रस्सी डालकर उसके पास आए।[136] आखिरकार औरंगज़ेब की दिलचस्पी एक फलते-फूलते प्रांत पर राज करने में नहीं, बल्कि गोलकोंडा के खज़ाने का इस्तेमाल दूसरी फ़ौजी मुहिम पर करने में

थी। घेराबंदी जारी रही और मुग़लों के लिए हालात बदतर होते गए, जिन्हें जंग के मैदान में गोलकोंडा की चालीस हज़ार की फ़ौज ने पीछे से परेशान किया। इस दौरान किले से तोपों से गोलाबारी के अलावा बड़े-बड़े पत्थर भी दुश्मन पर फेंके जा रहे थे। उस वक़्त के एक गवाह ने लिखा है, 'जब एक पत्थर एक शख्स के दांतों पर लगा, उसने कहा, "अब मैं ऊपर वाले की समझ को अच्छे से महसूस कर सकता हूं। जब मैंने ये कहा था कि मुझे हैदराबाद में बड़े पत्थर मिलेंगे, तो मेरा मतलब हीरे और जवाहरात से था, ऐसे पत्थर से नहीं।"'[137] ये इतिहासकार अनोखे अंदाज़ में आगे लिखता है:

> *संक्षेप में, मौत और आफ़त के मेहमान दुख और मुसीबत के व्यंजनों से सजी मेज़ पर बैठे थे...दरअसल, ये ऐसी दावत थी जिसमें खाने की बढ़िया-बढ़िया चीज़ें थीं। नैफ्था की चादरें गर्म रोटी और रॉकेट कबाब की तरह थे। तीर के नुकीले सिरे घातक शर्बत के साथ मिली सेवई की तरह दिखते थे। खोपड़ियों से दिमाग हलवे की तरह बाहर निकलते थे। मरने वाला आदमी अपने होंठों के पिस्ते और अपनी जीभ की मीठी गोलियों का मज़ा ले रहा था। तोप के गोल मीठे तरबूज थे, और हथगोले भी मीठे खरबूजों की तरह थे। नैफ्था की थैलियां सॉसेज की तरह टपक रही थीं। इसी तरह गोलियों का स्वाद भी लिया जा रहा था...लड़ाई के मैदान में ऐसी ही मेज़ लगाई गई थी। सिर और पैर एक-दूसरे के ऊपर पड़े थे। घोड़ों के खुरों के नीचे टूट रही खोपड़ियां टूटे हुए कटोरों की तरह लगती थीं।*[138]

आखिरकार, अक्टूबर 1687 में, बादशाह जिस लड़ाई को अपनी सारी फ़ौजी ताक़त और तोपों की मदद से नहीं जीत सका, वो उसने धोखेबाज़ी से जीती। एक अफ़ग़ान जिसने गोलकोंडा आने के पहले बीजापुर और मुग़लों की नौकरी की थी, उसे किले के एक फाटक को खोलने के लिए घूस दी गई। एक सुबह तीन बजे, मुग़ल सैनिकों की कतारें गोलकोंडा में घुसीं और फिर मुख्य फाटकों को खोल दिया गया, जिसके बाद दक्कन के आखिरी सुल्तान को उसकी गद्दी से हटाने के लिए हमलावर फ़ौज अंदर आ गई। ये सब कुछ इतना अचानक हुआ कि किले के ज़्यादातर सैनिक डर की वजह से लड़ ही नहीं सके, हालांकि एक कप्तान जितने हमलावरों से लड़ सकता था, लड़ता रहा और जब तक वो गिरफ़्तार हुआ, उसके शरीर पर सत्तर घाव थे—बादशाह ने उसे अपने सुल्तान के प्रति वफ़ादारी के लिए इनाम दिया।[139] अबुल हसन का आत्मसमर्पण भी गरिमापूर्ण ढंग से हुआ। जब तक फ़ौजें महल में पहुंचीं, सुबह का उजाला हो चुका था और क़ुतुब शाह ने सभी सैनिकों को अपने सिंहासन वाले कमरे में आदर के साथ आने दिया, राजा की तरह कपड़े पहने, और उन्हें अपने साथ

नाश्ते की दावत दी। इसके बाद वो महल से निकला और औरंगज़ेब से उसकी छावनी में मिलने चला गया।

उसके गुनाहों की सूची को पढ़कर सुनाए जाने के बाद उसे पचास हज़ार रुपए की पेंशन के साथ दौलताबाद किले में कैद कर दिया गया, जहां कई सालों बाद उसकी मौत हो गई। इस दौरान, मुग़लों को गोलकोंडा के खज़ाने से करोड़ों रुपए की नकदी, बड़ी तादाद में सोना-चांदी और सुल्तानों की कई पीढ़ियों के इकट्ठा किए हीरे-जवाहरातों के ढेर मिले। दक्कन के मुस्लिम सुल्तानों का पतन हो चुका था, और उनकी कहानी अपने अंजाम तक पहुंच चुकी थी। औरंगज़ेब को वो सब कुछ मिल गया था जो वो शुरू से चाहता था।

उपसंहार

मराठों का उदय

विटसन एलबम, रिज्क्सम्यूज़ियम, एम्सटर्डम

शिवाजी

विटसन एलबम, रिज्क्सम्यूज़ियम, एम्सटर्डम

अक्कन्ना और मदन्ना, गोलकोंडा के ब्राह्मण मंत्री जिन्होंने शिवाजी महाराज से हाथ मिलाया था

सत्रहवीं सदी की शुरुआत में जब इब्राहिम आदिल शाह द्वितीय सरस्वती और गणपति की प्रशंसा में अपने गीत लिख रहा था, मदुरई के नायक राज में एक बिलकुल अलग तरह की कविता आकार ले रही थी—विजयनगर साम्राज्य के पतन के बाद मदुरई ने अपनी संप्रभुता का एलान कर दिया था। तेलुगु रायावचाकामु (टाइडिंग्स ऑफ द किंग) में मूल रूप से विजयनगर के कृष्णदेव के शासन काल का वर्णन है, जो करीब आठ दशक पहले ख़त्म हो गया था, लेकिन ये किताब मुख्य रूप से दक्कन के मुस्लिम राजाओं के लिए विवादास्पद लेखन की वजह से चर्चा में रहती है। इसमें लिखा गया है, 'तुर्क शराब पीने वाले और अफीम खाने वालों के अलावा और क्या हैं!' जबकि ब्राह्मणों को 'नमक और सांबर के साथ चावल खाने वाला' बताया गया है और कहा गया है कि उनके मन में 'घमंड और मैल नहीं है'।[1] वहीं, दूसरी ओर दक्कन के सुल्तानों के हिन्दू प्रतिनिधि इस बात का रोना रोते हैं कि 'हमारे शासक शराबी हैं जिन्हें भगवान और ब्राह्मणों में भरोसा नहीं है। ये लोग बर्बर और गौ-हत्यारे हैं।'[2] जब विजयनगर के जासूस सल्तनत जाते हैं तो उन्हें केवल भयानक चीज़ें दिखती हैं। एक जासूस बताता है, 'लोगों को कमर से दो टुकड़ों में काटा जा रहा था या आरी से उन्हें धीरे-धीरे काटा जा रहा था,' और यहां तक कि वो सरकारी अफसर भी 'गली के बीचोबीच प्रताड़ित करके मारे जाते हैं जो उत्तर के लालची राजाओं को सोना नहीं दे पाते हैं।'[3] बीजापुर के आदिल शाह, अहमदनगर के निज़ाम शाह और गोलकोंडा के क़ुतुब शाह के राज्यों की तुलना मृत्यु के देवता यम के राज्य से की गई है, और तीनों राजाओं को असभ्य, अशिष्ट नए नवाबों की तरह दिखाया गया है, जिनमें ना तो सम्मान है और ना ही मर्यादा।

रायावचाकामु इस मायने में असाधारण किताब है कि ये कृष्णदेव के समय में मुस्लिम राजाओं के लिए नफ़रत को दिखाने की कोशिश करती है। हालांकि, जैसा कि दक्कन का इतिहास दिखाता है, सच्चाई यही है कि दोनों पक्षों में दुश्मनी ज़रूर थी, लेकिन इसका आधार धार्मिक या सामुदायिक कटुता नहीं था। इसलिए भले ही कई लोग 'तालिकोटा के युद्ध' को एक हिन्दू साम्राज्य को बर्बाद करने की मुस्लिम शासकों की साज़िश के रूप में देखते हैं, इस सोच में पेंच तब आता है जब ये पता चलता है कि विजयनगर का रामराय एक समय

क़ुतुब शाही अफसर था, और 1565 में उससे लड़ने वाले गोलकोंडा के शाह ने अपने जीवन के सात साल विजयनगर में बिताए थे। इसी तरह, इस 'हिन्दू-मुस्लिम' कथानक को जटिल बनाती है ये सच्चाई कि विजयनगर के ख़िलाफ़ लड़ने वाले सुल्तानों की फ़ौज में करीब छह हज़ार मराठे भी थे।[4] सेना और दरबार के ऊंचे अफसर आसानी से सल्तनत और हिन्दू साम्राज्य के बीच अपने पाले बदलते रहते थे। मिसाल के लिए, आइन-अल-मुल्क गिलानी नामक शख़्स ने बहमनी शासनकाल के अंतिम वर्षों में बीदर में अपनी शुरुआत की, उसके बाद वो बीजापुर के आदिल शाह की सेवा में चला गया, और अंत में 1550 के दशक में वो विजयनगर में रामराय के सबसे प्रमुख दरबारियों में एक बन गया था। वो अपने साथ चार हज़ार घुड़सवार लेकर आया था।[5] यही नहीं, एक सदी पहले भी, देवराय द्वितीय के शासनकाल में, दरबार में कई प्रमुख मुस्लिम दरबारी थे—मिसाल के लिए, फाथ खान, जो फ़िरोज़ शाह तुग़लक़ का वंशज था, और ईरान के शाह ने देवराय द्वितीय के पास जो संदेश भेजे थे, उनमें एक ये भी था कि उत्तर के शाह की दिल्ली के तख़्त पर कब्ज़ा करने में मदद करे।[6] मुस्लिमों को अक्सर तुर्क कहा जाता था, हालांकि तुर्क बिलकुल अलग थे, लेकिन इस समय के जो भी बड़े युद्ध हुए, उनकी वजह राजनीतिक ज़्यादा थी और धार्मिक बेहद कम।

वैसे भी, ये चीज़ें केवल विजयनगर तक सीमित नहीं थीं। बीजापुर में एक वक़्त हैबत खान नामक एक सामंत था, जिसे दरबार में आधा दर्जन पद मिले हुए थे, लेकिन उसका असली नाम और धार्मिक पहचान सबको चौंका सकते हैं—वो एक ब्राह्मण था और उसका नाम था दासो पंडित।[7] जब बहमनियों की राजनीतिक ताक़त ख़त्म हो गई थी, उसके थोड़े समय बाद उस मुस्लिम राजघराने का एक वारिस इस क्षेत्र में हिन्दू भक्ति आंदोलन का एक महत्वपूर्ण चेहरा बन जाता है। तुकाराम और रामदास जैसे मशहूर संतों का समकालीन ये शख़्स संत मुंतोजी के नाम से मशहूर था, और पुराने राजघराने के इस वारिस ने लगभग दस किताबें लिखीं, जो सभी मराठी में थीं और अद्वैत वेदांत से जुड़ी थीं। मुंतोजी के गुरु ने उनका 'धर्म परिवर्तन' कर एक जनेऊधारी हिन्दू बनाने और मृत्युंजय नाम भी देने की कोशिश की थी, लेकिन दूसरे ब्राह्मणों के विरोध के कारण मुंतोजी ने अपने बहमनी नाम के साथ ही अंतिम सांस ली।[8] सोलहवीं सदी में भक्ति काल के एक और बड़े नाम, एकनाथ ने व्यंग्यात्मक शैली में हिन्दू-तुर्क संवाद नामक किताब लिखी, जिसमें दोनों धर्मों के बारे में कहा गया: 'लक्ष्य एक है, पूजा के तरीके अलग हैं।' इसमें एक मुस्लिम और एक ब्राह्मण अपने-अपने धर्मों के गुणों पर बहस करते हैं, और इसमें उनकी अपनी-अपनी परंपराओं का मज़ाक भी उड़ाया गया है। और फिर भी, अंत में वो दोनों बिना

किसी कड़वाहट या नफ़रत के, पहले से कहीं अधिक समझदारी के साथ, एक-दूसरे को गले लगाते हैं।[9]

हालांकि, रायावचाकामु में इस बात की ओर इशारा किया गया है कि हिन्दू कुलीन वर्ग उन पर शासन करने वाले 'तुर्कों' के धर्म से अलग अपनी पहचान को लेकर एकजुट होने लगा था—इसका संकेत इसी सदी में थोड़े समय बाद मिलता है, जब अक्कन्ना, गोलकोंडा के ब्राह्मण प्रधानमंत्री मदन्ना का भाई मुस्लिमों का जिक्र करते हुए कहता है कि वे दक्कन में कमा रहे हैं, लेकिन अपनी कमाई को विदेश में अपनी जन्मभूमि भेज रहे हैं। वैसे, विद्वान मानते हैं कि रायावचाकामु का तीखा लहजा विजयनगर के पतन की वजह से है—'सांस्कृतिक रूप से तबाह करने वाला काम' जिसने बड़ी तादाद में कवियों और दूसरे कलाकारों को मिलने वाला संरक्षण ख़त्म कर दिया था—ये मनोदशा भी हिन्दू-मुस्लिम सांप्रदायिक विभाजन की तरफ नहीं ले जाती। मिसाल के लिए, यही किताब जो दक्कन के सुल्तानों को पिछड़ा और नीच कहती है, वो दिल्ली के मुग़लों को देवताओं का दर्जा देती है। इसकी वजह कुछ हद तक ये हो सकती है कि मुग़लों ने सुल्तानों के राज्य में घुसपैठ कर ली थी—मुग़ल दुश्मन के दुश्मन थे इसलिए वो दोस्त थे। लेकिन जो बात ध्यान देने की है, वो ये कि मुग़लों का चित्रण हिन्दू देवताओं से आशीर्वाद प्राप्त राजाओं के रूप में किया गया है। रायावचाकामु की विचारधारा के मुताबिक, भारत में तीन सिंहासन थे: विजयनगर जिसे तिरुपति के विष्णु का आशीर्वाद था, उड़ीसा जहां के गजपति को जगन्नाथ का आशीर्वाद था; और दिल्ली के शासक जो काशी विश्वनाथ के आशीर्वाद से चमक रहे थे। इन तीनों शासकों, जिनमें मुग़ल भी शामिल थे (मुग़लों को अश्वपति कहकर संबोधित किया गया है), को हिन्दू पुराणों के देवताओं के समान बताया गया है, जबकि दक्कन के सुल्तानों को असुरों के समान, और जिनकी क़िस्मत में हार लिखी है।[10] दूसरे शब्दों में, कुछ मुस्लिम राजाओं को जहां बर्बर कहकर अपमानित किया गया है, वहीं दूसरों को सभ्य बताया गया है; और जहां आदिल शाह, क़ुतुब शाह और निज़ाम शाह राक्षस हैं, तो मुग़ल बादशाह को देवताओं में गिना जाता है।[11]

दक्कन में सत्ता समीकरण ऐसे थे कि सल्तनत के मुख्य केंद्रों पर मुस्लिम अल्पसंख्यक राजनीतिक अधिकार रखते थे, भले ही शहरी केंद्रों के बाहर सत्ता हिन्दू कुलीन वर्ग के साथ साझा की जाती थी। सत्ता के साझेदार ये हिन्दू कुलीन मराठे थे, जो सल्तनत की वजह से ही सबसे पहले प्रमुखता से उभरे थे। मराठा 'बीजापुर और अहमदनगर के मुस्लिम साम्राज्यों की सेनाओं की मराठी भाषी इकाई' को कहते थे और समय के साथ ये शब्द एक समुदाय के लिए प्रचलित हो गया, जो स्थानीय किसानों से बना था और सल्तनत में नौकरी करते-करते

समाज में ऊपर आने लगा था।[12] दरअसल, कई प्रमुख मराठा परिवारों की परंपराओं में उन खास घटनाओं को यादगार माना जाता था, जिन्होंने उनकी सामाजिक प्रतिष्ठा बढ़ाई। मिसाल के लिए, जवालि के मोरे चंद्रराव नामक व्यक्ति के वंशज थे, जिसने बीजापुर के आदिल शाह का दिल एक बाघ से लड़कर जीता था। 'इस उपलब्धि ने उसे जवालि के इलाके तो दिलाए ही, साथ ही अपने साथी बारह मराठा सरदारों के बीच ऊंची पदवी भी,' और धीरे-धीरे ये परिवार राजसी प्रतिष्ठा हासिल करने लगा, जब तक कि उसे शिवाजी से हार नहीं मिली।[13] मराठों का उदय—जिन्हें मलिक अंबर का भी समर्थन मिला था—कुछ हद तक समुद्र में पुर्तगालियों की ताक़त और इससे होने वाली दिक्कतों की वजह से भी हुआ। सोलहवीं सदी में जब फ़ारस से बड़ी तादाद में लोगों को लाना मुश्किल हो गया, तो दक्कन के सुल्तान स्थानीय हुनर पर ज़्यादा निर्भर हो गए थे, वो ख़ुद भी मराठी भाषा को अपना रहे थे और मराठों के साथ शादी के ज़रिये करीबी रिश्ते बना रहे थे।

हालांकि, जब 1642 में बीजापुर के दरबार में शिवाजी को पेश किया गया था, तो ये कह पाना बेहद मुश्किल था कि कुछ ही सालों में ये लड़का आदिल शाह के सामने, मुग़ल आक्रमण के बुरे सपने के साथ-साथ, शायद सबसे बड़ी घरेलू चुनौती बन जाएगा। उसके पिता दक्कन के सबसे जाने-माने मराठा सामंतों में एक थे: फरमानों में, आदिल शाह काफ़ी बढ़ा-चढ़ाकर शाहजी भोंसले को संबोधित किया करता था। उदाहरण के लिए, वो 'निडरता और शान का प्रतीक', 'वफ़ादार दोस्तों का सहारा', 'आदिवासियों और साथियों में सर्वोच्च', 'ताक़तवर राज्य का स्तंभ', और यहां तक कि बीजापुर के बीमार शासकों के लिए 'बेटे' के समान थे।[14] हालांकि इन बड़ी-बड़ी उपाधियों के पीछे एक पेचीदा इतिहास छिपा था। दूसरे कामयाब फ़ौजियों की तरह, शाहजी भी कई बार दूसरे राज्यों के प्रति वफ़ादार रहे थे, कई बार तो बग़ावत में भी। मिसाल के लिए, 1620 के दशक में उन्होंने मुग़लों के साथ झड़पों के बावजूद, मलिक अंबर के दरबार में नौकरी की थी।[15] मलिक की मौत के बाद शाहजी की क़िस्मत उन्हें अलग-अलग गुटों में ले जाती रही—1629 में उन्होंने आदिल शाह के झंडे तले मुग़लों से लड़ाई की, लेकिन साल भर बाद ही वो दक्कन के अभियान में बादशाह शाहजहां का साथ दे रहे थे। 1634 तक उन्होंने अपनी बग़ावत को एक नए स्तर पर पहुंचाकर अहमदनगर में नए निज़ाम शाह को बैठाने की कोशिश की थी।[16] उन्हें शिकस्त मिली और उन्हें बीजापुर लौटना पड़ा, हालांकि उन्हें दक्कन में फ़ौज की सेवा से प्रतिबंधित कर दिया गया था—इसके बाद कर्नाटक के शासकों ने शाहजी की ताक़त का इस्तेमाल करना शुरू किया।

अपने बचपन के शुरुआती दिनों में, शिवाजी और उनकी मां शाहजी के

साथ उनके अलग-अलग अभियानों के दौरान एक किले से दूसरे किले तक जाते रहे। लेकिन 1636 में, जब शाहजी कर्नाटक में अपनी नई नौकरी के लिए गए, तो उन्होंने अपनी पत्नी और बेटे को दक्कन में ही छोड़ दिया, और एक भरोसेमंद ब्राह्मण प्रशासक को जागीरों की देखभाल के लिए नियुक्त कर दिया।[17] दक्षिण में शाहजी ने एक और शादी कर ली (एक समय ऐसा था जब शिवाजी ने अपने पिता को लगभग बारह सालों तक नहीं देखा था[18]), और इधर जीजाबाई से हुए उनके बेटे ने ख़तरों से खेलना अपना शौक बना लिया। पुणे में अपने घर के आस-पास के इलाकों में घुड़सवारी करके शिवाजी ने अपनी किशोरावस्था तक इलाके की सारी ख़ूबियों और कमियों को अच्छी तरह जान लिया था। ब्राह्मण प्रबंधक शिवाजी को प्रशासनिक मामलों में शामिल करता रहता था, इसलिए जब 1647 में उसकी मौत हुई, तो सत्रह साल के शिवाजी ज़्यादा बड़ी ज़िम्मेदारियां उठाने को तैयार हो चुके थे। लेकिन केवल अपने पिता की जायदाद की देखभाल करने में शिवाजी की दिलचस्पी नहीं थी—उनकी महत्वाकांक्षाएं ज़्यादा बड़ी थीं, और उनके अंदर उन्हें हासिल करने का जज़्बा भी था। जब तैंतीस साल बाद उनकी मौत हुई, तब तक उनके अधिकार क्षेत्र में कम से कम पचास हज़ार वर्ग मील का इलाका था (यानी उपमहाद्वीप के चार फीसदी से भी ज़्यादा), और उन्हें इससे जितना सालाना राजस्व मिलता था, वो मुग़ल बादशाह की कमाई के पांचवें और छठे हिस्से के बीच होता था।[19] और सबसे बड़ी बात ये है कि शिवाजी साम्राज्यवादी सत्ता के लिए सबसे बड़ी चुनौती बनकर उभरे थे, उन्होंने ऐसा अभियान चलाया था जिसने साम्राज्य की रीढ़ ही तोड़ दी थी। इसलिए कोई आश्चर्य नहीं कि जब उनकी मौत की खुफिया ख़बर आगरा पहुंची, वहां के माहौल को दर्शाने वाला वाक्य बाद के एक मुग़ल इतिहासकार ने बहुत ज़्यादा कड़वाहट के साथ लिखा था: 'काफिर दोज़ख में गया।'[20]

दक्कन में स्वराज स्थापित करने की शिवाजी की प्रेरणा ने कई सिद्धांतों को जन्म दिया है। सबसे लोकप्रिय सिद्धांत उन्हें हिन्दू ताक़त के एक योद्धा के रूप में देखता है जिसने मुस्लिम हमलावरों के गंदे मंसूबों का विरोध किया, पिछड़ी आबादी के मन में नया जोश भरा, और उनके लिए उनका खोया हुआ गौरव और स्वराज फिर से हासिल किया। भले ही इस सिद्धांत में भावनाएं और आकर्षण हैं, लेकिन ये इस मराठा नेता के काम का सटीक वर्णन नहीं करता है। जैसा कि हमने दक्कन के इस्लामी शासन के दूसरे आलोचकों के साथ देखा है, शिवाजी के मन में 'मुस्लिमों' के ख़िलाफ़ कोई नफ़रत नहीं थी, ना ही मराठों के मन में सभी 'हिन्दुओं' के लिए प्रेम था, ऐसा हमें कर्नाटक और बाकी जगहों पर हिन्दुओं के ख़िलाफ़ उनके अभियानों से पता चलता है। सच्चाई बेहद पेचीदा है। शिवाजी के पिता का नाम एक मुस्लिम संत शाह शरीफ के सम्मान में रखा

गया था—शाहजी को पीर के नाम का पहला हिस्सा मिला, उनके भाई को दूसरा हिस्सा मिला और उसका नाम रखा गया शरीफजी।[21] शिवाजी के दादा, मालोजी अहमदनगर के निज़ाम शाह के केवल वफ़ादार अफसर ही नहीं थे, बल्कि एलोरा में उनकी समाधि की बनावट साफ़ तौर पर 'पूरी तरह इस्लामी' दिखती है।[22] मालोजी की जमकर तारीफ करने वाली किताब शिवभारत में भी मुस्लिम राजा के लिए उनकी वफ़ादारी की पुष्टि होती है: 'निज़ाम शाह के ख़िलाफ़ जो भी दुश्मन उभरे, ताक़तवर मालोजी ने उनका विरोध किया।'[23] इसी तरह, शिवाजी की मां के परिवार ने मुग़लों के लिए सालों तक वफ़ादारी दिखाई थी और उन्हें मुस्लिम बादशाह की सेवा करने में कोई दिक्कत नहीं थी।[24] और सबसे बड़ी बात, शिवाजी ख़ुद जब बीसेक वर्ष के थे, उनकी सेना में मुस्लिम पठान थे, और उन्होंने अपने अधिकार क्षेत्रों में इस्लामी न्याय के लिए क़ाज़ी भी नियुक्त किए थे।[25]

एक तरफ उनके काम में दक्कन की राजनीति में ताक़तवर शख्सियत बनने की ज़बर्दस्त चाहत दिखती है, वहीं दूसरी तरफ आम जनता के साथ सच्ची हमदर्दी ने उनके मन में हौसला भरा—1630 के अकाल के बाद से, जिस साल शिवाजी का जन्म हुआ था, दक्कन ने केवल तकलीफ देखी थी, और मुग़लों के हमले की वजह से लगातार युद्ध ने इस पूरे इलाके में मायूसी भर दी थी।[26] उनकी इस राजनीतिक कोशिश में, खासकर उनके अंतिम वर्षों में, सत्ता का एक नया सिद्धांत और नई भाषा जुड़ गई। मिसाल के लिए कूटनीति की भाषा फ़ारसी की बजाय संस्कृत हो गई: जैसा कि शिवाजी के निर्देश पर तैयार राज्यव्यवहार कोश में कहा गया है, 'बर्बरों को पूरी तरह उखाड़ फेंकने के बाद...यवन शब्दों की जगह विद्वानों की भाषा लाने के लिए एक पढ़े-लिखे व्यक्ति को नियुक्त किया गया था।'[27] यहां तक कि शिवाजी ने राजपूत राजाओं को फ़ारसी की बजाय शुद्ध संस्कृत में चिट्ठियां लिखने की कोशिश भी की।[28] इसी तरह, जब उन्हें लगा कि मराठा परिवार स्थानीय सुल्तानों के लिए पीढ़ियों की अपनी वफ़ादारी की वजह से उनके साथ नहीं आएंगे, शिवाजी ने उन्हें इससे ज़्यादा बड़ी वफ़ादारी निभाने के लिए कहा—जैसा कि उन्होंने एक सरदार को लिखा, 'आप और मैं शाह के लिए निष्ठाहीन नहीं हो रहे हैं। हम केवल स्थानीय कुलदेव के प्रति निष्ठावान हो रहे हैं, जिनके आशीर्वाद से मुझे आशा है कि हम एक हिन्दवी साम्राज्य बनाने की इच्छा पूरी कर पाएंगे'।[29] ये सब निश्चित रूप से इस्लामी आदर्शों पर बने सत्ता तंत्र को खारिज करना था, लेकिन इसका अर्थ कहीं से भी इस्लाम के प्रति नफ़रत नहीं था। इसी के साथ नई दरबारी संस्कृति भी विकसित की गई थी, जिसकी सोच प्राचीन हिन्दू शास्त्रों से आई थी, और जो व्यापक तौर पर महाराष्ट्र धर्म में दिखती है।[30]

हालांकि अपने शुरुआती दौर में शिवाजी ने उलझनों में घिरे बीजापुरी दरबार का फायदा उठाते हुए पुणे के आसपास अपनी स्थिति मज़बूत कर ली थी, जबकि आदिल शाह भी मराठों का नियमित रूप से इस्तेमाल करके मुग़लों के ख़िलाफ़ एक मज़बूत दीवार बना चुके थे। इन सबमें ऐसा कुछ नया नहीं था: ताक़तवर मराठा परिवार राज दरबार के वार्ताकार थे, वो राज्य के खेतिहरों और राजधानी के शासक के बीच की कड़ी थे। कई टुकड़ों में बंटे राज्य में, अगर कोई मराठा सरदार या गांव का मुखिया अपनी ताक़त बढ़ाता था, ज़मीनों पर फिर से लोगों को बसाता था, कानून का राज कायम करता था और व्यवस्थित तरीके से राजस्व जुटा सकता था, तो बीजापुर उसे मुनासिब पदवियों और खिताबों से सम्मानित करता था।[31] दरअसल, शिवाजी ज़मीन पर अपना असर बढ़ाने के लिए और बीजापुर में दरबार से अपने अनुकूल शर्तों पर बातचीत करने के लिए, अपनी ताक़त को मज़बूती दे रहे थे, जब 1640 के दशक के अंतिम वर्षों में उन्होंने पुणे में अपने गढ़ के आसपास के किलों पर कब्ज़ा करना शुरू किया। तोरणा में उन्होंने किले के सेनापति को रिश्वत देकर किले की चाबी हथिया ली, और चाकण में भी उन्होंने यही नुस्खा आज़मया।[32] कभी-कभी धूर्तता भरे तरीके अपनाए जाते थे: जब पुरंदर किले के सेनापति की मौत हुई, उसके दो बेटे लड़ रहे थे कि कौन प्रभारी होगा। शिवाजी ने बीच-बचाव का प्रस्ताव दिया, लेकिन जब वो सो रहे थे, दोनों दावेदारों को हिरासत में ले लिया और किले पर ख़ुद कब्ज़ा कर लिया।[33] इस तरह, अगले दशक के मध्य तक, या तो हथियारों के बल पर या अपने दुश्मनों की बेवकूफ़ी के चलते, शिवाजी ने पुणे के नज़दीक बने किलों पर कब्ज़ा कर लिया और अपने मुख्य अधिकार क्षेत्रों की निशानदेही कर दी। इस काम में उनका साथ दे रहे थे पास की पहाड़ियों में रहने वाले लोग, जो मावल कहलाते थे, और 'शिवाजी की लड़ाकू सेना के मुख्य आधार बन गए थे।'[34]

1656 तक शिवाजी इतने मज़बूत बन गए थे कि वो जवालि के मराठा मोरे के साथ भिड़ सकते थे, जो उनके दक्षिण और दक्षिण-पश्चिमी विजय अभियान के रास्ते में खड़ा था—एक हत्यारे को राजदूत के रूप में भेजा गया और उसने 'जानबूझकर विश्वासघात' करते हुए मोरे सरदार को छुरा घोंपकर मारने में कामयाबी हासिल की।[35] तीन साल बाद, जब शिवाजी ने समृद्ध कोंकण तट पर हमला किया था, उनके पास पहाड़ियों और उसके आगे दूर तक फैले हुए पठारी इलाकों में दर्जनों किले आ चुके थे तथा उनके अंदर करीब बीस हज़ार लोग काम कर रहे थे। आखिर में, आदिल शाही व्यवस्था के साथ-साथ दरबार की इज़्ज़त के लिए ख़तरा बन चुके शिवाजी पर काबू करने के लिए बीजापुर ने एक सेनापति अफ़ज़ल खान की अगुआई में मराठों के खिलाफ़ एक फ़ौज

भेजी। शायद इससे बदतर दुश्मन नहीं चुना जा सकता था। दरबार की तरफ से ऐसा कोई आदेश नहीं होने के बावजूद, अफ़ज़ल खान ने लंबा रास्ता चुनने का फ़ैसला किया और रास्ते में आए मंदिरों को उजाड़ने की कोशिश की—उदाहरण के लिए तुलजापुर का मंदिर, जहां शिवाजी का परिवार पूजा के लिए गया था, और पंढरपुर जो दक्कन के हिन्दुओं के लिए बहुत अधिक महत्व रखता था। इस बारे में कहा गया, 'किसी बीजापुरी अफसर के किसी भी एक कदम ने शायद ही इससे ज़्यादा लोगों को उसके ख़िलाफ़ किया होगा'।[36] यहां तक कि वो मराठे भी, जो आदिल शाह के वफ़ादार थे, अब दरबार पर सवाल उठा रहे थे कि वो कैसे ऐसी सांप्रदायिक सोच को मंजूरी दे सकता है। दूसरी तरफ, शिवाजी के लक्ष्य को नैतिक बल मिला और महाराष्ट्र धर्म की विचारधारा की जड़ें और गहरी हो गईं। जहां तक अफ़ज़ल खान का सवाल है, शिवाजी उससे बिलकुल भयभीत नहीं थे: एक जगह उनकी ललकार का वर्णन मिलता है, 'बत्तीस दांतों वाला एक बकरा हलाल होने आया है!'[37]

और जैसा कि हुआ भी, अफ़ज़ल खान उस मराठा योद्धा के साथ मुकाबले में मारा गया, जिसे वो ख़त्म करने आया था, जीत की निशानी के तौर पर उसका सिर काटकर रखा गया।[38] और बुलंद हौसलों वाले शिवाजी की महत्वाकांक्षाएं कहीं ज़्यादा बढ़ गईं, 1664 में उन्होंने अपने जीवन का सबसे दुस्साहसी आक्रमण किया और इस बार निशाना मुग़लों का इलाका था। जनवरी 1664 में, सूरत के समृद्ध बंदरगाह पर ख़बर आई कि शिवाजी और उनके घुड़सवार वहां आ रहे हैं। जैसा कि स्थानीय अंग्रेज़ प्रतिनिधियों ने लिखा है, 'इस अचानक आक्रमण से सभी मर्दों, औरतों और बच्चों में ऐसी दहशत फैली कि मुग़ल सूबेदार और राजा के बाकी मंत्री और बड़े व्यापारियों ने अपने आप को महल में कैद कर लिया; शहर के लोगों ने अपने घर छोड़ दिए...और अपनी पत्नी और बच्चों के साथ भाग गए...कुछ ही घंटों में पूरा शहर लोगों से खाली हो चुका था।'[39] शिवाजी ने लूटपाट शुरू की, और तीन दिनों तक सूरत में रहकर उन्होंने सोने और दूसरी क़ीमती चीज़ों का ढेर जमा कर लिया। फ्रांस्वा बर्नियर के शब्दों में, 'जो चीज़ें वो नहीं ले जा सके, उन्हें जला दिया, शिवाजी को ना के बराबर विरोध झेलना पड़ा, वो लाखों रुपए के सोना-चांदी, मोतियों, रेशमी चीज़ों, बेहतरीन कपड़ों और दूसरी महंगी चीज़ों के ढेर के साथ लौटे।'[40]

शिवाजी के खज़ाने में एकाएक करीब पच्चीस लाख रुपए की बढ़ोतरी हो गई थी और इसने उन्हें बड़े पैमाने पर अपना विस्तार करने की हिम्मत दी। मराठों ने ज़्यादा से ज़्यादा बीजापुरी इलाकों पर अतिक्रमण करना शुरू कर दिया, साथ ही अहमदनगर के तत्कालीन राज्य की ज़मीनें भी हथियाने लगे जिन पर आधिकारिक रूप से मुग़लों का कब्ज़ा था। कहानियां फैलाई गईं

कि शिवाजी का 'शरीर हवादार है' जिसमें पंख लगे हैं,[41] लेकिन इससे जहां आम जनता प्रभावित हुई, आगरा में औरंगज़ेब गुस्से में आ गया। टैवर्नियर के शब्दों में, 'सूरत महान मुग़ल साम्राज्य का इकलौता बंदरगाह था'।[42] बीस साल पहले, ऐसा अंदाज़ लगाया गया था कि हर साल सूरत से एक करोड़ रुपए की क़ीमत के सामानों का कारोबार होता था, और इस बंदरगाह से होने वाली कमाई बादशाह की प्यारी बहन बेगम जहांआरा के पास जाती थी—संक्षेप में, शिवाजी का छापा शाही हरम के लिए तिरस्कार था और केवल सख्त कार्रवाई ही बादशाह की इज़्ज़त को लौटा सकती थी। यही नहीं, मुग़ल दरबार अभी तक 1661 में शिवाजी के हाथों औरंगज़ेब के चाचा की अपमानजनक हार को पचा नहीं सका था, जबकि उस वक़्त शिवाजी को साधारण समझा जाता था। हुआ ये था कि मराठों को उनकी औकात दिखाने की बजाय, दो साल तक लुका-छिपी का खेल खेलने के बाद, मुग़ल सेनापति को अपने घर पर एक रात शिवाजी के आदमियों का हमला झेलना पड़ा, जिसमें उसे अपनी उंगलियां, एक बेटा और कई नौकर-चाकर खोने पड़े। ये हमला सूरत की बर्बादी से कम उकसाने वाला नहीं था, जिसमें औरंगज़ेब को शाही इज़्ज़त भी खोनी पड़ी थी।[43]

मनुची ने लिखा है, औरंगज़ेब अब शिवाजी के हाथों बेइज़्ज़ती और ज़्यादा बर्दाश्त नहीं कर सका,[44] और 1665 में उसने मराठों को हराने के लिए एक मशहूर राजपूत सेनापति को दक्कन भेजा। ये शख़्स ना सिर्फ काबिल था, बल्कि साम्राज्य का वफ़ादार भी था—औरंगज़ेब ने अपने एक फरमान में उसे 'इस्लाम के लिए वफ़ादार और फरमाबरदार, शान की बात, बुलंद मिर्ज़ा राजा जय सिंह' कहा था।[45] जून तक, जय सिंह ने मराठों को मात देने और शिवाजी को उन्हीं की ज़मीन पर घेरने में कामयाबी हासिल की थी। उसने तेईस किलों पर कब्ज़ा कर लिया था, और मराठों के पास अब केवल बारह किले बच गए थे। दोनों पक्षों के बीच समझौता हुआ, जिसके तहत शिवाजी के बेटे संभाजी को मुग़ल पदवी दी गई, और शिवाजी ने ख़ुद शाही इज़्ज़त का जामा हासिल किया।[46] (और, यही वो समय था जब मनुची की मुलाकात शिवाजी से हुई थी, जिन्होंने उसे 'फ़िरंगी राजा' कहा था और उसके साथ यूरोपीय राजनीति और ईसाई धर्म पर चर्चा की थी।[47]) इस घटनाक्रम से ख़ुश होकर औरंगज़ेब ने अपने राजपूत सेनापति को एक और फरमान भेजा, सोलह फीट लंबे इस फरमान में जय सिंह की कार्रवाई को मंजूरी दी गई थी और आगे के कदम उठाने के निर्देश भी थे।[48] दस्तावेज़ में कहा गया था 'हम उक्त व्यक्ति [शिवाजी] को सेना के गौरवशाली और शानदार खंड में नियुक्त करते हैं, ताकि वो साम्राज्य की सेवा के लिए मज़बूत कदम उठाता रहे और आज्ञाकारी बना रहे।'[49]

1666 में शिवाजी को मुग़ल दरबार के एक सदस्य के रूप में आगरा

बुलाया गया। एक गवाह ने लिखा है, 'उसके झंडे के साथ एक बड़ा हाथी उसके आगे चलता है। उसके आगे घुड़सवारों की एक टुकड़ी भी है; घोड़ों की झूल सोने और चांदी की बनी है। दक्कनी पैदल सेना [चार हज़ार सैनिकों की] भी उसके आगे चलती है। इस तरह वो आगरा आया है, उसका पूरा दस्ता सावधानी और धूमधाम से आगे बढ़ रहा है...उसकी [अपनी पालकी] चांदी की परतों से पूरी तरह ढकी है। इस शान के साथ वो आया है।'[50] हालांकि शाही दरबार में, चीज़ें सामने आनी शुरू हुईं। दोनों पक्षों के बीच गलतफहमियों का समंदर था: जहां जय सिंह ने कहा था कि शिवाजी केवल एक ज़मींदार हैं, पर उन्हें लगा था कि उनका स्वागत एक जागीरदार की तरह किया जाएगा। जहां राजपूत पीढ़ियों से मुग़ल व्यवस्था के अंग थे और उनके तौर-तरीकों को अच्छी तरह समझते थे, उसके विपरीत शिवाजी फ़ारस के असर वाले दरबार के औपचारिक माहौल से अनजान थे। जब उन्हें उनकी उम्मीद से काफ़ी निचले दर्जे के सामंतों के साथ खड़ा होना पड़ा, तो उन्होंने आपत्ति जताई और वहां से हट गए, इसकी वजह कुछ हद तक नाराज़गी थी, साथ ही 'मुग़ल दरबार के तौर-तरीकों के अनुकूल अपने-आप को ना ढाल पाने की शर्मिंदगी से बचने की कोशिश भी'।[51] जो भी हो, मुग़लों के पास एक बड़ा मौका आया था मराठों को अपनी दुनिया में शामिल करने का, जैसा कि अकबर के दिनों में राजपूतों के साथ किया गया था, लेकिन ये मौका बेकार हो गया था। और इसके साथ ही इतिहास का रास्ता बदल गया, केवल दक्कन के लिए नहीं बल्कि पूरे हिन्दुस्तान के लिए।[52]

शिवाजी को नज़रबंद कर दिया गया और अफ़वाह फैल गई कि उन्हें मारने के लिए ज़हर दिया जा सकता है। औरंगज़ेब ख़ुद तय नहीं कर पा रहा था कि क्या किया जाए। एक तरफ वह लोग थे जिन्हें शिवाजी को दी गई निचले दर्जे की पदवी पर भी नाराज़गी थी—इनमें जहांआरा जैसी ताक़तवर हस्ती शामिल थी, जिसका बंदरगाह शिवाजी ने बर्बाद कर दिया था।[53] दूसरी तरफ जय सिंह जैसे लोग थे, जो इस बात के सख्त ख़िलाफ़ थे कि शिवाजी का कत्ल कर दिया जाए। एक वक़्त पर तो, शिवाजी ने भी प्रस्ताव रखा कि अगर उन्हें छोड़ दिया जाता है तो वो बनारस जाकर फकीर बन जाएंगे,[54] लेकिन दो महीने तक नज़रबंद रहने के बाद आखिरकार वो भागने में कामयाब रहे। एक दिलचस्प कहानी में बताया जाता है कि वो मिठाई के एक बक्से में छिपकर बाहर निकले थे, लेकिन इस बात की भी संभावना है कि जय सिंह ने चुपचाप उन्हें पैसे दिए थे ताकि उनकी निगरानी कर रहे दरबानों को घूस देकर अपना काम निकाला जा सके।[55] जो भी हो, बादशाह बेहद नाराज़ था—और कई सालों बाद, अपनी मौत के एक दिन पहले, जब तक उसने अपना पूरा जीवन दक्कन को अधीन करने की कोशिश में बिता दिया था, और मुग़ल साम्राज्य की रीढ़ तोड़ दी थी, वो

पछता रहा था: 'पल भर की लापरवाही कई सालों की बेइज़्ज़ती की वजह बन जाती है। लापरवाही की वजह से नीच शिवा भाग गया, और मुझे इसके नतीजे में अपनी ज़िंदगी के अंत तक कड़ी मेहनत करनी पड़ गई।'[56]

दक्कन में लौटकर, शिवाजी ने बुद्धिमानी दिखाते हुए एक तरफ नाराज़ मुग़लों के साथ कूटनीतिक रिश्ते बनाने की कोशिश शुरू कर दी, वहीं दूसरी तरफ बिखरते जा रहे बीजापुरी राज्य को अपने कब्ज़े में लेने पर ध्यान देते रहे—1675 तक, बीजापुर के समुद्री तट का पूरा इलाका उनके कब्ज़े में आ चुका था।[57] हालांकि शिवाजी के बच निकलने के तीन साल बाद, मराठा फिर से भिड़ने को तैयार थे। 1669 में शिवाजी ने मुग़लों से पांच किले वापस ले लिए, और 1670 में सूरत पर दोबारा छापा मारा, और इस बार पहले से कहीं ज़्यादा लूट मचाते हुए करीब सत्तर लाख रुपए के माल के साथ लौटे। बेरार में, जिसे मुग़लों ने दशकों पहले अहमदनगर के निज़ाम शाह से ले लिया था, शिवाजी को छापामार लड़ाई में पच्चीस लाख रुपए से ज़्यादा की जायदाद मिली। 1667 में जय सिंह की मौत के बाद, दिल्ली की ओर से दक्कन में एक के बाद एक कई नए सूबेदार भेजे गए, लेकिन वो सभी नाकाम रहे और शिवाजी पहले से कहीं ज़्यादा मज़बूत और हिम्मती होते गए। जैसा बर्नियर ने लिखा है, शिवाजी 'एक आज़ाद राजा के सारे अधिकारों का इस्तेमाल कर रहे थे'। वो 'मुग़ल और बीजापुर के राजा, दोनों की धमकियों पर हंसते हैं...शिवाजी को हराना सबसे बड़ा मकसद बन गया है।'[58] बदक़िस्मती से आदिल शाह और मुग़ल बादशाह दोनों के लिए, शाहजी के बेटे के शुरू किए काम को रोकना आसान नहीं था।

अपने राज्याभिषेक के छह वर्षों बाद, 1680 में आत्मविश्वासी और ताक़तवर शिवाजी की मौत हो गई।[59] उधर, गुस्से का शिकार होकर औरंगज़ेब ख़ुद दक्कन आया ताकि सारी बग़ावत को हमेशा के लिए ख़त्म कर दिया जाए। लेकिन हुआ ये कि इस शख़्स ने दक्षिण में बिताए छब्बीस सालों में अपने ही साम्राज्य को कमज़ोर कर डाला। घटनाएं इस तरह से हुईं। बीजापुर और गोलकोंडा की जीत के बाद शाही खज़ाने में राजस्व के रूप में पांच करोड़ तीस लाख रुपए आए, यानी पिछली कमाई से तेईस फीसदी ज़्यादा। लेकिन इस ज़मीन को फलने-फूलने देने की बजाय, औरंगज़ेब ने यहां की कमाई का इस्तेमाल दक्षिण में और भीतर जाकर मराठों से लड़ाई में किया। फिर साम्राज्य के जागीरदारों का एक संकट खड़ा हो गया—जितनी जागीरें नहीं थीं, उससे ज़्यादा उसके दावेदार थे। हालांकि ये कमी स्वाभाविक नहीं थी: 'अपने दोनों जीते हुए राज्यों से और ज़्यादा संसाधन जुटाने की हड़बड़ी में, औरंगज़ेब राजनीतिक स्थिरता बनाए रखने के लिए ज़रूरी प्रशासनिक और सैन्य अमले पर कम खर्च करने लगा था।'[60] इस दौरान उसने मराठों को कट्टर दुश्मन बना

लिया था—जब तक शिवाजी की मौत हुई, मुग़ल दरबार के सबसे बड़े पचास सामंतों में से इकतीस, और दिग्गज सौ सामंतों में से सत्तावन उन्हें हराने की कोशिश में लगे थे।[61] बादशाह की सांप्रदायिकता और मनमानी ने किसी तरह के कूटनीतिक समाधान का रास्ता बंद कर दिया था: जब शिवाजी के उत्तराधिकारी संभाजी को पकड़ा गया, उसे बेहद क्रूर तरीके से यातना देकर मार डाला गया, और इसने समझौते की बची-खुची उम्मीद भी ख़त्म कर दी।

दशकों तक मराठा राज्य इसलिए चलता रहा क्योंकि उनके अलग-अलग गुट अपने पहाड़ी किलों से उसे कामयाबी दिलाते रहे थे।[62] छापामार युद्ध की उनकी तकनीक ने मराठों को मुग़लों के मुकाबले काफ़ी फायदा पहुंचाया था। मुग़लों के दक्कन में लाखों सैनिक तैनात थे, लेकिन उनके साथ रसोइये, नाचने वाली लड़कियां, हिजड़े, कारोबारी और भी दूसरे लोग आते थे, जो उनकी रफ़्तार धीमी कर देते थे और उन्हें बड़ी-बड़ी छावनियों में कैद कर देते थे। मनुची लिखता है, जब मुग़ल सेना सड़क पर आती थी, वह कभी परेड में नहीं चलते थे बल्कि हमेशा लंबी कतार में चलते थे। लगभग हर सिपाही के साथ छावनी में उसकी पत्नी और बच्चे होते थे। इस तरह, कोई सैनिक कभी अपनी गोद में छोटा बच्चा लिए दिखता था, तो कभी उसके सिर पर खाना पकाने के बर्तनों की टोकरी होती थी। पीछे उसकी बीवी भाले या बंदूक के साथ चलती थी। संगीन की जगह बंदूक के मुंह पर चम्मच लगा होता था, जिसे उसके पति के सिर पर रखी टोकरी के बजाय वहां रखने से ज़्यादा सहूलियत होती थी।'[63] ये देखने में मज़ाकिया लग सकता था लेकिन उस वक़्त नहीं, जब तेज़-तर्रार मराठा घुड़सवार सेना इन बोझिल मुग़ल दलों पर हमला करती थी, और इससे पहले कि मुग़ल सैनिक अपने हाथ में रखी कड़ाही लहरा पाता, वो अपने पास से तेज़ी से गुज़र रहे घुड़सवार के हाथों अपना सिर खो चुका होता था।[64] 'इन सब से औरंगज़ेब चकरा गया था। वो समझ नहीं सका कि उसका मुकाबला किससे है। उसने सोचा था कि उसे तो बस कुछ पहाड़ी किलों पर कब्ज़ा करना है। लेकिन किसी किले या शहर पर कब्ज़ा करना या किसी सेना को कुचल देना मराठों के ख़िलाफ़ लड़ने के सामने कुछ नहीं था। मराठों का कोई केंद्र नहीं था, कोई खास अड्डा नहीं था। यहां तक कि नियमित सेना भी नहीं थी...मुग़ल चारों तरफ घूमते रहे, हाथ ना आने वाले मराठों का पीछा करते रहे, और चीज़ें धीरे-धीरे उनके हाथ से निकलती रहीं।'[65]

जब तक औरंगज़ेब 1707 में अपनी मौत के करीब पहुंचा, मुग़ल साम्राज्य का बिखराव शुरू हो चुका था, और लगभग तीन दशकों की लगातार और आक्रामक कोशिश भी मराठा विरोध को कुचलने में नाकाम रही थी। जैसा कि एक इतिहासकार ने लिखा है, 'दक्कन पर कब्ज़ा करने के लिए बादशाह के मन

में इतनी आक्रामकता थी और सभी [मराठा] किलों को जीतने की इतनी मज़बूत लालसा थी कि वो ख़ुद उन पत्थरों के ढेर के लिए हांफता-दौड़ता था।'[66] इस बीच, जब अकबर और जहांगीर का ये वारिस अपनी ज़िंदगी के आखिरी दिन दक्षिण के युद्ध के मैदानों और छावनियों में बिता रहा था, उत्तर में उसका शासन चरमरा रहा था, शाही खज़ाना धीरे-धीरे खाली होता जा रहा था।[67] मराठों की कामयाबी के बाद बढ़े हौसलों की वजह से, साम्राज्य में जगह-जगह बग़ावत होने लगी थी, जबकि औरंगज़ेब के बेटों के बीच सत्ता की लड़ाई छिड़ने की आशंका बन रही थी। डेढ़ सौ से भी कम सालों में—जब आखिरी मुग़ल बादशाह को देश निकाला देकर बैलगाड़ी पर बैठाकर बर्मा भेज दिया गया था—शाही खानदान ख़त्म हो चुका था, जबकि मराठा फल-फूल रहे थे; औरंगज़ेब की मौत के पचास से भी कम सालों बाद, मराठा इतनी बड़ी ताक़त बन गए कि 1752 के मुग़ल बादशाह ने उन्हें तख़्त-ए-ताऊस का 'रक्षक' करार दिया था, ये गौरव हासिल करने की बात दो पीढ़ियों पहले सोची भी नहीं जा सकती थी जब शिवाजी को नफ़रत के साथ पहाड़ी चूहा कहकर खारिज कर दिया गया था।[68] ब्राह्मणों का एक परिवार उभरा था जो पुणे से शासन करता था, जहां शिवाजी पले-बढ़े थे, जबकि उनके सिपहसालारों ने दूर-दराज के राज्यों जैसे ग्वालियर, इंदौर, बड़ौदा और नागपुर में मराठा घराने बसा लिए थे।[69] इस दौरान मुग़ल बादशाह की हैसियत 'नाम के राजा' की रह गई थी, जिसकी ताक़त केवल दरबार के रीति-रिवाज़ों और औपचारिकताओं तक सिमट चुकी थी।[70] हिन्दुस्तान में एक नए युग का उदय हो चुका था।

मध्ययुगीन इतिहास के बाद के वर्षों में अधिकतर समय तक, दक्कन के शासक या तो उत्तर से आए थे या फिर भारतीय उपमहाद्वीप के बाहर के देशों से। हालांकि, अब दक्कन की संतान का दबदबा हिन्दुस्तान के केंद्र में था, और दूर-दराज के प्रांतों में लोग उनसे डरते थे और कभी-कभी तो नफ़रत भी करते थे।[71] हालांकि मराठों की ताक़त बहुत ज़्यादा टिकाऊ नहीं रही, और समय के साथ अंग्रेज़ों ने उन्हें सत्ता से हटा दिया तथा भारत को औपनिवेशिक काल में पहुंचा दिया। फिर भी शिवाजी—जो आखिरकार बहमनियों और उनके बाद आए सभी बाग़ी सुल्तानों के ही वारिस थे—की अगुआई में जो असाधारण ताक़त सामने आई थी, उसने आसानी से हार नहीं मानी और अंत तक कड़ा मुकाबला करती रही। 1818 में अंततः ब्रिटिश ने जीत ज़रूर हासिल की थी, लेकिन तब तक मराठों ने हिन्दुस्तान को नई शक्ल दे दी थी।

हालांकि, वह एक अलग कहानी है।

नोट्स

प्रस्तावना

1. एलेन, *कोरोमंडल,* 7।
2. बील, *ट्रैवल्स ऑफ फाहयान एंड सुंग-युन,* 141।
3. डेविस, *लाइव्स ऑफ इंडियन इमेजेस,* 71–75। राष्ट्रकूटों के थोड़ा पहले, 690 ईसवी में दक्कन के चालुक्य राजा विनयदित्य ने उत्तर में बड़ी जीत हासिल की थी। रिचर्ड एच. डेविस ने अपने अध्ययन में थोड़े विस्तार से बताया है कि कैसे, दक्षिण में मज़बूत ताक़तों के उभरने के पहले, भारत में 'राजसी नक्शा' गंगा-यमुना पट्टी पर काफ़ी हद तक केंद्रित था। बाद में, दक्कन के शासकों की औपचारिक संप्रभुता पर दावा करने और उत्तर में लूट मचाने का मकसद दरअसल 'उपमहाद्वीप के राजसी नक्शे को नए सिरे से बनाने' की कोशिश थी।
4. फिलिप्स, *टैवर्नियर्स ट्रैवल्स इन इंडिया,* 355। ये वह हीरा है जिसे 'द ग्रेट टेबल' के नाम से जाना जाता है, और टैवर्नियर ने इसका रेखा-चित्र भी दिया है। उसने लिखा था, 'मैंने किसी कारोबारी के हाथ में अपने जीवन में इससे बड़ा [पत्थर] नहीं देखा'। इसके बाद के कई सालों तक इसकी कोई जानकारी नहीं मिलती, जब तक कि 1960 के दशक में ये प्रामाणिक तौर पर नहीं कहा गया कि ईरानी ताज का दरिया-ए-नूर 'द ग्रेट टेबल' से ही काटा गया था।
5. लोवेल, *ट्रैवल्स ऑफ मिसियर थेवेनो,* 102।

आमुख

1. ईटन, "किस माई फुट," 289–313।
2. रायचूर की अहमियत आधुनिक काल तक बनी रही थी। उन्नीसवीं सदी के मध्य में, अंग्रेज़ों ने हैदराबाद के निज़ामों के साथ संधि की थी, और उसमें ये सुनिश्चित किया था कि निज़ाम द्वारा उन्हें दिए गए इलाकों में रायचूर भी हो।

3. ईटन, "किस माई फुट," 293।
4. पूर्वोक्त, 299। कुछ लेखकों जैसे पी.एम. जोशी ने *हिस्ट्री ऑफ दि मेडिवल डेकन* में कहा है कि विजयनगर ने 1512 में रायचूर पर कब्ज़ा कर लिया था और 1520 में आदिल शाह ने इस इलाके पर फिर से कब्ज़ा करने की कोशिश की थी। लेकिन ईटन के मुताबिक, शिलालेखों से मिले सुबूत इस बात की पुष्टि करते हैं कि इस ज़िले पर इस्माइल आदिल शाह का शासन 1512 के बाद और 1520 के पहले भी था।
5. विजयनगर की राजगद्दी को कभी-कभी सिंहासन के नाम से भी पुकारा गया है, विशेषकर तेलुगु *रायावचाकामु* में, जहां इसे तीन दिव्य सिंहासनों में एक माना गया है—बाकी दो दिल्ली के सुल्तानों और उड़ीसा के गजपति की राजगद्दी हैं।
6. राऊ, *नेगलेक्टेड एंपरर पोयट,* 11। एकाम्बरम, *कृष्णदेव राय,* 52 भी देखें।
7. राव, *श्री कृष्णदेवराया,* 15–16। सूर्यनाथ यू. कामत ने अपनी किताब *कृष्णदेवराया ऑफ विजयनगर* में कहा है कि बकरी की आंख वाली ये कहानी गलत है, 26।
8. राऊ की *नेगलेक्टेड एंपरर पोयट* में आपको कृष्णदेव राय की संस्कृत रचनाओं की सूची मिल जाएगी, जिसमें से अधिकतर अब गायब हो चुकी हैं। उनकी रचित *अमुक्तामल्यादा* उनके उत्तराधिकारियों को व्यवहारिक ज्ञान देती है: 'अगर तुम सीखने के लिए उत्सुक हो/ और विद्वान को भूमि और धन देते हो/ भिक्षुक, संन्यासी और उलझे हुए बालों वाले पुरुष/ घमंडी हो जाएंगे.../ विद्वान के प्रति केवल समर्पण दिखाओ/ और अगर वो अपनी गरीबी पर नाराज़गी जताएं, तो चिंता मत करो।' इसी तरह, जब साम्राज्य के जंगलों में आदिवासी नेताओं की बात हो रही है: 'जंगल की जनता को हटाने की कोशिश मिट्टी की दीवार को धोने की तरह है। इसका कोई अंत नहीं है। नाराज़ होने का कोई फायदा नहीं है।'
9. राव, *श्री कृष्णदेवराया,* 20–21। दिलचस्प रूप से, कृष्णदेव गजपति के राज्य से, उदयगिरी के एक मंदिर से बालकृष्ण की एक मूर्ति लाकर अपनी राजधानी में स्थापित करते हैं। इसी तरह, इस्माइल आदिल शाह को हराने के बाद, वो पंढरपुर मंदिर में विट्ठल की मूर्ति ले आते हैं, हालांकि इसे बाद में भानुदास (संत एकनाथ के उत्तराधिकारी) को लौटा दिया जाता है, जो भगवान को महाराष्ट्र के उनके मूल मंदिर में पहुंचा देते हैं। ये भी देखें- डेविस, *लाइव्स ऑफ इंडियन इमेजेस,* 67।
10. पूर्वोक्त। सीवेल की किताब *फॉरगॉटेन एंपायर* में फर्नाओ नुनिज़, 318, का वर्णन भी देखें। इसमें उड़ीसा के राजा की एक पत्नी और बेटे का 1515 के एक युद्ध में कृष्णदेव राय के हाथ लगने का ज़िक्र है। कुछ विद्वान राय की इस उड़िया पत्नी के बारे में कुछ तय नहीं कर पाए हैं, क्योंकि कृष्णदेव की बाकी दो पत्नियों के विपरीत, इसका वर्णन ज़्यादा स्रोतों में नहीं मिलता। हालांकि राय के मंत्री के नज़दीकी रिश्तेदार की लिखी किताब *प्रबोध चंद्रोदय व्याख्या* के आधार पर, कृष्णास्वामी आयंगर अपनी किताब *सोर्सेज़ ऑफ विजयनगर हिस्ट्री,* 11,

में कहते हैं कि ये शादी सचमुच हुई थी और 'ये पत्नी उपेक्षित थी'।

11. वैगनर, *टाइडिंग्स ऑफ द किंग,* 58। कृष्णदेव के शासन के दशकों बाद, शायद सत्रहवीं सदी की शुरुआत में लिखी गई *रायावचाकामु* में कहा गया है कि जब इस राजा का जन्म हुआ था, दक्कन के मुस्लिम दरबारों में ज्योतिषियों ने चेतावनी दी थी: 'कर्नाटक में एक राजा जन्मा है जो विष्णु का अंश है। आपके साम्राज्य के साथ-साथ अश्वपति और गजपति साम्राज्य [यानी दिल्ली और उड़ीसा]—इन सभी को वो राजा जीत लेगा!'
12. सीवेल, *फॉरगॉटेन एंपायर,* 145। फारिया सूज़ा मूल रूप से पुर्तगाली था लेकिन वो स्पेन चला गया था और कैस्टिलियन में लिखना पसंद करता था। यहां ये बात ध्यान देने की है कि वो इस बात का वर्णन अपनी *एशिया पोर्तुगिज़ा* में करता है जो काफ़ी बाद में लिखी गई थी और वो कृष्णदेव का समकालीन नहीं था।
13. स्टोकर, *पोलेमिक्स एंड पैट्रोनेज,* 33।
14. राव, *श्री कृष्णदेवराया,* 15।
15. फ़िलियोज़ैट, *विजयनगर एंपायर,* 29।
16. पूर्वोक्त, 29–33।
17. हिन्दू दरबारों में हिजड़ों को जगह देने का रिवाज भारत के इस्लामी दरबारों से आया था, जिन्होंने मध्य एशिया और फ़ारस जैसे इलाकों की परंपरा की नकल करते हुए हिजड़ों को रखना शुरू किया था।
18. ईटन, "किस माई फुट," 293। यहां बीदर में एक संस्कृत शिलालेख का संदर्भ दिया गया है। 1444 में देवराय द्वितीय के शासनकाल में उपहारों तक ले जाने वाला युद्ध अध्याय 3 में आता है।
19. शेरवानी, *बहमनीज़ ऑफ दि डेकन,* 387, 414।
20. पूर्वोक्त, 419।
21. ईटन, "किस माई फुट," 293।
22. पूर्वोक्त।
23. पूर्वोक्त, 301–02। *एडमिनिस्ट्रेशन एंड सोशल लाइफ इन विजयनगर,* 138, में टी.वी. महालिंगम मुख्य सामंतों और उनकी सेनाओं का विश्लेषण तालिका के रूप में करते हैं, और ये नुनिज़ के लेखन पर आधारित है। मिसाल के लिए, चालीस हज़ार पैदल सैनिकों की अगुआई तीन हिजड़े सामंत कर रहे थे।
24. पूर्वोक्त।
25. एडवर्ड स्कॉट वैरिंग, *हिस्ट्री ऑफ दि महराट्टाज़,* 12।
26. शर्मा, *हिस्ट्री ऑफ दि विजयनगर एंपायर,* 28।
27. पी.एम. जोशी के मुताबिक, होन का वजन करीब तिरपन ग्रेन्स के बराबर होता था। 1567 में, इसकी क़ीमत इंग्लिश मुद्रा में छह शिलिंग्स से थोड़ी ज़्यादा और तीन भारतीय रुपयों के बराबर आंकी गई थी। सत्रहवीं सदी के मध्य तक इसका मूल्य बदलकर चार भारतीय रुपए कर दिया था।

28. सुब्रह्मण्यम, 'विजयनगर,' 94।
29. सीवेल, *फॉरगॉटिन एंपायर,* 62। एक किताब ऐसी भी है जिसका शीर्षक सुनार की बेटी की इस कहानी से प्रेरित है। देखिए वॉटसन, *वॉर ऑफ दि गोल्डस्मिथ्स डॉटर* ।
30. रॉट्ज़र, 'डेकनी गन्स,' और पुष्कर सोहोनी, 'फ्रॉम डिफेंडेड बैटलमेंट्स,' 118। दक्कन के मुस्लिम शासकों के पास बंदूक चलाने के लिए पर्याप्त लोग और हुनर था, और इसकी वजह थी दूर-दराज तक फैला इस्लामी नेटवर्क। इसके विपरीत विजयनगर तोपखाने के मामले में थोड़ा पीछे था, यहां तक कि इनकी किलेबंदी भी उत्तर के इनके प्रतिद्वंद्वियों की तुलना में कमज़ोर दिखती थी।
31. ईटन, "किस माई फुट," 302। ऐसा लगता है कि लोगों को उसी हिसाब से पैसे दिए जाते थे जितने पत्थर वो बाहर निकाल पाते थे! देखें, ईटन एंड वैगनर, 'वारफेयर ऑन दि डेकन प्लेटू,'19।
32. पूर्वोक्त, 304। 'डेकनी गन्स' में रॉट्ज़र ने थोड़े विस्तार से बताया है कि कैसे दक्कन की तोपें बहुत भारी थीं और उनका इस्तेमाल मुख्य रूप से किलों के ऊपर बचाव के मकसद से होता था—युद्ध के मैदान में उनका इस्तेमाल कभी-कभार ही होता था, जैसे 1520 में आदिल शाह ने किया था। रायचूर की तोपें शायद किले की दीवारों पर स्थायी रूप से लगी थीं, और इसलिए उनका मुंह दीवारों के निचले हिस्से की तरफ करना मुश्किल था।
33. फ़िलियोज़ैट के *विजयनगर एंपायर* में वर्णित, 140।
34. ईटन, "किस माई फुट," 302।
35. सीवेल, *फॉरगॉटिन एंपायर,* 340।
36. पूर्वोक्त, 300–01।
37. जोशी, 'आदिल शाहीज़,' 309।
38. ये सभी घोड़े के एक व्यापारी क्रिस्तोवो डी फिगिरेदो की कमान में थे।
39. ईटन, "किस माई फुट," 305।
40. पूर्वोक्त, 306। मिशेल एंड ज़ेब्रोव्स्की की किताब *आर्किटेक्चर एंड आर्ट,* 36, भी देखें।
41. पूर्वोक्त, 289।
42. फर्नाओ नुनिज़ ने सीवेल के *फॉरगॉटिन एंपायर* में ऐसा कहा है, 348।
43. पूर्वोक्त, 352।
44. पूर्वोक्त।
45. राऊ, *नेगलेक्टेड एंपरर पोयट,* 12।
46. फर्नाओ नुनिज़ ने सीवेल के *फॉरगॉटिन एंपायर,* 353 और ईटन, "किस माई फुट," 306, में ऐसा कहा है।
47. फर्नाओ नुनिज़ ने सीवेल के *फॉरगॉटिन एंपायर* में ऐसा कहा है, 353–54।
48. ईटन, *सोशल हिस्ट्री ऑफ दि डेकन,* 90। एम. रामाराव और के.जी. गोपाल

कृष्ण राव जैसे कुछ लेखकों ने इसे साल 1512 या 1514 बताया है, लेकिन इस बात पर ज़्यादातर इतिहासकार सहमत हैं कि 1523 में कृष्णदेव राय ने ये पदवी धारण की थी। कुछ स्रोतों में, ये पदवी *यवन राज्य प्रतिष्ठा स्थापना आचार्य* के नाम से भी आती है। 'यवन' शब्द का इस्तेमाल शुरुआत में यूनानियों के लिए किया जाता था, लेकिन जल्दी ही ये सभी विदेशियों के लिए और फिर मुस्लिमों और तुर्कों के लिए इस्तेमाल होने लगा। आने वाले वक़्त में, जिसे दक्षिण भारत में नायक काल कहा जाता है, पुर्तगालियों को 'पारसिका' कहा जाने लगा था और उन्हें मुस्लिम यवनों से अलग करके देखा जाता था, हालांकि 'पारसिका' का इस्तेमाल पारसियों के लिए भी होता था। और बहुत बाद के समय में, पॉन्डिचेरी में फ्रेंच को भी यवन कहा जाने लगा। मुस्लिमों को लगातार तुर्क या 'तुरुस्का/तुरुका' कहा जाता था, और ये 1846 तक चलता रहा, जब सेशाचला कवि ने अपनी किताब *नीलगिरी यात्रा* लिखी।

I. गुस्सैल बेटे

1. ईटन, 'सूफ़ीज़ ऑफ बीजापुर,' 30। माना जाता है कि भारत में सबसे पुरानी मस्जिद केरल के कोडुंगल्लुर में है, जिसे हज़रत मुहम्मद की मृत्यु के तीन साल पहले 629 ईसवी में बनाया गया था। दक्कन में, अल मसूदी ने 916 ईसवी में 'चौल में दस हज़ार मुस्लिमों की एक बस्ती देखी, जिनके पूर्वज अरब और इराक़ से आए थे और ये लोग काली मिर्च और मसालों के कारोबार से जुड़े थे और स्थानीय लोगों के साथ शादियां तक करने लगे थे'।
2. खालिदी, *मुस्लिम्स इन दि डेकन,* 13–16। जलालुद्दीन अल सुयुती ने लिखा था कि पैगंबर की मृत्यु के सात दशकों के भीतर मुस्लिम कोंकण तट पर आ गए थे, वो बसरा से भाग आए थे क्योंकि वो उमय्यद सूबेदार के अत्याचार बर्दाश्त नहीं कर पा रहे थे।
3. पूर्वोक्त, 16। कदंब राजा जयकेशी प्रथम के समय का एक शिलालेख है, जो 1053 ईसवी का है, और इसमें एक *मिजिगिति* या मस्जिद का ज़िक्र है। 1059 के एक और शिलालेख में किसी चदामा, मधुमद (यानी मुहम्मद) के बेटे, अलियामा (या अली) के बेटे का ज़िक्र है जो एक तायिका (ताजिक) था। एक सदी पहले, 926 में, हमें राष्ट्रकूटों के चिंचनी ताम्र पत्र में सहियाराहार (शहरयार) के बेटे मधुमती (मुहम्मद) का ज़िक्र मिलता है जो किसी तटीय शहर का सूबेदार था। भारत के लोग भी वहां जाते थे। 771/773 ईसवी में बग़दाद में एक भारतीय विद्वान था जिसके पास सिंध के खगोलीय और दूसरे हिन्दू ग्रंथ थे, जबकि दक्षिणी इराक़ के बंदरगाहों में, भारतीय व्यापारियों को हिन्दू मंदिरों को बनाने की धार्मिक आज़ादी थी। देखें फ्लड की किताब *ऑब्जेक्ट्स ऑफ ट्रांसलेशन,* 21, 23।
4. स्मिथ की किताब *हिन्दुइज्म एंड मॉडर्निटी* में अल बरूनी का उद्धरण, 51। हालांकि यहां की गई बयानबाजी को बढ़ा-चढ़ाकर नहीं देखा जाना चाहिए— यहां तक कि ग़ज़नवियों (जिसका महमूद ग़ज़नी सोमनाथ मंदिर को लूटने के

लिए बदनाम है) की सेना में भी हिन्दू होते थे (सालार-ए-हिन्दुयन) और उनके सेनापतियों में एक तिलक भी था। वह कश्मीर से था, उसने अपना करियर एक अनुवादक के रूप में शुरू किया था, और धीरे-धीरे उसने इतना शाही भरोसा जीत लिया था कि उसे ग़ज़नवी सुल्तान के नाम पर छत्र, झंडे, ड्रम रखने और हिन्दू राजाओं और बाग़ी मुस्लिमों के ख़िलाफ़ फ़ौज की अगुआई करने का भी अधिकार था। इसी तरह, तिलक के दशकों पहले, 1009 में नारायणपुर (अलवर) के राजपूत शासक ने महमूद ग़ज़नी की सेना के लिए दो हज़ार हिन्दू सैनिक भेजे थे। देखें फ्लड की किताब *ऑब्जेक्ट्स ऑफ ट्रांसलेशन,* 78–79।

5. जोशी और हुसैन, '*खिलजीज़ एंड तुग़लक़्स,*' 31।
6. चट्टोपाध्याय, 'अदर, ऑर दि अदर्स?' में उद्धृत 315–16।
7. पूर्वोक्त, 319।
8. जोशी और हुसैन, 'खिलजीज़ एंड तुग़लक़्स,' 32–33। वे चाचा अलाउद्दीन की बेटी और पत्नी थीं, जिसका क़त्ल कर सत्ता हथिया ली गई थी।
9. खान, *डेकन पॉलिसी,* 35। इस किताब के अरब संस्करण, सिकंदर अल-थानी का जिक्र इलाहाबाद के पास एक मस्जिद के 1299 के शिलालेख में मिलता है।
10. जोशी और हुसैन, '*खिलजीज़ एंड तुग़लक़्स,*' 36।
11. ईटन, *सोशल हिस्ट्री,* 2। बाइबल के दावे का आधार ये सोच है कि सभी अफ़्रीकी और एशियाई हाम के वंशज हैं। इसमें कुछ भी अजीब नहीं है और यही नहीं, अठारहवीं सदी तक भारत आने वाले यूरोपीय यात्री हिन्दुओं को बाइबिल के खांचे में खोए और गुमराह लोगों के रूप में जोड़ने की कोशिश करते थे। वैरिंग की *हिस्ट्री ऑफ दि महराट्टाज़* भी देखें, 4-5।
12. जोशी और हुसैन, 'खिलजीज़ एंड तुग़लक़्स,' 35। वराह हिन्दू पुराण में विष्णु के अवतारों में एक है। बलबन के पुराने शिलालेख की तरह ये भी एक उदाहरण है, जिसे विद्वान शेलडन पोलॉक ने 'अपनी प्रसिद्धि और पुण्य के उत्सव के माध्यम से राजा की प्रसिद्धि और पुण्य की रचना' कहा है, ये उन राजाओं की विशेषता थी, जो अपने आप को सामाजिक रूप से सर्वोच्च श्रेणी में जगह दिलाना चाहते थे। ये भी ध्यान देना चाहिए कि 1291 में कवि नरेंद्र की एक रचना में तुर्क घुड़सवार सेना का वर्णन है, यानी दक्षिण भारत में तुर्कों और उनकी ताक़तवर घुड़सवार सेना के बारे में जानकारी पहुंच चुकी थी, भले ही तुर्क वहां नहीं पहुंचे थे।
13. फिलिप्स, *टैवर्नियर्स ट्रैवल्स इन इंडिया,* 116।
14. जोशी और हुसैन, 'खिलजीज़ एंड तुग़लक़्स,' 37।
15. पूर्वोक्त, 38।
16. पूर्वोक्त में उद्धृत।
17. पूर्वोक्त, 39।
18. किदवई की किताब '*खिलजीज़ इन लव, में बरनी का उद्धरण*' 132।
19. इलियट और डाओसन की किताब *हिस्ट्री ऑफ इंडिया* में बरनी का उद्धरण,

199।

20. इस घटना को कुछ लेखक 1306 और 1307 की बताते हैं, लेकिन अब माना जाता है कि बरनी का वर्णन सही है, जिसमें इसका समय 1308 बताया गया है।

21. जोशी और हुसैन, 'खिलजीज़ एंड तुग़लक्स,' 45। ईटन की *सोशल हिस्ट्री* भी देखें, 13। इन इलाकों में अब तक साफ़-साफ़ पहचान उभरने लगी थी। इसलिए 1053 में भी, 'आंध्र भाषा, आंध्र की भाषा का इस्तेमाल तेलुगु के लिए किया जाने लगा था, और ये इस बात का संकेत है कि लोग अब इलाकों की पहचान भाषा से करने लगे थे', और तेरहवीं सदी के अंतिम वर्षों की एक मराठी पुस्तक है, जिसमें स्थानीय लोगों को तेलुगु या कन्नड़ देशों में जाने से रोका गया है। 1163 में जब काकतीयों ने अपने आप को चालुक्य अधिपतियों से मुक्त करा लिया, तो उन्होंने 'कन्नड़ छोड़कर तेलुगु' अपना ली, और तेलंगाना की क्षेत्रीय भाषा को आधिकारिक पहचान दी। ये पहचान भी क्षेत्रीय होती थी, धार्मिक नहीं, जैसा कि अक्सर मान लिया जाता है।

22. *प्रतापरुद्रचरित्रामु* में इस राजवंश की उत्पत्ति की एक दिलचस्प कहानी है। इसमें दावा किया गया है कि ये राजघराना किसी माधव वर्मन ने स्थापित किया था। जब वो एक छोटा बालक था, एक बार उसने अपनी किताबें पद्माक्षी मंदिर में छोड़ दीं और दूसरे बालकों के साथ खेलने चला गया। जब शाम में वो मंदिर लौटा तो देखा कि देवी अपने सिंहासन पर विराजमान हैं, 'और उनकी सेवा भयानक दानवों की एक भीड़ कर रही है'। लेकिन बिना डरे, वो बालक भूत-पिशाचों की इस अजीब भीड़ में जाता है और अपनी किताबें उठा लेता है। इसके बाद देवी उसकी परीक्षा लेने के लिए एक भयानक रूप ले लेती हैं, लेकिन वो डरता नहीं है बल्कि उनकी स्तुति करता है। प्रभावित होकर देवी उसे एक वरदान देती हैं, और वो कहता है, 'कृपया मुझे योग्यता दें कि मैं कटक के शासक को ख़त्म कर सकूं और अपने राजसी पशु वापस हासिल कर सकूं।' देवी मान जाती हैं, उसे एक दिव्य तलवार और ढाल देती हैं, और उसे वचन देती हैं कि उसके लिए एक गुफा से सेना निकलेगी, इसके साथ ही वो उसके परिवार को हज़ार वर्षों तक शासन करने का आश्वासन भी देती हैं।

23. ईटन की *सोशल हिस्ट्री* में इसामी का उद्धरण, 17।

24. पहले के समय में, सुल्तान महमूद ग़ज़नवी ने उत्तर भारत के कलिंजर के राजा को 1023 में अपने दरबारियों में शामिल करने के लिए इसी तरह एक शाही चोगा पहनने को दिया था। राजा तुरंत इसे नहीं पहनता : एक स्रोत के अनुसार, वो महमूद के दूत से कहता है, 'मैं इसे नहीं पहनने के लिए माफ़ी चाहता हूं लेकिन तुम अपने सुल्तान से कह देना कि मैंने इसे पहन लिया है।' दूत 'सांवले रंग के गौरवशाली और सुंदर राजा' से प्रभावित तो था, लेकिन वो कहता है कि वो महमूद को धोखा नहीं दे सकता, और अंत में राजा को खिलात पहनना पड़ता है। ये चोगा, जो सैद्धांतिक रूप से सुल्तान की अपनी पोशाक में एक होता है, प्रतीक है कि इसे पहनने वाला ना सिर्फ सुल्तान की अधीनता स्वीकार कर रहा है, बल्कि वो उसके अधिकारों का इस्तेमाल कर शासन भी कर सकता है। देखें

फ्लड की किताब *ऑब्जेक्ट्स ऑफ ट्रांसलेशन,* 82।

25. ईटन, *सोशल हिस्ट्री,* 11।
26. पूर्वोक्त, 16।
27. पूर्वोक्त, 18।
28. पूर्वोक्त, 20–21। आत्महत्या की ऐसी परंपरा नई नहीं थी। चालुक्य राजा सोमेश्वर, राजेंद्र चोल प्रथम के तीन पुत्रों के हाथों हारने के बाद, उनमें से एक को मल्ल युद्ध की चुनौती देता है। लेकिन युद्ध के दिन बुखार की वजह से वो लड़ नहीं पाता है, और वो तुंगभद्रा में कूदकर आत्महत्या कर लेता है। देखें डेविस, *लाइव्स ऑफ इंडियन इमेजेज़,* 81।
29. सीवेल की *फॉरगॉटेन एंपायर* में इब्न बतूता का उद्धरण, 18। ये भी देखें; शर्मा, *हिस्ट्री ऑफ दि विजयनगर एंपायरः बिगिनिंग्स एंड एक्सपैंशन,* 14।
30. राव, *श्री कृष्णदेवराया,* 3।
31. वॉटसन, *वार ऑफ दि गोल्डस्मिथ्स डॉटर,* 52।
32. हुसैनी, 'सल्टनेट ऑफ मा'बार,' 59। इब्न बतूता की बीवी हूर नसब इस कमांडर जलालुद्दीन अहसान की बेटी थी।
33. फ्लड, *ऑब्जेक्ट्स ऑफ ट्रांसलेशन,* 246। यहां सुल्तान एक चोल राजा की याद दिलाता है, जिसने गंगा के पवित्र पानी को काफ़ी दूर से लाकर एक कृत्रिम झील में डलवाया था, जिसे पहले चोल-गंगा कहा गया और अब इसे पोन्नेरी तालाब कहा जाता है।
34. इलियट और डाओसन की किताब *हिस्ट्री ऑफ इंडिया* में बरनी का उद्धरण, 239।
35. सीवेल, *फॉरगॉटेन एंपायर,* 14।
36. शेरवानी, *बहमनीज़ ऑफ दि डेकन,* 19–20।
37. पूर्वोक्त, 25।
38. जोशी और हुसैन, 'खिलजीज़ एंड तुग़लक्स,' 55।
39. शेरवानी, *बहमनीज़ ऑफ दि डेकन,* 26।
40. राव, *मैसूर गज़ेटियर,* 1469।
41. ईटन, *सोशल हिस्ट्री,* 41।
42. व्हीलर की *हिस्ट्री ऑफ इंडिया* में फ़िरिश्ता का उद्धरण, 83।
43. समकालीन दस्तावेज़ों में उसका अक्सर अपनी पदवी 'ज़फ़र खान' के साथ जिक्र होता है।
44. शेरवानी, *बहमनीज़ ऑफ दि डेकन,* 37।
45. पूर्वोक्त, 64। हसन के ख़िलाफ़ पूर्व शासक द्वारा साजिश करने की बात चर्चा में थी, लेकिन ये उससे छुटकारा पाने का एक बहाना भी हो सकता था।
46. व्हीलर, *हिस्ट्री ऑफ इंडिया,* 84।
47. शेरवानी, *बहमनीज़ ऑफ दि डेकन,* 49–50। 'गंगू' दरअसल 'कंकू' का

बिगड़ा रूप है, जो अपने आप में 'काकुयाह' से बना है, ये एक कुलीन कबीले का नाम था जिसका एक समय ईरान में इस्फ़हान और हमादान पर नियंत्रण था।

48. पूर्वोक्त।
49. पूर्वोक्त, 64।
50. ईटन, *सोशल हिस्ट्री,* 40–42। एक नए साम्राज्य को बनाने की परियोजना के एक हिस्से के तौर पर, और उसे वैधता दिलाने के लिए, हसन ने दिल्ली से अपने नए दरबार में कवियों को भी बुलाया। अब्दुल मलिक इसामी, जिसका ज़िक्र हम देवगिरी पर कब्ज़े के संदर्भ में पहले कर चुके हैं, गरीब था और उसे दिल्ली से कोई संरक्षण नहीं मिल रहा था, जब उसके पास नए बने बहमनी दरबार का बुलावा आया। यहां, 1350 के दशक में, उसने *फतह अल-सलातीन* लिखी, जिसमें उसने महमूद ग़ज़नवी की तारीफ की है और हसन और दूसरे मुस्लिम सुल्तानों को उस हमलावर के कदमों पर चलने के लिए कहा है। अच्छी बात ये थी कि हसन ने ऐसा कुछ नहीं किया और भले ही उसने एक इस्लामी साम्राज्य स्थापित किया, इस पहले बहमनी सुल्तान ने मंदिरों और मूर्तियों को तोड़ने की सलाह भी नहीं मानी थी। देखें डेविस, *लाइव्स ऑफ इंडियन इमेजेज़,* 190–91।
51. शेरवानी, *बहमनीज़ ऑफ दि डेकन,* 66।
52. पूर्वोक्त।
53. ईटन, 'सूफ़ीज़ ऑफ बीजापुर,' 33।
54. मिशेल और ज़ेब्रोव्स्की, *आर्किटेक्चर एंड आर्ट,* 63। ईटन की 'तुग़लक़ एंड टेंपल्स' भी देखें, 178।
55. ईटन, *सोशल हिस्ट्री,* 45–46।
56. शेरवानी, *बहमनीज़ ऑफ दि डेकन,* 86–87। इस्लामी शासन कला में अपना अधिकार जताने के लिए तीन चीज़ें ज़रूरी थीं—खिलात, खुतबा, और सिक्का यानी सिक्के ढलवाने का हक।
57. सरदार, 'द बहमनीज़,' 34। वैगनर की 'मनी यूज़' भी देखें, 457। जैसा वैगनर दिखाता है, विजयनगर की मुद्रा लोकप्रिय थी क्योंकि ये छोटे मूल्यों में भी आती थी जिससे खरीद-फरोख्त आसान हो जाती थी, साथ ही, उत्तर से प्रभावित बहमनी व्यवस्था के विपरीत, ये स्थानीय तौर पर ही 400 सालों से भी ज़्यादा के दौरान विकसित हुई थी। कुछ लोगों का ये भी मानना है कि देश में मुहम्मद बिन तुग़लक़ की तांबे के सिक्के चलाने की कोशिश ने मुस्लिम सुल्तानों द्वारा ढलवाए सिक्कों पर लोगों का भरोसा कम कर दिया था, क्योंकि तुग़लक़ की कोशिश बुरी तरह नाकाम हुई थी।
58. शेरवानी, *बहमनीज़ ऑफ दि डेकन,* 77।
59. सीवेल, *फॉरगॉटेन एंपायर,* 30।
60. तेलंगाना के कपया नायक ने सुल्तान के हाथों हार के बाद उसे तोहफ़े में फ़िरोज़ा तख़्त दिया था, और दूसरा बहमनी सुल्तान इस पर तब बैठा था, 'जब

21 मार्च 1363 को सूर्य को वृषभ नक्षत्र से निकलकर मेष नक्षत्र में जाना था।'

II. फ़िरोज़ा तख़्त

1. इस बारे में ज़्यादा जानकारी इक़्तिदार आलम खान की किताब, *गनपाउडर एंड फायरआर्म्स* के खंड 'मुहम्मद क़ासिम फ़िरिश्ता ऑन दि इंट्रोडक्शन ऑफ फायरआर्म्स इन दि बहमनी किंगडम' में मिल जाएगी, 205-09। इसी किताब में फ़िरिश्ता ये भी बताता है कि विजयनगर के पास तोपें 1366 में ही पहुंच चुकी थीं, हालांकि इस दावे की सच्चाई पर थोड़ा विवाद है। (पूर्वोक्त, 210)
2. शेरवानी, *बहमनीज़ ऑफ दि डेकन,* 90।
3. पूर्वोक्त, 92।
4. सीवेल की *फॉरगॉटेन एंपायर* में फ़िरिश्ता का उद्धरण, 41।
5. ये याद रखना ज़रूरी है कि ये सब केवल बहाने नहीं हैं। युद्ध छेड़ना किसी भी राजा का राजोचित अधिकार माना जाता था, हिन्दू और भारतीय-इस्लामी दोनों विचारधाराओं में, और जो राजा अपनी सैन्य ताक़त का सुबूत नहीं दे पाता था, वो ना सिर्फ कमज़ोर समझा जाता था बल्कि उसके अधीन लोगों के बग़ावत करने का ख़तरा भी बढ़ जाता था।
6. सीवेल, *फॉरगॉटेन एंपायर,* 46।
7. या कॉलरबोन, इस घटना के एक और वर्णन के मुताबिक।
8. शेरवानी, *बहमनीज़ ऑफ दि डेकन,* 120।
9. पूर्वोक्त, 124–25। एक बड़ा अपवाद था मुग़ल बादशाह शाह आलम द्वितीय, जिसने 1759 से 1806 तक राज किया। इसे एक बाग़ी ने 1788 में अंधा कर दिया था लेकिन इसे दोबारा गद्दी पर बैठाया गया (संयोग से ऐसा करने वाला एक हिन्दू, मराठा सरदार महादजी सिंधिया था)। हालांकि, तब तक मुग़ल गद्दी का राजनीतिक वजन काफ़ी कम हो चुका था, और लोगों में ये कहावत चलने लगी थी कि बूढ़े शाह आलम का साम्राज्य दिल्ली से केवल पालम तक है!
10. सिद्दीक़ी, 'मोहम्मद शाह द्वितीय बहमनी,' 584। *बहमननामा* सुल्तान अहमद शाह के शासनकाल में शेख अज़ारी ने लिखी थी।
11. राव, *मैसूर गज़ेटियर,* 1529।
12. ईटन, *सोशल हिस्ट्री,* 61।
13. खान, 'कंडीशन ऑफ एजुकेशन,' 588। इस लेखक का ये कहना है कि हाफ़िज़ को इस राजा के पहले वाले राजा ने बुलाया था, जिसकी संभावना कम लगती है क्योंकि वो गद्दी पर दो महीने से भी कम समय तक रहा था।
14. ईटन, 'हिस्ट्री ऑफ दि डेकन,' 3।
15. शेरवानी, *बहमनीज़ ऑफ दि डेकन,* 130।
16. पूर्वोक्त।
17. पूर्वोक्त, 131–32।

18. पूर्वोक्त, 145।
19. खान, 'कंडीशन ऑफ एजुकेशन,' 589।
20. शेरवानी, *बहमनीज़ ऑफ दि डेकन,* 149।
21. हालांकि, शिराज़ी अपनी किताब में कहता है कि फ़िरोज़ शाह की केवल एक बीवी थी! अगर उसकी रखैलों की तादाद बढ़ा-चढ़ाकर बताई गई हो तो उसकी एक ही बीवी होने की बात भी सच नहीं लगती, ये कट्टर मुस्लिमों की नज़र में सुल्तान के दूसरे कदमों को मान्यता दिलाने की कोशिश लगती है।
22. शेरवानी, *बहमनीज़ ऑफ दि डेकन,* 146। सिद्दीक़ी की *बहमनी सूफीज़* भी देखें, 138। सुन्नी और शिया संप्रदाय में फेरबदल करते रहना असामान्य बात नहीं थी—मुग़ल बादशाह शाह आलम द्वितीय की *अजायब अल-किस्सा* को पढ़ने वाले संजय सुब्रह्मण्यम और मुज़फ्फर आलम के मुताबिक, हो सकता है कि शाह आलम द्वितीय भी गुप्त शिया रहा हो।
23. चंद्रा, *मेडिवल इंडिया,* 184।
24. ईटन, *सोशल हिस्ट्री,* 74, और शेरवानी, *बहमनीज़ ऑफ दि डेकन,* 233–34। एक और मुस्लिम रियासत, खानदेश के शासक ने अपने दामाद पर हमला किया था, लेकिन वो अपने दामाद के हाथों लड़ाई के साथ-साथ बहुत सारा सोना भी हार गया। खानदेश की स्थापना दिल्ली के फ़िरोज़ शाह तुग़लक़ के शासनकाल में हुई थी, और बाद में ये दिल्ली सल्तनत से अलग हो गया था। ये मालवा और गुजरात के शासकों के अलावा बहमनियों और उनके बाद बने राज्यों के साथ लड़ता रहता था, हालांकि हमने इन राज्यों को किताब में जगह नहीं दी है ताकि हमारी कहानी बोझिल ना बने।
25. शेरवानी, *बहमनीज़ ऑफ दि डेकन,* 233–34।
26. चंद्रा, *मेडिवल इंडिया,* 184। फ़िरिश्ता ने फ़िरोज़ाबाद में इन महिलाओं की ज़िंदगी का एक शानदार, लेकिन पक्के तौर पर बढ़ा-चढ़ाकर ब्यौरा दिया है: 'चांद की तरह ख़ूबसूरत अलग-अलग महल भी बनाए गए थे, और सुल्तान के हरम की हर महिला को ये दिए गए थे। अपने महल में महिलाओं की भीड़ इकट्ठा होने के बारे में सोचकर सुल्तान ने ऐसे नियम बनाए थे जो उसकी ज़िंदगी में कभी तोड़े नहीं गए। संक्षेप में इन नियमों में ये था कि किसी भी महल में तीन से ज़्यादा दासियां नहीं होंगी, और ये दासियां वही भाषा बोलेंगी जो उनकी मालकिन बोलती हैं। इस तरह, जब उसे अरबी में बात करनी होती थी, वो "अरबी महल" जाता था, ये "दक्कनी महल" के पास था जहां सुल्तान महमूद शाह बहमनी की बेटी रहती थी। "अरबी महल" में उसके हरम की नौ अरबी महिलाएं रहती थीं, जो मक्का के हिजाज़ या अरब के किसी और इलाके में पली-बढ़ी होने की वजह से अरबी भाषा बोलने में माहिर थीं। इनकी दासियां या तो अबीसीनियाई होती थीं या फिर किसी अबीसीनियाई से पैदा हुई, और वो धाराप्रवाह अरबी बोलती थीं। जो महिलाएं अरबी नहीं बोल पाती थीं, उन्हें उस महल में जाने की इजाज़त नहीं थी, ताकि उस महल में रहने वाली महिलाएं अरबी पर अपनी पकड़ ना खो दें या उनकी भाषा में किसी और भाषा

की मिलावट ना हो। यही नहीं, सुल्तान लगातार अपने नुमाइंदों को अरब भेजता रहता था ताकि हरम की किसी औरत या उनकी किसी दासी की मौत के बाद खाली हुई जगह को भरा जा सके। इसी तरह, उसने गैर-अरब देशों से भी नौ औरतें रखी थीं, और उनकी दासियां फ़ारसी बोलने वाली कॉकेशियाई, तुर्क, रूसी या जॉर्जियाई होती थीं। इसी तरह, सुल्तान ने अपने हरम में तुर्क, यूरोपीय, अफ़ग़ान, राजपूत, बंगाली, गुजराती, तेलुगु, कन्नड़ और मराठी औरतें रखी थीं, और वो हर किसी की मातृभाषा जानता था। हर दिन वो इनमें से किसी एक महल में जाता और ऐसा बर्ताव करता कि हर औरत अपने-आप को सुल्तान की सबसे चहेती समझती थी।' देखें मिशेल और ईटन, *फ़िरूज़ाबाद,* 10।

27. जैसा गिबन ने रोम के सम्राट गॉर्डियन द्वितीय के बारे में कहा था, जिसका झुकाव भी किताबों और औरतों को लेकर फ़िरोज़ शाह की तरह था, इनका मकसद 'शेख़ी की बजाय इस्तेमाल था!'
28. उसका नाम पार्थल माना जाता है।
29. ये बांकापुर का किला था।
30. शेरवानी, *बहमनीज़ ऑफ दि डेकन,* 162। 1430 के दशक में, इसी तरह की पेशकश में विजयनगर को दो सौ निपुण कलाकार और संगीतकार दिए गए थे। देखें सी. राव, *मैसूर गज़ेटियर,* 1573।
31. पूर्वोक्त, सीवेल का *फॉरगॉटेन एंपायर* भी देखें, 60–61।
32. पूर्वोक्त, 60।
33. पूर्वोक्त में फ़िरिश्ता का उद्धरण, 60–61।
34. पूर्वोक्त।
35. पूर्वोक्त, 172।
36. शेरवानी, *बहमनीज़ ऑफ दि डेकन,* 143–44, और खालिदी, *मुस्लिम्स इन दि डेकन,* 41–44। सैय्यदों का बाद में मुग़ल दरबार में भी स्वागत किया जाता है—1560 में, मक्का से लौटते हुए हाजी बेगम अपने साथ तीन सौ हदरामियों को लेकर आती है, ताकि वे उसके पति बादशाह हुमायूं के मकबरे पर क़ुरान पढ़ें।
37. ईटन, *सोशल हिस्ट्री,* 51। ईटन ने यहां दाभोल के बजाय गोवा का जिक्र किया है, लेकिन फ़िरोज़ शाह के समय में गोवा विजयनगर के कब्ज़े में था।
38. सुब्रह्मण्यम की 'इरानियंस अब्रॉड' भी देखें, 340–63।
39. खान, *डेकन पॉलिसी,* 5।
40. हैरिस, *फर्स्ट फिरंगीज़,* 32।
41. बैरेंडसे, *अरेबियन सीज़,* 107।
42. ईटन, *सोशल हिस्ट्री,* 51। जामी मस्जिद को पूरा करने का काम 1406 ईसवी के आसपास हुआ था, ये 343 फुट लंबी और 202 फुट चौड़ी है और लगभग सत्तर हज़ार वर्ग फुट में फैली है। शायद ये फ़िरोज़ाबाद की शानो-शौकत की इकलौती यादगार बची है—अभी ये खंडहर बन चुकी है, क्योंकि फ़िरोज़ शाह

की मृत्यु के तुरंत बाद ही इसका इस्तेमाल बंद हो गया था और फिर ये सदियों तक उपेक्षित रही।

43. शेरवानी, *बहमनीज़ ऑफ दि डेकन,* 149।

44. ईटन, *सोशल हिस्ट्री,* 51। खिलात को क़बा या सरोपा के नाम से भी जाना जाता है। हालांकि खिलात में चोगे के अलावा पगड़ी और दूसरी चीज़ें भी शामिल होती हैं, और इन सभी को साथ में खिलात कहा जाता है।

45. हालांकि ये बात गौर करने की है कि मुग़लों पर भी उनकी सत्ता जमाने के बाद फ़ारसी का असर बहुत ज़्यादा था—1793-94 में उनके एक वंशज मिर्ज़ा अली बख़्त अज़फ़ारी ने अपने *मारग़ब अल-फ़ौद* में अफ़सोस जताया है कि उसके शाही पुरखों ने अपनी मर्दानगी का बड़ा हिस्सा तब खो दिया, जब वे अपनी फ़ौजी तुर्क जड़ों को भूल गए और कला, संस्कृति और आचार-व्यवहार में फ़ारसी चीज़ों पर मोहित हो गए।

46. ईटन, *सोशल हिस्ट्री,* 51।

47. पूर्वोक्त।

48. शेरवानी, *बहमनीज़ ऑफ दि डेकन,* 163।

49. राव, *मैसूर गज़ेटियर,* 1547। शर्मा की *हिस्ट्री ऑफ दि विजयनगर एंपायर: बिगिनिंग्स एंड एक्सपैंशन* भी देखें, 51।

50. ईटन, *सोशल हिस्ट्री,* 54।

51. कहानी कुछ इस तरह है कि सूफी ने अपनी पगड़ी को दो हिस्सों में बांट दिया, एक हिस्सा अहमद को दिया और दूसरा उसके बेटे को। ये इस बात का इशारा था कि दोनों ही सुल्तान बनेंगे। इस तरह, आध्यात्मिक नेताओं की ताक़त गैर-आध्यात्मिक मामलों में भी बड़ी भूमिका निभाती थी।

52. शेरवानी, *बहमनीज़ ऑफ दि डेकन,* 168।

53. राव, *मैसूर गज़ेटियर,* 1547। इस बेटे, हसन को पांच सौ घोड़ों का जागीरदार बनाया गया था, और पहले उसे फ़िरोज़ाबाद उसकी जागीर के तौर पर दिया गया था, उसे इस बात की 'अनुमति थी कि वो महल के आठ मील के दायरे में घूम सकता था या शिकार कर सकता था'। लेकिन उसकी मौजूदगी ही अहमद की ताक़त के लिए ख़तरा थी, इसलिए उसे अंधा कर दिया गया था। देखें मिशेल एंड ईटन, *फ़िरूज़ाबाद,* 17।

54. हैग, 'दि रिलीजन,' 75। दूसरी जगहों पर कहा गया है कि उसे गला घोंटकर या छुरा घोंपकर मारा गया, हालांकि एक जगह ऐसा ब्यौरा भी है कि अहमद के साथ समझौते के बाद वो अपनी स्वाभाविक मौत मरा था।

55. ईटन, *सोशल हिस्ट्री,* 54।

56. पूर्वोक्त, 55–56। अहमद ने ईरान के महान में शाह निमातुल्लाह वली के मकबरे को बनाने के लिए भी पैसे दिए थे।

57. शेरवानी, *बहमनीज़ ऑफ दि डेकन,* 192।

58. पूर्वोक्त, 199।

59. थंगासामी, *विजयनगर एंपायर,* 38।

60. सीवेल, *फॉरगॉटेन एंपायर,* 67, और शेरवानी, *बहमनीज़ ऑफ दि डेकन,* 198–99।

61. राव, *मैसूर गज़ेटियर,* 1562। इस तरह की कहानियों में कॉमेडी होने के बावजूद इन्हें नकारना उतना ही मुश्किल है, जितना इनकी सच्चाई साबित करना। लेकिन ये कहानियां मौजूद हैं और दिखाती हैं कि दोनों राज्यों और उनके शासकों के बीच इस तरह की छोटी-छोटी लेकिन हास्यास्पद झड़पें होती रहती थीं।

62. शेरवानी, *बहमनीज़ ऑफ दि डेकन,* 201।

63. अर्जुन अप्पादुराई ने *वर्शिप एंड कंफ्लिक्ट अंडर कोलोनियल रूल* में बताया है कि विजयनगर, और दक्षिण भारत में सामान्य तौर पर भी, शासकों के राजकीय कर्तव्य में अपने राज्य की प्रजा के अलावा मंदिरों की मदद और सुरक्षा करना भी शामिल था (सुरक्षा में उन विवादों का निपटारा भी शामिल था जो इन मंदिरों पर वास्तविक नियंत्रण रखने वाले स्थानीय जागीरदार नहीं निपटा पाते थे)। और जैसे-जैसे साम्राज्य का विस्तार होता था, महत्वपूर्ण मंदिरों पर रक्षात्मक शक्ति हासिल करना दरअसल इन जीते हुए इलाकों में अपनी ताक़त को बढ़ाने का तरीका भी था। 63, 70–71।

64. शर्मा, *हिस्ट्री ऑफ दि विजयनगर एंपायर: बिगिनिंग्स एंड एक्सपैंशन,* 56।

65. सोहोनी, 'वर्नाकुलर एज़ ए स्पेस,' 260।

66. शेरवानी, 'दि बहमनीज़,' 195। अली की किताब 'कंट्रीब्यूशंस' भी देखें, 594।

67. शेरवानी, 'दि बहमनीज़,' 209।

68. मिशेल और जेब्रोव्स्की, *आर्किटेक्चर एंड आर्ट,* 3।

69. ईटन, *सोशल हिस्ट्री,* 63।

70. शेरवानी, *बहमनीज़ ऑफ दि डेकन,* 180–81।

71. पूर्वोक्त, 184।

72. फिशर की *विज़ंस ऑफ मुग़ल इंडिया* में निकितिन का उद्धरण, 20।

73. पूर्वोक्त, 19।

74. पूर्वोक्त, 20।

75. ईटन, *सोशल हिस्ट्री,* 75।

76. शेरवानी, *बहमनीज़ ऑफ दि डेकन,* 191। ऐसा पहली बार नहीं हो रहा था। 'बिटवीन मार्केट एंड कोर्ट' में अली ने बताया है कि कैसे होयसल साम्राज्य में भी दो कारोबारी घराने थे जिन्होंने दरबार में राजनीतिक ताक़त हासिल कर ली थी। दिलचस्प ये है कि कारोबारियों को मिलने वाली ये अहमियत अर्थशास्त्र जैसे पुराने भारतीय ग्रंथों में लिखी बातों के विपरीत थी, जिनमें कारोबारी को 'दूसरे नाम से पुकारे जाने वाले चोरों' के बीच रखा जाता था और 'राज्य के लिए कांटा' कहा जाता था। हीस्टरमैन की किताब 'वाज़ देअर एन इंडियन रिएक्शन?' में उद्धरित, 39।

77. सुब्रह्मण्यम, 'इरानियंस अब्रॉड,' 348–49।
78. हालांकि इसमें तटीय बस्तियों से आने वाले अरब मूल के मुस्लिम और हिन्दू से मुस्लिम बने लोग भी शामिल थे।
79. शेरवानी, *बहमनीज़ ऑफ दि डेकन,* 192।
80. फिशर की 'विज़ंस ऑफ मुग़ल इंडिया' में निकितिन का उद्धरण, 20।
81. पूर्वोक्त, 19।
82. सुब्रह्मण्यम, *कोर्टली एनकाउंटर्स,* 45।
83. ईटन, *सोशल हिस्ट्री,* 76।
84. शेरवानी, *बहमनीज़ ऑफ दि डेकन,* 190।
85. हेग, 'दि रिलीजन ऑफ अहमद,' 75। अहमद शाह के सुन्नी से शिया बनने के साथ एक कहानी जुड़ी है। गेसू दराज़ का आशीर्वाद पाने के बाद अहमद शाह को एक सपना दिखाई देता है, जिसमें वो एक पेड़ के नीचे आराम कर रहा होता है, और एक अजनबी आता है और उसे बारह नुकीले सिरों वाला हरे रंग का एक ताज देता है। वो अजनबी कहता है कि इसे 'एक शेख ने भेजा है जो तन्हाई में बैठते हैं'। कई सालों बाद जब शाह निमातुल्लाह वली का पोता दक्कन आने वाला था, उसके पहले आए कई लोगों में एक शख्स ऐसा भी था जिसके पास वैसा ही ताज था—अहमद शाह ने पहचान लिया कि वो शख्स उसके सपने का अजनबी था, और 'तन्हाई में बैठने वाले शेख' और कोई नहीं, शाह निमातुल्लाह वली थे।
86. शेरवानी, *बहमनीज़ ऑफ दि डेकन,* 192।
87. ईटन, 'सूफीज़ ऑफ बीजापुर,' 50। दखनी साहित्य की सबसे पुरानी मौजूद रचना है 1420 के दशक में फख़रुद्दीन निज़ामी की लिखी *कदमराव पदमराव*। 1650 के दशक में, बारह भाषाओं में लिखने का दावा करने वाले जयराम पिंड्ये ने फ़ारसी को यवनी और दखनी को दक्षिणात्य-यवनी कहकर पुकारा है।
88. शेरवानी, *बहमनीज़ ऑफ दि डेकन,* 224। विजयनगर में भी हम ऐसा विभाजन देखते हैं बाएं हाथ की इदांगाई जाति और दाएं हाथ की वलांगाई जाति के रूप में। दोनों पक्षों में 98 लोग होते थे, जो अक्सर आपस में भिड़ते रहते थे लेकिन एक जैसे मकसद के लिए एक साथ भी आ जाते थे। राव की *मैसूर गज़ेटियर,* 1660-61 भी देखें।
89. बेली, *इंडियन सोसायटी,* 19। ये दिक्कत सदियों बाद मुग़ल साम्राज्य को भी डराने वाली थी, खासकर अठारहवीं सदी में जब साम्राज्य अपने पतन की तरफ था। 'विदेशी' जागीरदारों और भारत में पैदा हुए दरबारियों के बीच गुटबाज़ी ने कई अमीरों को दरबार से अलग कर दिया जिन्होंने धीरे-धीरे अपने आज़ाद ठिकाने बना लिए (मिसाल के लिए हैदराबाद का पहला निज़ाम और अवध का नवाब), और इसने साम्राज्य के बिखराव की रफ़्तार तेज़ कर दी।
90. शेरवानी, *बहमनीज़ ऑफ दि डेकन,* 258।
91. पूर्वोक्त, 263।

92. पूर्वोक्त, 264।
93. ईटन, *सोशल हिस्ट्री,* 59।
94. गवान की चिट्ठियों और पत्रात्मक मित्रता की संस्कृति पर हिस्ट्री जर्नल *स्टडीज़ इन हिस्ट्री* में फ्लैट की 'प्रैक्टिसिंग फ्रेंडशिप' देखें, 61-81।
95. शेरवानी, *बहमनीज़ ऑफ दि डेकन,* 258।
96. पूर्वोक्त, 317।
97. ईटन, *सोशल हिस्ट्री,* 66।
98. शेरवानी, *बहमनीज़ ऑफ दि डेकन,* 296।
99. ईटन, *सोशल हिस्ट्री,* 66–67।
100. शेरवानी, *बहमनीज़ ऑफ दि डेकन,* 296।
101. फिशर, *विज़ंस ऑफ मुग़ल इंडिया,* 23।
102. ईटन, *सोशल हिस्ट्री* में फ़िरिश्ता का उद्धरण, 72।
103. शेरवानी, *बहमनीज़ ऑफ दि डेकन,* 314।
104. ईटन, *सोशल हिस्ट्री,* 70।
105. शेरवानी, *बहमनीज़ ऑफ दि डेकन,* 334।
106. ईटन, *सोशल हिस्ट्री* में गवान का उद्धरण, 73।
107. शेरवानी, *बहमनीज़ ऑफ दि डेकन,* 358।
108. ईटन, *सोशल हिस्ट्री,* 73।

III. हिन्दू सुल्तान

1. शेरवानी, *बहमनीज़ ऑफ दि डेकन* में फ़िरिश्ता का उद्धरण, 236–37।
2. ईटन, *सोशल हिस्ट्री,* 104।
3. महालिंगम, *एडमिनिस्ट्रेशन एंड सोशल लाइफ,* 319।
4. शेरवानी, *बहमनीज़ ऑफ दि डेकन,* 236–37। माना जाता है कि 2000 लोगों के इस पहले दस्ते में घुड़सवार तीरंदाज थे।
5. स्टीन, *विजयनगरा,* 20। विजयनगर साम्राज्य के बाद फले-फूले नायक राज्यों में विदेशियों को अपनी सेवा में रखने का ये चलन बना रहा। 1630 के दशक में पुर्तगाली लेखक एंटोनियो बोकारो ने लिखा है कि तंजौर के राजा ने भाड़े के कई पुर्तगाली सैनिकों की मेज़बानी की थी जिन्हें 'बैठने और टोप पहनने, और उसे केवल सेनोरिया कहकर संबोधित करने की इजाज़त थी'। अगले दशक में, बाल्टासर दा कोस्टा ने दर्ज किया है कि मदुरई के नायक के पास उसकी अंगरक्षक सेना में 'तीन या चार सौ' तुर्क थे। राव, शुलमैन और सुब्रह्मण्यम की किताब *सिंबल्स ऑफ सब्सटांस* देखें, 232-33।
6. स्टीन, *विजयनगरा,* 70।
7. राव, *मैसूर गज़ेटियर,* 1606।

8. सीवेल, *फॉरगॉटेन एंपायर,* 126–27।
9. शिवरुद्रस्वामी, 'हिन्दू-मुस्लिम रिलेशंस,' 394–98।
10. सरमा, 'रामा रायाज़ पॉलिसी,' 144। राज्य संरक्षक और किंगमेकर रामराय, जिसके समय में विजयनगर तबाह हुआ था, सबसे पहले गोलकोंडा के क़ुतुब शाह की सेवा में था।
11. ईटन, *सोशल हिस्ट्री,* 78।
12. सेलतोर, *सोशल एंड पॉलिटिकल लाइफ,* 1।
13. पूर्वोक्त, 14।
14. सीवेल, *फॉरगॉटेन एंपायर,* 5। रेड्डी की *विजयनगर एंड इट्स लेसन्स* भी देखें, जहां वो साम्राज्य की स्थापना के पीछे के 'हिन्दू' उद्देश्यों का वर्णन करते हैं।
15. शेरवानी, *बहमनीज़ ऑफ दि डेकन,* 105। ऐसा सिर्फ फ़िरिश्ता के साथ नहीं है। रोम के शुरुआती इतिहास का अध्ययन करने वाली मैरी बियर्ड की एसपीक्यूआर में भी ऐसे ही चौंकाने वाले आंकड़े मिलते हैं, जहां बियर्ड कहती हैं कि इन आंकड़ों को पूरी तरह सच नहीं मानें, क्योंकि ये आंकड़े बड़े तो थे, लेकिन इतने बड़े नहीं जितने दिखाए गए हैं।
16. थंगासामी, *विजयनगर एंपायर,* 22।
17. राव, *मैसूर गज़ेटियर,* 1469, और सीवेल, *फॉरगॉटेन एंपायर,* 32। ये शासक था बुक्का प्रथम, जिसने अपने भाइयों के साथ मिलकर विजयनगर की नींव रखी। इसमें कुछ भी चौंकाने वाली बात नहीं है—सदियों पहले, हिन्दू राष्ट्रकूटों ने सिंध के मुस्लिम अरब शासकों के साथ मिलकर हिन्दू गुर्जर-प्रतिहारों का मुकाबला किया था। विडंबना ये है कि गुर्जर-प्रतिहारों की दसवीं सदी में राजधानी कन्नौज के पास एक जामी मस्जिद थी, और गुर्जर-प्रतिहार अरब ग्रंथों में अरबों के कट्टर प्रतिद्वंद्वी दिखते हैं। फ्लड की *ऑब्जेक्ट्स ऑफ ट्रांसलेशन* भी देखें, 20, 23।
18. राव, *मैसूर गज़ेटियर,* 1466।
19. ये बात गौर करने की है कि राजकाज और अच्छे राजा के काम को लेकर दोनों पक्षों के अपने-अपने सिद्धांत थे, क्योंकि दोनों के सांस्कृतिक संदर्भ बिलकुल अलग थे। मिसाल के लिए, थोड़े समय तक रही मदुरई सल्तनत के पतन के बाद तमिल इलाकों के एक शिलालेख में विजयनगर के तेलुगु शासकों की प्रशंसा इन शब्दों में की गई है: 'दौर तुलक्कन (यानी मुस्लिम) का था और कंपना-ओढ़ियार (यानी विजयनगर का राजा) अपने दक्षिणी विजय अभियान पर आया, मुसलमानों को बर्बाद किया, देश भर में व्यवस्थित सरकार बनाई और जांच-परख के लिए कई नायक्कनमर (अधिकारी) नियुक्त किए ताकि सभी मंदिरों में पूजा-पाठ पहले की तरह होते रहें'।

    देखें अप्पादुरई, *वर्शिप एंड कॉनफ्लिक्ट,* 83–84। यहां साफ़ तौर पर रायों की तारीफ इसलिए की जा रही है कि उन्होंने मुस्लिम सेनाओं के आने के पहले की दुनिया फिर से स्थापित की, और मुश्किल समय में हिन्दू धर्म की रक्षा की।

लेकिन ऐसा करके, एक नया साम्राज्य बनाने वाले इन तेलुगु सम्राटों ने हाल ही में जीते तमिल इलाकों में कुछ हद तक वैधता भी हासिल की। दूसरे शब्दों में कहें तो, एक तरफ बुक्का मुस्लिम बहमनियों के ख़िलाफ़ दिल्ली में मुस्लिम सुल्तान के साथ गठबंधन कर सकता था, वहीं बिना किसी हिचक के उसके बेटे को दक्षिण में मुस्लिमों के ख़िलाफ़ हिन्दू धर्म का रक्षक घोषित किया जा सकता था, जबकि वो ख़ुद दिल्ली सुल्तान के दरबार से निकला था, हालांकि दोनों मामलों में दर्शक और इरादे दोनों में काफ़ी अंतर था। पहले मामले में, बुक्का के रणनीतिक स्वार्थ बहमनियों के ख़िलाफ़ थे; जबकि दूसरे मामले में, विजयनगर के रणनीतिक स्वार्थ उनके नए तमिल प्रांतों में वैधता हासिल करने और अपनी ताक़त बढ़ाने में थे। ये तब और भी साफ़ हो जाता है जब शिलालेखों के और सुबूत हमें दिखाते हैं कि विजयनगर के शासकों ने इन मंदिरों के संसाधनों का इस्तेमाल स्थानीय गुटों को उदारता से दान देने में किया, और इस वजह से ये स्थानीय गुट तमिल देश में तैयार हो रही नई तेलुगु व्यवस्था और सम्राट के साथ आएं। पुराने परिवारों और प्रतिनिधियों का प्रभाव घट गया जबकि विजयनगर के राजसी हितों को बढ़ाने के लिए नियुक्त किए गए लोगों की ताक़त और समृद्धि बढ़ गई।

इस काल के बारे में और विस्तार से जानने के लिए अप्पादुरई की किताब देखें।

20. राव, *मैसूर गज़ेटियर,* 1467।
21. टालबोट, 'इन्सक्राइबिंग दि सेल्फ,' 705।
22. मिशेल, 'माइग्रेशंस एंड कल्चरल ट्रांसमिशंस,' 80–82।
23. स्टीन, विजयनगरा, 28।
24. राव, *मैसूर गज़ेटियर,* 1601। छोटे स्तरों पर भी हमें इसी प्रक्रिया के सुबूत मिलते हैं। गडवाल रेड्डी परिवार मूल रूप से काकतीय घराने का हिस्सा था। वारंगल के पतन के बाद, उन्होंने अपनी स्वामिभक्ति पहले बहमनियों, फिर बीजापुर के मुस्लिम शासकों, और अंत में हैदराबाद के निज़ामों के प्रति जताई, और उनका हिन्दू राजघराना 1948 तक चलता रहा। देखें कोहेन, *किंगशिप एंड कोलोनियलिज्म,* 33–34।
25. कोडाड, *रामराया,* 3।
26. सुब्रह्मण्यम, 'विजयनगर,' 97, और सिनोपोली, 'फ्रॉम दि लायन थ्रोन,' 380।
27. स्टीन की *विजयनगरा* में एस. कृष्णास्वामी आयंगर का उद्धरण, 5।
28. फिलियोज़ैट, *विजयनगर एंपायर,* 1।
29. थंगासामी, *विजयनगर एंपायर,* 29।
30. पूर्वोक्त, 13।
31. राव, *मैसूर गज़ेटियर,* 1415।
32. शर्मा, 18, और सीवेल, *फॉरगॉटेन एंपायर,* 23। उनके नाम थे हक्का, कंपा, बुक्का, मरप्पा और मुड्डप्पा।
33. सुब्रह्मण्यम, 'विजयनगर,' 83।

34. वैगनर, 'सुल्तान एमंग हिन्दू किंग्स,' 874।
35. थंगासामी, *विजयनगर एंपायर,* 15।
36. स्टीन, *विजयनगरा,* 19।
37. ईटन, *सोशल हिस्ट्री,* 38–39।
38. थंगासामी, *विजयनगर एंपायर,* 14।
39. सुब्रह्मण्यम, 'विजयनगर,' 86।
40. ईटन, *सोशल हिस्ट्री,* 42।
41. पूर्वोक्त, 43।
42. राव, *मैसूर गज़ेटियर,* 1452।
43. ईटन, *सोशल हिस्ट्री,* 42–43, सुब्रह्मण्यम, 'विजयनगर,' 90, सिनोपोली, 'फ्रॉम दि लायन थ्रोन,' 381, और वैगनर, 'सुल्तान एमंग हिन्दू किंग्स,' 862। ऐसा लगता है कि सुरतराना का स्त्रीलिंग सुरतानी है, इसके सुबूत श्रीरंगम मंदिर और मेलकोट तिरुनारायणापुरम मंदिर में पूजी जाने वाली मुस्लिम राजकुमारी के नाम से मिलते हैं। उसे तुलुक्का नचियार (तुग़लक़ शहज़ादी) के नाम से भी जाना जाता है, उसकी कहानी ये है कि उसे देवता से प्रेम हो गया था जब उस देवता की मूर्ति उसके सुल्तान वालिद के कब्ज़े में थी। जब वो मूर्ति दक्षिण लौटी तो शहज़ादी भी मुहब्बत में उसके पीछे-पीछे दक्षिण आ गई और यहीं उसकी मौत हो गई (श्रीरंगम विवरण) या वो मूर्ति में समा गई (मेलकोट विवरण), जिस कारण उसे मंदिर परंपराओं में सम्मानित स्थान मिला।

    देखें डेविस, 'मुस्लिम प्रिंसेस इन दि टेंपल्स,' 137–56।
44. ईटन, *सोशल हिस्ट्री,* 43, 101।
45. वैगनर, 'सुल्तान एमंग हिन्दू किंग्स,' 862।
46. ईटन, *सोशल हिस्ट्री,* 43।
47. अनूशहर, 'एलिफेंट एंड दि सॉवरेन,' 1–30। इस तरह की पदवियों, प्रतीकों वगैरह को अपनाने की प्रक्रिया दोनों तरफ चलती थी। अली अनूशहर ने दिखाया है कि कैसे, ग़ज़नवी के भारत पर आक्रमण के बाद—जिसे 1024 में सोमनाथ मंदिर के विध्वंस के लिए याद किया जाता है—हिन्दुओं में राजसी प्रतीक हाथी को तुर्क राजवंश ने अपना लिया था, और सुल्तान महमूद अक्सर भारत से लाए गए बड़े-बड़े हाथियों पर बैठकर सामने आता था, यानी उसने एक हिन्दू परंपरा अपना ली थी। और ये भी तब, जबकि इस्लाम में हाथी को शैतान के जानवर के तौर पर देखा जाता था। इसी तरह, आज के तुर्कमेनिस्तान में हुए एक युद्ध में सुल्तान ने ना केवल हाथियों को तैनात किया था, उसके फ़ौजी शंख समेत भारतीय वाद्य यंत्र बजाते थे, ये भी हिन्दू परंपराओं से गहरा जुड़ा हुआ है। यही नहीं, महमूद ने (और उसके पहले उसके पिता ने भी) द्विभाषी अरबी-संस्कृत सिक्के जारी किए, जिनमें संस्कृत में पैगंबर मुहम्मद को 'अवतार' बताया जाता था, और उनका वर्णन 'नरपति' कहकर किया जाता था, जो भारतीय शब्द है। फ्लड की *ऑब्जेक्ट्स ऑफ ट्रांसलेशन* देखें, 3। वैसे, बारहवीं सदी में

कश्मीर में लिखी गई राजतरंगिणी में हर्ष (1089-1111 तक शासन) को एक 'राजातुरुस्का' यानी एक तुर्क राजा कहा गया है, क्योंकि वो तुर्क पोशाकों और महिलाओं का शौकीन था और कभी-कभी मूर्तियां तोड़ने की हिंसा तक उतर आता था।

48. इसका संबंध रामायण से भी है, और कुछ जगहों पर हंपी को हनुमान का देश माना गया है।

49. सीवेल, *फॉरगॉटिन एंपायर,* 19।

50. राव, *मैसूर गज़ेटियर,* 1430। एक और जगह पर कहा गया है कि विद्यारण्य ने ही शहर की स्थापना की थी और फिर इसे संगम भाइयों को दे दिया था। रायावचाकामु में कहा गया है कि शहर नई ज़मीन पर बसाया गया था, जबकि विद्यारण्य कृति में इस बात पर ज़ोर दिया गया है कि शहर का निर्माण एक समय महान रहे, लेकिन बाद में भुला दिए गए शहर के खंडहरों पर हुआ था, जिसका नाम भी विजयनगर था। एक कहानी ये भी है कि विद्यारण्य ने स्वर्ग से सोने की बारिश कराई और नई राजधानी को आर्थिक आधार दिलाया।

51. सिनोपोली, 'फ्रॉम दि लायन थ्रोन,' 372।

52. पूर्वोक्त, 369।

53. इसी तरह, बुक्का के बेटे कंपना ने तमिल कन्नानूर में 1372 में, होयसलों के एक राजसी मंदिर को फिर से स्थापित किया, जिसे मस्जिद में बदल दिया गया था। ये ना सिर्फ तुर्कों को खारिज करने का तरीका था, बल्कि विजयनगर शासन के वैध और न्यायपूर्ण होने का दावा भी था।

54. राव, *मैसूर गज़ेटियर,* 1421।

55. सेलतोर, *सोशल एंड पॉलिटिकल लाइफ,* 8।

56. डेविस, 'मुस्लिम प्रिंसेस इन दि टेंपल्स,' 118। मधुराविजयम के मुताबिक, उसके जीतने के बाद दुनिया में अमन आ जाता है: 'फ़ारसियों की बर्बादी के बाद दक्षिण की चमक लौट आई। यह जंगलों की उस चमक के समान जगमगा उठा जब जंगल की आग बुझा दी जाती है। यह उस आकाश के समान चमक उठा जब ग्रहण ख़त्म हो जाता है। यह उस यमुना नदी के समान चमक उठा जब कृष्ण ने कालिया नामक नाग को मारा था।' देखें पूर्वोक्त, 119।

57. स्टीन, *विजयनगरा,* 1। कई सदियों बाद, जब तंजौर मराठा शासकों के अधीन था, उन्होंने भी प्राचीन राजवंशों के साथ अपना संबंध दिखाने की कोशिश की। अंतिम बड़े शासक सर्फोजी द्वितीय, जिसकी सत्ता तंजौर किले और इसके आसपास के इलाकों तक सिमटी थी, ने गर्व से अपने आपको चोलदेसाधिपति यानी चोल देश का शासक घोषित किया था।

58. पूर्वोक्त, 65–66। इसके पहले भी ऐसी मिसाल मौजूद है। लेज्ली ऑर के 1995 के अध्ययन में, जिसका जिक्र डेविस ने किया है, श्रीरंगम मंदिर के सभी 644 शिलालेखों का अध्ययन किया गया था, और इसमें दिखता है कि तेरहवीं सदी के मध्य तक राजा दान देने में खासे उत्साहित नहीं रहते थे। 'केवल संघर्ष और

राजवंशों की संक्रांति के समय में, जब पांड्या और होयसल के बीच पुराने (चोल) इलाकों पर नियंत्रण को लेकर लड़ाई हो रही थी, श्रीरंगम राजसी दान और वैधता के प्रमुख स्थल के रूप में उभरा।' देखें डेविस, 'मुस्लिम प्रिंसेस इन दि टेंपल्स,' 278। ये भी जोड़ना ज़रूरी है कि ब्राह्मणों को उनकी जाति का पूरा फायदा मिला और विजयनगर के शासक उन्हें अधिकारियों के रूप में नियुक्त करने में प्राथमिकता देते थे। देखें महालिंगम, *एडमिनिस्ट्रेशन एंड सोशल लाइफ,* 241–42।

59. कामत, *कृष्णदेवराया ऑफ विजयनगर,* 5। शास्त्रीय, ब्राह्मणवादी हिन्दू धर्म को फिर से स्थापित करने वाले शासकों के रूप में मान्यता का साफ़ तौर पर मतलब था कि पुरोहितों के उस वर्ग को ख़ुश करना, जिसकी राजघराने को मान्यता देने में अहम भूमिका होती थी। *मधुराविजयम* उर्फ *कंपाराया चरितम* में विजयनगर के पहले राय की बहू मंदिर वाले इस शहर की बर्बादी के दृश्यों का वर्णन करती है। मंदिर की हालत बताते हुए वो लिखती है: 'दीमकों ने दरवाज़ों को बर्बाद कर दिया है; गर्भगृह की चौखट जंगली पेड़-पौधों और लताओं के बढ़ने से टूट गई है...मंदिर के परिसर में जहां पहले मृदंग की तान छेड़ी जाती थी, वहां अब सियारों के चीखने की आवाज़ आती है...जो स्थान पहले यज्ञ के धुएं की सुगंध और वैदिक मंत्रों के मधुर जाप से भरा रहता था, वहां अब मांस की दुर्गंध और तुरुश्कों के चीखने की आवाज़ें आती हैं...नारियल के पेड़ जहां पहले नारियल के फल लगे होते थे, उन्हें काटकर अब क्रूरता से मारे गए लोगों की खोपड़ियां टांगने के खूंटे की तरह इस्तेमाल किया जाता है...राजसी सड़कें जहां पहले सुंदर युवतियों की पायल की मधुर आवाज़ गूंजती थीं, अब वहां जंजीरों में जकड़े ब्राह्मणों की असहनीय चीख-पुकार आती है और ये कान में कीलों की तरह चुभती हैं...शहर के सुंदर भवनों की दीवारों पर शालभंजिकाओं (युवतियों की तस्वीरें) और रेशमी पर्दों की जगह मकड़ी के जाले दिखते हैं। पवित्र नदी गायों के ख़ून से भरी हुई है।' लेकिन भले ही विजयनगर की राजकुमारी शहर पर आई आफत पर अफसोस जताती है, दुश्मन को अभी भी मज़हबी नज़रिये से नहीं देखा जा रहा है। विडंबना ये है कि कविता में दो दुश्मन हैं, एक हैं तुर्क और दूसरे हैं साथी हिन्दू—संबुवा राय—जिन्होंने मलिक काफूर की तबाही के बाद ख़ुद को कांची में स्थापित कर लिया था। संबुवा रायों को पेड़ की शाखाओं के रूप में दिखाया गया है, जबकि तुर्कों को पेड़ का तना कहा गया है—उनके धर्म का जिक्र नहीं होता है। देखें राव, 'फ्रॉम फियर टू हॉस्टिलिटी,' 72।

तबाही मचाने के वर्णन हिन्दू राजाओं की भिड़ंत में भी मिलते हैं—1007 में जब राजराज चोल की सेना ने बीजापुर के आसपास के इलाके पर कब्ज़ा किया, एक स्थानीय शिलालेख के मुताबिक, उन्होंने पूरे देश को तबाह कर डाला, महिलाओं, बच्चों और ब्राह्मणों की हत्याएं कीं, महिलाओं को अपने कब्ज़े में ले लिया, और जाति व्यवस्था को उखाड़ फेंका। देखें डेविस, 'मुस्लिम प्रिंसेस इन दि टेंपल्स,' 82। उस वक़्त दुश्मनों को, उनका धर्म चाहे जो हो, पिछले स्वर्ग को तबाह करने वाले बर्बरों की तरह दिखाया जाता था, उनकी तुलना देवताओं से लड़ने वाले असुरों से की जाती थी। ये दिलचस्प बात भी गौर करने

की है, जैसा डेविस ने किया है (पूर्वोक्त, 121) कि मदुरई में तेलुगु विजयनगर शासक भी बाहरी था और इसलिए, 'ख़ुद को एक तमिल देश में कम विदेशी दिखाने के लिए, तुर्कों को ज़्यादा विदेशी दिखाने से फायदा मिलता।' इस तरह मांस खाने वाले और शराब पीने वाले 'राक्षसों' को बाहर निकालकर 'शास्त्रीय' व्यवस्था फिर से कायम करने से विजयनगर को नए इलाके में मान्यता मिली। हालांकि इसके बावजूद तनाव बने रहते थे, और इसका खुलासा एक इतालवी पादरी रॉबर्टो नोबिली के दस्तावेज़ों से होता है, जो सत्रहवीं सदी की शुरुआत में मदुरई में काम करता था—उसने अपने दस्तावेज़ों में कहा है कि विजयनगर के उत्तराधिकारी नायकों को वहां वैध शासक नहीं माना जाता था क्योंकि वे तेलुगु थे और इस तमिल क्षेत्र में कुछ दशकों पहले ही आए थे। देखें ज़ुपानोव, *डिस्प्युटेड मिशन,* 112।

60. राव, *मैसूर गज़ेटियर,* 1483। ये इदांगाई-वलांगाई विवाद का विस्तार था जो चोल राजाओं के समय से अलग-अलग गुटों के बीच चला आ रहा था, और जैनियों को अब दाएं हाथ वाली जातियों का सदस्य मान लिया गया था। ये गुट राज्य के ख़िलाफ़ भी बग़ावत कर सकते थे—एक शिलालेख में लिखा गया है: 'हम, वालुदिलमपट्टु-उचावडी के वलांगाई 98 [जातियों] और इदांगाई 98 के लोग पूरी क्षमता से यहां मौजूद हैं और मंदिर की दीवार पर नीचे लिखी बात को अंकित करा रहे हैं। इस मंडलम में, भले ही उचावडी प्रधानी [विजयनगर के स्थानीय प्रशासक], वन्नियार [सैनिक] और जिवितक्करार [स्थानीय प्रशासनिक अधिकारी] हमें धमकाएं, या ब्राह्मण और वेल्लाल कनियालार, इराजागरत्तार [सरकारी अधिकारी] के साथ मिलकर हम पर अत्याचार करने की कोशिश करें, हम कभी भी इस अत्याचार के सामने नहीं झुकेंगे।' देखें काराशिमा, *टुवर्ड्स ए न्यू फॉर्मेशन,* 142। इन गुटों में कारोबारी, बुनकर, लोहार, बढ़ई, कारीगर, कुम्हार और उस समय समाज के निचले तबकों के दूसरे लोग थे।

61. स्टोकर, *पोलेमिक्स एंड पैट्रोनेज,* 153। स्टोकर कहते हैं कि व्यास विजय में 'कांची के शैवों के साथ व्यासतीर्थ के टकराव की एक कहानी है, जिन्होंने रंगनाथ मंदिर में व्यासतीर्थ को इस आधार पर प्रवेश करने से मना कर दिया कि शिव के एक रूप जंबूकेश्वर वहां पहले से हैं। व्यासतीर्थ इसके बाद अपनी सांस रोककर पूरे इलाके में दौड़ना शुरू करते हैं। जितने क्षेत्र पर उन्होंने दौड़ लगाई, वो बाद में रंगनाथ का हो गया और जो बच गया वो जंबूकेश्वर के पास चला गया।' इन कहानियों में अलग-अलग मंदिरों और उनसे जुड़े राजसी संरक्षण को लेकर हिन्दुओं के भीतर की प्रतिस्पर्धा दिखती है। शासकों का झुकाव भी साम्राज्य स्थापना के समय शैव संप्रदाय से हटकर, पंद्रहवीं सदी की शुरुआत में देवराय प्रथम के समय तक वैष्णव संप्रदाय की तरफ जाता दिखता है। हालांकि इस बारे में आधिकारिक मान्यता या भेदभाव के चिह्न नहीं दिखते, भले ही जातिगत प्रतिद्वंद्विता दिखाई देती है और इसके संकेत हमें संत पुरंदरदास के गीतों में मिलते हैं।

62. सुब्रह्मण्यम, 'विजयनगर,' 91।

63. चेकुरी, '"शेयर" इन दि "वर्ल्ड एंपायर",' 41–50, 62। इस तरह, 1371

और 1530 के बीच में साम्राज्य की तमिल भूमि, एक अंदाज के मुताबिक, अट्ठावन नायकों में बांट दी गई थी, और इन सभी को राय की मान्यता थी। देखें पालट, 'पॉपुलर रिवोल्ट्स एंड दि स्टेट,' 136-37। नोबोरू काराशिमा के सर्वेक्षण दिखाते हैं कि आज के तमिलनाडु में कुल मिलाकर 500 नायक शिलालेख हैं, इसका मतलब है कि ये इससे भी ज़्यादा हो सकते हैं। देखें काराशिमा, *कनकॉर्डेंस ऑफ नायकाज़*, 12, इसमें विजयनगर नायकों की पूरी सूची है जिनके नाम अंग्रेज़ी वर्णमाला के हिसाब से लिखे गए हैं। ये व्यवस्था पहले की व्यवस्था, विशेषकर तमिल इलाकों में, से अलग थी, जहां राजवंशों के बदलाव से स्थानीय संस्थानों में बदलाव नहीं आता था। हालांकि, अमरनायकों ने इसे बदल दिया और इन स्थानीय संस्थानों को केंद्र की सत्ता कमज़ोर करने के लिए 'बाधाओं' के रूप में देखा—इन पुराने संस्थानों की जगह ले ली कुछ सामंतों और मंदिरों के साथ सीधे गठबंधन ने, जो नई शर्तों और नई समझ पर आधारित होते थे। देखें हॉल, 'स्ट्रक्चरल चेंज एंड सोसाइटल इंटेग्रेशन,' 3। इस बात पर भी गौर करना चाहिए कि नायकों की अवधारणा वारंगल में काकतीयों के समय से मौजूद थी—विजयनगर के अमरनायक, इस मायने में, एक पुराने संस्थान का नया रूप थे।

64. राव, *मैसूर गज़ेटियर*, 1534।
65. पूर्वोक्त, 1540।
66. पूर्वोक्त, 1556।
67. पूर्वोक्त, 1554।
68. इसी वजह से कुछ लोग इसके लिए 'साम्राज्य' शब्द के इस्तेमाल को गलत मानते हैं—हमने इस किताब में इस शब्द का इस्तेमाल किया है क्योंकि ये 'छोटे राजाओं' की एक बड़ी और विविधता भरी इकाई थी, जिसमें अलग-अलग भाषाओं और सांस्कृतिक पृष्ठभूमि वाली बड़ी आबादी एक राजनीतिक छत्र के नीचे रहती थी। इस प्रकार इसमें केंद्र था, प्रांतीय सरदार (भावी नायक शासक), और उनके हाथों में केंद्रीय सत्ता का हस्तांतरण था। दरअसल, भक्ति संत कनकदास के पिता, जो कुरुबा जाति के सरदार थे, विजयनगर के राजस्व वसूली करने वाले अधिकारी भी थे। एक कहानी के मुताबिक, कनकदास को अपने पिता की पदवी विरासत में मिली थी और वो विजयनगर की एक आधिकारिक यात्रा के दौरान संत व्यासतीर्थ के संपर्क में आए और भक्ति के रास्ते पर उनकी यात्रा शुरू हुई। दरअसल, कनकदास के पहले उन्हें कनक नायक के नाम से जाना जाता था। इसके अलावा, बर्टन स्टीन ने दिखाया है कि कैसे कृष्णदेव राय जैसे शक्तिशाली सम्राट के दिनों में भी, केनरा सरदार अपने प्रशासन, छोटी-मोटी लड़ाइयां और राजनीतिक काम-धंधे बगैर अपनी राजधानी या अपने सम्राट की सहमति के निपटाते रहते थे, और स्वायत्त होते थे।
69. सिनोपोली, 'फ्रॉम दि लायन थ्रोन,' 370।
70. स्टोकर की *पोलेमिक्स एंड पैट्रोनेज* में जॉन हेवुड का उद्धरण, 143।
71. ईटन, *सोशल हिस्ट्री*, 85–86। देखें पालट, 'पॉपुलर रिवोल्ट्स एंड दि स्टेट,'

विजयनगर के तमिल प्रांतों में किसानों के विद्रोह पर शानदार लेख, और स्टोकर ने जिक्र किया है कि विजयनगर साम्राज्य ने मठों को संरक्षण देकर उनके माध्यम से अलग-अलग प्रांतों को साथ लाने की कोशिश की थी।

72. राव, *मैसूर गज़ेटियर,* 1530। देखें महालिंगम, *एडमिनिस्ट्रेशन एंड सोशल लाइफ*।

73. ईटन, *सोशल हिस्ट्री,* 85। देखें काराशिमा, *टुवर्ड्स ए न्यू फॉर्मेशन,* जिसमें बताया गया है कि कैसे पंद्रहवीं सदी में, विजयनगर के अमरनायक क्रूरता और ताक़त के साथ वैसा ही बर्ताव करते हैं जैसा सभी आक्रमणकारी सेनाएं करती थीं जिससे लोगों में असंतोष पैदा होता था। सोलहवीं सदी तक, हालांकि, शिलालेखों के सुबूत दिखाते हैं कि नई व्यवस्था जड़ें जमा चुकी थी, और अमरनायक प्रणाली का कामकाज शांति के साथ होने लगा था।

74. महालिंगम, *एडमिनिस्ट्रेशन एंड सोशल लाइफ,* 65।

75. गुहा, 'दि फ्रंटियर्स ऑफ मेमरी,' 273।

76. फ़िलियोज़ैट के *विजयनगर एंपायर* में नुनिज़ का उद्धरण, 83।

77. थंगासामी, *विजयनगर एंपायर,* 41–42।

78. आलम और सुब्रह्मण्यम के *इंडो-पर्शियन ट्रैवल्स* में अब्दुर रज़्ज़ाक का उद्धरण, 70।

79. राव के *मैसूर गज़ेटियर,* 1588–89 में अब्दुर रज़्ज़ाक का उद्धरण।

80. खान की *डेकन पॉलिसी* में अब्दुर रज़्ज़ाक का उद्धरण, 40।

81. शर्मा की *हिस्ट्री ऑफ विजयनगर एंपायर: बिगिनिंग्स* में अब्दुर रज़्ज़ाक का उद्धरण, 62–63। अगर एक रचना पर यकीन किया जाए तो विजयनगर के होटलों में मिलने वाले भोजन की गुणवत्ता से कवि श्रीनाथ काफ़ी निराश था।

82. सीवेल के *फॉरगॉटेन एंपायर* में अब्दुर रज़्ज़ाक का उद्धरण, 92। विजयनगर में अपनी यात्रा के दौरान रज़्ज़ाक राजधानी के बाहर के नज़ारों को देखकर भी प्रभावित था। इस शख़्स ने केरल के कालीकट की स्थानीय परंपराओं और रिवाजों को खारिज कर दिया था, लेकिन मैंगलोर के बाहर एक हिन्दू मंदिर को देखकर मोहित हो गया था, जिसकी मुख्य प्रतिमा सोने की बनी थी। वो कहता है, 'इसकी आंखें दो लाल माणिक की बनी थीं और इन्हें इतनी चतुराई से बनाया गया था कि आप कह सकते थे कि मूर्ति देख रही है। क्या शानदार कला और कलाकारी है!' देखें आलम और सुब्रह्मण्यम की *इंडो-पर्शियन ट्रैवल्स,* 68।

83. ईटन, *सोशल हिस्ट्री,* 102।

84. वैगनर, 'सुल्तान एमंग हिन्दू किंग्स,' 865–66।

85. ईटन, *सोशल हिस्ट्री,* 86।

86. सिनोपोली, 'फ्रॉम दि लायन थ्रोन,' 385–87। 'विदेशी' कपड़ों का ये असर असामान्य नहीं है। मिसाल के लिए तेरहवीं सदी में, बौद्ध लद्दाख में, तुर्क क़बा को राजपरिवार और कुलीन परिवारों ने दरबारी पोशाक का दर्जा दिया था। देखें फ्लड, *ऑब्जेक्ट्स ऑफ ट्रांसलेशन,* 66।

87. पूर्वोक्त, 373।

88. आलम और सुब्रह्मण्यम की *इंडो-पर्शियन ट्रैवल्स* में अब्दुर रज़्ज़ाक का उद्धरण, 73। ऐसा लगता है कि दूत ने स्थानीय वेश्याओं के साथ कुछ लेनदेन किया था। 'उनमें से सभी ढेर सारे मोतियों और गहनों से सजी हैं और उनके शरीर पर सुंदर कपड़े हैं,' रज़्ज़ाक कहता है। 'वे उम्र में बेहद कम हैं, और बेहद ख़ूबसूरत भी। और उनके सामने एक-दो दासियां खड़ी होकर मज़े की तारीफ करती हैं, और संगीत के वाद्य यंत्रों को तैयार रखती हैं। जो भी वहां आता है और इसका आनंद उठाना चाहता है, ऐसा कर सकता है। वहां के लोग अपने मेहमानों के सामान का ख्याल रखते हैं, और अगर कोई चीज़ गायब हो जाती है तो उसकी भरपाई करते हैं।'

89. ईटन, *सोशल हिस्ट्री*, 101।

90. सिनोपोली, 'फ्रॉम दि लायन थ्रोन,' 383।

91. ईरान और दूसरी जगहों के साथ समकालीन संबंधों का एक और संकेत हमें देवराय द्वितीय के कवि श्रीनाथ की रचना *हरविलासम* से मिलता है। नेल्लोर के तिपय्या सेट्टी नामक एक व्यापारी का जिक्र करते हुए श्रीनाथ बताता है कि वो होरमुज़ (हुरुमानजी) से घोड़े, श्रीलंका से हाथी, और यहां तक कि गोवा, पंजाब और चीन से सामान मंगाता था। इसके बाद ये सामान केवल विजयनगर के दरबार में ही नहीं, बल्कि उड़ीसा और बहमनी सल्तनत को भी भेजे जाते थे। देखें अय्यंगर, *सोर्सेज़ ऑफ विजयनगर हिस्ट्री*, 4, 57।

92. ईटन, *सोशल हिस्ट्री*, 102। देवराय द्वितीय जिस शासक से इतना प्रभावित था, वो तैमूर का बेटा शाहरुख था।

93. स्टीन, *विजयनगरा*, 70।

94. आलम और सुब्रह्मण्यम, *इंडो-पर्शियन ट्रैवल्स*, 79–82।

95. देवराय द्वितीय के समकालीन अब्दुर रज़्ज़ाक के मुताबिक दोषी उसका भाई था, जबकि काफ़ी बाद में नुनिज़ कहता है कि हत्यारा राजा का भतीजा था।

96. सीवेल की *फॉरगॉटिन एंपायर* में अब्दुर रज़्ज़ाक का उद्धरण, 73।

97. पूर्वोक्त।

98. पूर्वोक्त।

99. राव की *मैसूर गज़ेटियर*, 1575–76 में नुनिज़ का उद्धरण।

100. सीवेल की *फॉरगॉटिन एंपायर* में अब्दुर रज़्ज़ाक का उद्धरण, 74।

101. राव की *मैसूर गज़ेटियर*, 1575–76 में नुनिज़ का उद्धरण।

102. पूर्वोक्त।

103. कई संयुक्त आक्रमणों में पहले का जिक्र एक संस्कृत रचना गंगादासप्रताप विलासम में मिलता है, और इसमें शायद संयुक्त सेना को युद्ध में खदेड़ दिया गया था, हालांकि उड़ीसा के राजा और बहमनी सुल्तान की ताक़त बढ़ जाती है जबकि विजयनगर की ताक़त कम हो जाती है।

104. सुब्रह्मण्यम, 'विजयनगर,' 102।

105. शर्मा, *हिस्ट्री ऑफ दि विजयनगर एंपायर: बिगिनिंग्स*, 87। लेखक कहते हैं कि प्रचलित मान्यता के विपरीत, सलुव एक सैन्य उपाधि थी और किसी परिवार का नाम नहीं था।

106. देवराय द्वितीय की बहन का विवाह सीमा शुल्क विभाग के जिस कर्मचारी से हुआ था, वो देवराय द्वितीय का चाचा था। माना जाता है कि उसके एक पूर्वज सलुव मंगू ने चौदहवीं सदी के अंत में मदुरई पर विजयनगर के प्रसिद्ध युद्ध अभियान में हिस्सा लिया था, और सलुव अभ्युदयम के मुताबिक वो श्रीरंगम के विशाल मंदिर का मुख्य संरक्षक था।

107. सुब्रह्मण्यम, 'विजयनगर' 104।

108. स्टीन, *विजयनगरा*, 30।

109. अभागे पिता, विरुपाक्ष द्वितीय ने भी सत्ता हड़पी थी। देखें अय्यंगर, *सोर्सेज़ ऑफ विजयनगर हिस्ट्री*, 68–69।

110. थंगासामी, *विजयनगर एंपायर*, 47।

111. पूर्वोक्त।

112. परेरा, *सेक्सुयलिटी इन एंशंट इंडिया*, 148। इसका नाम है *रतिरत्नप्रदीपिका*। वैसे सलुव नरसिंह ख़ुद एक गीतकार था और माना जाता है कि उसने *राम अभ्युदयम* की रचना की थी, जो रामायण का पुनर्लेखन है।

113. सुब्रह्मण्यम, 'विजयनगर' 105।

114. सलुव नरसिंह के बारे में एक दिलचस्प कहानी है कि सत्ता हथियाने के समय उसकी मुलाकात एक बार संत कवि अन्नामाचार्य से हुई थी। उसने संत को अपने सम्मान में कुछ पंक्तियां लिखने को कहा था, जिसके जवाब में अन्नामाचार्य ने कहा: 'मेरी जीभ तुम्हारे जैसे मनुष्य की प्रशंसा करना नहीं जानती है; ये केवल भगवान हरि की प्रशंसा कर सकती है।'

115. सुब्रह्मण्यम, *कोर्टली एनकाउंटर्स*, 13।

116. सीवेल की *फॉरगॉटेन एंपायर* में सीजेरो फेडेरिकी का उद्धरण, 208।

IV. बाग़ी सुल्तान

1. शेरवानी, *बहमनीज़ ऑफ दि डेकन*, 386।

2. 1542 में तीसरे बारिद शाह ने ये पदवी हासिल की थी।

3. यज़दानी, *बीदर: इट्स हिस्ट्री*, 12।

4. शेरवानी, *बहमनीज़ ऑफ दि डेकन*, 293। इस सरदार का नाम सबाजी था जिसका नियंत्रण जालना के आसपास के इलाके पर था।

5. थॉमज़, 'ईरानियन डायस्पोरा,' 10। फ़िरिश्ता भी इस तुर्क कहानी का जिक्र करता है लेकिन तुर्क दस्तावेज़ों में मुराद द्वितीय के यूसुफ़ नाम के किसी बेटे का जिक्र नहीं है, हालांकि उसका एक भाई ज़रूर था जिसका नाम यूसुफ़ था। कूसेंस, *बीजापुर*, 80-81। कूसेंस ने जिक्र किया है कि यूसुफ़ की मां ने एक गुलाम खरीदा था 'जो उसके बेटे से बहुत मिलता-जुलता था' और इसी लड़के

को मारकर दफनाया गया था, जबकि असली यूसुफ़ उस व्यापारी के साथ भाग निकला था जिसने गुलाम यूसुफ़ को बेचा था। बाद में इस शहज़ादे को एक ख्वाब दिखा कि उसकी क़िस्मत हिन्दुस्तान में इंतज़ार कर रही है, और इसलिए वो अपने देश को छोड़कर दक्कन आ गया। सुब्रह्मण्यम, *थ्री वेज़ टू बी एलियन,* 35। इसके अलावा सुब्रह्मण्यम डॉम फर्नांडो डि कैस्त्रो के दस्तावेज़ का जिक्र करते हैं जहां यूसुफ़ एक बड़े व्यापारी का नौकर भर था, जिसे भारत में एक सौदे में भारी घाटा हुआ, और यूसुफ़ ने भारत में रहने और फिर बहमनी की सेवा में जाने का फ़ैसला किया, जहां से वो नए मुकाम छूता गया।

6. *एक्सटर्नल रिलेशंस ऑफ दि बीजापुर किंगडम* में नईम कहते हैं कि 'वो पूर्वी अनातोलिया में दियारबकिर के अक़-क़ुयुनलु कबीले का यूसुफ़ बेग तुर्कमान था' और उसका वालिद ईरान में 'सावा का वली' था। जवानी के दिनों में 'ईरान में भटकने' के बाद यूसुफ़ आखिरकार हिन्दुस्तान आ गया।
7. इराली, *द मुग़ल थ्रोन,* 144।
8. जोशी, 'आदिल शाहीज़,' 291। गवान के संरक्षण में आने के पहले यूसुफ़ को एक वरिष्ठ जागीरदार निज़ाम-उल-मुल्क का काफ़ी साथ मिला था, जो 1460 के दशक के अंतिम वर्षों में युद्ध में मारा गया।
9. नईम, *एक्सटर्नल रिलेशंस,* 44।
10. अली, *अफ़्रीकन डिस्पर्सल,* 49।
11. शेरवानी, *बहमनीज़ ऑफ दि डेकन,* 392।
12. थॉमज़, 'ईरानियन डायस्पोरा,' 23।
13. टेलर, *हिस्ट्री ऑफ इंडिया,* 181, 209।
14. वैगनर, *टाइडिंग्स ऑफ दि किंग,* 62। यहां रायावचाकामु का संदर्भ है।
15. जोशी, 'आदिल शाहीज़,' 293।
16. पूर्वोक्त, 296।
17. पूर्वोक्त, 297।
18. पूर्वोक्त, 296।
19. यूसुफ़ के संसाधनों और उसकी फ़ौज की ताक़त को देखते हुए—और इसलिए भी कि उसने आधिकारिक रूप से बीदर के दिखावटी सुल्तान को गद्दी से हटाया नहीं था—क़ासिम बारिद उसे रोकने के लिए ज़्यादा कुछ नहीं कर सका। 1495 में तो यूसुफ़ एक बड़ा राजनयिक तख़्तापलट करने में कामयाब हो गया, जब उसने बहमनी के शहज़ादे को अपनी बेटी, जिसे प्यार से सब बीबी सित्ती कहते थे, का मंगेतर बना लिया था। देखें शेरवानी, *बहमनीज़ ऑफ दि डेकन,* 377। दो और बेटियों, मरियम और खदिजा की शादियां भी निज़ाम शाह और इमाद शाह के घरों में हुई थीं, लेकिन बीबी सित्ती के ज़रिए यूसुफ़ का इरादा राजघराने की बराबरी हासिल करने का था। हालांकि, वो अपने इस फ़ैसले पर दोबारा सोचता, अगर उसे पता होता कि उसका दामाद बहमनी ताज को कुछ सिक्कों के बदले बेचने के लिए इतिहास में बदनाम होने वाला है। इससे

भी बदतर ये हुआ कि अपने शौहर की मौत के बाद, बीबी सित्ती को क़ासिम बारिद के धूर्त बेटे की बांहों में जाना पड़ा (पूर्वोक्त, 416-17)। बीबी सित्ती के लिए ये एक और बुरा तजुर्बा था क्योंकि उसे ना केवल अपनी मराठा सौतन को झेलना पड़ा, बल्कि अपने पति के दूसरे प्रेम-प्रसंगों से भी सामंजस्य बैठाना था। क़ासिम बारिद के बेटे के मन में बहमनियों के लिए अपने वालिद से भी कम इज़्ज़त थी, और जब उसके हमनाम बाद के एक सुल्तान ने उसकी बीवी को लुभाने पर एतराज जताया, तो बारिद ने उसे ज़हर देकर मरवा दिया। इस समय तक, सुल्तान की पदवी केवल दिखावटी थी, वो केवल खाना और कपड़े दे सकता था, लेकिन बाकी किसी भी छोटे से छोटे फ़ैसले बारिदों के आदमी लेते थे। इसलिए कोई चौंकने वाली बात नहीं कि 1530 के दशक में बहमनी घराने का आखिरी वारिस बची-खुची इज़्ज़त लेकर मक्का चला गया, और फिर कभी नहीं लौटा।

20. अनवर, 'दि साफेविद्स,' 257, और नईम, *एक्सटर्नल रिलेशंस,* 22। इस पदवी के इस्तेमाल के पहले कुछ और साल हुए होंगे।
21. नईम, *एक्सटर्नल रिलेशंस,* 58।
22. जोशी, 'आदिल शाहीज़,' 298।
23. नईम, *एक्सटर्नल रिलेशंस,* 48।
24. जोशी, 'आदिल शाहीज़,' 299।
25. नईम, *एक्सटर्नल रिलेशंस,* 33।
26. जोशी, 'आदिल शाहीज़,' 300।
27. नईम, *एक्सटर्नल रिलेशंस,* 28।
28. पूर्वोक्त, 20।
29. ईटन, *सोशल हिस्ट्री,* 91, 102।
30. मैथ्यू, *हिस्ट्री ऑफ दि पोर्तुगीज़,* 193। दिलचस्प बात ये है कि मुश्किल वक़्त में अपनी हिम्मत और भरोसे को दिखाने के लिए पुर्तगालियों ने उनकी शानदार 'दावत' का बढ़-चढ़कर दिखावा किया, हालांकि वास्तव में वो केवल चूहे और चमड़े का शोरबा खा रहे थे! देखें मोक्ज़ैम, *थेफ्ट ऑफ इंडिया*।
31. जोशी, 'आदिल शाहीज़,' 303।
32. शास्त्री, 'कमर्शियल पॉलिसी,' 632। और 1576 तक, भारतीय और विदेशी साथियों की मदद से यूरोपीय लोगों को हटाने की कामयाब कोशिशों के बाद, आदिल शाहों ने *कार्टाज़* सिस्टम मान लिया था जिसमें गोवा से गुज़रने वाले जहाज़ों को आगे जाने के लिए कुछ रकम देनी पड़ती थी, और पुर्तगालियों के बढ़ते नियंत्रण वाले अरब सागर में उन्हें सुरक्षा की गारंटी दी जाती थी।
33. जोशी, 'आदिल शाहीज़,' 305–06। संयोग से, हत्यारे का नाम यूसुफ़ था जबकि राज-प्रतिनिधि का नाम कमाल खान था।
34. पूर्वोक्त, 395। इसके नतीजे में जो लड़ाई छिड़ी, उसमें राज-प्रतिनिधि के बेटे ने बीजापुर की घेराबंदी कर दी। और दक्कन के इतिहास में सबसे अजीब मौत

की घटनाओं में एक में, इस शख्स ने एक मुंडेर के नीचे छिपना ठीक समझा और वहीं उसका अंत हुआ—नौजवान इस्माइल बिलकुल ऊपर बैठा था और नीचे अपने दुश्मन को पहचानकर उसने ऊपर से केवल एक बड़ी सी चट्टान गिराकर उसे कुचल डाला (पूर्वोक्त, 306–07)। जब अपनी चाल के नाकाम होने से गुस्साए बारिद शाह ने राज्य पर हमला किया, और अपने साथ बहमनी सुल्तान के होने का दिखावा किया, ना सिर्फ इस्माइल के सैनिकों ने हमलावरों को हराया, बल्कि उन्होंने बेचारे सुल्तान को भी अस्थायी रूप से हिरासत में ले लिया था जबकि उसका संरक्षक सुरक्षित भाग खड़ा हुआ था। सोलह साल बाद, इस्माइल ने अपना बदला लिया, जब एक रात बारिद शाह अपनी छावनी में नशे में धुत था, इस्माइल के आदमियों ने अचानक हमला करके बारिद शाह को (उसके बिस्तर समेत) उठाकर अपने राजा के सामने पेश कर दिया। शुरुआत में बारिद शाह के बेटों ने बीदर का किला सौंपने से मना कर दिया, लेकिन जब ये साफ़ हो गया कि हर मिनट की देरी उनके वालिद को एक बड़े और गुस्सैल हाथी के पैर के करीब लेती जाएगी, वो किला सौंपने को राज़ी हो गए। ये अलग बात है कि एक बार आज़ाद होने के बाद बारिद शाह ने चालाकी से अपना खोया सब कुछ वापिस हासिल कर लिया—जहां उसकी फ़ौज नाकाम हो जाती थी, ये शख्स अपने दिमाग का इस्तेमाल करना जानता था।

35. पूर्वोक्त, 310, 319।
36. पूर्वोक्त, 314–15।
37. मल्लू आदिल शाह को तो ठीक से याद भी नहीं रखा गया। जब चांद मुहम्मद और कमाल मुहम्मद ने अपनी मशहूर पेंटिंग *द हाउस ऑफ बीजापुर* पेश की, जिसमें एक कालीन पर सारे आदिल शाहों को बैठा दिखाया गया है, तो इस्माइल आदिल शाह का बदक़िस्मत बेटा इकलौता शासक था, जो उस तस्वीर में छूट गया था।
38. सुब्रह्मण्यम, *थ्री वेज़ टू बी एलियन,* 58।
39. पूर्वोक्त, 28।
40. जोशी, 'आदिल शाहीज़,' 321। जोशी इन घटनाओं का समय 1540 का दशक बताते हैं और विपक्षी अब्दुल्लाह नामक एक भाई को बताया गया है, लेकिन सुब्रह्मण्यम के स्रोतों के मुताबिक, मियां अली का ज़िक्र सच्चाई के ज़्यादा करीब दिखता है।
41. सुब्रह्मण्यम मन बदलने की वजह गोवा में नेतृत्व बदलना बताते हैं—जब नया वायसराय आया, उसने अपने पिछले वायसराय के आदिल शाह से किए वादे को पूरा करने से इनकार कर दिया।
42. सुब्रह्मण्यम, *थ्री वेज़ टू बी एलियन* में लुई फ्रोइस का उद्धरण, 29।
43. पूर्वोक्त,
44. पूर्वोक्त, 32।
45. पूर्वोक्त, 69। केरल में ऐसी ही एक कहानी मिलती है। सोलहवीं सदी में

कालीकट के ज़ैमोरिन के नेवी कमांडर चार मुस्लिम थे, जिन्हें कुंजली मरक्कर कहा गया, और जिन्होंने थोड़े समय के लिए एक राजवंश स्थापित किया जो कई सालों तक पुर्तगालियों की आंख का कांटा बना रहा। 1600 में कुंजली चतुर्थ, जो घराने में आखिरी कमांडर था, को हिरासत में लेकर गोवा ले जाया गया, जहां उसका सिर काटकर बचे शरीर को चार हिस्सों में काट डाला गया। हालांकि उसका एक चचेरा भाई थोड़े समय पहले ईसाई बन गया था, उसने अपना नाम डॉम पेड्रो रोड्रिग्स रख लिया था और एक पुर्तगाली महिला से शादी कर ली थी। हालांकि, अंत में डॉम पेड्रो पुर्तगालियों के कब्ज़े से बच निकला, अपने मूल परिवार की नौसैनिक परंपरा अपनाई और इतिहास में गुम होने के पहले करीब दो दशकों तक समंदर में पुर्तगाली जहाज़ों को तंग करता रहा। कहा जाता है कि गोवा से भागने के बाद उसने ईसाई धर्म छोड़ दिया था और अपना नाम अली मरक्कर रख लिया था।

46. ईटन, *सोशल हिस्ट्री,* 91।
47. जोशी, 'आदिल शाहीज़,' 325।
48. ईटन, 'सूफ़ीज़ ऑफ बीजापुर,' 80।
49. पूर्वोक्त, 82।
50. डेल, *इस्लामिक सोसायटी,* 6। यहां ज़ैन अल-दीन के *तुहफ़त अल-मुजाहिदीन* का जिक्र है, जिसकी रचना 1584 के आसपास हुई थी। लेखक ने इस रचना को अली आदिल शाह को समर्पित किया है 'क्योंकि वो शासक जिहाद के प्रति समर्पण के लिए जाना जाता था'।
51. यहां संदर्भ इब्राहिम आदिल शाह द्वितीय का है। हालांकि, अली भी कलाओं का महत्वपूर्ण संरक्षक था, लेकिन वो इस बात को लेकर व्यावहारिक था कि वो किसकी मदद कर रहा है। रफी अल-दीन शिराज़ी ने कहा है: 'सुल्तान उदार, बेसब्र और विनम्र था। उसने ख़ुद को कभी सजाया-संवारा नहीं, यहां तक कि अपने महल को भी नहीं, और वो अपनी सोच में सूफ़ी था। देश के हर कोने से फ़कीर, चाहे वो मुस्लिम हों या हिन्दू, उससे चर्चा करने आते थे और वो हर किसी को सबूतों की कसौटी पर परखता था। अगर उसे किसी के साथ बेहद ख़ुशी मिलती थी तो वो उसका सम्मान करता, उसकी देखभाल करता और कभी-कभी उसके साथ बातचीत करने भी जाता। उसने कभी किसी को ज़मीन-जायदाद के बंधन में नहीं रखा।' इसी तरह, 'सुल्तान को किताबों और पढ़ने का बहुत शौक था। उसने हर तरह के विषयों से जुड़ी अनगिनत किताबें जमा कर रखी थीं, इतनी किताबें कि उसका किताबखाना पूरी तरह भर चुका था।'
52. ग्रे, 'डेकनी पेंटिंग्स' में कूसेंस का उद्धरण, 74।
53. पूर्वोक्त, 75।
54. हटन, *आर्ट ऑफ दि कोर्ट,* 10। वैसे गोल गुंबज़ इस अवधि में नहीं बनाया गया था, लेकिन इसके शानदार गुंबज़ ने ब्रिटिश वास्तुकारों को इतना प्रभावित किया कि इसके निर्माण का तरीका औपनिवेशिक काल में भारतीय-अरबी भवनों के गुंबज़ों का मुख्य डिज़ाइन बन गया, और पूरे भारत में जगह-जगह बीजापुर की

छाप दिखने लगी।

55. ईटन, 'सूफीज़ ऑफ बीजापुर,' 88।
56. उसे सुल्तान ने 'सारंग खान' की पदवी दी थी। देखें शेरवानी, 'रेन ऑफ सुल्तान हुमायूं,' 693–94।
57. ब्रिग्स, *राइज़ ऑफ दि मोहम्मडन पावर,* 197।
58. पूर्वोक्त, 192।
59. पूर्वोक्त, 213।
60. श्याम, 'निज़ाम शाहीज़,' 235। उसका नाम आमना था।
61. पूर्वोक्त।
62. नईम, *एक्सटर्नल रिलेशंस,* 60।
63. हैरिस, *फर्स्ट फिरंगीज़,* 30।
64. पूर्वोक्त, 32, 40।
65. रॉट्ज़र, 'डेकनी गन्स,' 129–31। ये तोप बाद में आदिल शाही हाथों में चली गई। विडंबना ये है कि यूरोप में इतनी भारी तोपों का इस्तेमाल सौ साल पहले बंद हो गया था।
66. हैरिस, *फर्स्ट फिरंगीज़,* 41–46।
67. पूर्वोक्त, 32।
68. श्याम, *किंगडम ऑफ अहमदनगर,* 105–06। मिसाल के लिए, वो शख्स, जिसने इमाद शाह की बेटी से शादी की थी, वो उसके इलाके में गायब हो गया, हालांकि इमाद शाह को हुसैन की चेतावनी के बाद कि उसके भाई को बेरार से निकाल दिया गया है। तीन अन्य भाइयों ने अपनी मां के भाई इब्राहिम के यहां बीजापुर में पनाह ली। ये मामा और कोई नहीं बल्कि सनकी, गुस्सैल आदिल शाह था जिसने अपने दर्जनों जागीरदारों का कत्ल करवाया था और अपने सभी हकीमों को डराकर भगा दिया था—उसने अपने एक भांजे की मदद करने का फ़ैसला किया अगर उसे बदले में शोलापुर का ज़िला सौंपा जाए। इस गठबंधन से चिंतित होकर हुसैन ने इमाद शाह के साथ अपने रिश्ते सुधार लिए। उसने जो पहला दूत भेजा था, उसने सुल्तान की चहेती प्रेमिका के साथ सोकर उसे नाराज़ कर दिया, लेकिन बाद में दूसरे ब्राह्मण दूत ने समझौता कराने में कामयाबी हासिल की।
69. पूर्वोक्त, 109।
70. इसका कारण कुछ हद तक ये हो सकता है कि तत्कालीन क़ुतुब शाह ने कई साल विजयनगर में निर्वासन में बिताए थे और अपनी ज़िंदगी के लिए वहां के शासक का कर्ज़दार था।
71. कोडाड, *रामराया,* 7।
72. ईटन, *सोशल हिस्ट्री,* 91। राम राय का पिता था अराविदु बुक्का जो कृष्णदेव के राजवंश के संस्थापकों के साथ जुड़ने से पहले सलुव नरसिंह का करीबी था।

एक साहित्यिक स्रोत के अनुसार, एक और पूर्वज सोमदेव राजा ने मुहम्मद शाह प्रथम बहमनी के दिनों में एक ही लड़ाई में सात किले जीत लिए थे, सुल्तान को ही कैदी बना लिया था और उससे वादा लिया था कि वो मुस्लिम सुल्तान अपने बेटे का नाम उसके नाम (सोमदेव) पर रखेगा। देखें अय्यंगर, *सोर्सेज़ ऑफ विजयनगर हिस्ट्री,* 79।

73. कोडाड, *रामराया* की भूमिका।

74. *अच्युत्यराया अभ्युदयम* में कहा गया है कि इस राजा के शासन की अच्छी शुरुआत हुई थी और वो एक कुशल सैनिक था, जिसने शुरुआत में युद्ध में आदिल शाह को हराया था। उसके शासन में दिक्कत तब शुरू हुई, जब उसके साले का प्रभाव बढ़ने लगा। और विडंबना ये हुई कि, राजा की मौत के बाद, उसकी पत्नी वरादंबिका ने अपने बेटे को बचाने के लिए उसी आदिल शाह की मदद मांगी।

75. इसी समय रामराय ने कृष्णदेव के इकलौते बचे हुए बेटे का साथ दिया, लेकिन वो भी बहुत जल्दी मर गया।

76. कोडाड, *रामराया,* 3। देखें रेड्डी, *विजयनगर एंड इट्स लेसंस,* 36।

77. पूर्वोक्त, 43।

78. पूर्वोक्त, 36। शिलालेखों के प्रमाण ये भी दिखाते हैं कि विजयनगर के कई प्रमुख अमरनायक अराविदु परिवार के सदस्य थे—सिंथिया टालबोट तेरह सामंतों की पहचान करती हैं जो इस घराने के थे, उनमें से कुछ रामराय के अपने चचेरे भाई थे, और बाकी थोड़े दूर के रिश्तेदार। परिवार की दूसरी शाखा के सदस्यों को जोड़ने पर हमें सात और सामंत दिखते हैं, इसके अलावा दो और अमरनायक ऐसे हैं जिन्हें शादी के माध्यम से जोड़ा गया। कुल मिलाकर ऐसे इक्कीस सामंत थे जो उस आदमी के करीबी रिश्तेदार थे जिसके हाथों में वास्तविक सत्ता थी। देखें टालबोट, 'नायकाज़ ऑफ विजयनगरा आंध्रा,' 259।

79. सुब्रह्मण्यम, 'विजयनगर,' 25।

80. ईटन ये भी बताते हैं कि जब रामराय की ताक़त काफ़ी बढ़ गई, उसने अपनी राजवंशीय पहचान स्थापित करने, और अपने वंश को चालुक्यों से जोड़ने की कोशिशें शुरू कर दीं। उसने कई ऐसी उपाधियां धारण कीं जो उसे कल्याण के चालुक्यों से जोड़ती थीं। कल्याण कई पीढ़ियों तक उत्तरी दक्कन में इसके सुल्तानों के कब्ज़े में रहा।

81. जोशी, 'आदिल शाहीज़,' 325–26।

82. ईटन, *सोशल हिस्ट्री,* 96। हालांकि फ़िरिश्ता ने लिखा है कि बिलकुल फ़िरोज़ शाह बहमनी और उसके ससुर विजयनगर के राय की तरह, इस बार भी जब आदिल शाह विदा लेता है, रामराय उसे पर्याप्त दूरी तक साथ छोड़ने नहीं जाता है। ये एक अपमान था जिसे आदिल शाह नहीं भूलेगा।

83. इमाद शाह उसका ससुर भी था।

84. श्याम, *किंगडम ऑफ अहमदनगर,* 111।

85. पूर्वोक्त।
86. ईटन, *सोशल हिस्ट्री,* 96।
87. श्याम, *किंगडम ऑफ अहमदनगर,* 113।
88. ईटन, *सोशल हिस्ट्री,* 97।
89. श्याम, 'निज़ाम शाहीज़,' 246।
90. पूर्वोक्त किताब में फ़िरिश्ता का उद्धरण।
91. ईटन, *सोशल हिस्ट्री,* 98।
92. पुर्तगालियों ने भी इस अहम मोड़ को दर्ज किया है, हालांकि विजयनगर के ख़िलाफ़ गुट बनाने में सबसे बड़ी भूमिका हुसैन की दिखती है। डिएगो डू कूटो कहता है कि 'जब रामा राजो ने निज़ामोक्सा के राज्य में घुसकर उसे बर्बाद कर दिया था और वहां से धन-दौलत छीनकर ले गया था, हुसैन इतना दुखी हुआ कि उसने दक्कन के दूसरे मुरीश राजाओं, इडालक्सा, कुतिबक्सा और वेरिडो को बुलाया, ताकि वे सभी रामा राजो के ख़िलाफ़ एकजुट हो जाएं, उसे बर्बाद कर दें, और उसके साम्राज्य को आपस में बांट लें'।
93. सुब्रह्मण्यम, 'विजयनगर,' 127।
94. श्याम, 'निज़ाम शाहीज़,' 246।
95. जोशी, 'आदिल शाहीज़,' 329।
96. सुब्रह्मण्यम, *कोर्टली एनकाउंटर्स,* 58–59। इसका जिक्र पुर्तगाली दस्तावेज़ों में है जिनमें कहा गया है कि फ़ारसी राजदूतों ने शाह के सुझाव पहुंचाए थे कि विजयनगर से कैसे निपटा जाए।
97. श्याम, 'निज़ाम शाहीज़,' 246।
98. जोशी, 'आदिल शाहीज़,' 330।
99. श्याम, *किंगडम ऑफ अहमदनगर,* 126।
100. जोशी, 'आदिल शाहीज़,' 331। इस वक़्त इमाद शाही राज्य एक राज-प्रतिनिधि के अधीन था और इसलिए इन सैन्य अभियानों में पूरी तरह शामिल नहीं था।
101. 1520 में आदिल शाह ने अपनी सभी तोपों को एक कतार में तैनात किया था और बाद में उस फ़ैसले पर पछताया था—क्योंकि उनमें दोबारा गोला भरने का मतलब था कि अचानक सारी तोपों का एक साथ बंद होना—लेकिन अब 1565 में तोपों को तीन कतारों में रखा गया था, ताकि जब एक कतार में गोले भरे जा रहे हैं, दूसरी कतार लगातार गोले दाग रही है। सुल्तानों के पास जहां 600 तोपें थीं, रामराय के पास 1000 तोपों के साथ-साथ 2000 हाथी भी थे, लेकिन नई रणनीति के साथ सुल्तान भारी पड़े। ये भी कहा जाता है कि उसके पास पुर्तगाल के 3000 भाड़े के बंदूकची थे, हालांकि ये संख्या बढ़ा-चढ़ाकर बताई हुई हो सकती है।
102. जोशी, 'आदिल शाहीज़,' 332।
103. श्याम, *किंगडम ऑफ अहमदनगर,* 137।

104. जोशी, 'आदिल शाहीज़,' 332।
105. श्याम, 'निज़ाम शाहीज़,' 247।
106. ईटन एंड वैगनर, 'वारफेयर ऑन दि डेकन,' 39–40।
107. ईटन, *सोशल हिस्ट्री,* 98। एक जगह पर कहा गया है कि हुसैन ने रामराय से उसकी सेहत के बारे में पूछा और फिर विनम्रता से (या फिर व्यंग्य के साथ) बातचीत करने के बाद उसे मरवा दिया।
108. सुब्रह्मण्यम, *कोर्टली एनकाउंटर्स,* 55।
109. रो, *हिस्ट्री ऑफ विजयनगर,* 13।
110. रामराय के भाई तिरुमला ने पहले सदाशिव को मुखौटा शासक के तौर पर बनाए रखा। लेकिन 1571 तक वो ख़ुद राजा बन गया, और रामराय के बेटे के दावे को भी दरकिनार कर दिया। इसे अराविदु राजवंश के नाम से जाना जाता है। 1566-67 में तिरुमला ने विजयनगर पर फिर से कब्ज़ा करने की कोशिश की थी, लेकिन शहर इतना तबाह हो चुका था कि उसने इस विचार को छोड़ दिया। इस बीच, रायों की ताक़त कम होने के बाद, उनके प्रांतों पर शासन करने वाले अमरनायक बग़ावत करने लगे। और सत्रहवीं सदी की शुरुआत तक हम दक्षिण भारतीय इतिहास के नायक युग में पहुंच जाते हैं। इस युग में एक समय विजयनगर के सूबेदार रहे परिवार मदुरई, जिंजी, तंजौर, मैसूर और इक्केरी के शासक बनकर उभरते हैं। इन नायक राज्यों के ऐतिहासिक विश्लेषण को विस्तार से देखें राव, शुलमन और सुब्रह्मण्यम की किताब *सिंबल्स ऑफ सब्सटांस* में।
111. रेड्डी की *विजयनगर एंड इट्स लेसंस* में सीवेल का उद्धरण, 38।
112. थंगासामी की *विजयनगर एंपायर* में फ़िरिश्ता का उद्धरण, 87।
113. सुब्रह्मण्यम की *कोर्टली एनकाउंटर्स* में ग़ुलाम अली अस्तराबरी का उद्धरण, 52। ऐसा मुमकिन है कि इब्राहिम क़ुतुब शाह (जो अपने भाई जमशीर से बचकर भागने के बाद रामराय का सात सालों तक मेहमान रहा था) और कुछ हद तक अली आदिल शाह (जो रामराय का गोद लिया 'बेटा' था) विजयनगर के शासक का सिर काटने के लिए तैयार नहीं हुए हों। सुब्रह्मण्यम ने बताया है कि आर्ट इन आफताबी के *तारीफ-ए-हुसैन शाह* ने भी क़ुतुब शाह को रामराय को मौत की सज़ा देने से हुसैन निज़ाम शाह को रोकने की कोशिश करते दिखाया है। देखें पूर्वोक्त, 98।
114. सीवेल, *फॉरगॉटन एंपायर,* 208
115. भले ही साम्राज्य ख़त्म हो गया हो, उत्तराधिकारी राज्यों के रूप में विजयनगर की पहचान बहमनी सल्तनत की ही तरह लगभग एक सदी तक और बनी रही। हमें पता चलता है कि 1642 ईसवी में रामराय के एक परपोते ने मदुरई के तिरुमला नायक के साथ युद्ध में बीजापुर के आदिल शाह से मदद मांगी थी, और तिरुमला नायक की मदद गोलकोंडा के क़ुतुब शाह ने की थी। 1648 में वेल्लौर गोलकोंडा के कब्ज़े में आ गया, जबकि अगले साल जिंजी को बीजापुर

ने अपने कब्ज़े में ले लिया, और रामराय के परिवार का ये आखिरी शख्स बगैर राजा बने मर गया। इसमें थोड़ा समय लगा—1608 में तंजौर और मदुरई के नायकों के अराविदु राय को उपहार भेजने की हमें जानकारी मिलती है, लेकिन जिंजी का नायक ऐसा नहीं करता जिसके ख़िलाफ़ एक फ़ौज भेजी जाती है। इसी समय के आसपास, मैनुअल बराडस ने लिखा है कि जब राय का दूत उपहार लेने तंजौर आता है तो नायक कैसे बढ़-चढ़कर उसका सम्मान करता है। दूसरे शब्दों में, नायक राज्य धीरे-धीरे उभरे, वो विजयनगर की राजधानी के पतन के बाद रायों की ताक़त का अंदाजा लगातार लगाते रहे थे। हमें यही रुझान अठारहवीं सदी के मुग़ल साम्राज्य में भी दिखता है—जब 1739 में नादिर शाह ने दिल्ली को तबाह कर दिया और बादशाह की इज़्ज़त चकनाचूर कर दी, तब बंगाल, अवध और दूसरी जगहों के जागीरदार धीरे-धीरे अलग होने लगे, वो शाही केंद्र को पैसे भेजने में कोताही करने लगे, और अंत में ये भुगतान पूरे तौर पर बंद ही कर दिया गया।

V. सरस्वती का पुत्र

1. शेरवानी, *बहमनीज़ ऑफ दि डेकन,* 417–18। हुआ ये कि उसके पास देने के लिए कोई प्रांत नहीं था।
2. अनवर, *मुग़ल्स एंड दि डेकन,* 41।
3. सिन्हा, *मिडीवल हिस्ट्री,* 75–76। सिन्हा ये बताते हैं कि कलीमुल्लाह, यूसुफ़ आदिल शाह का नाती और बीबी सित्ती का बेटा था।
4. पूर्वोक्त।
5. पीयरसन, 'शिवाजी एंड दि डिक्लाइन,' 89।
6. राठौड़, "फ्लोटिंग पॉलिटिकल रेटरिक," 252।
7. खान, *डेकन पॉलिसी,* 30–33। आलम और सुब्रह्मण्यम भी अपनी किताब *राइटिंग दि मुग़ल वर्ल्ड,* 193, में बताते हैं कि 1599 में अकबर के बेटे शहज़ादे मुराद की मौत में पुर्तगाली भी शामिल हो सकते हैं।
8. आलम और सुब्रह्मण्यम, 'डेकन फ्रंटियर,' 370।
9. मैकइनर्नी, 'मुग़ल्स इन दि डेकन,' 281।
10. जोशी, *रेन ऑफ इब्राहिम,* 295–96।
11. अनवर, 'दि साफेविद्स,' 56।
12. पहले अकबर इस मुहिम की अगुआई ख़ुद करना चाहता था, हालांकि आखिर में वो दनियाल को शहज़ादे मुराद के साथ भेजता है (हालांकि मुराद इससे ख़ुश नहीं होता है क्योंकि दनियाल उससे उम्र में छोटा था)।
13. गूचानी और वानेल, 'दि इंस्क्रिप्शंस ऑफ इब्राहिम रौज़ा टूम,' 276।
14. जोशी, 'आदिल शाहीज़,' 336। ये हिजड़े उसकी मरहूम बहन के नौकर थे जिसकी शादी इमाद शाह से हुई थी, और उन्हें बाद में बीजापुर भेज दिया गया था।

15. शेरवानी, *मुहम्मद—क़ुली क़ुतुब शाह,* 82।
16. अली, *मलिक अंबर,* 42। हालांकि ये मुमकिन है कि पेंटिंग्स उसके बाद बनी हों, लेकिन उसकी मां तस्वीरों में दिखती है जब वो ज़िंदा थी, और इसलिए इस बात में संदेह करने का कोई कारण नहीं है कि चांद बीबी के ज़िंदा रहते भी तस्वीर बनाई गई हो।
17. ग्रिबल, *हिस्ट्री ऑफ दि डेकन,* वॉल्यूम 1, 214–15।
18. ब्रिग्स, *हिस्ट्री ऑफ दि राइज़,* 144–45।
19. पूर्वोक्त, 148।
20. पूर्वोक्त, 155। देखें जोशी, 'आदिल शाहीज़,' 338–39।
21. जोशी, 'आदिल शाहीज़,' 340।
22. ब्रिग्स, *हिस्ट्री ऑफ दि राइज़,* 159।
23. पूर्वोक्त, 167।
24. जोशी, *रेन ऑफ इब्राहिम,* 284।
25. पूर्वोक्त, 291–92। ये किला सतारा का था।
26. पूर्वोक्त, 294। भाई का नाम इस्माइल था, और दोनों ही शाह ताहमास्प के बेटे थे।
27. जोशी, 'आदिल शाहीज़,' 335।
28. दरअसल, दक्कन के साथ अकबर का सबसे पहला संपर्क 1576 में हुआ, जब उसने अली आदिल शाह से शिराज़ी को उसके पास भेजने को कहा था—अली ने नम्रतापूर्वक मना कर दिया था।
29. ईटन, 'हिस्ट्री ऑफ दि डेकन,' 6।
30. हटन, *आर्ट ऑफ दि कोर्ट,* 53, 61।
31. पूर्वोक्त, 61।
32. फ्लैट, 'ऑथर्शिप एंड सिग्निफिकेंस,' 240।
33. पूर्वोक्त, 242। लेखक वर्णन करता है, 'यह उम्मीद है कि प्रवचन के ये हिस्से बुद्धिमानों की नज़रों में ख़ूबसूरत हो सकते हैं और खरीदारों की नज़रों में अच्छे और प्रशंसनीय...हालांकि, इसके बाद ये बात छिपी नहीं रहनी चाहिए कि इन वाक्यों को लिखने का असली मकसद और इन वाक्यों का कुल इरादा वही है, जो ऊपर कहा गया है। ये तत्वों से बने प्राणियों, दिव्य पदार्थों, पौधों, खनिजों, जानवरों, आसमान के सबसे ऊपर के फ़रिश्तों, उनके नामों की माला, उन फायदों के इलहाम जो हर आसमान के तारों की असलियत है, वगैरह का वर्णन है।'
34. जोशी, 'आदिल शाहीज़,' 396। किताबघर की देखरेख करने वाले का नाम था वामन पंडित बिन अनंत, और वो इसी नाम, वामन पंडित नामक मशहूर कवि का दादा था। देखें जोशी, 'अली आदिल शाह I,' 97–107।
35. ओवर्टन, 'विदा डी जैक्स,' 248।

36. ब्रिग्स, *हिस्ट्री ऑफ दि राइज़,* 169।
37. जोशी, 'आदिल शाहीज़,' 397।
38. ईटन, 'सूफ़ीज़ ऑफ बीजापुर,' 110।
39. पूर्वोक्त, 111।
40. ऊपर बताई गई किताब में फ्रांक्वा पिरार्ड का उद्धरण, 110।
41. हटन, *आर्ट ऑफ दि कोर्ट,* 98। एक तस्वीर में उसे 'दुनिया का खेदिव, अपने युग का राजा, शुभ नक्षत्र में सिंहासन पर बैठने वाला, सौभाग्यशाली राजा, मन का प्रकाश और ख़ुशी की आंखें, उदार लोगों की आत्मा पर उपकार करने वाला' बताया गया है। जबकि दूसरे वाक्य में कहा गया है: 'वो खलील है, स्वर्ग की सीप में तेरे जैसा कुछ नहीं है, फरिदुन और जाम का तेरे जैसा कोई बेटा नहीं है, सुलेमान।'
42. जोशी, 'आदिल शाहीज़,' 398। या, बिलकुल सटीक, 'सरस्पति'।
43. ईटन, 'सूफ़ीज़ ऑफ बीजापुर,' 108। बाद के एक शासक ने जगह का नाम मुहम्मदपुर कर दिया था, लेकिन शहर के लोग इसे बीजापुर ही कहते रहे। देखें कूसेंस, *बीजापुर,* 86।
44. ईटन, 'सूफ़ीज़ ऑफ बीजापुर' में उद्धरित, 110।
45. हैदर, 'किताब-ए-नौरस'।
46. पूर्वोक्त, 26।
47. पूर्वोक्त, 34–37।
48. पूर्वोक्त, 34।
49. हटन एंड टकर, 'डच आर्टिस्ट इन बीजापुर,' 212।
50. ईटन, 'सूफ़ीज़ ऑफ बीजापुर,' 100।
51. पूर्वोक्त, 90।
52. पूर्वोक्त, 108।
53. जोशी, 'आदिल शाहीज़,' 397।
54. सरदार, 'बहमनीज़ एंड देयर आर्टिस्टिक लीगेसी,' 96।
55. ईटन, 'सूफ़ीज़ ऑफ बीजापुर,' 109।
56. ईटन, 'हिस्ट्री ऑफ दि डेकन,' 6।
57. ईटन, 'सूफ़ीज़ ऑफ बीजापुर,' 99।
58. निर्माण का असली काम अली आदिल शाह के शासनकाल में शुरू हुआ।
59. हटन, *आर्ट ऑफ दि कोर्ट,* 26–28, 36।
60. पूर्वोक्त, 107।
61. ईटन, 'सूफ़ीज़ ऑफ बीजापुर,' 99।
62. हालांकि ये मुमकिन है कि दूत बादशाह के लालच को बढ़ाना चाहता हो, क्योंकि दक्कन का ऐसा वर्णन बादशाह को उन फ़ायदों के बारे में मन बनाने में

मदद कर सकता था, जो उसे दक्कन को अपने अधीन करके मिलता।

63. बेली की *रूलर्स, टाउंसमेन एंड बाज़ार्स* में उत्तर भारत में भी मुग़लों के बाद आए राज्यों की ऐसी मिसालें मिलती हैं, और जॉन विल्सन की *इंडिया कंकर्ड* में 'ताक़त के इस सार्वजनिक प्रदर्शन' का जिक्र मिलता है, जिसके माध्यम से बादशाहत बनाई और मज़बूत की जाती थी। इसने आर्थिक विस्तार को भी जन्म दिया—विलासिता की चीज़ों की मांग बढ़ने ने कारोबारियों, वेश्याओं और दूसरे लोगों को शहरी केंद्रों की तरफ आकर्षित किया, जिससे सांस्कृतिक और वित्तीय स्थिति मज़बूत हुई। बाद में मराठों और मुग़लों के संदर्भ में एक ब्रिटिश अफ़सर ने लिखा था: 'आलीशान और दिखावटी मुग़लों को अय्याशी की हर चीज़ चाहिए थी—नगरों और शहरों का विकास इसी वजह से हुआ। ब्राह्मण और मराठा कम बेहतर और ज़्यादा किफ़ायती थे और वो महंगी चीज़ों पर ज़्यादा खर्च नहीं करते थे। इसलिए वो शहर अपने वजूद की वजह को खो चुके थे और तेज़ी से बर्बादी की तरफ बढ़ रहे थे और उनके अमीर निवासी अपने नए मालिकों के लालच की वजह से या तो बर्बाद हो गए थे या भाग गए थे।' हिन्दू मंदिरों और संस्थानों की भी आर्थिक भूमिका थी, जो तालाबों और सींचाई के कामों को, बाज़ारों को बढ़ावा देते थे। इसके अलावा मुग़ल हिन्दुस्तान में नादिर शाह के हमले ने जब दिल्ली दरबार की आर्थिक हालत को कमज़ोर कर दिया, बंगाल जैसे प्रांतों से आने वाले सामान की मांग भी घट गई और उसने उन शहरों को भी कमज़ोर किया जो इस तरह के कारोबार से जुड़े थे। दूसरे शब्दों में, महंगी चीज़ों की खपत हिन्दुस्तानी शहरों के आर्थिक भरण-पोषण के लिए ज़रूरी थी। देखें बेली की *रूलर्स, टाउंसमेन एंड बाज़ार्स*, 75, 78।

64. हटन एंड टकर, 'डच आर्टिस्ट इन बीजापुर,' 205–32।

65. पूर्वोक्त।

66. हटन, *आर्ट ऑफ दि कोर्ट*, 71। लेखक ने इस बात पर ज़ोर दिया है।

67. ओवर्टन, 'विदा डी जैक्स,' 234।

68. पूर्वोक्त, 235।

69. पूर्वोक्त, 234–35, 239–40।

70. ईटन, 'सूफ़ीज़ ऑफ बीजापुर,' 131।

71. पूर्वोक्त, 127–28।

72. आलम एंड सुब्रह्मण्यम, 'डेकन फ्रंटियर,' 379।

73. नईम, *एक्सटर्नल रिलेशंस*, 42।

74. पूर्वोक्त, 59–60।

75. सुब्रह्मण्यम, *कोर्टली एनकाउंटर्स*, 58–59।

76. नईम, *एक्सटर्नल रिलेशंस*, 63।

77. श्याम, 'इमाद शाह्ज़,' 283।

78. पूर्वोक्त, 286–87।

79. खान, *डेकन पॉलिसी*, 52।

80. जोशी, 'आदिल शाहीज़,' 340।
81. श्याम, 'निज़ाम शाहीज़,' 254।
82. ग्रिबल, *हिस्ट्री ऑफ दि डेकन,* वॉल्यूम 1, 222।
83. चंद्रा, *मिडीवल इंडिया,* पार्ट 2, 191। यहां जिक्र फहीम खान का है जिसका दबदबा तब भी बना रहा था, और यहां तक कि बुरहान निज़ाम शाह पर भी उसका असर था, जिसकी मौत 1595 में हुई।
84. ग्रिबल, *हिस्ट्री ऑफ दि डेकन,* वॉल्यूम 1, 220।
85. श्याम, 'निज़ाम शाहीज़,' 248। उसका रिकॉर्ड ख़ुश करने वाला नहीं था और ऐसा लगता था कि वो अपने बेटे को उसकी सत्ता सौंपने के लिए हमेशा इंतज़ार कराना चाहती है, जिसके बाद जागीरदारों के एक गुट ने साथ मिलकर 'औरत के काबू वाली सरकार' को गिरा दिया। बाद में उसके बेटे ने लघु चित्रों में उसकी तस्वीर बनवाई, लेकिन संजय सुब्रह्मण्यम के शब्दों में कहें तो उसे 'एक बड़े धब्बे' से ज़्यादा कुछ नहीं कहा जा सकता (भारत में भी ये परंपरा चलन में थी—रोमन सम्राट कैरेकल की अपने माता-पिता और भाई के साथ एक तस्वीर में, 211 ईसवी में भाई को धोखे से मारने के बाद उसकी तस्वीर को धब्बे में बदल दिया गया था)। आफ़ताबी के *तारीफ-ए-हुसैन शाह पादशाह-ए-दकन* में खुंज़ा का थोड़ा विस्तार से वर्णन किया गया है। जैसा सुब्रह्मण्यम लिखते हैं, 'ना केवल उसके चेहरे के तिलों तक का जिक्र है, बल्कि "ताज़े अनारों" की तरह उसके स्तनों और दूसरी शारीरिक विशेषताओं का वर्णन दोहों में किया गया है।' हुसैन निज़ाम शाह, जिसका अधिकार क्षेत्र यहां चीन तक दिखाया गया है, को अपनी बीवी से बेहद मुहब्बत करने वाला बताया गया है। देखें सुब्रह्मण्यम, *कोर्टली एनकाउंटर्स,* 91–92।
86. श्याम, 'निज़ाम शाहीज़,' 254।
87. श्याम, *किंगडम ऑफ अहमदनगर,* 202।
88. पूर्वोक्त, 205।
89. पूर्वोक्त, 206।
90. ये बेवजह नहीं था: ये निज़ाम शाह, बुरहान द्वितीय, मुग़ल दरबार में रहा था लेकिन इसने सैन्य मदद लेने से इनकार कर दिया था और अकबर की मदद के बगैर अहमदनगर का तख़्त हासिल कर लिया था। हालांकि इसका शासनकाल बेहद दिलचस्प रहा था, जिस दौरान ये फहीम खान नामक हिजड़े के प्रभाव में भी था। संजय सुब्रह्मण्यम बताते हैं कि इसने पुर्तगालियों से भी लड़ाई की थी, जब उन्होंने चौल के तट के पास डूबे एक जहाज़ से उसका सोना जब्त कर लिया था। इसमें निज़ाम शाह को 1594 में शिकस्त मिली थी।
91. सुब्रह्मण्यम, 'लाइफ एंड एक्शंस,' 68।
92. आलम एंड सुब्रह्मण्यम, 'डेकन फ्रंटियर,' 355–56।
93. ग्रिबल, *हिस्ट्री ऑफ दि डेकन,* वॉल्यूम 1, 232–33। चांद बीबी ने जिसका समर्थन किया था, वो बुरहान का पोता था जो उसके बेटे इब्राहिम और

इथियोपियाई बहू से हुआ था।

94. श्याम, 'निज़ाम शाहीज़,' 258।
95. शेरवानी, *मुहम्मद क़ुली क़ुतुब शाह* में सैयद अली तबातबई का उद्धरण, 127।
96. इस हमले की अगुआई दनियाल नहीं बल्कि अकबर के दूसरे बेटे मुराद ने की थी, जो गुजरात का सूबेदार था।
97. ये 1472 में बेलगाम की घेराबंदी के दौरान हुआ था, जब विजयनगर के सहयोगी स्थानीय शासक को खुदाई की तकनीक के बारे में पता नहीं था, और वो चुपचाप किले के भीतर से बहमनियों को गड्ढा खोदते देखता रहा, और डर से सिकुड़ गया जब थोड़ी देर बाद ही उसकी किलेबंदी मिट्टी में मिल गई। देखें खान, *गनपाउडर एंड फायरआर्म्स,* 31–32।
98. ग्रिबल, *हिस्ट्री ऑफ दि डेकन,* वॉल्यूम 1, 234।
99. अनवर, *मुग़ल्स एंड दि डेकन,* 72।
100. ग्रिबल, *हिस्ट्री ऑफ दि डेकन,* वॉल्यूम 1, 237।
101. ईटन, *सोशल हिस्ट्री* में उद्धरित, 113।
102. श्याम, 'निज़ाम शाहीज़,' 259।
103. जोशी, *रेन ऑफ इब्राहिम,* 297।
104. ग्रिबल, *हिस्ट्री ऑफ दि डेकन,* वॉल्यूम 1, 237।
105. श्याम, 'निज़ाम शाहीज़,' 260। जैसा टी.सी.ए. राघवन लिखते हैं कि मुग़लों की अंदरूनी लड़ाई की वजह काफ़ी हद तक अहमदनगर पर ये जीत भी थी। जब अकबर ने शहज़ादे दनियाल को ज़िम्मा सौंपा, तो शहज़ादा मुराद (जो उम्र में बड़ा था) नाराज़ हो गया था। सबसे वरिष्ठ सेनापति अब्दुर रहीम खानखाना ने मामले को केवल इस समय नहीं बल्कि आगे के लिए भी अपनी भलाई के लिए टाला हो सकता है। देखें राघवन, *अटेंडेंट लॉर्ड्स,* 170–95।
106. अली, *मलिक अंबर* में उद्धरित, 48।
107. ग्रिबल, *हिस्ट्री ऑफ दि डेकन,* वॉल्यूम 1, 241।
108. श्याम, 'निज़ाम शाहीज़,' 260।
109. खान, *डेकन पॉलिसी,* 87।
110. ग्रिबल, *हिस्ट्री ऑफ दि डेकन,* वॉल्यूम 1 में इब्राहिम आदिल शाह का उद्धरण, 250।
111. आलम एंड सुब्रह्मण्यम, *इंडो-पर्शियन ट्रैवल्स,* 64। इसमें कुछ असामान्य नहीं था। जब ईरान के शाहरुख ने अब्दुर रज़्ज़ाक को 1442 में अपना दूत बनाकर कालीकट भेजा था जहां हिन्दू ज़ैमोरिन शासन करते थे, और उन्होंने अपनी बंदरगाह राजधानी में मुस्लिम कारोबारियों के साथ दोस्तों जैसा बर्ताव किया था। ये दूत अपने संस्मरणों की शुरुआत में ज़ैमोरिन को एक संप्रभु शासक नहीं बल्कि कालीकट का सूबेदार कहकर संबोधित करता है।
112. जोशी, 'आदिल शाहीज़,' 344।

113. आलम एंड सुब्रह्मण्यम, 'डेकन फ्रंटियर,' 382।
114. जोशी, 'आदिल शाहीज़,' 344।
115. आलम एंड सुब्रह्मण्यम, 'डेकन फ्रंटियर,' 382–83।
116. हैदर, 'आर्ट ऑफ दि डेकन कोर्ट्स,' 19।
117. ओवरटन, 'विदा डी जैक्स,' 242।
118. आलम एंड सुब्रह्मण्यम, 'डेकन फ्रंटियर,' 384।
119. ग्रिबल, *हिस्ट्री ऑफ दि डेकन,* वॉल्यूम 1, 245।
120. गोखले, 'टोबैको इन सेवन्टींथ सेंचुरी इंडिया,' 486–87।
121. ग्रिबल, *हिस्ट्री ऑफ दि डेकन,* वॉल्यूम 1 में अकबर का उद्धरण, 249।

VI. इथियोपिया का एक योद्धा

1. पीटर वान डेन ब्रोएक का अली की किताब *मलिक अंबर* में उद्धरण, 119।
2. ईटन, *सोशल हिस्ट्री,* 122।
3. शेरवानी, *बहमनीज़ ऑफ दि डेकन,* 334, और ईटन, *सोशल हिस्ट्री,* 111।
4. जोशी, 'आदिल शाहीज़,' 307। ये राज्य-संरक्षक कमाल खान था।
5. जोशी, *रेन ऑफ इब्राहिम,* 287। उसका नाम इखलास खान था।
6. पूर्वोक्त, 289। ये दिलावर खान था, जिसे बाद में इब्राहिम ने अंधा कर दिया था।
7. अलावी, *स्टडीज़ इन दि हिस्ट्री,* 7। ये निज़ाम शाही तख़्त पर मुग़ल उम्मीदवार का बेटा था, और उसका नाम था इब्राहिम निज़ाम शाह जिसने 1595 और 1596 के बीच शासन किया। उसका बेटा वो उम्मीदवार था जिसे चांद बीबी ने समर्थन दिया था। देखें गेब्रेमरियम, 'दि हब्शीज़,' 94।
8. राघवन, *अटेंडेंट लॉर्ड्स,* 175।
9. एरेली, *मुग़ल थ्रोन,* 487।
10. अली की *मलिक अंबर* में इब्न बतूता का उद्धरण, 11। यहां वो बद्र नामक एक हब्शी का भी जिक्र करता है जो 'लंबा और स्थूल था, और खाने में एक पूरी भेड़ खा जाता था, जिसके बाद वो कथित तौर पर एक पौंड से भी ज़्यादा घी पी जाता था।'
11. ईटन, *सोशल हिस्ट्री* में फ्रांसिस्को अल्वारेस का उद्धरण, 105।
12. ज़कारिया, *रज़िया, क्वीन ऑफ इंडिया,* 93, 98।
13. खालिदी, *मुस्लिम्स इन दि डेकन,* 79।
14. पूर्वोक्त, 79, 81।
15. खालिदी, *मुस्लिम्स इन दि डेकन,* 80, 83। अठारहवीं सदी में, इस फ्रांसीसी मुस्लिम (एम. रेमंड जिन्होंने बाद में अपना नाम हाजी मुस्तफा रख लिया) ने हब्शियों के बारे में कहा: 'हब्शी मर्दों और औरतों को उनकी ईमानदारी और वफ़ादारी के लिए सबसे ज़्यादा क़ीमत मिलती है...कुछ छिपी हुई वजहें हैं जो

खास तौर पर औरतों को इतनी क़ीमती बनाती हैं, हालांकि ख़ूबसूरती के मामले में वो हिन्दुस्तानियों के आगे कहीं नहीं ठहरतीं: उनके बदसूरत लंबे चेहरे गहरे पीले और ज़ैतूनी के बीच के किसी रंग के होते हैं, और लच्छों की तरह लटकते बाल ज़्यादा से ज़्यादा गर्दन तक आते हैं: लेकिन उनकी तीन खासियतें हैं जिनकी मदद से वो शायद नीग्रो को छोड़कर, दोनों महादेशों की सभी औरतों को पीछे छोड़ देती हैं: बुद्धिमानी और शरीर की चंचलता दार्शनिकों को चौंका देती है; और गर्माहट और लचीलापन सभी धारणाओं को मात देते हैं; इसलिए हिन्दुस्तान में सोलह साल की हब्शी कुंवारी लड़की के लिए आठ सौ मुहरों की पेशकश भी ठुकरा दी गई।'

16. अली, *मलिक अंबर,* 18।
17. पूर्वोक्त, 21।
18. पूर्वोक्त, 25।
19. ईटन, *सोशल हिस्ट्री,* 106।
20. कुमार, 'सर्विस, स्टेटस, एंड मिलिट्री स्लेवरी,' 83।
21. ईटन, *सोशल हिस्ट्री* में उद्धरित, 110।
22. अली, *मलिक अंबर,* 8।
23. पूर्वोक्त, 44।
24. ईटन, *सोशल हिस्ट्री,* 112।
25. पूर्वोक्त, 115।
26. अली, *मलिक अंबर,* 54–55।
27. पूर्वोक्त, 87।
28. चौधरी, *मलिक अंबर,* 69।
29. पूर्वोक्त, 45।
30. श्याम, 'निज़ाम शाहीज़,' 262।
31. ईटन, *सोशल हिस्ट्री,* 118। प्रतिद्वंद्वी का नाम राजू पोलाड था।
32. अली, *मलिक अंबर,* 40।
33. ईटन, *सोशल हिस्ट्री,* 120।
34. पूर्वोक्त, 121।
35. अली, *मलिक अंबर* में उद्धरित, 60।
36. ईटन, *सोशल हिस्ट्री,* 121।
37. श्याम, *किंगडम ऑफ अहमदनगर,* 242।
38. अली, *मलिक अंबर* में पीटर वान डेन ब्रोएक का उद्धरण, 66।
39. पूर्वोक्त, 70।
40. ग्रीन, *इंडियन सूफ़ीज़्म,* 4।
41. ईटन, *सोशल हिस्ट्री,* 123।

42. पूर्वोक्त, 123, 128।
43. अली, *मलिक अंबर* में पीटर गिलिस वान रेवस्टेन का उद्धरण, 95।
44. पूर्वोक्त में असद बेग का उद्धरण, 68–69।
45. पूर्वोक्त, 71, और श्याम, 'निज़ाम शाहीज़,' 266।
46. ग्रिबल, *हिस्ट्री ऑफ दि डेकन,* वॉल्यूम 1 में जहांगीर का उद्धरण, 254।
47. अली, *मलिक अंबर,* 89। बाद की ये कोशिशें आदिल शाही प्रतिनिधियों की थीं।
48. श्याम, 'निज़ाम शाहीज़,' 266।
49. चौधरी, *मलिक अंबर,* 110।
50. ग्रिबल, *हिस्ट्री ऑफ दि डेकन,* वॉल्यूम 1, 255।
51. अली, *मलिक अंबर* में फ़ज़ुनी अस्तराबादी का उद्धरण, 86।
52. अली, *मलिक अंबर,* 70।
53. आलम और सुब्रह्मण्यम, *राइटिंग दि मुग़ल वर्ल्ड,* 179। जैसा फ़ैज़ी के दस्तावेज़ दिखाते हैं, मुग़ल इब्राहिम को बीजापुर का केवल हाकिम या सूबेदार मानते थे!
54. अली, *मलिक अंबर,* 87।
55. आलम और सुब्रह्मण्यम, *राइटिंग दि मुग़ल वर्ल्ड,* 379।
56. ओवरटन, 'विदा डी जैक्स' में इब्राहिम आदिल शाह का उद्धरण, 236।
57. खान, *डेकन पॉलिसी,* 136। इस समय तक क़ुतुब शाह ने भी मुग़लों से समझौता कर लिया था और उन्हें तोहफ़े भेजे थे।
58. अली, *मलिक अंबर,* 89।
59. श्याम, 'निज़ाम शाहीज़,' 269।
60. अली, *मलिक अंबर,* 91।
61. पूर्वोक्त।
62. पूर्वोक्त।
63. हटन, *आर्ट ऑफ दि कोर्ट,* 72।
64. श्याम, 'निज़ाम शाहीज़,' 269।
65. ग्रिबल, *हिस्ट्री ऑफ दि डेकन,* वॉल्यूम 1, 252। ये दिलचस्प है कि इस समय भी मुग़ल बादशाह का उन सारे इलाकों पर असल में कब्ज़ा नहीं था जितने पर वो दावा करता था। मिसाल के लिए एक डच कारोबारी फ्रांसिस्को पल्सेयर्ट ने बताया है कि 'पूरा देश कई पहाड़ों से घिरा है और बंटा है और जो लोग पहाड़ों में या उनके पार रहते हैं, वो जहांगीर या किसी और राजा के बारे में कुछ नहीं जानते हैं; वे केवल अपने राजाओं को पहचानते हैं जो ढेर सारे हैं। जहांगीर के नाम का मतलब है कि वो पूरी दुनिया पर राज करता है, लेकिन माना जाना चाहिए कि वो जितना दावा करता है, असल में उसके आधे से ज़्यादा पर राज नहीं करता।' देखें मोरलैंड एंड गेल, *जहांगीर्स इंडिया,* 58।
66. अली, *मलिक अंबर,* 102।

67. हैरिस, *फर्स्ट फिरंगीज़,* 106।

68. ग्रिबल, *हिस्ट्री ऑफ दि डेकन,* वॉल्यूम 1 में उद्धरित, 257।

69. शिवाजी के पिता शाहजी ने भी एक निज़ाम शाही बच्चे को तख़्त पर बैठाया, और इस लड़के को भी ग्वालियर भेज दिया गया था।

70. श्याम, 'निज़ाम शाहीज़,' 270–75। दिलचस्प बात ये है कि 1620 के दशक की शुरुआत में जब शाहजहां ने अपने वालिद के ख़िलाफ़ बग़ावत की थी, उसने लड़ाई छेड़ने के लिए मलिक अंबर से मदद मांगी थी। पहली बार तो अंबर ने जवाब नहीं दिया, हालांकि ऐसा लगता है कि बाद में उसने भावी बादशाह को कुछ मदद दी थी।

71. ओवरटन, 'विदा डी जैक्स', 245।

72. पूर्वोक्त, 242।

73. फ्लड, *ऑब्जेक्ट्स ऑफ ट्रांसलेशन,* 127।

74. डी कूत्रे बताता है कि अंत तक इब्राहिम ने 'अपने आप को बगैर खज़ाने के और गरीब पाया, वो तानाशाह बन गया और अपने जायज़ बेटों और अपनी सबसे पुरानी बीवी तक को मार डाला, और वो कभी अपना दरबार नहीं छोड़ता था, और कभी-कभार ही अपने महल से बाहर जाता था'।

75. *कैम्ब्रिज हिस्ट्री ऑफ इंडिया,* 265।

76. ग्रिबल, *हिस्ट्री ऑफ दि डेकन,* वॉल्यूम 1, 264।

77. *कैम्ब्रिज हिस्ट्री ऑफ इंडिया,* 196।

78. खान, *डेकन पॉलिसी,* 239।

79. अनवर, 'दि साफेविद्स,' 123।

80. खान, *डेकन पॉलिसी,* 247।

81. इख्लास खान का असली नाम मलिक रैहन था और वो मुहम्मद आदिल शाह के साथ ही पला-बढ़ा था—जब मुहम्मद तख़्त पर बैठा तो रैहन के सितारे भी चमक उठे, और उसे इख्लास खान की पदवी दी गई। वो मुहम्मद की मौत तक बड़ी भूमिका निभाता रहा, हालांकि इसके थोड़े समय बाद ही उसे मौत के घाट उतार दिया गया था।

82. *कैम्ब्रिज हिस्ट्री ऑफ इंडिया,* 208।

83. मोरलैंड, 'फ्रॉम अकबर टू औरंगज़ेब,' 6।

84. पीयरसन, 'शिवाजी एंड दि डिक्लाइन,' 89।

85. जोशी, 'आदिल शाहीज़,' 372।

86. पूर्वोक्त, 371। बेशक ये हमला करने का बहाना था—जब आखिरकार बीजापुर का पतन हुआ, औरंगज़ेब को पता चला कि यूसुफ़ आदिल शाह के कम से कम सोलह मर्द वारिस बीजापुर के तख़्त के दावेदार थे।

87. खान, *डेकन पॉलिसी* में थेवेनो का उद्धरण, 252।

88. जोशी, 'आदिल शाहीज़,' 374।

89. *कैम्ब्रिज हिस्ट्री ऑफ इंडिया,* 212।
90. एरेली, *मुग़ल थ्रोन,* 485।
91. पूर्वोक्त में जय सिंह का उद्धरण। बाग़ियों की अगुआई शिवाजी ने की थी।
92. *कैम्ब्रिज हिस्ट्री ऑफ इंडिया,* 254।
93. जोशी, 'आदिल शाहीज़,' 380–81।
94. एरेली, *मुग़ल थ्रोन,* 486।
95. एरेली, *मुग़ल थ्रोन,* 166।
96. *कैम्ब्रिज हिस्ट्री ऑफ इंडिया,* 255। औरंगज़ेब के शासनकाल में भी शहर फल-फूल रहा था। जैसा थेवेनो ने लिखा था: 'इस शहर में कई दूसरी ख़ूबसूरत मस्जिदें हैं, और यहां सार्वजनिक स्थानों, कारवां सरायों और हमाम की कोई कमी नहीं है। इमारतों का ज़्यादातर हिस्सा पत्थरों से बना है, और वो काफ़ी ऊंची हैं; दरवाज़ों के पहले गलियों में कई बड़े पेड़ हैं और बगीचे ख़ूबसूरत और अच्छी तरह से तैयार किए गए हैं, जिनमें फल, अंगूर और घास की पट्टियां हैं...ये एक कारोबारी शहर है और यहां काफ़ी लोग हैं जिनके लिए यहां काफ़ी ज़मीन है।'
97. पूर्वोक्त, 255।
98. एरेली, *मुग़ल थ्रोन,* 487।
99. *कैम्ब्रिज हिस्ट्री ऑफ इंडिया,* 256।
100. एरेली, *मुग़ल थ्रोन,* 488।
101. पूर्वोक्त, 489।
102. *कैम्ब्रिज हिस्ट्री ऑफ इंडिया,* 286।
103. हटन, 'मेमरी एंड मोनार्की' में स्टुअर्ट कैरी वेल्च का उद्धरण, 22।
104. एरेली, *मुग़ल थ्रोन,* 489।
105. ईटन, 'सूफ़ीज़ ऑफ बीजापुर' में सर जेम्स मैकिनटोश का उद्धरण, 302।

VII. भेड़ का घराना

1. राजवंश की उत्पत्ति के बारे में ज़्यादा जानकारी के लिए देखें मिनोर्स्की, 'क़ारा-क़ोयुनलु,' शेरवानी, *मुहम्मद—क़ुली क़ुतुब शाह* भी देखें।
2. मिनोर्स्की, 'क़ारा-क़ोयुनलु,' 70।
3. शेरवानी, 'क़ुतुब शाहीज़,' 413।
4. रोक्को, *गोलकोंडा एंड दि क़ुतुब,* 4–15।
5. शेरवानी, *मुहम्मद—क़ुली क़ुतुब शाह,* 5।
6. रोक्को, *गोलकोंडा एंड दि क़ुतुब,* 5।
7. शेरवानी, *बहमनीज़ ऑफ दि डेकन,* 414।
8. सरदार, 'सर्कुलर सिटीज़,' 3। शहर की किलेबंदी को मज़बूत करने का काम

आगे के शासकों ने भी जारी रखा। *तारीख-ए-मुहम्मद क़ुतुब शाह* के मुताबिक, 1559 में इब्राहिम क़ुतुब शाह ने इस बात पर विचार किया कि 'वो हालात कितने अजीब होंगे जब विजयनगर उसे उसकी राजधानी में ही घेरे रखेगा, इसलिए उसने गोलकोंडा के किले को पत्थर और गारे से दोबारा बनवाने का फ़ैसला लिया'।

9. ईटन, *सोशल हिस्ट्री,* 156, और शेरवानी, *मुहम्मद—क़ुली क़ुतुब शाह,* 3।
10. इन समस्थान राज्यों के बारे में ज़्यादा जानकारी के लिए बेंजामिन बी. कोहेन की किताब *किंगशिप एंड कोलोनियलिज़्म इन इंडियाज़ डेकन* देखें। इनमें से कुछ परिवारों के क़ुतुब शाहों के साथ मज़बूत रिश्ते थे—मिसाल के लिए वानापर्थी के शासक बहिरी (चील) की पैतृक उपाधि धारण करते थे, जो उन्हें सत्रहवीं सदी में अब्दुल्ला क़ुतुब शाह ने दी थी, और रानी जानम्मा का परिवार औरंगज़ेब के ख़िलाफ़ गोलकोंडा में अपने सुल्तान के पक्ष में तब तक खड़ा रहा, जब तक कि औरंगज़ेब की जीत के बाद उन्हें नई मुग़ल व्यवस्था का हिस्सा नहीं बना लिया गया।
11. राव, *कृष्णदेव राया,* 16–17।
12. ब्रिग्स, *हिस्ट्री ऑफ दि राइज़,* 353। फ़िरिश्ता के मुताबिक किलों के नाम थे 'राजकोंडा, कोविलकोंडा, देवरकोंडा, पंगुल, गुनपूरा, जिरकोंडा, येलगुंडेल, मुलुंगू, एटगीर, मेडक, भोवनगीर, बेलमकोंडा, वरंगोल, कुमामेट, इंद्रकोंडा, रामगीर, कोंडापिली, एल्लोर, चिटकोल'।
13. रोक्को, *गोलकोंडा एंड दि क़ुतुब,* 6।
14. शेरवानी, 'क़ुतुब शाहीज़,' 422। शेरवानी गलती से कहते हैं कि राजवंश 1687 तक शिया था। शिया रिवाज भले ही चलन में थे लेकिन आधिकारिक रूप से, 1636 के बाद से राज्य शिया नहीं था।
15. रोक्को, *गोलकोंडा एंड दि क़ुतुब,* 7, और शेरवानी, 'क़ुतुब शाहीज़,' 422। शेरवानी ये भी ध्यान दिलाते हैं कि सुल्तान-क़ुली के वारिस जमशेद की छवि को ख़राब करने के लिए भी हत्याकांड की कहानी गढ़ी हुई हो सकती है।
16. सरमा, 'राम रायाज़ पॉलिसी,' 143, और ईटन, *सोशल हिस्ट्री,* 79।
17. शेरवानी, *मुहम्मद—क़ुली क़ुतुब शाह,* 7।
18. रोक्को, *गोलकोंडा एंड दि क़ुतुब,* 8।
19. शेरवानी, *मुहम्मद—क़ुली क़ुतुब शाह,* 7।
20. रोक्को, *गोलकोंडा एंड दि क़ुतुब,* 9।
21. शेरवानी, 'क़ुतुब शाहीज़,' 429, 433।
22. सरदार, 'सर्कुलर सिटीज़,' 17।
23. शेरवानी, *मुहम्मद—क़ुली क़ुतुब शाह,* 9।
24. पूर्वोक्त।
25. सरदार, 'सर्कुलर सिटीज़,' 17।

26. शेरवानी, *मुहम्मद—क़ुली क़ुतुब शाह,* 69।
27. पूर्वोक्त, 44।
28. ईटन, *सोशल हिस्ट्री,* 145।
29. रोक्को, *गोलकोंडा एंड दि क़ुतुब,* 11।
30. पूर्वोक्त, 13।
31. शेषण, *ट्रेड एंड पॉलिटिक्स,* 8–10। आम तौर पर यह तथ्य कि जहाज़ बंदरगाह पर लंगर नहीं डाल सकते और उन्हें मीलों दूर से छोटी नावों में सामान भेजना पड़ता था, इस जगह की बहुत बड़ी कमी साबित हो सकता था। मिसाल के लिए ट्रैंकेबर में डेंस कबीले के लोगों को इसी दिक्कत से निपटने में दशकों का समय लग गया था, क्योंकि छोटी नावों में भेजा गया सामान कई बार तट तक पहुंचने के पहले ही नाव उलट जाने की वजह से बर्बाद हो जाता था। ऐसे में इस कमी के बावजूद मसुलिपाटम की कामयाबी असाधारण है।
32. मोरलैंड, *रिलेशंस ऑफ गोलकोंडा* में विलियम मेथवल्ड का उद्धरण, 35।
33. शेषण, *ट्रेड एंड पॉलिटिक्स,* 8–10।
34. सिंह, 'गोलकोंडा चिंट्ज़,' 302। छींट के कलाकरों की अहमियत इतनी ज़्यादा थी कि जब 1694 में मुग़लों ने गोलकोंडा को तबाह कर दिया था, ईस्ट इंडिया कंपनी के निदेशकों ने भारत में अपने मातहतों को लिखकर ये सुनिश्चित करने को कहा कि 'शानदार कलाकारों' को मद्रास आने और वहां कंपनी के संरक्षण में काम करने के लिए मनाया जाए।
35. शेषण, *ट्रेड एंड पॉलिटिक्स,* 60।
36. अंसारी, 'इकोनॉमिक कंडीशन,' 230।
37. सरदार, 'बहमनीज़ एंड देयर आर्टिस्टिक लीगेसी,' 200।
38. शर्मा, 'डायमंड माइंस ऑफ दि डेकन,' 236। संयोग से, मशहूर कवि संत पुरंदरदास विजयनगर में एक हीरा व्यापारी के बेटे थे।
39. ईटन, *सोशल हिस्ट्री,* 157। शहर अभी भी मौजूद है।
40. वेन्सटीन, 'वैरिएशंस ऑन ए पर्शियन थीम,' 180।
41. पूर्वोक्त, 185।
42. पूर्वोक्त, 182।
43. शेरवानी, *मुहम्मद—क़ुली क़ुतुब शाह,* 14।
44. शेरवानी, 'क़ुतुब शाहीज़,' 457।
45. आलम एंड सुब्रह्मण्यम, 'डेकन फ्रंटियर,' 373।
46. शेरवानी, 'क़ुतुब शाहीज़,' 457–59। यूरोपीय अक्सर भागनगर का जिक्र करते हैं, हालांकि टैवर्नियर की तरह वो भी इस शब्द को बाग यानी बगीचे से जोड़ते हैं, यानी बगीचों का शहर।
47. फिलिप्स, *टैवर्नियर ट्रैवल्स* में टैवर्नियर का उद्धरण, 123।
48. शेरवानी, *मुहम्मद—क़ुली क़ुतुब शाह,* 14–15।

49. पूर्वोक्त, 16–20।
50. पूर्वोक्त, 23।
51. मोरलैंड, *रिलेशंस ऑफ गोलकोंडा* में मेथवल्ड का उद्धरण, 8–9। ऐसा लगता है कि खंभात में किसी समय मेथवल्ड ने शराब के नशे में ये लिखा होगा: 'अंग्रेज़ और डच यहां थे, और बीयर की चाह में ताड़ी पी रहे थे।'
52. पूर्वोक्त, 9–10।
53. बेली, *रूलर्स, टाउंसमेन एंड बाज़ार्स,* 200। अगली सदी के भारत में वित्तीय प्रबंधन का ये तरीका ज़्यादा ज़ोर पकड़ने वाला था। मिसाल के लिए, 1770 के दशक में अवध के राज्य में नवाब के कुल राजस्व के साठ फ़ीसदी तक पर केवल दो लोगों का नियंत्रण था—एक हिजड़ा अलमस अली खान और एक हिन्दू भवानी सिंह।
54. अंसारी, 'इकनॉमिक कंडीशन' में थेवेनो का उद्धरण, 229। ब्रिटिश को भी ऐसी व्यवस्था से फ़ायदे हुए—1717 में बादशाह फ़रुखसियर ने उन्हें बंगाल में खुलेआम कारोबार की छूट दी, और सालाना आयात शुल्क 3,000 रुपए तय कर दिया, चाहे उनका मुनाफ़ा या घाटा जो भी हो। एक जगह इस बात का जिक्र है कि इस व्यवस्था पर सहमति इस वजह से भी बनी थी कि एक ब्रिटिश डॉक्टर ने बादशाह के गुप्त रोग का इलाज कर उसे ठीक कर दिया था। देखें मूरहाउस, *इंडिया ब्रिटैनिका,* 36।
55. मोरलैंड, *रिलेशंस ऑफ गोलकोंडा,* 30।
56. डेकन में ही, हमें अहमद शाह बहमनी के शासनकाल में 1425 में ही हीरे की एक खदान का जिक्र सुनने को मिलता है।
57. मोरलैंड, *रिलेशंस ऑफ गोलकोंडा,* 32।
58. फिलिप्स, *टैवर्नियर ट्रैवल्स,* 330, 355। मज़दूरों की तादाद के मामले में हमें इस अवधि के दूसरे स्रोतों से थोड़ा सावधान रहना चाहिए। साठ हज़ार का मतलब 'कई हज़ार' भी हो सकता है, इसे मज़दूरों की बिलकुल सही गिनती नहीं माना जा सकता।
59. एक और संस्करण में कहा गया है कि कोहिनूर मलिक काफूर के हमले के समय ही खो चुका था, जब काकतीयों ने इसे दिल्ली के सुल्तान को सौंपा था।
60. मोरलैंड, *रिलेशंस ऑफ गोलकोंडा* में शोरर का उद्धरण, 56।
61. शेरवानी, *मुहम्मद—क़ुली क़ुतुब शाह,* 44।
62. रामानुजन, राव और शुलमैन, *व्हेन गॉड इज़ ए कस्टमर,* 3। इस समय का क़ुतुब शाह था अब्दुल्ला क़ुतुब शाह।
63. क्रूत्ज़र, 'मदन्ना, अक्कन्ना,' 243–44।
64. शेरवानी, *मुहम्मद—क़ुली क़ुतुब शाह,* 63।
65. मोरलैंड, *रिलेशंस ऑफ गोलकोंडा,* 59।
66. सुब्रह्मण्यम, *थ्री वेज़ टू बी एलियन,* 20। फ्रांसीसियों ने बेचारे आर्मेनियाई लोगों को गिरफ्तार किया, सज़ा दी और सालों तक परेशान किया केवल अपने

पूर्वाग्रह और भरोसे की कमी की वजह से।

67. हैनसेन, *पीकॉक थ्रोन,* 21।

68. सुब्रह्मण्यम, 'पोर्तुगीज़ रेस्पॉन्स,' 129, और सुब्रह्मण्यम, *पोर्तुगीज़ एंपायर,* 267।

1590 के दशक के अंत में क़ुतुब शाह मसुलिपाटम में एक पुर्तगाली रेसिडेंट के लिए राज़ी हो गया था, लेकिन केवल एक अफ़सर का कार्यकाल ख़त्म होने के बाद ये पद समाप्त हो गया—1605 में डच के आने का मतलब था कि क़ुतुब शाह ने पुर्तगाली दबाव के बावजूद उन्हें अपनी बात मानने को मना लिया था।

69. मोरलैंड, *रिलेशंस ऑफ गोलकोंडा* में शोरर का उद्धरण, 77।

70. फ़िशर, *विज़ंस ऑफ मुग़ल इंडिया* में निकितिन का उद्धरण, 20।

71. अंसारी, 'इकनॉमिक कंडीशन,' 232।

72. गोखले, 'टोबैको इन सेवंटीन्थ सेंचुरी इंडिया' में थॉमस बोरे का उद्धरण, 468। गोलकोंडा पर मुग़लों के कब्ज़े के पहले आए मुसाफ़िर मिर्ज़ा मुहम्मद मुफिद मुस्तौफी इब्न नज्म-उद-दीन महमूद बफ़ीक़ी यज़्दी ने भी हैदराबाद में कुछ अजीब इंसानों को देखने की बात कही है। वो लिखता है, '1674 के शुरुआती दिनों में कर्नाटक के एक गांव से दो औरतों को हैदराबाद लाया गया था जिनकी मर्दों की तरह दाढ़ी थी। उनके पूरे शरीर पर बाल थे, और उनके स्तन एक हाथ जितने बड़े थे, इसलिए जब वो चलती थीं तो उन्हें अपने स्तनों को अपनी कमर के चारों तरफ़ अपने कपड़े में लपेटना पड़ता था। उन्हीं दिनों, हैदराबाद में एक आदमी आया था जो किसी बकरी को अपने दांतों से फाड़ सकता था, उसका ख़ून पीने के बाद उसकी खाल अलग कर सकता था, फिर उसका मांस खाकर उसकी हड्डियां चबा सकता था। हर दिन, एक बड़ी बकरी उसे दी जाती थी।' देखें आलम और सुब्रह्मण्यम, *इंडो-पर्शियन ट्रैवल्स,* 211।

73. शेरवानी, *मुहम्मद—क़ुली क़ुतुब शाह,* 116। फ़िरिश्ता कहता है कि उसे फ़ारस भेज दिया गया था लेकिन इस जानकारी को गलत दिखाया गया है।

74. सरदार, 'सर्कुलर सिटीज़,' 16।

75. रोक्को, *गोलकोंडा एंड दि क़ुतुब,* 16।

76. क्रूत्ज़र, 'फाइटिंग ऑन दि वॉल,' 148।

77. एरेली, *मुग़ल थ्रोन* में बर्नियर का उद्धरण, 489।

78. रोक्को, *गोलकोंडा एंड दि क़ुतुब* में टैवर्नियर का उद्धरण, 19–20।

79. *कैम्ब्रिज हिस्ट्री ऑफ इंडिया,* 269।

80. खान, *डेकन पॉलिसी,* 204।

81. रोक्को, *गोलकोंडा एंड दि क़ुतुब,* 19।

82. बेली और सुब्रह्मण्यम, 'पोर्टफोलियो कैपिटलिस्ट्स,' 410।

83. शेषण, *ट्रेड एंड पॉलिटिक्स,* 64।

84. सुब्रह्मण्यम, 'ईरानियंस अब्रॉड,' 347।

85. बेली और सुब्रह्मण्यम, 'पोर्टफोलियो कैपिटलिस्ट्स' में उद्धरित, 411।

86. शेषण, *ट्रेड एंड पॉलिटिक्स*, 59, और सुब्रह्मण्यम, 'ईरानियंस अब्रॉड,' 347। इसमें कुछ असामान्य नहीं था—हरम की महिलाओं के अलावा मुग़ल दरबार के वरिष्ठ सदस्यों को भी जहाज़ रखने और अंतरराष्ट्रीय व्यापार में निवेश करने की इजाज़त थी। बादशाह जहांगीर की मां और मरियम उज़-ज़मानी कहलाने वाली राजपूत राजकुमारी अपने समय के सबसे बड़े जहाज़ों में एक, *रहीमी* की मालकिन थी जिसे 1613 में पुर्तगालियों ने कब्ज़े में लेकर तोड़ दिया था। देखें फिंडली, 'कैप्चर ऑफ मरियम,' 227–38।

87. रोक्को, *गोलकोंडा एंड दि क़ुतुब*, 23।

88. खान, *डेकन पॉलिसी*, 204।

89. पूर्वोक्त में औरंगज़ेब का उद्धरण, 211।

90. ऐसा लगता है कि क़ुतुब शाह का इरादा औरंगज़ेब के प्रतिद्वंद्वी दारा शिकोह की पैरवी करना था, जिसका बादशाह पर प्रभाव था। शहज़ादे दारा की दिलचस्पी गोलकोंडा को बचाने में इसलिए थी ताकि औरंगज़ेब को दक्षिण में ज़्यादा ताक़तवर होने से रोका जा सके।

91. रोक्को, *गोलकोंडा एंड दि क़ुतुब*, 24।

92. खान, *डेकन पॉलिसी*, 216–17।

93. कुछ लोगों का मानना है कि शाहजहां ने अपने लालच की वजह से ख़ुद इस देरी को बढ़ावा दिया हो सकता है।

94. हैनसेन, *पीकॉक थ्रोन*, 174।

95. रोक्को, *गोलकोंडा एंड दि क़ुतुब*, 24।

96. *कैम्ब्रिज हिस्ट्री ऑफ इंडिया*, 270।

97. हैनसेन, *पीकॉक थ्रोन*, 174, और रोक्को, *गोलकोंडा एंड दि क़ुतुब*, 25। देखें खान, *डेकन पॉलिसी*, 223।

98. खान, *डेकन पॉलिसी*, 220। 1639 में क़ुतुब शाह की कुछ महिला रिश्तेदारों ने ख़ुद ईरान जाकर शाह को सम्मान दिया था।

99. सरकार, 'ए लेटर ऑफ अब्दुल्लाह' में अब्दुल्लाह क़ुतुब शाह की शाह अब्बास द्वितीय से बातचीत, 607–09।

100. फिलिप्स, *टैवर्नियर्स ट्रैवल्स*, 132।

101. शेरवानी, 'क़ुतुब शाहीज़,' 483।

102. सरकार, *एनिक्डोट्स ऑफ औरंगज़ेब*, 17।

103. एरेली, *मुग़ल थ्रोन*, 490।

104. रोक्को, *गोलकोंडा एंड दि क़ुतुब*, 26।

105. क्रूत्ज़र, 'मदन्ना, अक्कन्ना,' 240। हालांकि उन्हें तेलुगु ब्राह्मण माना जाता है, लेकिन मराठा देश में तुलजापुर मंदिर को दिया गया उनका भारी-भरकम दान और मराठों के साथ उनके भविष्य के गठबंधन से संकेत मिलता है कि वो

दक्कन के उस इलाके के भी हो सकते हैं, और दक्षिण के नहीं।

106. पूर्वोक्त में अक्कन्ना का उद्धरण, 232।

107. पूर्वोक्त, 252।

108. शेरवानी, 'क़ुतुब शाहीज़,' 484।

109. क्रूत्ज़र, 'मदन्ना, अक्कन्ना,' 258–59।

110. शेषण, *ट्रेड एंड पॉलिटिक्स,* 33।

111. एरेली, *मुग़ल थ्रोन,* 490।

112. क्रूत्ज़र, 'मदन्ना, अक्कन्ना' में हावर्ट का उद्धरण, 248।

113. शेषण, *ट्रेड एंड पॉलिटिक्स,* 34।

114. पूर्वोक्त।

115. नईम, *एक्सटर्नल रिलेशंस,* 278–79। मार्च 1677 में मालोजी घोरपड़े को शिवाजी का खत।

116. क्रूत्ज़र, 'मदन्ना, अक्कन्ना' में उद्धरित, 259।

117. पूर्वोक्त, 247।

118. पूर्वोक्त, 245।

119. एरेली, *मुग़ल थ्रोन,* 490–91।

120. *कैम्ब्रिज हिस्ट्री ऑफ इंडिया,* 286, और एरेली, *मुग़ल थ्रोन,* 491।

121. *कैम्ब्रिज हिस्ट्री ऑफ इंडिया,* 287।

122. क्रूत्ज़र, 'मदन्ना, अक्कन्ना,' 241।

123. पूर्वोक्त, 250।

124. एरेली, *मुग़ल थ्रोन,* 491।

125. पूर्वोक्त।

126. पूर्वोक्त, 492।

127. अंसारी, *क्रॉनिकल्स ऑफ दि सीज* में निमत खान का उद्धरण, 3।

128. *कैम्ब्रिज हिस्ट्री ऑफ इंडिया,* 288।

129. एरेली, *मुग़ल थ्रोन,* 493।

130. अंसारी, *क्रॉनिकल्स ऑफ दि सीज,* 5।

131. पूर्वोक्त, 14।

132. पूर्वोक्त, 7।

133. सरकार, *एनिक्डोट्स ऑफ औरंगज़ेब,* 16।

134. *कैम्ब्रिज हिस्ट्री ऑफ इंडिया,* 288। हालांकि, आज भी हैदराबाद ऐसा शहर है, जहां दक्कन की सबसे ज़्यादा शिया आबादी रहती है।

135. एरेली, *मुग़ल थ्रोन* में अबुल हसन का उद्धरण, 493।

136. पूर्वोक्त, 494।

137. अंसारी, *क्रॉनिकल्स ऑफ दि सीज,* 21।

138. पूर्वोक्त, 27–28।

139. *कैम्ब्रिज हिस्ट्री ऑफ इंडिया,* 289।

उपसंहार

1. वैगनर, *टाइडिंग्स ऑफ दि किंग,* 55।

2. पूर्वोक्त, 52।

3. पूर्वोक्त, 54।

4. साथियानाथैयर, *तमिलाहम इन दि सेवंटीन्थ सेंचुरी,* 1।

5. चेकुरी, '"शेयर" इन दि "वर्ल्ड एंपायर",' 54। वैसे तो आइन अल-मुल्क का नाम साफ़-साफ़ नहीं लिया गया है, पर इस बात की संभावना है कि तालिकोटा की लड़ाई में रामराय को धोखा देकर सुल्तान से मिलने वाले दो मुस्लिम सेनापतियों में से एक वही था।

6. आलम और सुब्रह्मण्यम, *इंडो-पर्शियन ट्रैवल्स,* 79–82।

7. जोशी, *अली आदिल शाह प्रथम,* 10। किसी उत्तर भारतीय राजकुमार को सुदूर दक्षिण में देश निकाला देना असामान्य नहीं है, और यहां तक कि उन्नीसवीं सदी की शुरुआत में हमें एक मुग़ल शहज़ादे मिर्ज़ा अली बख़्त अज़फारी का जिक्र मिलता है, जो औरंगज़ेब (और, संयोग से, जय सिंह) का वंशज था और आर्कोट के नवाब के संरक्षण में रहता था, जो इलाका आज के चेन्नई में आता है ('चिन्नापट्टन मंदराज')।

8. सोहोनी, 'वर्नाकुलर एज ए स्पेस,' 264–65।

9. ज़िलियट, 'मिडीवल एनकाउंटर,' 171। कुछ लोग ये भी मानते हैं कि एकनाथ के गुरु जनार्दन सिजरा-ए-कादरी सूफ़ी घराने के सदस्य थे, जो पूरी तरह सच नहीं भी हो सकता है। हालांकि ये साफ़ है कि एकनाथ की तरह उनका बौद्धिक जुड़ाव भी मुस्लिमों के साथ था। वो निज़ाम शाह के लिए दौलताबाद किले के सेनापति भी थे। एकनाथ ख़ुद इस समय के सांस्कृतिक मेल-मिलाप की शानदार मिसाल हैं। उन्होंने अपने जीवनकाल में 300 भारूड रचे, जिनमें ना सिर्फ हमें हिन्दू-मुस्लिम संवाद मिलता है, बल्कि एक में तो ब्राह्मण और एक अछूत महार का संवाद भी है। एकनाथ ने जिन किरदारों को अपनी आवाज़ दी है, उनमें पागलों से लेकर वेश्याएं और मुस्लिम फ़कीरों से लेकर एक हब्शी तक शामिल हैं, जो विष्णु के दस अवतारों की अपनी व्याख्या के दौरान हर दूसरे वाक्य का अंत मुहम्मद शब्द के साथ करता है। एकनाथ की आत्मकथाओं में जब भी भगवान उनकी परीक्षा लेने आते हैं, वो एक मुस्लिम की वेशभूषा में होते हैं।

10. वैगनर, *टाइडिंग्स ऑफ दि किंग,* 61–63। रायावचाकामु में एक किरदार तो पुकारकर कहता है: 'आपको पता होना चाहिए कि वे तीन सिंहासन (उत्तर में अश्वपति, उड़ीसा में गजपति और विजयनगर में नरपति) ब्रह्मा, विष्णु और महेश्वर से उत्पन्न हुए हैं।'

11. राव, डेविड और सुब्रह्मण्यम, *सिंबल्स ऑफ सब्सटांस,* 1–7। इसके अलावा ये भी ध्यान देना चाहिए कि इस समय के लिखे गए ग्रंथों में रायावचाकामु अकेला नहीं है। सत्रहवीं सदी की शुरुआत में वेंकटाध्वरिन के *विश्व-गुणदर्शन-कांपु* में मुस्लिमों का इन शब्दों में वर्णन किया गया है: 'हवा से भी तेज़ घोड़ों से लैस/ धर्म को जड़ से उखाड़ फेंकने के इरादे के साथ/ भयंकर यवन आ रहे हैं/ शिव और शेष शय्या पर लेटे विष्णु के मंदिरों के विरुद्ध।' लेकिन रायावचाकामु की तरह, इसमें भी गलती सुधारने जैसा संकेत मिलता है, जब इसका एक पात्र कहता है, 'ध्यान दो कि तुरुश्क, यवन और दूसरों के समान वीरता का गुण किसी के पास नहीं है।' इस किताब में मद्रास में यूरोपीय लोगों का वर्णन भी अद्‌भुत है (ये दुष्ट लोग हैं जो ब्राह्मणों से नफ़रत करते हैं, जैसे कि वो उनके लिए घास के तिनके से ज्यादा कुछ नहीं हैं), और खास बात ये है कि इसमें दक्षिण का सीमा-निर्धारण महाराष्ट्र, आंध्र, कर्नाटक और तमिल देश के क्षेत्रीय विभाजन के ज़रिये किया गया है।
12. देशपांडे, *क्रिएटिव पास्ट्स* में उद्धरित, 9।
13. पूर्वोक्त, 43–44। दरअसल, जब उन्होंने मुढोल के घोरपड़े से हाथ मिलाने को कहा, तो उसे ये जवाब मिला: 'आज तक हमने आदिल शाही और बहमनी बादशाहों के अधीन समय बिताया है और काफ़ी सम्मान हासिल किया है। हमें ऐसे वक़्त उनका साथ छोड़ना उचित नहीं लगता जब उनके पास काबिल नेता नहीं है...इस ज़िंदगी में तो आदिल शाही को ख़त्म करना हमारे लिए मुमकिन नहीं है।' इसके अलावा ये भी जोड़ा गया, 'तुम्हारे पिता और तुमने भी उनसे काफ़ी कुछ हासिल किया है...इस तरह अहसान का बदला चुकाना (आदिल शाह के ख़िलाफ़ जाकर) तुम्हारे खानदान को शोभा नहीं देता। अपनी आदत सुधारो ताकि तुम्हारे पिता के सम्मान पर आंच ना आए।' गॉर्डन, *न्यू कैम्ब्रिज हिस्ट्री,* 58। यहां तक कि शिवाजी के पिता ने भी इस मामले में अपने बेटे का साथ नहीं दिया और बीजापुर को लिखा कि उनके बेटे के काम को उनकी अपनी वफ़ादारी का इम्तेहान नहीं माना जाए। उन्हें ये जवाब मिला, 'इस वफ़ादार को ये मालूम रहे कि बादशाह को शिवाजी की गलत आदतों और काम के बारे में जानकारी है...और शिवाजी की गलतियों के लिए आपको ज़िम्मेदार नहीं माना जाएगा।'
14. सीतापति, *फरमांस एंड सनद्स,* viii।
15. गॉर्डन, *न्यू कैम्ब्रिज हिस्ट्री,* 44।
16. पूर्वोक्त, 45–55, और ईटन, *सोशल हिस्ट्री,* 123।
17. समकालीन स्रोतों के साथ-साथ बाद के दस्तावेज़ों में भी कहा गया है कि जीजाबाई के साथ शाहजी का वैवाहिक संबंध सुखद नहीं था, इसकी वजह जीजाबाई का परिवार भी था जो ख़ुद को शाहजी के परिवार से बेहतर मानता था और इस विवाह से ख़ुश नहीं था।
18. गॉर्डन, *न्यू कैम्ब्रिज हिस्ट्री,* 58।
19. पीयरसन, 'शिवाजी एंड दि डिक्लाइन,' 91।

20. भावे, *फ्रॉम दि डेथ* में ख़फ़ी खान का उद्धरण, 39।
21. गुहा, 'ट्रांजिशंस एंड ट्रांसलेशंस,' 278।
22. लेन, 'धर्म ऑफ इस्लाम,' 305। यहां लेन बताते हैं कि मालोजी को दफनाया गया था और ये एक मकबरा है, लेकिन इस बात की संभावना ज़्यादा है कि इस जगह को उस दौर की वास्तुकला शैली में यादगार के तौर पर बनाया गया है, जहां मालोजी का अंतिम संस्कार हुआ था। देखें मिशेल एंड जौहर, 'मराठा कॉम्पलेक्स,' 69–88।
23. लेन, 'धर्म ऑफ इस्लाम,' 305।
24. सरदेसाई, *न्यू हिस्ट्री,* 53।
25. गॉर्डन, *न्यू कैम्ब्रिज हिस्ट्री,* 66।
26. पूर्वोक्त, 59।
27. गुहा, 'ट्रांजिशंस एंड ट्रांसलेशंस,' 27। यहां पर भक्ति संतों का भी कुछ असर दिखता है। जैसा कि गुहा बताते हैं, तुकाराम ब्राह्मणों का अविंध्वनि का इस्तेमाल करना कलियुग की एक निशानी बताते हैं। अविंध्वनि का मतलब उस भाषा से है जो वो लोग इस्तेमाल करते हैं जिनके कान छिदे नहीं हैं, यानी मुस्लिम। राज्यव्यवहारकोष दरअसल एक शब्दकोष था, जिसमें दरबारों और कूटनीतिक बातचीत में इस्तेमाल होने वाले करीब 1500 फ़ारसी शब्दों के संस्कृत शब्द लिखे गए थे।
28. पूर्वोक्त, 29।
29. पूर्वोक्त, 27।
30. देशपांडे, *क्रिएटिव पास्ट्स,* 42। हालांकि ये प्रक्रिया जटिल थी और अतीत से अपने-आप को अलग करना एक झटके में मुमकिन नहीं था—कुछ मराठा स्रोतों में, शिवाजी को मराठा पादशाह कहा गया है, बिलकुल उसी तरह जैसे विजयनगर के राजा एक समय ख़ुद को हिन्दू सुल्तान कहते थे।
31. गॉर्डन, *न्यू कैम्ब्रिज हिस्ट्री,* 33–36। इसी तरह, मिसाल के लिए, कई परिवार मुस्लिम राजाओं के लिए पीढ़ियों तक की सैन्य और आर्थिक सेवा करने का दावा कर सकते थे—कानेरखेड के शिंदे, म्हासवाड के माने, निंबालक के निंबालकर, मालावडी के घाटगे और सिंधखेड के जाधव, जिस परिवार से शिवाजी की मां आती थीं। यहां तक कि प्रसिद्ध रानी ताराबाई के परिवार ने भी आदिल शाहों की सेवा की थी, और अपनी वफ़ादारी के एलान के एवज में इज़्ज़त हासिल की थी। देखें ईटन, *सोशल हिस्ट्री,* 128, 188। मराठे स्थानीय मामलों का प्रबंधन कैसे करते थे, ये समझने के लिए फुकाज़ावा, *स्टडी ऑफ दि लोकल एडमिनिस्ट्रेशन* भी देखें। साथ ही सत्रहवीं सदी की शुरुआत में तमिल रचयिता वेंकटाध्वरिन के *विश्व-गुणदर्शन-कांपु* में बताई गई क्षेत्रीय पहचान के लिए ऊपर बताए गए संदर्भ को भी देखें।
32. गॉर्डन, *न्यू कैम्ब्रिज हिस्ट्री,* 61।
33. सरदेसाई, *न्यू हिस्ट्री,* 103।

34. पूर्वोक्त, 93।
35. गॉर्डन, *न्यू कैम्ब्रिज हिस्ट्री*, 62।
36. ईटन, 'सूफ़ीज़ ऑफ बीजापुर,' 197।
37. लेन, 'धर्म ऑफ इस्लाम,' 307।
38. सरदेसाई, *न्यू हिस्ट्री*, 129। दिलचस्प तौर पर, हारने वाले पक्ष की तरफ मरने वालों में कई मराठा थे, जबकि इस पूरी घटना की योजना बनाने और उसे लागू करने वाले शिवाजी के साथियों में एक मुस्लिम भी था जिसका नाम सिद्दी इब्राहिम था। देखें, गॉर्डन, *न्यू कैम्ब्रिज हिस्ट्री*, 66, 68।
39. गोखले, *सूरत इन दि सेवंटीन्थ सेंचुरी* में उद्धरित, 24।
40. बर्नियर, *ट्रैवल्स इन दि मोगुल एंपायर*, 211। सूरत पर शिवाजी के पहले हमले के लगभग एक दशक बाद, शहर में रहने वाले अंग्रेज़ों को लंदन से आदेश मिला कि हर प्रशासनिक कर्मचारी को सैन्य प्रशिक्षण भी लेना चाहिए ताकि ज़रूरत पड़ने पर वो ऐसे हमलों से अपने आप को और अंग्रेज़ों की जायदाद को बचा सकें।
41. सरदेसाई, *न्यू हिस्ट्री* में उद्धरित, 150।
42. पीयरसन, 'शिवाजी एंड दि डिक्लाइन' में टैवर्नियर का उद्धरण, 92।
43. सरदेसाई, *न्यू हिस्ट्री*, 144।
44. पीयरसन, 'शिवाजी एंड दि डिक्लाइन' 93। इसमें मुग़लों को भेजी एक चिट्ठी भी शामिल थी जिसमें मराठों ने अपनी कामयाबियों का जिक्र किया था। उन्होंने लिखा था, 'आप बहुत अच्छी तरह जानते हैं कि मेरे देश और मेरे किलों पर कब्ज़ा करने के लिए पिछले तीन सालों में बादशाह के भेजे गए मशहूर सेनापतियों और काबिल सलाहकारों को क्या नतीजे हासिल हुए हैं। आपको ये समझ क्यों नहीं आया है कि ये एक नामुमकिन काम है? ...यहां मेरा घर कल्याणी और बीदर जैसे शहरों की तरह नहीं है जिस पर आसानी से कब्ज़ा किया जा सके। मेरे देश में दो सौ लीग लंबी और चालीस लीग तक चौड़ी ऊंची पर्वत श्रृंखलाएं फैली हैं और इसकी रखवाली नए बने चाली मज़बूत किले करते हैं। आपके दिग्गज अमीर-अल-उमरा शाइस्ता खान तीन साल तक कड़ी मेहनत करते रहे और भयानक विपत्ति का सामना करने के बाद बेइज़्ज़त होकर चले गए। अपने देश की रक्षा करना मेरा कर्तव्य है और मैं ये करूंगा। ईश्वर की कृपा से मेरे प्यारे देश का कोई हमलावर अभी तक फला-फूला नहीं है।' देखें सरदेसाई, *न्यू हिस्ट्री*, 150।
45. कुलकर्णी, 'ए नोट ऑन मिर्ज़ा,' 274।
46. गॉर्डन, *न्यू कैम्ब्रिज हिस्ट्री*, 73–74।
47. एरेली, *एंपरर्स ऑफ दि पीकॉक थ्रोन*, 537।
48. कुलकर्णी, 'ए नोट ऑन मिर्ज़ा,' 279।
49. पूर्वोक्त।
50. गॉर्डन, *न्यू कैम्ब्रिज हिस्ट्री* में उद्धरित, 76।

51. पीयरसन, 'शिवाजी एंड दि डिक्लाइन' 95।

52. ट्रस्च्क, *औरंगज़ेब,* 60। बाद के सालों में, शिवाजी मुग़ल व्यवस्था का अंग बनने के विचार से नफ़रत करने लगे थे। जैसा कि 1673 में उनके एक दरबारी कवि भूषण त्रिपाठी ने लिखा था, 'दिल्ली की सरकार ललचाने वाली एक वेश्या की तरह है। उसकी ख़ूबसूरती देखकर किसे उसे अपनाने की इच्छा नहीं होगी? उसका तरीका चालबाज़ी की ताक़त से दुनिया जीतना है। वो जिसका भी रुख करती है, उसे गरीब बना देती है। उसके साथ वक़्त बिताने में कोई फ़ायदा नहीं है।'

53. पीयरसन, 'शिवाजी एंड दि डिक्लाइन' 95।

54. सरदेसाई, *न्यू हिस्ट्री,* 174।

55. गॉर्डन, *न्यू कैम्ब्रिज हिस्ट्री,* 78। नाटकीय तरीके से इस तरह भागना असामान्य नहीं था। 1849 में हैदराबाद के निज़ाम ने वानापर्ती के राजा को कर्ज़ ना चुकाने के लिए कैद कर लिया था। उसने अपने पिता की सालाना बरसी पर मंदिर में जाकर पूजा करने के लिए जेल से बाहर जाने की मंजूरी मांगी। पहरेदार बाहर खड़े थे और अंदर मंदिर की घंटियों की आवाज़ सुन रहे थे। जब कई घंटों तक लगातार घंटियां बजती रहीं और पूजा ख़त्म नहीं हुई, तब पहरेदारों को पता चला कि राजा और उसके साथी मंदिर की दीवार के नीचे खोदी गई एक छोटी सुरंग से निकल भागे हैं, जिसके दूसरी तरफ घोड़े तैयार खड़े थे जो उन्हें वानापर्ती ले गए। घंटी बजने की आवाज़ बिल्ली से आ रही थी जिसके गले में एक घंटी बांध दी गई थी! देखें कोहेन, *किंगशिप एंड कोलोनियलिज़्म,* 62–63।

56. पीयरसन, 'शिवाजी एंड दि डिक्लाइन' 96। अठारहवीं सदी में ग़ुलाम अली आज़ाद बिलग्रामी ने मराठा कट्टरता को उनकी रसोई की आदतों से जोड़कर समझाने की कोशिश की। उन्होंने दलील दी कि मराठा हर खाने की चीज़ में तीखी मिर्च डालते हैं। इसलिए उनका स्वभाव रूखा और गर्म होता है! राव, *एटीन्थ सेंचुरी डेकन* में उद्धरित, 227।

57. शास्त्री, 'कमर्शियल पॉलिसी,' 632।

58. पीयरसन, 'शिवाजी एंड दि डिक्लाइन' में बर्नियर का उद्धरण, 98।

59. ये राज्याभिषेक अपने आप में 'परंपरा की शुरुआत' कहा जा सकता है। मराठा एक ज़मींदार वर्ग था, प्रभावशाली था और उनमें कई राजनीतिक घराने थे। लेकिन हिन्दू सामाजिक व्यवस्था में ब्राह्मणों ने उन्हें शूद्र वर्ण में रखा था। हालांकि शिवाजी क्षत्रिय का दर्जा चाहते थे, और इस वजह से भारी-भरकम खर्च के साथ ये भव्य राज्याभिषेक समारोह आयोजित किया गया था, जिसका अंत जनेऊ पहनाने और नए रीति-रिवाजों के साथ शिवाजी का पुनर्विवाह उनकी पत्नियों से कराने के साथ हुआ था। बनारस में रहने वाले मराठी ब्राह्मण गागा भट्ट (उर्फ विश्वेश्वर पंडित) ने शिवाजी को सिसोदिया राजपूतों से जोड़ने वाली वंशावली तैयार करने में मदद की और क्षत्रिय के रूप में उनके दावे को सही ठहराया। (दिलचस्प रूप से, अठारहवीं सदी में अली इब्राहिम खान और मुर्तज़ा हुसैन बिलग्रामी के दस्तावेज़ों में इस दावे को और आगे बढ़ा दिया

गया—शिवाजी को फ़ारस के आखिरी पारसी राजा का वंशज बताया गया, जिसका परिवार भागकर राजस्थान आ गया था और उसके कुछ सदस्य बाद में महाराष्ट्र में बस गए थे!) हालांकि राजपूत होने का ऐसा दावा पूरी तरह नया नहीं था—एक पीढ़ी पहले शिवाजी के पिता ने भी ऐसा दावा किया था, और जब शिवाजी आगरा में थे, कुछ राजपूतों ने ख़ुद उन्हें एक 'अच्छा असली राजपूत' करार दिया था। (देखें गॉर्डन, *न्यू कैम्ब्रिज हिस्ट्री*, 88)। ये भी गौर करना चाहिए कि कुछ पीढ़ियों बाद बीसवीं सदी की शुरुआत में, जब शिवाजी के एक वंशज, कोल्हापुर के महाराज शाहू ने नीतियों में बदलाव कर अपने दरबार और सरकार में ब्राह्मणों के प्रभाव पर अंकुश लगा दिया तो इसके जवाब में ब्राह्मणों ने उन्हें क्षत्रिय मानने से इनकार कर दिया। दूसरे शब्दों में कहें तो ये विवाद कभी थमा ही नहीं। इस मुद्दे का संबंध दूसरे समूहों से भी था—मिसाल के लिए शिवाजी के जीवनकाल में ही गागा भट्ट ने सारस्वत ब्राह्मणों के वास्तविक ब्राह्मण होने के दावे की पुष्टि की, और उन्होंने ही चंद्रसेनिया कायस्थ प्रभु समुदाय के क्षत्रिय होने के दावे को सही ठहराया। हालांकि, अठारहवीं सदी में जब ब्राह्मण पेशवा मराठा स्वराज के वास्तविक शासक बन गए, इस दावे को खारिज कर दिया गया, और प्रभुओं को लिखकर देना पड़ा था कि वो क्षत्रिय नहीं हैं, और उन्हें जनेऊ पहनने का कोई अधिकार नहीं है। देखें देशपांडे, 'क्षत्रियाज़ इन दि कलि एज,' 95–120।

60. रिचर्ड्स, 'इंपीरियल क्राइसिस,' 55–58।
61. पीयरसन, 'शिवाजी एंड दि डिक्लाइन' 98।
62. मराठों के कई गुट सत्ता के लिए आपस में भिड़ रहे थे। शिवाजी का छोटा बेटा, राजाराम, 1700 में जिंजी में करीब एक दशक तक रहने के बाद 'ख़ून की उल्टियां' करता हुआ मर गया था (जिंजी किले की घेराबंदी के लिए भेजे गए मुग़ल सूबेदार को लगातार रिश्वत देकर उससे पूरे आठ साल तक टालमटोल कराया गया था)। उसकी दो विधवाओं के अलग-अलग गुट बन गए और दोनों ने अपने-अपने बेटे के लिए गद्दी पर दावा किया। इस दौरान, मुग़ल हिरासत में संभाजी का बेटा बड़ा हो गया और बाद में उसे छोड़ दिया गया जिसके दावे ने इस कहानी में एक और अध्याय जोड़ दिया, और इस तरह शिवाजी के तीन पोते सत्ता के लिए एक-दूसरे से प्रतिस्पर्धा कर रहे थे।
63. एरेली, *मुग़ल वर्ल्ड* में मनुची का उद्धरण, 304। इसमें कोई अतिशयोक्ति नहीं है। 1782 ईसवी तक भी उनके पास डेढ़ लाख अनुयायी थे जबकि अवध के नवाब ने 20,000 सैनिकों की फ़ौज के साथ कूच किया था। देखें बेली, *रूलर्स, टाउंसमेन एंड बाज़ार्स*, 65।
64. गोलकोंडा और बीजापुर की घुड़सवार आधारित सेनाएं विजयनगर के नायक राज्यों की पैदल सैनिक आधारित सेनाओं के मुकाबले बेहतर होने के कारण उन्हें दबाने में कामयाब रही थीं। लंबे समय तक इन नायक राज्यों ने भी जंगली इलाकों से गुरिल्ला युद्ध की पुरानी तकनीक को अपनाए रखा था। देखें राव, शुलमैन एंड सुब्रह्मण्यम, *सिम्बल्स ऑफ सब्सटांस*, 240–41।

65. एरेली, *एंपरर्स ऑफ दि पीकॉक थ्रोन,* 497।

66. पूर्वोक्त, 502।

67. बंगाल से मिलने वाला राजस्व शाही परिवार के खर्चे को चला रहा था, हालांकि शाहजहां के समय मिलने वाले राजस्व से ये एक तिहाई हो चुका था।

68. देशपांडे, *क्रिएटिव पास्ट्स,* 11।

69. बेली का कहना है कि शुरुआत से ही मराठे साधारण परिवार के थे। एक मुग़ल दस्तावेज़ में कहा गया है कि कैसे मराठा सेना में ज़्यादातर मर्द गैर-कुलीन घराने से हैं, और उनके सैनिकों में खेतिहर, बढ़ई और दुकानदारों की भरमार है। बेली ने ये भी कहा है कि तुकोजी राव होलकर जैसे दिग्गज सेनापति का परिवार भी एक पीढ़ी पहले चरवाहे और खानाबदोश की ज़िंदगी बिताता था। दूसरे शब्दों में, मराठों ने बदलती हुई दुनिया में बड़े पैमाने पर लोगों की सामाजिक प्रतिष्ठा को बढ़ाने का मौका दिया।

70. बेली, *इंडियन सोसायटी,* 8।

71. कुलकर्णी, *दि मराठाज़*। अठारहवीं सदी में गंगाराम के *महाराष्ट्र पुराण* में बंगाल में मराठों के आतंक मचाने का सजीव (और शायद अतिशयोक्ति से भरा) वर्णन है। जैसा कुलकर्णी ने लिखा है, 'अतिशयोक्ति भरे भाग को छोड़ भी दें तो शायद ही कोई इनकार करेगा कि भारत के दूसरे इलाकों पर आक्रमण करने वाले मराठा सरदारों और उनकी सेनाओं की कुछ हरकतों से मराठा विरोधी भावना पैदा हुई थी। बेली, *रूलर्स, टाउंसमेन एंड बाज़ार्स,* 93। इससे आर्थिक नुकसान भी हुआ था। मिसाल के लिए, अकबर और औरंगज़ेब के समय में रेवाड़ी के इलाके से तीन लाख रुपए का राजस्व मिलने का अंदाज़ा लगाया गया था। हालांकि 1803 तक ये इलाका केवल 1 लाख 40 हज़ार रुपए का राजस्व ही दे सकता था, क्योंकि मराठा 'लूटपाट' के कारण बड़ी आबादी यहां से बाहर चली गई थी।

ग्रंथ-सूची

किताबें

Alam, Muzaffar, and Sanjay Subrahmanyam. *Indo-Persian Travels in the Age of Discoveries*. Cambridge: Cambridge University Press, 2007.

Alam, Muzaffar, and Sanjay Subrahmanyam. *Writing the Mughal World: Studies on Culture and Politics*. New York: Columbia University Press, 2012.

Alavi, Rafi Ahmad. *Studies in the History of Medieval Deccan*. New Delhi: Idarah-i-Adabiyat-i Delli, 2009.

Ali, Omar H. *Malik Ambar: Power and Slavery Across the Indian Ocean*. New York: Oxford University Press, 2016.

Ali, Shanti Sadiq. *The African Dispersal in the Deccan: From Medieval to Modern Times*. Hyderabad: Orient Longman, 1996.

Allen, Charles. *Coromandel: A Personal History of South India*. London: Little Brown, 2017.

Ansari, N.H. *Chronicles of the Seige* [sic] *of Golconda Fort: An Abridged Translation of the Waqa'i of Nimat Khan Ali*. New Delhi: Idarah-i Abadiyat-i Delli, 1975.

Anwar, M. Siraj. *Mughals and the Deccan: Political Relations with Ahmadnagar Kingdom*. Delhi: BR Publishing Corporation, 2007.

Appadurai, Arjun. *Worship and Conflict Under Colonial Rule: A South Indian Case*. Cambridge: Cambridge University Press, 1981.

Ayyangar, S. Krishnaswami, ed. *Sources of Vijayanagar History: Selected and Edited for the University*. Madras: University of Madras,

1919.

Barendse, Rene J. *The Arabian Seas: The Indian Ocean World of the Seventeenth Century*. Armonk: M.E. Sharpe, 2002.

Bayly, C.A. *Indian Society and the Making of the British Empire*. Cambridge: Cambridge University Press, 1988.

Bayly, C.A. *Rulers, Townsmen and Bazaars: North Indian Society in the Age of British Expansion, 1770–1870*. 3rd ed. New Delhi: Oxford University Press, 2012.

Beal, Samuel, trans. *Travels of Fah-Hian and Sung-Yun, Buddhist Pilgrims from China to India (400 AD and 518 AD)*. London: Trubner and Co., 1869.

Bernier, François. *Travels in the Mogul Empire*, trans. Irving Brock. Vol. 1. London: William Pickering, 1826.

Bhave, Y.G. *From the Death of Shivaji to the Death of Aurangzeb: The Critical Years*. New Delhi: Northern Book Centre, 2000.

Briggs, John, trans. *History of the Rise of the Mahomedan Power in India*. Vol. 3. London: Longman, Rees, Orme, Brown & Green, 1829.

Chandra, Satish. *Medieval India: From Sultanat to the Mughals, Delhi Sultanat, Part One*. New Delhi: Har Anand, 2004.

Chandra, Satish. *Medieval India: From Sultanat to the Mughals, Mughal Empire, Part Two*. New Delhi: Har Anand, 2005.

Chandra, Satish. 'The Jagirdari Crisis: A Fresh Look.' In *The Decline of the Mughal Empire*, edited by Meena Bhargava, 13–22. New Delhi: Oxford University Press, 2014.

Chattopadhyaya, B.D. 'Other, or the Others? Varieties of Difference in Indian Society at the Turn of the First Millennium and their Historiographical Implications.' In *The World in the Year 1000*, edited by James Heitzman and Wolfgang Schenkluhn, 303–24. Maryland: University Press of America, 2004.

Chowdhuri, Jogindra Nath. *Malik Ambar: A Biography Based on Original Sources*. Dacca: The Author, 1934.

Cohen, Benjamin B. *Kingship and Colonialism in India's Deccan, 1850–1948*. New York: Palgrave Macmillan, 2007.

Cousens, Henry. *Bijapur: The Old Capital of the Adil Shahi Kings*. Poona: Orphanage Press, 1889.

Dale, Stephen F. *Islamic Society on the South Asian Frontier: The Mappilas of Malabar, 1498–1922*. Oxford: Clarendon Press, 1980.

Davis, Richard H. *Lives of Indian Images*. Princeton: Princeton University Press, 1997.

Deshpande, Prachi. *Creative Pasts: Historical Memory and Identity in Western India, 1700–1960*. New York: Columbia University Press, 2007.

Dowson, John, and H.M. Elliot. *The History of India As Told by its Own Historians*. Vol. 3. London: Trubner & Co., 1871.

Eaton, Richard M. 'A History of the Deccan.' In *Sultans of Deccan India: Opulence and Fantasy, 1500–1700*, edited by Navina Najat Haidar and Marika Sardar, 3–14. New York: The Metropolitan Museum of Art, 2015.

Eaton, Richard M. *A Social History of the Deccan, 1300–1761: Eight Indian Lives*.Cambridge: Cambridge University Press, 2005.

Eaton, Richard M. 'Muhammad bin Tughluq and the Temples of the Deccan.' In *Sultans of the South: Art of India's Deccan Courts, 1323–1687*, edited by Navina Najat Haidar and Marika Sardar. New York: The Metropolitan Museum of Art, 2011.

Eaton, Richard M. *Temple Desecration and Muslim States in Medieval India*. Gurgaon: Hope India, 2004.

Eaton, Richard M. 'The Sufis of Bijapur, 1300–1700.' 1972. (thesis submitted to the University of Wisconsin).

Ekambaram, C.N. *Krishna Deva Raya: His Life and Times*. Madras: The Guardian Press, 1910.

Eraly, Abraham. *Emperors of the Peacock Throne: The Saga of the Great Mughals*. New Delhi: Penguin, 2000.

Eraly, Abraham. *The Mughal Throne: The Saga of India's Great Emperors*. London: Weidenfeld & Nicolson, 2003.

Eraly, Abraham. *The Mughal World: Life in India's Last Golden Age*. New Delhi: Penguin, 2007.

Filliozat, Vasundhara, ed. *The Vijayanagar Empire: As Seen by Domingos Paes and Fernao Nuniz*, trans. Robert Sewell. Delhi: National Book Trust of India, 1977.

Fisher, Michael H., ed. *Visions of Mughal India: An Anthology of European Travel Writing*. London: IB Tauris, 2007.

Flood, Finbarr B. *Objects of Translation: Material Cultural and Medieval 'Hindu Muslim' Encounter*. Princeton: Princeton University Press, 2009.

Fukazawa, Hiroshi. *A Study of the Local Administration of the Adilshahi Sultanate (AD 1489–1686)* (reprinted from *The Hitotsubhashi Journal of Economics* 3, no. 2 [June 1963]).

Fukazawa, Hiroshi. *The Medieval Deccan: Peasants, Social Systems and States: Sixteenth to Eighteenth Centuries*. Bombay: Oxford University Press, 1991.

Gokhale, B.G. *Surat in the Seventeenth Century: A Study in Urban History of Pre-Modern India*. Bombay: Popular Prakashan, 1979.

Gordon, Stewart. *The New Cambridge History of India: The Marathas, 1600–1818*. Cambridge: Cambridge University Press, 1993.

Gouchani, Abdullah, and Bruce Wannell. 'The Inscriptions of Ibrahim Rauza Tomb.' In *Sultans of the South: Art of India's Deccan Courts, 1323–1687*, edited by Navina Najat Haidar and Marika Sardar. New York: The Metropolitan Museum of Art, 2011.

Green, Nile. *Indian Sufism Since the Seventeenth Century: Saints, Books and Empires in the Muslim Deccan*. Abingdon: Routledge, 2006.

Gribble, J.D.B. *A History of the Deccan*. Vol. 1. London: Luzac & Co., 1896.

Gribble, J.D.B. *A History of the Deccan*. Vol. 2. London: Luzac & Co., 1924.

Haidar, Navina Najat. 'The Art of the Deccan Courts.' In *Sultans of Deccan India: Opulence and Fantasy, 1500–1700*, edited by Navina Najat Haidar and Marika Sardar, 15–28. New York: The Metropolitan Museum of Art, 2015.

Haidar, Navina Najat. 'The Kitab-i-Nauras: Key to Bijapur's Golden Age.' In *Sultans of the South: Art of India's Deccan Courts, 1323–1687*, edited by Navina Najat Haidar and Marika Sardar. New York: The Metropolitan Museum of Art, 2011.

Hall, Kenneth. 'Structural Change and Societal Integration in Early South India: An Introductory Essay.' In *Structure and Society in Early South India: Essays in Honour of Noboru Karashima*, edited by Kenneth Hall, 1–27. New Delhi: Oxford University Press, 2001.

Hansen, Waldemar. *The Peacock Throne: The Drama of Mogul India*. Delhi: Motilal Banarsidass, 1996.

Harris, Jonathan Gil. *The First Firangis: Remarkable Stories of Heroes, Healers, Charlatans, Courtesans & other Foreigners who Became Indian*. New Delhi: Aleph Book Company, 2015.

Heesterman, J.C. 'Was there an Indian Reaction? Western Expansion in Indian Perspective.' In *Expansion and Reaction: Essays on European Expansion and Reaction in Asia and Africa*, edited by H.L. Wesseling, 31–58. Leiden: Leiden University Press, 1978.

Husaini, S.A.Q. 'The Sultanate of Ma'bar.' In *History of the Medieval Deccan*, edited by H.K. Sherwani and P.M. Joshi, 1: 59–75. Hyderabad: Government of Andhra Pradesh, 1973.

Hutton, Deborah. *Art of the Court of Bijapur*. Bloomington: Indiana University Press, 2006.

Hutton, Deborah, and Rebecca Tucker. 'A Dutch Artist in Bijapur.' In *The Visual World of Muslim India: The Art, Culture and Society of the Deccan in the Early Modern Era*, edited by Laura E. Parodi, 205–32. London: IB Tauris, 2014.

Joshi, P.M. *Ali Adil Shah I of Bijapur and his Royal Librarian* (reprinted from the Sardhasatabdi Commemoration Volume. Bombay: Asiatic Society, 1804–1954).

Joshi, P.M. 'The Adil Shahis and the Baridis.' In *History of the Medieval Deccan*, edited by H.K. Sherwani and P.M. Joshi, 291–412. Hyderabad: Government of Andhra Pradesh, 1973.

Joshi, P.M. *The Reign of Ibrahim Adil Shah II of Bijapur* (reprinted from the Munshi Diamond Jubilee Commemoration Volume. Part I. Bharatiya Vidya Bhavan, 1948).

Joshi, P.M., and Mahdi Husain. 'Khaljis and Tughluqs in the Deccan.' In *History of the Medieval Deccan*, edited by H.K. Sherwani and P.M. Joshi, 1: 29–55. Hyderabad: Government of Andhra Pradesh, 1973.

Kamath, Suryanath U. *Krishnadevaraya of Vijayanagar and His Times*. Bangalore: IBH Prakashana, 2009.

Karashima, Noboru. *A Concordance of Nayakas: The Vijayanagar Inscriptions in South India*. New Delhi: Oxford University Press, 2002.

Karashima, Noboru. *Towards a New Formation: South Indian Society Under Vijayanagar Rule*. New Delhi: Oxford University Press, 1992.

Khalidi, Omar. *Muslims in the Deccan: A Historical Survey*. New Delhi: Global Media Publications.

Khan, Iqtidar Alam. *Gunpowder and Firearms: Warfare in Medieval India*. New Delhi: Oxford University Press, 2004.

Khan, Yar Muhammad. *The Deccan Policy of the Mughuls*. Lahore: United Book Corporation, 1971. *Kitab-i-Nauras by Ibrahim Adil Shah II*. New Delhi: Bharatiya Kala Kendra, 1956.

Kodad, S.B. *Ramaraya: The De-Facto Ruler of Vijayanagar*. New Delhi: Sri Ramachandra Publications, 1986.

Kulkarni, A.R. *The Marathas*. Pune: Diamond Publications, 2008.

Kumar, Sunil. 'Service, Status, and Military Slavery in the Delhi Sultanate: Thirteenth and Fourteenth Centuries.' In *Slavery and South Asian History*, edited by Indrani Chatterjee and Richard M. Eaton, 83–114. Bloomington: Indiana University Press, 2006.

Kruijtzer, Gijs. 'The Fighting on the Wall: Animal Symbolism of the Deccan in a Eurasian Perspective.' In *The Visual World of Muslim India:The Art, Culture and Society of the Deccan in the Early Modern Era*, edited by Laura E. Parodi, 143–75. London: IB Tauris, 2014.

Lovell, Archibald, trans. *The Travels of Monsieur de Thevenot into the Levant*. Vol. 3. London: H. Clark, 1687.

Mahalingam, T.V. *Administration and Social Life Under Vijayanagar*. Madras: University of Madras, 1940.

Mathew, K.M. *History of the Portuguese Navigation in India (1497–1600)*. Delhi: Mittal, 1988.

McInerney, Terence. 'The Mughals in the Deccan.' In *Sultans of Deccan India: Opulence and Fantasy, 1500–1700*, edited by Navina Najat Haidar and Marika Sardar, 281–84. New York: The Metropolitan Museum of Art, 2015.

Michell, George. 'Migrations and Cultural Transmissions in the Deccan.' In *The Visual World of Muslim India: The Art, Culture and Society of the Deccan in the Early Modern Era*, edited by Laura E. Parodi, 79–95. London: IB Tauris, 2014.

Michell, George, and Mark Zebrowski. *Architecture and Art of the Deccan Sultanates*. Cambridge: Cambridge University Press, 1999.

Michell, George, and Richard Eaton. *Firuzabad: Palace City of the Deccan*. Oxford: Oxford University Press, 1992.

Moorhouse, Geoffrey. *India Britannica*. London: William Collins Sons & Co. Ltd, 1983.

Moreland, W.H. 'From Akbar to Aurangzeb: A Study in Indian Economic History.' In *The Decline of the Mughal Empire*, edited by Meena Bhargava, 1–2. New Delhi: Oxford University Press, 2014.

Moreland, W.H. *Relations of Golconda in the Early Seventeenth Century*. London: The Hakluyt Society, 1931.

Moreland, W.H., and P. Geyl, trans. *Jahangir's India: The Remonstrantie of Francisco Pelsaert*. Cambridge: W. Heffer & Sons Ltd, 1925.

Moxham, Roy. *The Theft of India: The European Conquests of India, 1498–1765*. Noida: HarperCollins India, 2016.

Nayeem, M.A. *External Relations of the Bijapur Kingdom (1489–1686)*. Hyderabad: Bright Publishers, 1974.

Nayeem, M.A., Aniruddha Ray and K.S. Mathew, eds. *Studies in History of the Deccan: Medieval and Modern*. Delhi: Pragati Publications, 2002.

Overton, Keelan. 'Vida de Jacques de Coutre.' In *The Visual World of*

Muslim India: The Art, Culture and Society of the Deccan in the Early Modern Era, edited by Laura E. Parodi, 233–64. London: IB Tauris, 2014.

Pearson, Michael. 'Shivaji and the Decline of the Mughal Empire.' In *The Decline of the Mughal Empire*, edited by Meena Bhargava, 84–106. New Delhi: Oxford University Press, 2014.

Perera, L.P.N. *Sexuality in Ancient India: A Study Based on Pali Vinyapitika*. Sri Lanka: University of Kelaniya, 1993.

Phillips, John, trans. *Tavernier's Travels in India*. Calcutta: N. Roy, Bangabasi Press, 1905 (reprinted from the 1677 original).

Raghavan, T.C.A. *Attendant Lords: Bairam Khan and Abdur Rahim, Courtiers and Poets in Mughal India*. Noida: HarperCollins India, 2017.

Ramanujan, A.K., V. Narayana Rao and David Shulman, eds. *When God is a Customer: Telugu Courtesan Songs by Ksetrayya and Others*. Berkeley: University of California Press, 1994.

Rao, C. Hayavadana. *Mysore Gazetteer*. Vol. 2. Part 3. Bangalore: Government of Mysore, 1930.

Rao, K.G. Gopala Krishna. *Sri Krishnadevaraya: Monarch of Vijayanagara*. Bangalore: Bharatiya Vidya Bhavan, 2010.

Rao, M. Rama. *Krishnadeva Raya*. Delhi: National Book Trust of India, 1971.

Rao, P. Setu Madhava. *Eighteenth Century Deccan*. Bombay: Popular Prakashan, 1963.

Rao, V. Narayana, David Shulman and Sanjay Subrahmanyam. *Symbols of Substance: Court and State in Nayaka Period Tamilnadu*. New Delhi: Oxford University Press, 1992.

Rathore, Manya. '"Floating Political Rhetoric" in the Indian Ocean.' In *The Indian Ocean in the Making of Early Modern India*, edited by Pius Malekandathil, 249–62. Abingdon: Routledge, 2017.

Rau, G. Hari Sarvottama. *The Neglected Emperor Poet: A Critical Essay on Krishnadeva Raya's Amuktamalyada*. Madras: Jyotishmati Press, 1912.

Reddy, D. Ramalinga. *Vijayanagar and Its Lessons for Modern India*. Madras: University of Madras, 1967.

Richards, John F. 'The Imperial Crisis in the Deccan.' In *The Decline of the Mughal Empire*, edited by Meena Bhargava, 53–83. New Delhi: Oxford University Press, 2014.

Rocco, Sha. *Golconda and the Qutb Shahs*. Hyderabad: Government Central Press, 1929.

Rotzer, Klaus. 'Deccani Guns.' In *The Visual World of Muslim India:*

The Art, Culture and Society of the Deccan in the Early Modern Era, edited by Laura E. Parodi, 123–42. London: IB Tauris, 2014.

Row, Suryanarain. *A History of Vijayanagar: The Never to be Forgotten Empire*. Madras: Addison & Co., 1910.

Saletore, B.A. *Social and Political Life in the Vijayanagara Empire*. Vol. 1. Madras: BG Paul & Co., 1934.

Sardar, Marika. 'The Bahmanis and Their Artistic Legacy.' In *Sultans of Deccan India: Opulence and Fantasy, 1500–1700*, edited by Navina Najat Haidar and Marika Sardar, 29–33. New York: The Metropolitan Museum of Art, 2015.

Sardesai, Govind Sakharam. *New History of the Marathas: Shivaji and his Line*. Vol. 1. Bombay: Phoenix Publications, 1946.

Sarkar, Jadunath. *Anecdotes of Aurangzib and Historical Essays*. Calcutta: MC Sarkar & Sons, 1917.

Sathianathaier, R. *Tamilaham in the 17th Century*. Madras: University of Madras, 1956.

Seshan, Radhika. *Trade and Politics on the Coromandel Coast*. Delhi: Primus Books, 2012.

Sewell, Robert. *A Forgotten Empire (Vijayanagar): A Contribution to the History of India*. London: Swan Sonnenschein & Co. Ltd, 1900.

Sharma, M.H. Rama. *The History of the Vijayanagar Empire: Beginnings and Expansion*. Bombay: Popular Prakashan, 1978.

Sharma, M.H. Rama. *The History of the Vijayanagar Empire: The Last Phase*. Bombay: Popular Prakashan, 1980.

Sherwani, H.K. 'The Bahmanis.' In *History of the Medieval Deccan*, edited by H.K. Sherwani and P.M. Joshi, 1: 143–222. Hyderabad: Government of Andhra Pradesh, 1973.

Sherwani, H.K. *The Bahmanis of the Deccan: An Objective Study*. Hyderabad: Saood Manzil Himayatnagar, 1953.

Sherwani, H.K. *Muhammad-Quli Qutb Shah: Founder of Haidarabad*. London: Asia Publishing House, 1967.

Sherwani, H.K. 'The Qutb Shahis of Golkonda-Hydarabad.' In *History of the Medieval Deccan*, edited by H.K. Sherwani and P.M. Joshi, 1: 413–90. Hyderabad: Government of Andhra Pradesh, 1973.

Shyam, Radhey. 'The Imad Shahs.' In *History of the Medieval Deccan*, edited by H.K. Sherwani and P.M. Joshi, 1: 277–87. Hyderabad: Government of Andhra Pradesh, 1973.

Shyam, Radhey. *The Kingdom of Ahmadnagar*. Delhi: Motilal

Banarsidass, 1966.

Shyam, Radhey. 'The Nizam Shahis.' In *History of the Medieval Deccan*, edited by H.K. Sherwani and P.M. Joshi, 1: 225–76. Hyderabad: Government of Andhra Pradesh, 1973.

Siddiqi, Muhammad Suleman. *The Bahmani Sufis*. Delhi: Idarah-i Abadiyat-i-Delli, 2009.

Sinha, S.K. *Mediaeval History of the Deccan*. Hyderabad: Government of Andhra Pradesh, 1964.

Sitapathi, P. *Farmans and Sanads of the Deccan Sultans (1408–1687)*. Hyderabad: Andhra Pradesh State Archives, 1980.

Smith, David. *Hinduism and Modernity*. Malden: Blackwell Publishing, 2003.

Stein, Burton. *Vijayanagara*. Cambridge: Cambridge University Press, 1989.

Stoker, Valerie. *Polemics and Patronage in the City of Victory: Vyasatirtha, Hindu Sectarianism, and the Sixteenth-Century Vijayanagara Court*. Oakland: University of California Press, 2016.

Subrahmanyam, R. 'Vijayanagar.' In *History of the Medieval Deccan*, edited by H.K. Sherwani and P.M. Joshi, 1: 79–139. Hyderabad: Government of Andhra Pradesh, 1973.

Subrahmanyam, Sanjay. 'Europeans in the Deccan.' In *Sultans of Deccan India: Opulence and Fantasy, 1500–1700*, edited by Navina Najat Haidar and Marika Sardar, 309–12. New York: The Metropolitan Museum of Art, 2015.

Subrahmanyam, Sanjay. *Courtly Encounters: Translating Courtliness and Violence in Early Modern Eurasia*. Cambridge: Harvard University Press, 2012.

Subrahmanyam, Sanjay. *The Portuguese Empire in Asia, 1500–1700: A Political and Economic History*. 2nd ed. Chichester: John Wiley & Sons, 2012.

Subrahmanyam, Sanjay. *Three Ways to be Alien: Travails & Encounters in the Early Modern World*. Waltham: Brandeis University Press, 2011.

Talbot, Cynthia. 'The Nayakas of Vijayanagara Andhra: A Preliminary Prosopography.' In *Structure and Society in Early South India: Essays in Honour of Noboru Karashima*, edited by Kenneth Hall, 251–75. New Delhi: Oxford University Press, 2001.

Taylor, Meadows. *The History of India: From the Earliest Period to the Present*. London: Longmans, Green & Co., 1870.

Thangasamy, S.A. *Vijayanagar Empire: A Brief History*. Madurai: Pannai Pathipagam, 1978.

The Cambridge History of India, Vol. 4, The Mughul Period. S. Chand & Co., 1971.

Truschke, Audrey. *Aurangzeb: The Man and the Myth.* Karachi: Oxford University Press, 2017.

Vanita, Ruth, and Saleem Kidwai, eds. 'Khaljis in Love.' In *Same-Sex Love in India.* New York: Palgrave, 2001.

Vanita, Ruth, and Saleem Kidwai, eds. *Same-Sex Love in India.* New York: Palgrave, 2001.

Wagoner, Phillip B. *Tidings of the King: A Translation and Ethnohistorical Analysis of the Rayavacakamu.* Honolulu: University of Hawaii Press, 1993.

Waring, Edward Scott. *A History of the Mahrattas: To Which is Prefixed an Historical Sketch of the Decan Containing a Short Account of the Rise and Fall of the Mooslim Sovereignties Prior to the Era of Mahratta Independence.* London: John Richardson, Royal Exchange, 1810.

Watson, Adam. *The War of the Goldsmith's Daughter.* London: Chatto & Windus, 1964.

Weinstein, Laura. ' Variations on a Persian Theme.' In *The Visual World of Muslim India: The Art, Culture and Society of the Deccan in the Early Modern Era,* edited by Laura E. Parodi, 179–204. London: IB Tauris, 2014.

Wheeler, J. Talboys. *The History of India Under Mussulman Rule.* London: Trubner & Co., 1876.

Yazdani, Ghulam. *Bidar: Its History and Monuments.* Delhi: Motilal Banarsidass Publishers, 1995.

Zakaria, Rafiq. *Razia, Queen of India.* Karachi: Oxford University Press, 1966.

Zelliot, Eleanor. 'Medieval Encounter between Hindu and Muslim: Eknath's Drama-Poem *Hindu Turk Samvad.*' In *Images of Man: Religion and Historical Process in South Asia,* edited by Fred W. Clothey, 171–95. Madras: New Era Publications, 1982.

Zupanov, Ines G. *Disputed Mission: Jesuit Experiments and Brahmanical Knowledge in Seventeenth-Century India.* New Delhi: Oxford University Press, 1999.

जर्नल आर्टिकल्स

Alam, Muzaffar, and Sanjay Subrahmanyam. 'The Deccan Frontier and Mughal Expansion, ca. 1600: Contemporary Perspectives.' In *Journal of the Economic and Social History of the Orient* 47, no. 3 (2007): 357–89.

Ali, Daud. 'Between Market and Court: The Careers of Two Courtier-Merchants in the Twelfth Century Deccan.' In *Journal of the Economic and Social History of the Orient* 53, no. 1/2 (2010): 185–211.

Ali, M. Athar, 'The Passing of Empire.' In *Modern Asian Studies* 9, no. 3 (1975): 385–96.

Ali, Mir Mahmood. 'Contributions of the Bahmani Kings to Indian Civilisation.' In *Proceedings of the Indian History Congress* 5 (1941): 593–96.

Anooshahr, Ali. 'The Elephant and the Sovereign.' In *Journal of the Royal Asiatic Society* (March 2018): 1–30.

Ansari, Muhammad Azhar. 'The Economic Condition of Golconda in the 17th Century (From European Sources).' In *Proceedings of the Indian History Congress* 27 (1965): 229–37.

Anwar, M. Siraj. 'The Safavids and Mughal Relations with the Deccan States.' In *Proceedings of the Indian History Congress* 52 (1991): 255–62.

Bayly, C.A., and Sanjay Subrahmanyam. 'Portfolio Capitalists and the Political Economy of Early Modern India.' In *The Indian Economic and Social History Review* 25, no. 4 (1988): 411–24.

Chekuri, Christopher. 'A "Share" in the " World Empire": Nayamkara as Sovereignty in Practice at Vijayanagara, 1480–1580.' In *Social Scientist* 40, no. 1/2 (2012): 41–67.

Davis, Richard H. 'A Muslim Princess in the Temples of Visnu.' In *International Journal of Hindu Studies* 8, no. 1/3 (2004): 137–56.

Deshpande, Madhav M. 'Ksatriyas in the Kali Age.' In *Indo-Iranian Journal* 53, no. 2 (2010): 95–120.

Eaton, Richard M. '"Kiss My Foot", said the King.' In *Modern Asian Studies* 43, no. 1 (2009): 289–313.

Eaton, Richard M., and Philip B. Wagoner. 'Warfare on the Deccan Plateau, 1450–1600: A Military Revolution in Early Modern India?' In *Journal of World History* 25, no. 1 (2014): 5–50.

Findly, Ellison B. 'The Capture of Maryam-uz-Zamani's Ship: Mughal Women and European Traders.' In *Journal of the American Oriental Society* 108, no. 2 (1988): 227–38.

Firouzeh, Peyvand. 'Sacred Kingship in the Garden of Poetry: Ahmad Shah Bahmani's Tomb in Bidar.' In *South Asian Studies* 31, no. 2 (2015): 187–214.

Flatt, Emma J. 'Practicing Friendship: Epistolary Constructions of Social Intimacy in the Bahmani Sultanate.' In *Studies in History* 33, no. 1 (2017): 61–81.

Flatt, Emma J. 'The Authorship and Significance of the Nujum al-ulum: A Sixteenth-Century Astrological Encyclopedia from Bijapur.' In *Journal of the American Oriental Society* 131, no. 2 (2011): 223–44.

Gokhale, B.G. 'Tobacco in Seventeenth-Century India.' In *Agricultural History* 48, no. 4 (1974): 481–92.

Gray, Basil. 'Deccani Paintings: The School of Bijapur.' In *The Burlington Magazine for Connoisseurs* 73, no. 42 (1938): 74–77.

Guha, Sumit. 'The Frontiers of Memory: What the Marathas Remembered of Vijayanagara.' In *Modern Asian Studies* 43, no. 1 (2009): 269–88.

Guha, Sumit. 'Transitions and Translations.' In *Comparative Studies of South Asia, Africa and the Middle East* 24, no. 2 (2004): 23–31.

Haig, Wolseley. 'The Religion of Ahmed Shah Bahmani.' In *Journal of the Royal Asiatic Society of Great Britain and Ireland*, no. 1 (1924): 73–80.

Hutton, Deborah. 'Memory and Monarchy: A Seventeenth-Century Painting from Bijapur and its Afterlives.' In *South Asian Studies* 32, no. 1 (2016): 22-41.

Khan, Mir Ahmad Ali. 'The Condition of Education under the Bahmanis.' In *Proceedings of the Indian History Congress* 5 (1941): 586–93.

Kruijtzer, Gijs. 'Madanna, Akkanna and the Brahmin Revolution.' In *Journal of the Economic and Social History of the Orient* 45, no. 2 (2002): 231–67.

Kulkarni, G.T. 'A Note on Mirza Rajah Jai Singh's Purander and Bijapur Campaigns.' In *Proceedings of the Indian History Congress* 71 (2010–11): 274–83.

Kulkarni, G.T. 'A Note on Taxation under the Bahmanis based on an Unpublished Bahmani "Farman" (1514 AD).' In *Proceedings of the Indian History Congress* 59 (1998): 287–92.

Kulkarni, G.T. 'Deccan (Maharastra) under the Muslim Rulers from Khaljis to Shivaji.' In *Bulletin of the Deccan College Research Institute* 51/52 (1991–92): 501–10.

Laine, James W. 'The Dharma of Islam and the Din of Hinduism.' In *International Journal of Hindu Studies* 3, no. 3 (1999): 299–318.

Mangalam, S.J., and M.R. Kantak. 'A Grant of Muhammad Adil Shah II to the Temple of Vithoba.' In *Bulletin of the Deccan College Research Institute* 46 (1987): 59–63.

Mengesha, Astair Gebremariam. 'The Habshis.' In *International Journal of Ethiopian Studies* 1, no. 1 (2003): 91–102.

Michell, George, and Sugandha Johar. 'The Maratha Complex at Ellora.' In *South Asian Studies* 28, no. 1 (2012): 69–88.

Minorsky, V. 'The Qara-Qoyunlu and the Qutb-Shahs.' In *Bulletin of the School of Oriental and African Studies* 17, no. 1 (1955): 50–73.

Moosvi, Shireen, 'The Mughal Empire and the Deccan: Economic Factors and Consequences.' In *Proceedings of the Indian History Congress*, 43 (1982): 365–82.

Palat, Ravi Arvind. 'Popular Revolts and the State in Medieval South India: A Study of the Vijayanagara Empire (1360–1565).' In *Bijdragen tot de Taal-, Land-, en Volkenkunde* 142, no. 1 (1986): 128–44.

Rao, Ajay K. 'From Fear to Hostility: Responses to the Conquests of Madurai.' *South Asian Studies* 32, no. 1 (2016): 68–79.

Sardar, Marika. 'The Circular Cities of the Deccan.' In *The Visual World of Muslim India: The Art, Culture and Society of the Deccan in the Early Modern Era*, edited by Laura E. Parodi, 3–30. London: IB Tauris, 2014.

Sarkar, Jagadish Narayan. 'A Letter of Abdullah Qutb Shah to Shah Abbas II.' In *Proceedings of the Indian History Congress* 5 (1941): 607–09.

Sarma, P. Sree Rama. 'Rama Raya's Policy.' In *Proceedings of the Indian History Congress* 36 (1975): 142–56.

Shaikh, C.H. 'Literary Personages of Ahmadnagar.' In *Bulletin of the Deccan College Research Institute* 2, no. 3/4 (1941): 383–96.

Sharma, Ramesh Chandra. 'The Diamond Mines of the Deccan during the Second Half of the Seventeenth Century.' In *Proceedings of the Indian History Congress* 44 (1983): 234–50.

Shastry, B.S. 'Commercial Policy of the Portuguese vis-à-vis the Adil Shahis of Bijapur in the Seventeenth Century AD.' In *Proceedings of the Indian History Congress* 48 (1987): 632–40.

Shivarudraswamy, S.N. 'Hindu–Muslim Relations under the Vijayanagara Empire.' In *Proceedings of the Indian History Congress* 66 (2005–06): 394–98.

Sherwani, H.K. 'The Reign of Sultan Humayun Shah Bahmani and His Character.' In *Proceedings of the Indian History Congress* 3 (1939): 688–700.

Siddiqi, A.M. 'Mohammad Shah II Bahmani: The Pioneer of the Medieval Culture of the Deccan.' *Proceedings of the Indian History Congress* 5 (1941): 582–86.

Singh, Seema. 'Golconda Chintz.' In *Proceedings of the Indian History Congress* 49 (1988): 301–05.

Sinopoli, Carla M. 'From the Lion Throne: Political and Social Dynamics of the Vijayanagara Empire.' In *Journal of the Economic and Social History of the Orient* 43, no. 3 (2000): 364–98.

Sohoni, Pushkar. 'From Defended Settlements to Fortified Strongholds: Responses to Gunpowder in the Early Modern Deccan.' In *South Asian Studies* 31, no. 1 (2015): 111–26.

Sohoni, Pushkar. 'Vernacular as a Space: Writing in the Deccan.' In *South Asian History and Culture* 7, no. 3 (2016): 258–70.

Subrahmanyam, Sanjay. 'Iranians Abroad: Intra-Asian Elite Migration and Early Modern State Formation.' In *Journal of Asian Studies* 51, no. 2 (1992): 340–63.

Subrahmanyam, Sanjay. 'Persians, Pilgrims and Portuguese.' In *Modern Asian Studies* 22, no. 3 (1988): 503–30.

Subrahmanyam, Sanjay. 'The Life and Actions of Mathias de Albuquerque (1547–1609): A Portuguese Source for Deccan History.' In *Portuguese Studies* 11 (1995): 62–77.

Subrahmanyam, Sanjay. 'The Portuguese Response to the Rise of Masulipatam.' In *The Great Circle* 8, no. 2 (1986): 127–31.

Talbot, Cynthia. 'Inscribing the Self: Hindu–Muslim Identities in Pre-Colonial India.' In *Comparative Studies in Society and History* 37, no. 4 (1995): 692–722.

Thomaz, Luis Filipe F.R. 'Iranian Diaspora and the Deccan Sultanates in India: A Study of Sixteenth Century Portuguese Sources.' In *Studies in History* 30, no. 1 (2014): 1–42.

Wagoner, Phillip B. 'Money Use in the Deccan.' *Indian Economic and Social History Review* 54, no. 4 (2014): 457–80.

Wagoner, Phillip B. '"Sultan among Hindu Kings": Dress, Titles and the Islamicization of Hindu Culture at Vijayanagara.' In *Journal of Asian Studies* 55, no. 4 (1996): 851–80.

अभिस्वीकृतियां

ये किताब दक्कन को श्रद्धांजलि है, जिसे भारत के अतीत की कहानियों में अक्सर उपेक्षित किया जाता रहा है। हालांकि क्या दक्कन ने अपनी महत्वाकांक्षा के साथ न्याय किया, ये चर्चा एक अलग विषय है।

मेरे लिए दक्कन मेरे बचपने के सालों की रंगभूमि रहा है। पुणे, जहां मैं पला-बढ़ा, वहां अभी भी शिवाजी का बड़ा प्रभाव है, हालांकि मेरे सामने उस प्रसिद्ध राजा के पहले के समय की कुछ झलकियां, संयोग से ही, अक्सर आ जाया करती थीं। मेरे स्कूल की किताबों में धुंधली सी याद वाले सुल्तानों के नाम मिल जाते थे—कभी कोई निज़ाम शाह तो कभी कोई आदिल शाह—लेकिन ये सभी अक्सर सहायक भूमिकाओं में दिखते थे और मुख्य भूमिका में कोई और ही होता था। बचपन से ही मेरे साथ इन यादों के टुकड़े रह गए, और फिर काफ़ी बाद में मेरी घुमक्कड़ी ने इन यादों में फिर से जान फूंक दी। मिसाल के लिए, चार साल पहले गोवा में बिताए कुछ महीनों ने मेरी मुलाकात आदिल शाहों से कराई, जिनका महल आज एक लोकप्रिय सांस्कृतिक केंद्र में बदल चुका है। इसी तरह एक बार दक्षिण भारत में छुट्टी मनाते वक़्त मेरी ट्रेन एक गर्म और सूखी जगह गुलबर्गा में रुक गई, जहां की ज़मीन में बीते हुए दिनों के कई नायक दफ़न हैं। कहानियां मेरे आसपास थीं, और बीतते वक़्त के साथ मैं उन प्रशंसनीय कहानियों को जमा करता गया था।

हालांकि भारतीय इतिहास के इस शानदार अध्याय पर एक छोटी और पठनीय किताब लिखने का फ़ैसला 2016 में हो सका। उस साल अक्टूबर में मैं हैदराबाद गया और लगभग एक दिन मैंने गोलकोंडा के किले के खंडहरों में बिताया। उस वक़्त के मेरे साथी आलिम जवेरी मेरे गाइड बने जब हम पहाड़ियों पर ऊपर चढ़ रहे थे, और उनकी मां बेगम शेहरज़ाद ने मुझे क़ुतुब शाहों के

मक़बरों के बारे में काफ़ी कुछ बताया। वे मक़बरे आज टूटी-फूटी हालत में किसी तरह वजूद में हैं, लेकिन कम से कम मैंने इसी बहाने अपने विचारों को कागज़ पर उतारने की सोची।

आपने जो पढ़ा है, उसे कहना ज़रूर चाहिए और इसका आधार हैं वो रचनाएं जिन्हें विद्वानों की कई पीढ़ियों ने रचा है। एच.के. शेरवानी और पी.एम. जोशी से लेकर रिचर्ड ईटन और संजय सुब्रह्मण्यम, इन जैसे विद्वानों की गहराई और उनके शोध पर की गई मेहनत का मैं इस किताब के लेखक के रूप में कर्ज़दार हूं। इस किताब में जो भी दमखम है, वो मेरी ग्रंथ-सूची में दिए गए शानदार स्रोतों से आया है। लेकिन जहां भी कमज़ोरी है—जो स्वाभाविक रूप से होगी ही—इसका दोष सिर्फ मुझे दिया जाना चाहिए। इस किताब को मौजूदा रूप देने का फ़ैसला मेरा ही था, जिसमें मैंने कुछ सदियों को जगह दी है तो कुछ को नहीं, कुछ किरदारों को शामिल किया है तो कुछ को छोड़ दिया है।

कई जगहों पर मुझे अपनी सामग्री के साथ जूझना भी पड़ा। मिसाल के लिए एक चिट्ठी का केवल पुर्तगाली अनुवाद मौजूद है, जिससे पता चलता है कि कैसे विजयनगर के राजा ने दूर-दराज लिस्बन से अपने लिए एक दुल्हन की चाहत की थी। ये चिट्ठी काफ़ी पुरानी है और इसका सच साबित करने के लिए और कोई दूसरा स्रोत नहीं है, इसलिए इस चिट्ठी की बात को स्वीकार करने के लिए मैंने प्रतिष्ठित विद्वानों के निर्णय पर भरोसा किया, जिन्हें इस चिट्ठी पर सवाल उठाने की कोई वजह नहीं दिखी। इसी तरह, फ़िरिश्ता सूचनाओं के लिए फ़ायदेमंद इतिहासकार है, लेकिन उसके पूर्वाग्रह हैं, और कई जगहों पर उसके वर्णन बढ़ा-चढ़ाकर किए लगते हैं। यहां भी मैंने वरिष्ठ इतिहासकारों के विवेक पर भरोसा किया है। मैरी बियर्ड ने एक बार लिखा था कि अपने से पहले आए इतिहासकारों के मुकाबले ख़ुद को बेहतर मानना एक ख़तरनाक बात है, और मैं अपने से ज़्यादा होशियार लोगों के फ़ैसलों से संतुष्ट हूं।

इस किताब के लिखे जाने के दौरान कई लोगों ने मुझे मदद और मार्गदर्शन की पेशकश की। दिल्ली के वरुण राणा ने मेरी पहली पांडुलिपि को पढ़ने के बाद मुझे अपने विचार बताए और एक दोस्त के नाते भरोसा भी दिलाया। आईसर, पुणे के डॉ. पुष्कर सोहोनी, जो दक्कन के बेहतरीन विद्वान हैं, उन्होंने मेरा हौसला सबसे ज़्यादा बढ़ाया और अपने प्रोजेक्ट्स के बीच से समय निकालकर मेरे काम में मदद की। बेंगलुरू के तक्षशिला इंस्टीट्यूट के प्रतिभाशाली रिसर्चर अनिरुद्ध कानिसेट्टी ने अपनी यात्राओं के दौरान सैकड़ों पन्नों को पढ़ा और अपनी तीखी और सटीक टिप्पणियां दीं। और तिरुअनंतपुरम के प्रोफेसर पी. विजयकुमार इस विषय के उन सबसे बड़े विद्वानों में एक हैं, जिन्हें जानने का मुझे सौभाग्य मिला है। उन्होंने भी मुझे कई क़ीमती सुझाव दिए।

मैं तारीफ भरे शब्दों के लिए सुनील खिलनानी, विलियम डैलरिंपल,

मुज़फ्फर आलम और नवीना नजत हैदर का भी शुक्रगुज़ार हूं—उनका समर्थन काफ़ी मायने रखता है। जगरनॉट की चिकी सरकार और नंदिनी मेहता की टिप्पणियां और समीक्षा हमेशा की तरह तीखी थीं, जबकि सिंसी जोस और श्यामा वॉर्नर को उनके धीरज और मेरा ध्यान रखने के लिए धन्यवाद देना चाहता हूं। गेविन मॉरिस ने इस किताब के लिए ख़ूबसूरत आवरण तैयार करने में मदद की, और बाग़ी सुल्तानों की दुनिया को अच्छी तरह उतारा है। लेकिन मैं अपने दोस्त और संपादक, पार्थ फ़िरोज़ मेहरोत्रा का उनके समर्थन और तसल्ली देने वाली उनकी समझ का सबसे ज़्यादा आभारी हूं।

अपनी बात ख़त्म करने के पहले मैं बेंगलुरू के गीतांजलि और संदीप मैनी का उनकी मदद और हौसला बढ़ाने के लिए बहुत-बहुत आभार व्यक्त करता हूं। मैनी फाउंडेशन की उदारता के बिना इस किताब का आपके सामने आना मुमकिन नहीं था। मुझे उम्मीद है कि उन्हें इस किताब के पन्नों में छिपे प्रयासों को जानकर समर्थन करने पर गर्व महसूस होगा।

और अंत में, मैं सबसे अधिक धन्यवाद सबसे खास तीन लोगों—एमएस, पुष्पा और इंद्राणी—को देना चाहूंगा जिनके लिए मैं हमेशा समर्पित हूं।

मनु एस. पिल्लई

लंदन, अप्रैल 2018